教育部旅游管理专业本科综合改革试点项目
新课改系列规划教材

教育部旅游管理专业本科综合改革试点项目新课改系列规划教材

总 主 编　马　勇
副总主编　　王鹏飞

旅游规划与开发

Tourism Planning and Development

主　　编　马　勇
副 主 编　韩　洁　刘　军
参　　编　王鹏飞　姜　楠　杨缦卿

华中科技大学出版社
http://www.hustp.com
中国·武汉

内 容 提 要

全书共 3 大模块、13 个项目,分属于认知篇、应用篇与实践篇:项目 1 至 3 主要涉及旅游规划与开发的基础理论、热点解读、常见类型与编制思路;项目 4 至 10 是旅游规划与开发的核心内容,涉及旅游资源、旅游市场、战略定位、空间布局、旅游产品、旅游形象、保障体系等具体内容;项目 11 至 13 从商务工作、编制工作、运营营销工作 3 个部分展示旅游规划与开发的实践操作。

全书以学习任务为驱动,学习成果为导向,突出理论性和实践性相结合的特点,符合应用型人才培养和能力导向培养理念。

本书既可以作为高等院校旅游、地理、规划及相关类专业的课程教材,也可供从事旅游规划编制、管理的人员作为参考书目。

图书在版编目(CIP)数据

旅游规划与开发/马勇主编. —武汉:华中科技大学出版社,2018.8(2024.8 重印)
教育部旅游管理专业本科综合改革试点项目新课改系列规划教材
ISBN 978-7-5680-4419-6

Ⅰ.①旅… Ⅱ.①马… Ⅲ.①旅游规划-高等学校-教材 ②旅游资源开发-高等学校-教材 Ⅳ.①F590

中国版本图书馆 CIP 数据核字(2018)第 203313 号

旅游规划与开发 马 勇 主编
Lüyou Guihua Yu Kaifa

策划编辑:李家乐 周 婵
责任编辑:李家乐
封面设计:刘 婷
责任校对:曾 婷
责任监印:周治超

出版发行:华中科技大学出版社(中国·武汉) 电话:(027)81321913
　　　　　武汉市东湖新技术开发区华工科技园 邮编:430223
录　排:华中科技大学惠友文印中心
印　刷:武汉开心印印刷有限公司
开　本:787mm×1092mm　1/16
印　张:21
字　数:503 千字
版　次:2024 年 8 月第 1 版第 11 次印刷
定　价:59.80 元

本书若有印装质量问题,请向出版社营销中心调换
全国免费服务热线:400-6679-118　竭诚为您服务
版权所有　侵权必究

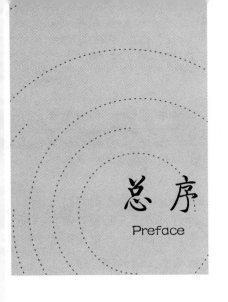

总序
Preface

十九大以来,中国特色社会主义进入新时代,我国经济已由高速增长阶段转向高质量发展阶段,旅游业作为国民经济战略性支柱产业,凭借其内生的创新引领性、协调带动性、开放互动性、环境友好性、共建共享性,成为贯彻五大发展理念,推动新时代产业结构优化调整,满足人民群众对美好生活向往的重要引擎。与此同时,随着全面建成小康社会深入推进,我国居民消费结构升级加速,供给侧结构性改革不断深化,为旅游业的发展提供了重大机遇,也对旅游业的发展提出了更高的要求。新业态、新技术、新产品、新体验将融入新时代旅游业发展全局,这就意味着我国旅游专业人才培养与供给也必须顺应新时代旅游业的新要求,旅游管理专业综合改革进入了全新的发展阶段。

根据教育部开展普通高等学校本科专业类教学质量国家标准制定工作的统一部署和要求,2017年教育部旅游管理类教学指导委员会制定了《旅游管理类本科专业教学质量国家标准》。新国标的出台为今后我国旅游管理本科教育规划了发展方向、明确了基本要求,对提高旅游管理本科教学质量和水平具有指导意义,同时也需要一套符合行业发展趋势,体现新国标精神的旅游管理类教材作为基础。

在教育部高等学校旅游管理类专业教学指导委员会的大力支持和指导下,华中科技大学出版社汇聚了一批国内旅游院校国家教学名师和中青年旅游学科骨干,面向《旅游管理类本科专业教学质量国家标准》做出积极探索,率先组织出版教育部旅游管理专业本科综合改革试点项目新课改系列规划教材。该套规划教材创新模式、理念先进,围绕旅游管理专业本科新课改,突出实用、适用、够用和创新的"三用一新"的特点。立足应用型旅游人才培养的实际情况,服务于新课改下的旅游类专业建设与发展。规划教材为开放式丛书,首批出版主要覆盖旅游管理类核心课程的教材。该套教材特邀教育部高等学校旅游管理类专业教学指导委员会副主任、中组部国家高层次人才"特支计划"领军人才、国家"万人计划"教学名师、湖北大学旅游发展研究院院长马勇教授担任总主编,同时邀请了一批旅游管理本科专业学科带头人和一线骨干专业教师等加盟编撰。首批教材还充分利用全国旅游院校优质课程说课大赛暨课程研讨会的平台和成果,充分调研和吸收了全国旅游院校旅游教育专家学者和一线教师的课程设计经验、理念与成果。

该套教材紧紧把握新时代旅游业旅游专业人才的新趋势以及专业教学质量新国标的新要求,对相关课程核心内容的大胆解构与重构,在编写体例、目标设置、任务制设计等方面做出了很大的创新的突破。同时教材还依托华中科技大学出版社自主研发的华中出版资源服务平台,创新了教材出版形式,在书本之外构建了一套包括教学大纲、教学课件、案例库、习题集、视频库等多种资源形式的立体化配套资源库,这将促进实现线上线下知识拓展和学习共同体形成。

我们深刻认识到编写旅游教材是落实新课标、践行新课改的一项重要基础工作。本套教材的组织策划及编写出版过程中,得到了旅游业内专家学者和业界精英的大力支持,赋予该套教材更强的时代性、科学性和生命力,在此一并致谢!希望这套教材能够为培养新时代旅游专业人才,进而为推动中国旅游业高质量发展贡献力量。

丛书编委会

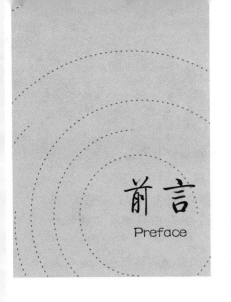

前言
Preface

  随着我国旅游业的飞速发展,旅游规划与开发的理论和实践研究成为学术的热点,涌现了大量的研究成果,与此同时旅游规划与开发的相关理论、技术方法和实践应用需要进行全面系统化梳理。"旅游规划与开发"是旅游管理专业的核心主干课程,也是高校城乡规划、风景园林等专业的专业基础课。

  纵观目前旅游规划与开发类教材,突出表现为理论性较强,实践性不足,本书突出"应用型、项目制、任务驱动、成果导向"的编写特点,系统地阐述了旅游规划与开发的理论与方法,以及旅游规划与开发方案编制的技术与范式,强化对旅游规划与开发类型、内容、体系的全面认知,突出旅游规划与开发实践环节的编制思路和技术方法,旨在培养学生全面规划、创意策划、系统设计的能力,最终能够综合运用所学知识从事旅游规划与开发的实践工作。

  全书共分为三大模块、十三个项目,分属认知篇、应用篇与实践篇:认知篇涉及旅游规划与开发概论、热点解读、类型辨析及编制方法;应用篇涉及旅游资源调查与评价、旅游市场分析与预测、旅游发展战略与定位、旅游空间布局规划、旅游产品与线路设计、旅游形象与营销策划、旅游保障体系规划等核心内容;实践篇涉及商务工作、编制工作、运营营销工作等实践环节。每个项目中设计不同层次的学习任务,系统梳理各项任务的应用步骤,同时增加知识链接的相关内容,采用分栏的形式,将教材理论知识和实践思考案例有机结合。

  本书的特色与创新之处在于以下几个方面。

  (1)教材体系解构与重构:全书打破传统教材体系,基于工作过程系统化思想,对教材中的知识体系进行解构,重构不同学习情境下的学习任务,形成完整的工作过程。

  (2)项目与任务驱动:全书以项目模块为主线,在每一个项目下设计不同的学习任务,突出理论性和实践性相结合的特点,符合应用型人才培养和能力导向培养理念。

(3) 学习成果导向:每一个学习项目包括知识目标和技能目标,每一个项目均设置学习任务,通过可视化的学习成果检验学习效果。

本书为教育部旅游管理专业本科综合改革试点项目新课改系列规划教材,丛书总主编马勇,副总主编王鹏飞。本书主编马勇,副主编韩洁、刘军。王鹏飞、马勇负责项目1、2、3的编写;韩洁、马勇负责项目4、5、8的编写;刘军、马勇负责项目6、7、9的编写;杨缦卿、马勇负责项目10的编写;姜楠、马勇负责项目11、12、13的编写。全书由马勇负责统稿和审稿。

由于时间和水平的限制,本书的不足之处在所难免,欢迎全国有关院校师生和社会各界人士提出宝贵意见。

编者

目录 Contents

认知篇

项目 1　走进旅游规划与开发 /3
　　任务 1　认知旅游规划与开发 /4
　　　　任务 2　热点解读 /14

项目 2　辨析旅游规划类型 /23
　　任务 1　旅游发展规划 /24
　　任务 2　概念性旅游规划 /28
　　任务 3　旅游区总体规划 /32
　　任务 4　旅游区详细规划 /36

项目 3　编制旅游规划 /40
　　任务 1　问题导向的编制方法 /41
　　任务 2　目标导向的编制方法 /50

应用篇

项目 4　旅游资源调查与评价 /61
　　任务 1　旅游资源分类 /63
　　任务 2　旅游资源调查 /73
　　任务 3　旅游资源评价 /82
　　任务 4　旅游资源开发 /91

项目 5　旅游市场分析与预测 /101

- 任务 1　旅游市场调查 /103
- 任务 2　旅游市场预测 /119
- 任务 3　目标市场选择 /124

项目 6　旅游发展战略与定位 /131

- 任务 1　确立指导思想 /133
- 任务 2　确立发展目标 /135
- 任务 3　确立战略定位 /139

项目 7　旅游空间布局规划 /145

- 任务 1　明确空间布局模式 /149
- 任务 2　确立旅游功能分区 /159

项目 8　旅游产品与线路设计 /164

- 任务 1　旅游项目策划 /166
- 任务 2　旅游产品策划 /171
- 任务 3　旅游线路策划 /181
- 任务 4　旅游商品策划 /187

项目 9　旅游形象与营销策划 /195

- 任务 1　旅游形象定位 /197
- 任务 2　旅游形象塑造 /199
- 任务 3　营销推广策划 /205

项目 10　保障体系规划 /219

- 任务 1　设施与服务规划 /221
- 任务 2　生态与环保规划 /228
- 任务 3　人力与组织规划 /238
- 任务 4　投资与效益规划 /245

实践篇

项目 11　旅游规划商务实践 /257

- 任务 1　商务日常工作 /258
- 任务 2　制作投标方案 /259

任务3　商务项目对接　　　　　　　　　　　　　/265

项目12　旅游策划与规划实践　　　　　　　　　　/270
　　　任务1　课题小组管理　　　　　　　　　　　　/271
　　　任务2　课题背景分析　　　　　　　　　　　　/274
　　　任务3　旅游策划实务　　　　　　　　　　　　/278
　　　任务4　旅游规划实务　　　　　　　　　　　　/285
　　　任务5　规划图绘制　　　　　　　　　　　　　/291

项目13　旅游营销规划实践　　　　　　　　　　　/299
　　　任务1　文创与IP策划　　　　　　　　　　　　/300
　　　任务2　营销活动策划　　　　　　　　　　　　/305

　　本课程阅读推荐　　　　　　　　　　　　　　/318

　　　参考文献　　　　　　　　　　　　　　　　/319

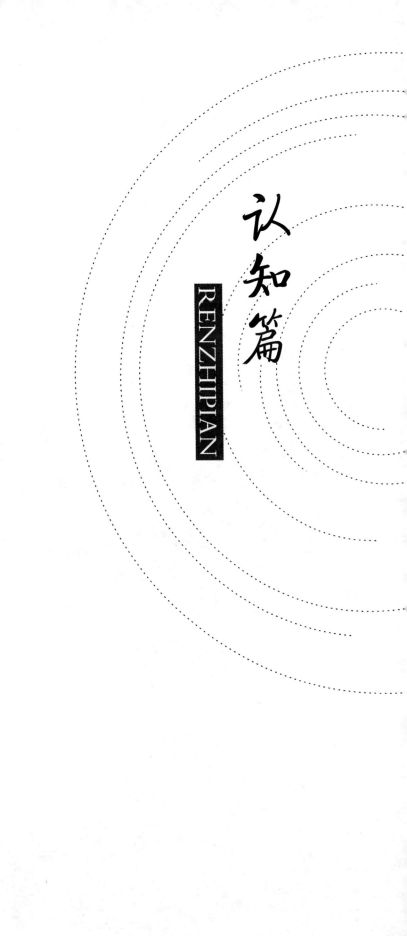

认知篇
RENZHIPIAN

项目 1
走进旅游规划与开发

◆ 项目目标

学习研究旅游规划与开发,首先要对旅游规划与开发的定义、性质、特征有所了解。旅游规划是随着旅游业的不断发展而出现的新生事物,就世界范围而言,旅游规划与开发的历史较短,许多问题尚处于探索的过程中,学术界的很多看法也不尽一致,大量的相关概念需要我们逐渐廓清。在本篇中,我们从旅游规划和旅游开发的基本知识点出发,逐步深入到与旅游规划和开发的热点问题中加以分析。

◆ 学习目标

在进行具体的旅游规划开发之前,需要理解掌握旅游规划的基本概念与定义,通过基本理论知识框架的学习,成为后期项目规划实施的重要保障,本篇以学生自主学习为主,教师辅导理解为辅。

本篇分为两个认知任务,分别为认知旅游规划与开发和热点解读。

通过本篇的认知学习,学生应该掌握旅游规划与开发的概念原则和特点,辨析旅游规划与开发的不同类别,结合热点案例分析理解旅游规划的理论意义及现实意义。

◆ 案例引导

中国主题公园的起起落落

中国主题公园的建设始于二十世纪八十年代中期,三十多年的时间,大致经历了六个高潮,即游乐园阶段,以西游记宫、封神演义宫为主题的初期景观创建热潮,以深圳锦绣中华为代表的微缩景观建设热潮,以三国城为代表的影视基地、仿古建筑热潮,以苏州乐园为代表的主题游乐园建设热潮以及后来出现的海底世界建设热潮。现如今国外资本也加入了这场竞争,主题公园行业也遭遇了其他行业相同的优胜劣汰的过程。

近些年来,主题公园专业化程度不断提升,投资规模不断加大,以强逐弱的趋势基本确立。2015年亚太地区游客量前20的主题公园中,中国就占据了13家,华侨城、宋城、华强方特等前几强占比不断提升。根据宋城演艺 2015 年年度业绩报告显示，2015 年，公司盈利高达 6.86 亿元，较 2014 年同期增长超过 60%。2016 年，宋城演艺在"IP"领域还进行了多方布局，加强了多产业的项目关联。

中国社科院旅游研究中心研究员魏小安表示："目前国内主题公园主要分布在长三角、珠三角和北京三大区域，投资在 5000 万元以上的主题公园大概有 300 家，其中有一定品牌知名度、有良好经营业绩的主题公园只占比 10%，有 70% 的主题公园亏损，20% 持平。"由此看出，我国主题公园的发展存在许多问题。

20 多年的发展中，中国主题公园建设的突出问题首先表现在盲目跟风，不做客观的市场分析和前期规划，以别人的成功作为自己成功的参照，盲目乐观，西游记热、微缩景观热、海洋馆热，都是在这种条件下出现的；其次是经营管理不善，没有高质量的现代化管理手段。海南中华民族文化村坐落于五指山南麓享有"翡翠城"之誉的避暑胜地五指山市，当时号称要建设我国规模最大的集各民族民居建设、通俗风情、民间艺术于一体的大型民族风情旅游区。自从 1997 年上半年开业以后，每日接待游客仅 200 人，在开业 8 个月后关门；根河"天工部落"是 2006 年北京神州之旅发展（有限）公司和万通集团共同投资开发的旅游项目。项目占地 2000 亩，预计投资 2 亿元，其中一期投资为 4000 万元。这是一个集休闲、度假、娱乐为一体的综合性度假区。天工部落是神州之旅对其在黄山的"徽州文化园"项目的快速复制。但其发展情况似乎没有预期的那么理想，事实是项目经营异常艰难，第一期建成之后，迟迟不见第二期出来。到现在来看，这个项目已然失败。

（资料来源：贾云峰.60 分钟读懂中国旅游规划[M].北京：中国旅游出版社，2012.）

在中国主题公园的发展中，迪士尼、华侨城、宋城等主题公园取得非常不错的发展成效，但也有一些主题公园由于前期规划设计的不合理，甚至有些企业根本未进行旅游规划与策划，最后造成了项目的惨淡收场，可见旅游规划具有举足轻重的作用，接下来，就一同走进旅游规划与开发的认知篇。

任务 1 认知旅游规划与开发

知识目标

1. 旅游规划的定义
2. 旅游开发的定义
3. 旅游规划与开发的原则
4. 旅游规划与开发的意义

技能目标

1. 描述旅游规划的概念
2. 描述旅游开发的概念
3. 理解旅游规划与开发需遵循的原则
4. 总结评价旅游规划与开发的现实意义

一、旅游规划是什么

(一)"规划"释义

"规"字的本义在古汉语中是画纸圆形的器具,"圆者中规,方者中矩"《荀子·赋》,后来引申为计划、打算、规划等含义,如晋陶渊明《桃花源记》中"南阳刘子骥,高尚士也,闻之,欣然规往。"在现代汉语中,规划则指"组织制订的长远的发展计划"。

现代学者给规划制定了一个不带褒贬的定义,即未来行动的方案。而规划必须具有三个主要特征:其一,必须与未来有关;其二,必须与行动有关;其三,必须由某个机构负责促进这种未来行动(博恩斯坦,1980)。也有一些学者特别强调规划是一个过程,即规划是人们以思考为依据,安排其行为的过程。内涵主要有二:一是对某种目标的追求或某种状态的设想;二是实现某种目标或达到某种状态的行动顺序和步骤(赵黎明,2007)。

综上所述,规划应具有以下几个基本内涵:①规划的对象是未来状态;②规划要对实现某种目标设计出恰当的路径;③规划是一个过程。

因此,可将规划定义为:对未来状态进行设计、部署和安排的过程。

 本书中旅游规划定义的出发点和侧重点是什么?

(二)旅游规划的概念

目前,国内外学者对旅游规划作了大量的定义。造成这些定义差别的原因主要是其出发点和侧重点各不相同。例如,有强调了旅游规划的内容的定义,墨菲(Murphy)提出旅游规划是预测与调节系统内的变化,以促进有序的开发,从而扩大开发过程的社会、经济与环境效益;有的强调了旅游规划的技术方法,甘恩(Gunn)指出旅游规划是经过一系列选择决定合适的未来行动的动态的、反馈的过程;还有的是强调了旅游规划的性质,陈泽安指出旅游规划是旅游未来状态的设想,或是发展旅游事业的长远、全面的计划,吴人韦指出旅游规划是旅游资源优化配置与旅游系统合理发展的结构性筹划过程;有的则是强调旅游规划的目的,盖茨(Getz)提出旅游规划是在调查研究与评价的基础上来寻求旅游业对人类福利和环境质量的最优贡献的过程。

综上所述,结合我国实际以及关于旅游规划定义中的合理成分,本书将旅游规划定义为,是对某一区域内未来旅游系统的发展目标和实现方式的整体部署过程。旅游规划经政府相关部门的批准后,是该区域进行旅游开发、建设的依据。

湖州太湖旅游度假区旅游业发展规划

二、旅游规划的类型

（一）根据旅游规划的时间维度分类

1. 远期旅游规划

规划期限在 10 年以上，是具有战略性、预见性和纲领性的旅游规划，不确定的因素比较多，对中短期旅游规划具有指导作用。

2. 中期旅游规划

规划期限为 6—10 年，比远期旅游规划内容更具体、更详细。主要任务是解决旅游发展中的一些重大问题，如发展战略、发展速度、旅游布局、发展目标等。

3. 近期旅游规划

规划期限为 1—5 年，是中期旅游规划的具体化。近期旅游规划的不确定因素比较少，可以比较准确地预测规划期各种因素的变动及影响。近期旅游规划需要对中远期旅游规划的各项任务予以具体的数量表现，并对实现规划目标的各项措施做出具体的安排。

有时候又将规划期限为一年的旅游规划称为年度旅游计划，规划内容更加详细和准确，是实现近期旅游规划目标的具体执行计划。

（二）根据旅游规划的性质分类

1. 旅游发展战略规划

从更加宏观的视角来指导旅游的发展，综合考虑整体利益，解决旅游业发展的方向性问题如战略目标、发展速度、发展规模、客源市场、人才培养、基础设施建设、重点旅游资源的开发、旅游资源和环境的保护、旅游服务、旅游管理等。

2. 概念性旅游规划

英文"conceptual"是"概念性"一词的来源，英义中含有"理想化、理论化"之意，着重于概念思想的形成。"概念性规划"是指注重于构思、研讨或理论化、理想化的规划设计。概念性规划最早出现于建筑规划中，是指不以实际建造为目的，不受或较少受到实际建造的客观条件限制，不受原则或纲领约束的纯研究或探讨性的规划设计。

概念性规划在近些年也逐渐被运用到旅游规划中，出现了概念性旅游规划。对于概念性旅游规划的定义，学术界有不同的侧重和释义。王建军（2001）认为，概念性旅游规划是指编制旅游规划早期的一种研讨性规划手段，是一种在理想状态下对旅游开发地旅游业发展未来的前瞻性把握和创造性构思，内容以结构上、整体上的概要性谋划为主。所谓"理想状态"是指旅游规划编制较少受到规划具体实施的主观条件（如学术分歧、本位原则、既定方针、习惯意识等）及客观条件（如交通条件、资金条件、技术条件、资料条件、时间条件等）的限制。所谓"结构上、整体上的概要性谋划"，是指该类规划仅包含旅游规划所应有的主要结构和关键性规划内容，仅要求从整体上把握核心项目的创意策划，以及这些项目的时空布局与景观环境的统一和整合过程，只需概要说明，不需要细节。张述林等（2009）认为，概念性旅游规划是在结合规划地各项规划以及《旅游总体规划》的前提下，通过综合分析规划地的资源、环境、市场、社会等层面的优劣势等基础要素，以一种超前的眼光、创造性的思维，对规划地的旅游业发展模式、发展方向、发展战略、发展目标、市场定位，以及总体布局与功能分区的整体把握基础上的创新性、纲领性、概念性的策划。史本林(2006)认为，旅游概念规划是在编制旅游规划早期，以未来学和发展观为基础，根据旅游地资源、社会、经济、文化等旅游业发展条件，对旅游地未来发展的宏观目标和长远问题做出的概要性谋划和创造性构思，是旅游规划的一种新的规划编制手段。

同步讨论 实际情况中，并不是所有的旅游地、旅游区都要编制概念性旅游规划。在哪些情况下会编制这种类型的旅游规划呢？

总结上述观点，概念性旅游规划应该具有以下内涵：①是一个区域早期编制的旅游规划，是编制其他类型旅游规划的基础；②仅解决旅游发展中的重点问题，规划内容不需要面面俱到；③规划具有创造性，要有新的创意。

概念性旅游规划强调的是创新性、前瞻性和指导性这几大特性，是对旅游宏观发展思路的研讨手段，在实践中表现出较大的优越性：①更具想象空间和创造性思维，更具前瞻性和生命力；②讲究结构上、整体上的谋划，抓主要矛盾；③运用模糊论证，允许存在偏差；④少数旅游规划人员即可完成，不需要复杂的技术流程；⑤快速灵活，低成本，高效率，便于及时编制，及时修订，及时更新资料，适应现代旅游市场竞争的需要，应用范围广。

3. 旅游建设规划

指导具体旅游建设活动的规划，基本不考虑旅游发展的战略性问题。这类规划的重点是旅游设施的场址选择和规划设计，包括项目设计和建筑设计等具体规划内容。

（三）根据旅游发展的阶段性分类

郭康(1993)指出，旅游区的建设规划按照旅游发展的时期差异，分为开发性规划、发展性规划、调整性规划三种类型。

1. 开发性旅游规划

主要针对还没有开发旅游资源的地区，是旅游发展初期的规划。所要解决的问题是如何开发旅游资源，涉及的内容非常多，需要的投资很大，考虑的问题比较全面。

2. 发展性旅游规划

旅游发展过程中所进行的旅游规划，主要解决旅游发展的战略、发展的协调和发展的保障等问题。

3. 调整性旅游规划

旅游发展中期的规划，是在旅游发展具有一定规模和基础的前提下所进行的旅游规划。此类旅游规划主要是对过去的旅游开发进行调整和扩大，以适应新的旅游发展的需要。

(四) 时空二维体系分类

吴必虎等(2010)提出，可以从空间(范围大小和产品功能)和时间(旅游业成熟程度)相结合的角度出发，将旅游规划归纳为时空二维体系。从时间维度来讲，可以分为初期的开发规划和成熟期的管理规划；从空间的维度来讲，可以分为区域旅游规划、目的地旅游规划(城市和社区)和旅游区规划三种基本类型，三者的空间范围从大到小(见表1-1)。

表 1-1 旅游规划时空二维体系分类

空 时	区域旅游规划	目的地旅游规划	旅游区规划
初期	区域旅游发展规划	城市旅游发展规划	旅游区开发规划
成熟期	区域旅游管理规划或营销规划	城市旅游管理规划	旅游区管理规划

1. 区域旅游规划

区域旅游规划是指在全国、省、地区等大尺度地域范围内编制旅游业发展的总体规划，比目的地尺度和旅游区尺度的规划更为复杂和全面，一般会涉及更多的资源区域、更多的管理权限，规划时间周期更长。区域旅游发展规划是在资源与市场分析的基础上，对空间结构加以控制，对区域内的旅游产品与线路、项目与服务等加以引导或政策控制，以旅游经济产业为主，特别重视旅游开发项目、客源市场营销等的规划。

区域旅游规划按照详细程度和当地旅游业的成熟程度可进一步划分为区域旅游发展战略规划、区域旅游发展(开发)总体规划、区域旅游活动管理总体规划等类型。区域旅游发展战略规划一般由各级政府发展部门和旅游部门单独或联合编制，以简洁、扼要的篇幅提出当地旅游业发展的目标、指标、要素计划和政策支持等内容，具有战略指导意义，如我国各级政府编制的旅游业"五年规划"；区域旅游发展(开发)总体规划通常由政府有关部门委托专业机构编制，规划年限较长，一般为10—20年，涉及的规划内容比较复杂；区域旅游活动管理总体规划一般针对旅游业开发较成熟的地区，这类地区游客数量集中甚至"超载"，导致环境质量下降，旅游资源遭到一定程度的破坏，在此背景下应专门编制旅游活动管理总体规划，重点从旅游资源利用管理与服务质量管理等方面展开规划。

 区域旅游规划、目的地旅游规划和旅游区规划在哪些维度上存在差异性？

2. 目的地旅游规划

目的地旅游规划是为了游客和当地居民的共同需求而制定的产品开发和服务设施规划，以区域旅游规划为基础，对旅游开发项目和设施建设进行安排设计，是旅游发展规划的进一步落实与细化。目的地旅游规划的用地面积较小，土地利用上以旅游功能为主，规划年限较短，在5年或5年以下，属于近期规划。目的地旅游规划一般会落实到具体的空间范围内，属于较详细的规划，具有较强的物质规划属性。主要内容包括旅游市场与目的地之间的交通可达性、目的地的公共设施和管理措施、旅游吸引物组合、吸引物之间的交通联系。

城市旅游规划是目的地旅游规划的重要表现形式。它是关于特定城市区域内旅游产品开发、生产与经营的整体性发展谋划,其内容包括发展目标与实施策略制定,其对象包括城市旅游吸引体系、城市旅游服务体系、城市旅游产业体系和城市旅游环境体系。

3. 旅游区规划

旅游区规划应在上述两个层次规划的基础上编制,规划的空间范围较小,内容更加细致具体,物质性规划的比例更大。主要内容包括可行性分析,环境和社会文化影响评估,开发阶段和开发计划,住宿设施、零售商店和其他服务设施、娱乐场所、公园和保护区、交通系统、步行系统等设施的区位选址,供水、供电、垃圾处理和电信等基础设施设置,建筑景观和工程设计,游客流向和流量分析及控制,确保规划实施的组织和财务保障等。

(五)国家标准分类方案

2003年,国家旅游局制定的《旅游规划通则》(GB/T 18971—2003)(现已重新进行修订)将我国现阶段的旅游规划分为两大类:旅游发展规划和旅游区规划(见图1-1)。

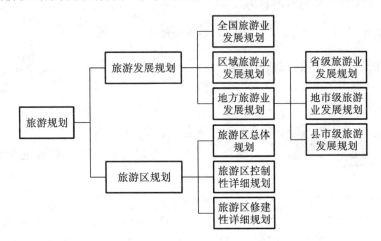

图1-1 国家标准分类方案

1. 旅游发展规划

按规划的范围和政府管理层次分为全国旅游业发展规划、区域旅游业发展规划和地方旅游业发展规划。地方旅游业发展规划又可分为省级旅游业发展规划、地(市)级旅游业发展规划和县(市)级旅游业发展规划等。

2. 旅游区规划

按规划层次分为旅游区总体规划、旅游区控制性详细规划、旅游区修建性详细规划。旅游区规划的这种分类是由宏观到微观、由浅到深、由粗到细、由抽象到具体、由概念到表象的过程。不同层次的旅游规划要解决的问题是不一样的,不可能期望一个旅游规划解决旅游地开发的所有问题。例如,对于景区游客中心的规划,在总体规划中,只是用文字简要描述游客中心的风格、大概位置等,没有游客中心的图纸;在控制性详细规划中,具体说明游客中心的位置、高度、容积率、后退红线位置、道路开口等,并制作游客中心轮廓示意图;在修建性详细规划中,游客中心的细节,如平面、立面、剖面等都要涉及。

《旅游规划通则》对旅游规划的分类和我国旅游规划的编制与管理具有很强的现实指导意义。

三、旅游开发是什么

（一）旅游开发的概念

在《高级汉语词典》中"开发"一词被解释为通过研究或努力，开拓、发现、利用新的资源或新领域，并对新资源、新领域加以利用的行为。可见，开发的概念重点在于挖掘和实现资源的价值以及改变资源所处的状态。对于旅游资源而言，要实现蕴含其中的各类价值就需要对其实施相应的开发。

因此，旅游开发一般是指为发挥、提升旅游资源对游客的吸引力，使得潜在的旅游资源优势转化成为现实的经济效益，并使旅游活动得以实现的技术经济行为。旅游开发的实质，是以旅游资源为"原材料"，通过一定形式的挖掘、加工，达到满足旅游者的各种需求，实现资源经济、社会和生态价值的目的。

（二）旅游开发的内容

旅游开发是以产生效益为目标的系统性行为，总体来看，旅游开发的内容有以下四大方面。

1. 旅游资源的开发利用

旅游资源的开发利用就是将资源吸引力显性化的过程，例如，将旅游资源转化为各式旅游吸引物。应该注意的是，这里的资源开发必须将可持续发展的思想运用于实际工作中。

2. 旅游地的交通安排

旅游地的交通安排主要指旅游开发过程中，对进出旅游地的交通条件和设施进行投入，对旅游地内部的旅游交通环境进行改善和优化的工作。一般旅游交通的开发包括交通线路的设计、旅游交通设施的配套、交通工具的选择等方面。

3. 旅游辅助设施的建设

旅游辅助设施包括的内容范围很广，涉及旅游的食、住、行、游、购、娱等方面。这些设施不仅能提升旅游者的感受，还对当地社会的发展和人们生活质量的改善有极大的帮助。因此，旅游开发还包括对旅游所需的旅游辅助设施进行统筹规划和建设，完善旅游地的硬件环境。

4. 旅游市场的开拓

旅游开发要取得预期的经济、社会和环境效益还应密切关注旅游市场的需求及其变化。因此，旅游开发应该依据本地旅游资源的特色和优势确定其开发的目标市场，同时依靠针对性的开发和市场营销，努力扩大客源和开拓旅游市场。

（三）旅游开发的步骤

一般来说，旅游开发按照以下步骤进行。

1. 旅游资源的调查

旅游资源的调查是旅游开发的基础工作。其目的是了解该地区旅游资源的类型、数量、规模、布局情况和开发利用现状,交通、水、电等基础设施现状,以及与旅游相关的配套服务设施情况(如住宿、通信、娱乐、购物等)。通过调查,了解该地区旅游资源的优势、劣势和潜力所在。

2. 旅游资源的评估

旅游资源是否有开发价值,能否成为旅游区,要根据资源调查的情况加以分析和评估。一般需要对旅游资源的自然条件、可进入性条件、客源市场条件、基础设施条件、服务设施条件、投资条件等六个基本条件进行分析和评估。

3. 制定旅游规划

根据旅游市场的最新动态和当地开发旅游的基本条件,确定该区旅游开发的总体规划。并在总体规划的指导下编制控制性详细规划和修建性详细规划。通过合理科学的规划,有助于为旅游地带来良好的经济(Economics)、环境(Environment)、富裕(Enrichment)、交流(Exchange)四方面的效应,即"4E"效应,并为旅游开发的工程项目做准备。

4. 具体实施计划

进入开发阶段后最重要的是制订好实施开发的具体计划,它包括的内容有:确定开发范围和目标;提出项目的开发模式、土地使用要求等;确定资金来源及财务预算;进行项目具体设计,提供施工图纸;进行项目投资招标及施工;开展市场营销和策划宣传;反馈和评估;完善管理和服务。

四、旅游规划与开发的原则

(一) 特色原则

特色是构成旅游产品核心竞争力的关键要素,也是在旅游规划制定和实行过程中的基本出发点,要在旅游规划中保证特色,实现差异化,就必须坚持创新的理念,避免简单重复及模仿雷同,打造真正有特色的旅游产品,实现"人无我有,人有我优,人优我新,人新我转"。

(二) 系统原则

旅游活动所涉及的部门和行业众多,具有极强的综合性。旅游规划需要对旅游活动所涉及的所有流程和内容进行整合协调。在这个协调的过程中,就需要坚持系统原则,如同齿轮契合转动,使旅游的各个子系统围绕旅游这个大系统正常运转,才能保证旅游活动的正常运转,进而实现旅游规划的基本作用。

  认真学习旅游规划的原则,思考在实际进行旅游规划工作中,如何应用这些原则?

（三）实事求是原则

旅游规划编制会受到各种各样因素的影响,在规划的编制过程中,如何排除干扰因素,做到实事求是,做出真实、客观的规划就成为评判旅游规划质量高低的关键。在旅游规划中坚持实事求是原则,就是要站在客观的立场上分析各种条件。分析优势时要看到劣势,分析机遇时不回避困难和挑战(张广瑞,2004)。在旅游规划中,当一些地方政府领导要求一些既定的但不可实施操作的项目,规划者应当保持清醒和理性,通过对这些项目进行深入调研、认真分析,如果确实不科学、不可行,规划编制者要敢于说"不"。

（四）资源与市场相结合的原则

旅游资源是区域旅游业发展的根基,对于区域旅游资源的深入分析对于旅游发展将会产生事半功倍的效果,而其中客源市场是旅游资源中不可忽视的一部分,如果市场的需求潜力没有被发现,一些可以开发成产品的资源没有被发掘,那么旅游业的发展也不会取得理想的效果。因此,在旅游规划过程中,不仅要认真分析资源优势,而且还要认真分析市场需求和潜力,根据具有竞争优势的资源和市场的实际需求规划出有效的产品。在旅游规划中,不能只强调旅游资源的专业价值,还必须考虑它能否为市场所接受,不能重资源轻市场。

当然,只追市场也是不正确的,为遵循市场原则,也不能完全不顾及资源情况,不能放弃有发展潜力的资源,而去造一些只有短期发展前景的人造景观,这也是很多区域在旅游开发时容易犯的错误,完全跟风赶潮流,因此,在旅游规划中不能片面地强调资源导向或市场导向。尽管在我国的旅游规划发展过程中,这两种理念的旅游规划都有取得成功的先例,但有其特定的历史背景,在今后的旅游规划中未必能行得通。单纯的资源导向或市场导向都是不可取的,应当将两者结合起来编制旅游规划。

（五）可持续发展原则

世界旅游组织的规划专家因斯克普在《旅游规划:一种综合性的可持续的开发方法》中指出,"可持续发展作为一种不损耗自然和文化资源、不破坏环境而达到发展目标的重要方法,如今正逐渐为人们所认识"。可持续发展是人类经过长时间思考后得出的未来发展理念,旅游业的发展也不能例外必须坚持这一原则。可持续发展的精髓在于,"既满足当代人的需求,又不危及后代人的需要"。在旅游规划中,必须科学地利用土地,保护水源,节约能源和其他资源,充分考虑环境的可持续性因素。

（六）可操作性原则

旅游规划应当注重具体方案的实施,不能成为理论概念的解释或探讨。目前,我国许多旅游规划在理论阐释上占据较大的比重,但具体如何做的部分却显得苍白。这样的旅游规划显然不是委托方需要的。世界旅游组织编写的《地方旅游规划指南》中指出,"不付诸实施且不具备可操作性的规划是没有价值的"。它强调,"在规划的制定过程中应始终考虑采取什么措施贯彻实施规划目标,并在规划大纲中分别予以说明"。因此,在编制旅游规划时,对一些近期要实施的活动计划、方案应当有具体步骤、具体目标和时间安排。

（七）利益相关原则

利益相关者理论是 20 世纪初期美国哈佛法学院的多德提出来的，但是，利益相关者作为一个明确的理论概念却是美国斯坦福研究所（Stanford Research Institute，SRI）在 1963 年才正式提出的。随后，美国著名经济学家、诺贝尔经济学奖得主弗里曼将利益相关者理论在美国推广（黄细嘉、陈志军，2007）。他认为，"组织的利益相关者是指那些能够影响组织目标的实现或被组织目标的实现所影响的个人或群体"（Hillman and Keim，2001）。

在旅游规划中，必须考虑所有利益相关者的利益，为他们提供参与讨论和决策的机会。所以，旅游规划不仅要考虑开发商、投资商的利益，考虑旅游者的利益，还必须考虑当地人的利益。在编制旅游规划的过程中，要尽量通过多种途径征求各个利益相关者的意见和建议，利益相关者参与旅游决策。

五、旅游规划与开发的意义

旅游规划是一套法定的规范程序，是对目的地或景区长期发展的综合平衡、战略指引与保护控制，从而使其实现有序发展的目标。旅游规划是为旅游的发展设计的一个框架，所以这个框架必须是长期的、稳定的、必要的。旅游规划的基本任务是，通过确定发展目标，提高吸引力，综合平衡游历体系、支持体系和保障体系的关系，拓展旅游内容的广度与深度，优化旅游产品的结构，保护旅游赖以发展的生态环境，保证旅游地获得良好的效益并促进地方社会经济的发展，旅游规划编制已经普及到县，甚至乡镇。

> **同步讨论**　各利益相关者对于旅游规划现阶段仍存在哪些错误的认知？针对他们的误解如何分析解释？

然而，越来越多的人提出，旅游规划不能指导产业的发展，不断地要求修编。修编后发觉，仍不能解决招商引资、营销促销、景区经营等实际问题。其实，这是由于两方面原因共同作用形成的结果。一是旅游规划不能跟上旅游产业发展的要求；二是委托方对旅游规划的错误理解。旅游规划单位的资质、能力有限，顾忌成本，基础资料不详细等导致规划深度不足、定位不准等。旅游规划的重要性日益突出，从事旅游规划的单位也随之增多，市场竞争因而变得激烈，导致了旅游规划低价竞争的出现。旅游规划中虽然可能没有方向性的错误，但是也找不到指导性、操作性的内容。

此外，归结于要求旅游规划完成其所不能完成的任务。比如针对细分市场的营销方式、对不同景区游憩方式的设计、对旅游收入模式的设计、对全套产品的策划或者更有甚者说用旅游规划来指导近期操作等问题，都不是旅游规划要解决的，因为旅游规划的使命并不在于此，此处就要正确区分旅游规划和旅游策划的使命。

旅游业是综合性产业，规划涉及国民经济的许多方面，主要内容有旅游资源开发序位的确定、旅游土地的利用、基础设施的空间布局和发展、物资供应和交通建设、旅游市场、环境保护、管理机构设置及人员培训、投资来源和投资规模等。旅游规划，是一个地域综合体内旅游系统的发展目标和实现方式的整体部署过程。规划经相关政府审批后,是该区各类部门进行旅游开发、建设的法律依据。规划要求从系统的全局和整体出发,着眼于规划对象的综合的整体优化,正确处理旅游系统的复杂结构,从发展和立体的视角来考虑和处理问题。

 阅读本部分内容后,归纳总结旅游规划与开发具有的现实意义和理论意义。

旅游业发展规划具有很强的地域性和综合性,涉及地理条件、社会经济、文化、心理等多方面因素,故规划必须建立在详细的实地考察的基础上,全面分析规划区的自然、经济、社会及文化特点对旅游业发展的作用,从当地自然条件和社会经济发展的实际出发,分析存在的问题和潜力,按照发展观点,近期和远景结合,提出规划方案。旅游规划是一个多种因素作用的动态系统,除定性分析外,还可利用系统论、投入产出模型建立各变量间的相互关系,确定旅游业各部门间的协调发展比例,寻求最优规划方案,以达到经济、社会、生态三大效益并收的目的。促进整体,突出旅游区域的整体性,体现了"大旅游"的概念。旅游涉及农业、渔业、林业、制造业、餐饮业、文化产业、社会产业、环境保护等多个部门,正是它们在共同创造旅游产品。旅游产品的多部门整合特征、旅游市场激烈的竞争压力,客观上要求通过旅游规划,使多个层次、多部门、多分散营运的各类部门加速实现整合,这就是要求在旅游发展规划中全面协调。

任务 2　热 点 解 读

知识目标

1. 城市旅游规划
2. 生态旅游规划
3. 主题公园旅游规划
4. 假日旅游规划

技能目标

1. 理解城市旅游规划开发设计的主要内容
2. 理解生态旅游规划开发设计的主要内容
3. 理解主题公园旅游规划开发设计的主要内容
4. 理解城市旅游规划开发设计的主要内容

在时代不断发展的背景之下,旅游地的发展也推陈出新地呈现出新的特征和现象,本节将针对近年来旅游规划开发领域,结合上两节中的概念阐述,对业界比较关注的热点作以解读,而在实践篇的内容中会涉及更多具体的热点规划案例解析,借此帮助大家了解更多此领域的前沿问题。

一、城市旅游规划

（一）城市旅游规划的背景

城市旅游的出现起始于20世纪60年代，时称"City Break"。自1995年起，在全国范围内开展的创建"中国优秀旅游城市"活动，则带来了我国城市旅游的迅速发展。截止到2010年，我国已经拥有339个优秀旅游城市。城市旅游被定义为旅游者受城市文化、城市景观和城市商务氛围吸引，在城市区域内进行的，以探亲访友、商务会议、文化修学、观光购物以及游乐休闲等为目的的旅游活动。

城市旅游的产生和为人们所关注主要出于以下原因，首先源于各国经济的发展，一些有悠久历史的城市以及一些典型现代都市景观的城市都成为国际著名的旅游地。例如，法国的巴黎，西班牙的布鲁塞尔，阿联酋的迪拜，中国的北京、上海、澳门等城市，成为旅游者的向往之处。除此之外，现代城市的商务休闲和观光娱乐等旅游功能得到飞速发展，城市以其独特的现代动态景观和多元文化内涵，吸引了众多旅游者观光、购物。但是，目前大多数城市在旅游发展中起到的仅仅是"支点"的作用，即成为区域集散中心，旅游者前往城市并未出于体验城市的目的。因此，如何深入开发城市旅游资源，提升城市的旅游竞争力水平，并利用其集聚与扩散作用带动区域旅游的发展为人们所关注。

 澳门新的游憩好去处——南湾·雅文湖畔获游人好评

（二）城市旅游规划的主要内容

进行城市旅游规划与开发时最重要的就是怎样将旅游功能与城市的其他功能相互协调，将旅游规划和城市规划有机结合。一般来看，城市旅游规划需要解决几方面问题。

1. 城市游憩系统的规划与开发

城市游憩系统是指吸引人们停留下来的吸引物综合体，可以包括城市文化旅游产品、城市遗产旅游产品、城市事件旅游产品、城市夜间旅游产品等不同类型，它是城市旅游规划的一个重要部分。游憩系统的规划与开发在空间上可分为以下两个部分。

一是建成区的旅游规划与开发。建成区是指城市建筑、人口比较集中的区域。由于建设时间较长，建成区的城市景观基本上已经成型，因而建成区内游憩系统的规划与开发大多属于城市的二次开发，在开发中要注意新建设的旅游吸引物与其周围环境和氛围的一致性，并将城市居民的利益放在首要位置加以考虑。

二是边缘区的旅游规划与开发。一般说来，城市的边缘区域适宜布置度假区、休闲农庄和主题公园等旅游景点，这些产品与设施也能够为本地居民创造更好的游憩和休闲机会。例如，广东省在国内开创绿道建设之先河，率先建成一万公里以上、完整、连续的绿色生态廊道，兼具生态、社会和经济效益，对推动城乡统筹发展、绿色出行、保护生态环境发挥了重要作用,也成为当地居民和游客喜爱的游憩休闲场所。

同步讨论 查阅资料,探讨关于城市环境规划的评价应从哪些指标体系进行考察。

2. 城市旅游服务系统的规划

旅游服务系统是指为城市旅游提供配套服务的行业和部门,如旅游交通、信息、水电、环卫、邮电通信等。

在城市旅游规划中,需要就其中与旅游发展不适应的部分加以完善、优化与调整。在设计城市旅游服务体系时,应该注重以人为本,实现旅游便利化,我国一些在旅游公共服务体系建设方面取得了较好成果的城市,都是以公众和旅游者为服务对象。从北京积极建设旅游标识标准系统、安全救助系统,到上海和杭州建设咨询服务系统、旅游语言无障碍系统、旅游集散体系,再到广州、桂林致力完善旅游公共基础设施,无不是力求最大化地为游客的出游创造诸多便利的举措。此外,公共服务还应该注重与时俱进。例如,在网络信息时代,尽量为游客提供便利的免费 Wi-Fi 接入服务,提供整合公共服务的移动终端平台App,迎合自驾游发展的需要而设立的汽车酒店和汽车营地等。

3. 城市旅游环境与景观的规划

随着人们对于环境的认知加深,城市环境的规划与优化也成了人们更加关注的问题。

在城市旅游规划开发时,一方面需要加强对城市环境质量的评价。从旅游环境质量发展水平,以及旅游环境质量整体结构的协调性两方面开展实证评估。

另一方面,规划者需要在现状分析的基础上,对城市旅游中的景观进行优化和设计。城市旅游景观是综合性的概念,除了传统的视觉景观设计外,声景观其实也是景观中的重要组成部分。现代城市的发展已经进入了生态化发展的阶段,因此,城市可以通过一些途径建立人和自然和谐共处的景观。例如,大连就将"人鹿同乐"作为城市广场的吸引点之一。同时,城市规划管理者还需要针对城市中空气污染严重、噪声污染等问题,在城市建设中扩大城市的绿地面积,对城市中交通车辆排放标准予以限制,保护城市中的生物资源,从而为本地居民和到访游客提供理想的旅游环境。

二、生态旅游规划

(一) 生态旅游的背景

生态旅游是指通过利用未受人类开发的自然生态资源开展的旅游活动。

旅游业并未真正意义实现"无烟工业",旅游业的发展对目的地自然和人文环境还是造成了一定的冲击。随着人们对原始自然生态的向往和对环境保护意识的增强,为了尽量减弱旅游业对当地环境产生的负面影响,促进旅游业的可持续发展,生态旅游这种以自然生态环境为基础的新兴旅游形式得以产生。

（二）生态旅游规划的原则

虽然生态旅游是在现代背景下产生的全新旅游形式，但是经过近些年的发展，人们也积累了一些经验。一般认为，生态旅游规划应遵循以下原则。

1. 整体优化原则

整体优化原则要求规划在追求经济效益最大的同时更加注重社会和生态环境效益，因为就生态旅游本身而言，其目的是要让人们形成一种环境保护的意识，并促进自然生态资源的保护性开发。因此，生态旅游资源的规划要保持经济、社会和生态环境三大效益的综合平衡，不能顾此失彼。

2. 特色化原则

生态旅游所利用的旅游吸引物都是那些没有受到人类开发影响的天然生态环境，因此，在对其进行开发时要追求一种真实的"野"趣，突出当地原始生态的特色。

3. 可持续发展原则

地球经过人类的开发，所剩的原始生态区域已为数不多，为了保存这些珍贵的生态旅游资源，在对其进行规划与开发时要认真贯彻可持续发展原则，保证代际公平，实现生态旅游资源的可持续利用。

（三）生态旅游规划的主要内容

生态旅游规划与开发的主要内容包括在分析当地自然社会状况、区位、交通条件和旅游资源的基础上确定规划范围；对规划区域空间进行功能分区；针对不同的功能区设计一系列旅游项目；对旅游的配套服务部门进行整体部署；制定生态旅游资源的保护措施；计算生态旅游区的旅游承载力等。

其中，制定旅游资源保护措施和计算旅游区的承载力是生态旅游规划中的重要内容。这些问题处理不当，很容易造成生态旅游资源和环境不可逆性的破坏，这与生态旅游的宗旨相违背。

> **同步练习** 世界第一个主题公园是（   ），中国第一个主题公园是（   ）。

三、主题乐园旅游规划

（一）主题乐园的发展历程

主题公园是根据某个特定的主题，采用现代科学技术和多层次空间活动设置方式，集诸多娱乐活动、休闲要素和服务接待设施于一体的现代旅游目的地。

从主题公园的发展历程来看，其是由游乐园演变而来，是影视与旅游业相结合的产物。1955年美国的沃尔特·迪斯尼产生了一个天才的设想，即把在银幕上形成的全世界喜闻乐见的卡通形象物化为一个乐园,于是世界上第一个现代意义上的主题公园——美国加利福尼亚州的迪斯尼乐园诞生了。如果把1989年深圳锦绣中华民俗村的落成作为我国主题公园兴起的标志,那么我国国内主题公园的发展也有二十多年的时间。主题公园旅游的发展受到了来自国内外所有旅游者的极大关注和热情。现在知名主题公园品牌中也有不少是我国自有的品牌,如欢乐谷、长隆欢乐世界、方特欢乐世界、世界之窗、苏州乐园、宋城公园等。

主题公园虽然在国外已有悠久的历史,但在我国的发展时间还不长。自深圳的锦绣中华开业以后,我国也陆续规划建设了一批主题公园,其中不乏成功者,如苏州乐园等。但更多的是一些失败的案例,如许多地方兴建的西游记宫不仅没有产生良好的经济效益,反而产生了连年的亏损;海南中华民族文化村在开业一年之后因为难以支撑而被迫停业;2005年,主题公园业内小有名气的广州乐园也以闭门谢客告终。一时之间,主题公园好像进入了严寒的冬季。有研究显示,我国亏损的主题公园高达70%,能维持运营的仅有20%,而盈利的主题公园则不足10%。

然而,我国另外一些主题乐园企业却正迅速崛起,如华侨城、宋城集团等。与此同时,越来越多的海外著名主题公园进入我国,例如,迪斯尼公司在香港、上海建设迪斯尼乐园;香港中旅集团在深圳打造锦绣中华民俗村、世界之窗之后,又在珠海首期投资22亿元建设海泉湾度假城;华侨城和宋城集团也在国内外积极发展和扩张。

可见,主题公园仍然具有较大的发展空间,其市场也为广大的投资者所看好,只不过对于主题公园的开发与建设不应一哄而上,而应有的放矢,以规划和管理为重。

 以欢乐为主题的移动乐园——环球嘉年华

(二) 主题公园规划的主要内容

主题公园规划主要有以下几点需要注意的内容。

1. 园区主题选择

国内学者保继刚认为,在一定的客源市场、交通环境和区域经济发展水平等背景下,主题公园开发成败与否的关键是主题的选择。主题公园型旅游项目的开发需要大量资金的投入,而项目资金投入后旅游市场的认可则与主题公园的主题息息相关,一个好的选题能为主题公园带来活力。因此,主题的选择是主题公园型旅游项目开发的重要研究内容。总体而言,主题公园在主题的选择上应遵循以下几个标准:第一,主题选择应贴近市场文化背景;第二,主题的选择应迎合或引导大众旅游需求;第三,园区主题选择应保持与周边环境格调协调。

2. 园区功能分区

主题公园型旅游项目的另外一个重要设计内容就是园区的功能分区。主题公园的功能分区应该与市场规模预期和游客容量等因素结合起来。一般而言,旅游者在主题公园中

停留的时间较长,因此,要通过适当的功能分区调整旅游者在主题公园中的活动内容,从而缓解园区面积与旅游者接待规模之间的矛盾。总体来看,主题公园型旅游项目在功能分区上应重点关注以下几个方面的原则:首先,要充分拓展空间容量;其次,应力求园区功能完善;最后,要合理组织空间布局。

3. 园区游线设计

主题公园游线的设计将会直接作用于旅游者的旅游感受,因此,一个好的游线设计会为旅游项目锦上添花,否则将会带给旅游者不快的旅游经历。

总体而言,主题公园游线设计应采取总体环线、分区辐射式的设计模式,这种游线设计模式为大多数主题公园所采用。所谓总体环线、分区辐射是指主题公园在总体的布局上采用环线式游线设计,而对于每个相对独立的分区则采用中心辐射式的游线设计模式。

4. 项目创新机制

从主题公园型旅游项目发展的动力系统来看,其吸引力的最终来源还是园区内的产品和项目。因此,园区项目的开发和设计是主题公园项目成功开发的重要内容,产品设计主要是要抓住新、奇、特、绝四个字。除此之外,还要建立一套持续创新的管理机制,以保证主题公园的吸引力。

针对假日旅游具备的井喷型、大众化、无序型、数量扩张型、周期性的综合特征,应当采取怎样的策略加以应对?

四、假日旅游规划

(一)假日旅游的背景

假日旅游是指人们利用节假日或双休日,外出旅游所引发的游、购、娱、食、住、行等消费活动的总称。

随着我国休假制度的改革,人们生活水平的提高,假日旅游已成为生活中的重要内容。它通过探求新的生活经历、寻觅异地民俗文化、转换新鲜生活环境、调节修养身心健康等方式,实现人们精神层面的愉悦与满足。假日旅游是我国消费领域出现的一种新现象。

(二)假日旅游的特征

假日旅游作为一种特定的经济现象,虽在我国还处于新生状态,但有它自身发展的特征,主要体现于以下几个方面。

1. 旅游态势呈井喷型

这主要是由于假日旅游消费时段的集中性。由于休假时间全国一致,集中性较强,特别是春节、"十一"两个长假期间,旅行社组团接待特别繁忙。

2. 旅游主体趋于大众化

旅游不再是可望而不可即的"贵族消费",而是寻常百姓家庭的大众消费,大众化消费的特征日益显现。

3. 旅游行为属无序型

大众旅游行为通常带有浓厚的盲目色彩。大多数旅游者缺乏基本的旅游知识、消费经验和安全常识,没有足够的自我保护意识,他们往往容易跟风赶热,涌向热点旅游城市及景区(点),造成许多地方出现"爆棚"现象。

4. 旅游消费呈数量扩张型

假日旅游消费水平虽然较平时有所提高,但旅游消费的增长远低于游客人数的增长。从收入水平和实际价格水平两方面共同分析,我国出游家庭大多只具备了国内旅游的初步条件,消费水平不可能很高。由此形成了我国假日旅游消费层次低、消费数量急剧扩张的特点。

5. 旅游浪潮的出现呈周期性

我国旅游在一年内有两个大高峰(春节、"十一")、一个长旺期(暑假)、五十个小高潮(双休日),这种旅游浪潮将周而复始,年年如此。

(三) 假日旅游的规划

假日旅游的规划应侧重于假日旅游产品的多元化开发、假日旅游市场营销渠道的规划以及假日旅游辅助服务设施的规划等方面。

1. 假日旅游产品的多元化开发

假日旅游要实现持续发展,就必须努力开拓新的旅游产品,发现新亮点,不断充实和完善假日旅游的"大菜单"。旅游产品开发要适应市场需求,合理定位并形成特色,体现多样化和精品化特点。传统旅游产品要根据市场需求变化的特点,发掘丰富的文化内涵,开发一些特色的新兴旅游产品,主要有观光农业生态旅游、婚庆蜜月旅游、会展旅游、休闲度假旅游、康体休闲旅游、老年保健旅游等。

2. 假日旅游市场营销渠道的规划

假日旅游的规划,要对旅游的市场营销渠道进行统筹规划。采取联合促销和拓宽假日旅游产品分销渠道是被认为行之有效的途径,同时,还应注意旅游地假日旅游理想目的地形象的策划和传播。另外,可以将旅游区内的各景区(点)联合起来形成一定规模开展假日旅游市场促销和区域间的合作推广促销等,在尽可能大的范围内扩展假日旅游的营销渠道。

> **同步讨论** 发散思维,大胆想象,讨论在不久的将来,还会出现什么样的旅游新模式?

3. 假日旅游辅助服务设施的规划

假日旅游是一个全民参与的旅游形式,因此对旅游的辅助服务设施有较高的要求,特别是当人流量非常大时,服务设施的质量就在很大程度上决定了人们在假日旅游中的满意程度。因此,假日旅游规划要加强对旅游服务基础设施的规划,同时要规划建立完善的假日旅游信息资讯系统和游客服务中心。此外,应对未来规模不断增大的自驾车旅游市场也应加强服务设施的设计和安排,如道路系统、停车场所系统等。

本章小结

旅游规划是对某一区域内未来旅游系统的发展目标和实现方式的整体部署过程,旅游规划经政府相关部门的批准后,是该区域进行旅游开发、建设的依据。

《旅游规划通则》(GB/T 18971—2016)将我国现阶段的旅游规划分为两大类:旅游发展规划和旅游区规划。根据规划的范围和层次,旅游发展规划分为全国旅游业发展规划、区域旅游业发展规划和地方旅游业发展规划;旅游区规划分为旅游区总体规划、旅游区控制性详细规划、旅游区修建性详细规划。

旅游开发是以旅游资源为"原材料",通过一定形式的挖掘、加工,达到满足旅游者的各种需求,实现资源经济、社会和生态价值的目的。

城市旅游被定义为旅游者受城市文化、城市景观和城市商务氛围吸引,在城市区域内进行的,以探亲访友、商务会议、文化修学、观光购物以及游乐休闲等为目的的旅游活动。

关键概念

规划　旅游规划　旅游开发　城市旅游　生态旅游

复习思考

1. 复习题

(1) 简述《旅游规划通则》对我国旅游规划的分类方案。

(2) 请简要说明旅游规划与旅游策划各自的特点及两者间的联系。

(3) 如何理解文化是旅游策划的核心和灵魂?

2. 思考题

你认为在旅游业个性化需求不断增加的背景下,旅游规划者和管理者应该如何应对新兴旅游发展趋势。

拓展案例　　　港珠澳大桥环境评估遭受质疑

全长近50千米、工程造价逾700亿港元的港珠澳大桥,竟被一位66岁的老太太,通过法律途径挡住建设步伐,计划2016年通车的港珠澳大桥香港段工程或许无法如期完工。

港珠澳大桥内地段已经开工经年,其中人工岛挖泥工程已完成近九成。反观大桥香港段,原定于2011年年初动工,至今仍未有动静。阻碍大桥施工的正是家住香港东涌富东邨的居民——66岁老太太朱绮华。声称患有糖尿病和心脏病的朱绮华,2010

年通过法律援助,向香港高等法院申请司法复核,要求推翻环保署2009年10月通过的港珠澳大桥香港口岸段及香港接线段的两份环评报告。朱绮华在司法复核中指出,香港环境保护署(以下简称环保署)署长批准港珠澳大桥的两份环评报告,没有评估臭氧、二氧化硫及悬浮微粒的影响,是不合理的也是不合法的,因而要求推翻有关决定。2011年3月,司法复核在香港高等法院开庭进行。4月18日下午,香港高院正式裁定港珠澳大桥香港段环评报告不合规格,要求环保署署长撤销环境许可证。法官霍兆刚的判词指出,环保署署长批核的环评报告,欠缺关于空气质量的独立评估,未能符合港珠澳大桥研究概要及技术备忘录的要求。有关环评报告只提出兴建两段道路后对空气造成的影响,而对于不兴建两段路的空气情况则没有给出数据,所以缺乏基础做出判断。

  高院判词指出,如新环评报告可提供工程相关的环境影响,环保署署长届时可决定可否批准工程再动工。同时,败诉的环保署需支付朱绮华1/3的诉讼费,其余诉讼费则由法律援助按规定支付。

  (资料来源:马勇,李玺.旅游规划与开发[M].4版.北京:高等教育出版社,2017.)

  讨论问题:

1. 你如何看待港珠澳大桥环境评估遭受质疑的事件?
2. 该事件对于你学习旅游规划而言,有何启发?

项目 2
辨析旅游规划类型

◆ 项目目标

在学习了旅游规划与开发的基本概念后,深入探讨旅游规划体系的相关内容,而旅游规划体系包括法规体系、编制体系和运作体系三大部分。其中,编制体系是由各个层次的规划形式共同组成的,从旅游活动空间划分可分为旅游区、旅游景区、旅游景点三个层次,将旅游规划编制体系分为基本序列和扩展序列两个部分。基本序列包括旅游业发展规划、旅游区总体规划和旅游区详细规划三种形式,通过辨析旅游规划类型的概念特点内容,为后期编制不同类型形式的旅游规划作铺垫。

◆ 学习目标

在进行具体撰写旅游规划前,需要理解掌握旅游规划的不同编制概念和内容,通过辨析不同旅游规划的类型,成为后期项目规划编制的重要保障,本篇学生自主学习,教师辅导理解。

本篇分为四个认知任务,分别为旅游发展规划、概念性旅游规划、旅游区总体规划、旅游区详细规划。

通过本篇的认知学习,学生应该掌握旅游发展规划的概念和内容、概念性旅游规划的概念和特点、旅游区总体规划和详细规划的任务和内容,以实现辨析旅游规划编制的不同类别形式。

◆ 案例引导

陕西省旅游业"十三五"发展规划

2016年10月13日,《陕西省旅游业"十三五"发展规划》经省政府同意正式印发,从旅游产业的项目建设到旅游文化的扎根建设,从旅游业态的繁荣再到旅游品质的大幅提升,陕西旅游业将大力进行旅游供给侧改革,打造"全域旅游",全面加速陕西建设旅游强省的步伐,促进陕西旅游业的创新与腾飞。

"十三五"陕西旅游的发展定位是:国际著名、国内一流旅游目的地,"一带一路"

旅游核心区和华夏文明传承地。到2020年,实现"四个翻番":接待国内外旅游者比2015年翻一番,即全省接待国内外旅游者人次达到7.75亿人次,城乡居民年人均出游6次以上;旅游业总收入比2015年翻一番,即旅游业总收入达到6100亿元,旅游业增加值占全省GDP的8.8%,旅游业对全省GDP的综合贡献达到15.8%;旅游就业量比2015年翻一番,即旅游就业人数达到435万人,占全省就业总人数的20%;旅游投资总额比2015年翻一番,即完成大的旅游建设项目1000个以上,旅游直接投资总额超过5000亿元。

促进"旅游+"发展,构建旅游产业新格局,充分发挥旅游业综合性强、融合面广的特点,促进"旅游+"发展;延伸产业链,扩大产业面,构建旅游产业新格局。发展"旅游+研学"、"旅游+体育"、"旅游+康养"、"旅游+农业"、"旅游+工业"、"旅游+科技"、"旅游+创意",大力加强旅游产业与各个产业的融合发展。通过设立专项旅游投资基金,吸引、推动各个产业与旅游业紧密融合,共同发展。

陕西省旅游规划属于地方旅游业规划,需要根据当地地区优势,深入详细的调查研究,抓住最有特色的旅游资源,坚持可持续发展的原则,以人为本,统筹兼顾发展地区旅游规划,除此之外,旅游规划还有哪些类型,在这一篇内容中将展开阐述。

(资料来源:《陕西省旅游业"十三五"发展规划:实现"四个翻番"》,陕西日报.)

任务1　旅游发展规划

知识目标
1. 旅游发展规划概述
2. 旅游发展规划的内容
3. 旅游发展规划的成果形式
4. 旅游发展规划编制案例

技能目标
1. 理解旅游发展规划的概念和任务
2. 分析并确定旅游发展规划的内容
3. 描述旅游发展规划的成果形式
4. 评价并应用案例框架内容进行编制

一、旅游发展规划概述

(一)旅游发展规划

旅游发展规划是指根据旅游业的历史、现状和市场要素的变化所制定的目标体系,以及为实现目标体系在特定的发展条件下对旅游发展的要素所作的安排。按规划的范围和政府管理层次,旅游发展规划可分为全国旅游发展规划、跨省级区域旅游发展规划、地方旅游发展规划。地方旅游发展规划又可以分为省级旅游发展规划、地市级旅游发展规划和县级旅游发展规划,乃至乡镇(街道)级旅游发展规划(见图2-1)。

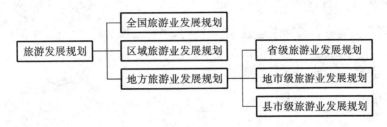

图 2-1　旅游发展规划分类

按规划期限的长短可分为近期旅游发展规划(1—5年)、中期旅游发展规划(6—10年),远期旅游发展规划(11—20年)。旅游发展规划一般为期限5年以上的中远期规划。地方各级旅游发展规划均依据上一级旅游发展规划,结合本地区的实际情况进行编制。

(二)旅游发展规划的任务

明确旅游业在国民经济和社会发展中的地位与作用,提出旅游业发展目标,优化旅游业发展的要素结构与空间布局,安排旅游业发展优先项目,促进旅游业持续、健康、稳定发展。

二、旅游发展规划的内容

(一)规划区旅游业发展背景分析

通过对规划区旅游业发展的历史与现状的总结,可以准确把握规划区旅游业发展的脉络和态势。目前,这种分析多使用SWOT分析法,在编制旅游发展规划时,应注意与各专项规划(如交通、国土、城市、文化、林业、水利、环保等规划)的相互衔接。

SWOT分析法是哈佛大学商学院的安德鲁斯(Andrews)在20世纪60年代提出的。其中:S(strength)表示优势;W(weakness)表示劣势;O(opportunity)代表机会;T(threat)代表威胁(有的又称挑战)。SW主要分析企业内部条件,着眼于企业的自身实力和与竞争对手的比较;OT主要分析企业发展的外部条件,强调外部环境的变化及其对企业可能产生的影响。

将SWOT分析方法应用于区域旅游规划中,SW代表区域旅游发展的内部条件,OT代表区域旅游发展所面临的外部环境。通过对区域旅游内部条件和外部环境的全面分析,制定区域旅游发展战略。旅游区域的SWOT分析,常见的有四种组合模式,不同的组合模式采用的对策是不同的,具体见表2-1。

表 2-1　SWOT 分析法

	目的地类型	基本战略
1	SO 型	利用机会,发挥优势
2	ST 型	发挥优势,克服威胁
3	WO 型	利用机会,克服劣势
4	WT 型	规避威胁,减轻劣势

(资料来源:王大悟,毕昌贵.旅游规划新论[M].合肥:黄山书社,2002.)

（二）旅游客源市场分析与预测

分析规划区的客源市场需求总量、地域结构、消费结构及其他结构，预测规划期内客源市场需求总量、地域结构、消费结构及其他结构。

> **同步思考** SWOT 分析法在哪些情况下适用，主要用于分析哪些问题，还存在怎样的分析缺陷？

（三）提出规划区的旅游主题形象和发展战略

主题是指旅游景观、产品、区域所隐含和揭示的中心思想与意念内涵。形象即表象，是事物或人物的本质特征、外在表象和文明程度的外在表现，是反映旅游区富有时代性、地域性和民族性的文明素质与特色风貌的一面镜子，是影响旅游者选择旅游地、做出旅游决策的重要因素之一。

发展战略是旅游发展的总纲，一般用简明的语言表达旅游业的产业地位和发展战略。例如，我国在 20 世纪 80 年代初提出"旅游业适度超前发展"的战略；2004 年杭州市提出"个性国际化战略和旅游一体化战略"。

> **同步思考** 旅游发展规划内容和旅游区规划内容中的侧重点各是什么？

（四）提出旅游业发展目标及其依据

目标是旅游发展规划首先要解决的问题，是整个旅游发展规划的核心。制定目标体系必须有科学的依据，不能想当然地闭门造车。

（五）明确旅游产品开发的方向、特色与主要内容

旅游产品规划的核心是特色，只有具有特色的旅游产品才有生命力。一个大的旅游区域的旅游产品要形成体系，既要有拳头产品，也要有重要产品和配套产品。

（六）提出旅游发展的重点项目，并对其空间及时序做出安排

确定重点旅游项目的依据主要有：能产生轰动效应和联动效应；有利于招商引资；有利于开发有特色的旅游产品；有利于吸引游客并方便其游览观光和休闲度假；有利于通过旅游产品开发带动地区经济、文化发展和生态环境保护；有利于旅游开发和行业管理等。选择出规划区的重点旅游项目后，应对其空间布局和开发时序做出规划。

（七）提出要素结构、空间布局及供给要素的原则和办法

旅游发展要素除旅游资源之外，还包括旅游接待设施、旅游交通设施、旅游保障与供

给/旅游人力资源等。对旅游接待设施和交通设施要明确总需求量,以及合理的数量比例、类型结构、档次结构和地域分布。旅游保障包括医疗急救、社会保险和治安管理等。旅游供给是旅游生产所需要的原材料。旅游人力资源包括人才需求、教育培训等。

在各旅游要素的空间布局上,要根据旅游资源的组合优势,突出各区域的主题和功能,考虑各旅游区域不同的功能和各区域功能上的相互合作关系。

(八)坚持可持续发展原则,注重保护与开发利用的关系

主要涉及旅游资源和环境的保护规划,注重保护和开发利用的关系,提出合理化措施。

(九)提出规划实施的保障措施

一是政策法规的配套完善。通过完善法律法规体系,确立旅游业的作用和地位,保护旅游企业和游客的合法权益;为企业和投资者营造良好的环境;通过制定适当的政策,扶持规划区域内旅游业的快速发展。

二是对资金筹集、旅游投入提出建议。从国家、地方、部门、集体和个人多渠道筹集资金。以政府财政为引导,积极引进外资和吸引社会资金,保证旅游开发建设的资金来源。

三是按照大旅游的要求,加强旅游行业管理。组建强有力的旅游发展决策机构,使其具备跨系统、跨行业协调的能力;提高党政系统对旅游发展的重视程度,加大对旅游业发展的支持。

(十)投资分析

主要对旅游基础设施、旅游专门设施、旅游市场开发、人力资源开发等方面的投入进行分析。这些分析通过财务方法实现,基础设施类的项目一般应由政府投资,应当侧重于社会效益的评价;经营类项目一般由企业投资,侧重于经济效益的评估。尽管投资分析侧重于财务指标,但作为旅游发展规划,还必须对旅游发展的社会效益、环境效益进行全面分析。

三、旅游发展规划的成果形式

旅游发展规划的成果包括规划文本、图件和附件三部分。

> **同步练习** 旅游发展规划的成果包括哪几个部分?
> A.规划文本　　　B.图纸　　　C.图件　　　D.附件

(一)规划文本

规划文本是旅游规划的主要成果形式,是对规划成果的一种简洁明了的说明。旅游规划文本仅仅给出研究的结论和最终数据,一般不进行解释和背景介绍。旅游规划文本是规定性语言的条款,内容提纲挈领、思路明晰、文字简洁、用语规范,着重讲清是什么、做什么,

不必阐述为什么。

（二）图件

图件是旅游发展规划成果的重要部分，经审批后，与规划文本具有同等效力。

旅游发展规划由于规划区域相差较大，其图纸比例尺可根据功能需要与实际可能确定。旅游发展规划需要绘制的图件主要包括区位分析图、旅游资源分析图、旅游客源市场分析图、旅游业发展目标图、旅游产业发展规划图等。

 陕西省延川县全域旅游发展规划编制案例

（三）附件

附件一般包括规划说明书、专题报告、基础资料和相关文件。这些材料主要围绕规划文本的内容进行必要的说明和论证。其中，说明书和基础资料是大多数规划必不可少的附件。

旅游规划说明书主要是对规划文本各项条款的阐释、说明和补充，基础资料主要包括旅游资源调查、评价汇编、旅游客源市场调查（抽样调查资料和分析结果）等。

任务 2　概念性旅游规划

知识目标
1. 概念性旅游规划概述
2. 概念性旅游规划的编制方法
3. 概念性旅游规划编制典型案例

技能目标
1. 理解概念性旅游规划的概念及背景
2. 辨析不同概念性旅游规划方法
3. 评价并应用案例方法进行编制

一、概念性旅游规划的编制要点

（一）概念性旅游规划的定义

概念性旅游规划起源于 20 世纪 60 年代，受城市建设与区域规划的影响，由刘德谦教授在《概念性规划讲求"四高""四宽"》一文中第一次提出,国内专家学者对概念性旅游规划进行了相关解读,但是,目前为止国内没有形成这一概念的统一认识,留有很大的空间等待研究与探讨。本书结合相关解读进行定义,概念性旅游规划是适应现代旅游业对市场变化的要求,综合运用各种科学技术手段,以根据旅游地的资源特点与优势定位的原则,而提出的一种创造性和前瞻性的旅游规划手段。

(二)概念性旅游规划的背景

随着我国社会经济发展与居民生活理念的变化,伴随着市场竞争的加剧,旅游业由传统的粗放式经营逐渐转到集约化经营。2016年中国旅游业对GDP综合贡献率达11%,中国旅游业对社会就业综合贡献超过10.26%,与世界平均水平持平。旅游业的发展带来了巨大的经济与社会效益,逐渐成为经济发展的综合性产业,并且对于新常态下国内经济发展有显著推动作用。尽管旅游业主要涉及的是消费和投资,但在促生产和保增长方面,旅游业通过作用于生产要素和生产技术,在当下的"供给侧改革"中能发挥巨大作用。近年来,休闲地产开发和乡村旅游发展促进了旅游业对投资的驱动,使旅游业对国内经济的作用体现出"消费+投资"双轮驱动的良好现象。通过国家统计局的有关数据可以看出,我国国内旅游总花费呈现逐年上升之势,佐证了旅游业对经济发展的重要性。要求对旅游地现状进行精确评价、对未来发展进行精准预测、制定严谨的目标实现推进进程、在进行理性技术分析后确定最优方案的传统旅游规划已经不再适用于现代旅游业的发展要求。在现代旅游业要求下,旅游规划应迅速匹配消费者需求,应对市场变化,加快市场布局,提高技术应用与旅游体验。同时,伴随市场经济的推进,市场在资源中起决定性作用的政策导向,任何指定性的计划保证不复存在。于是,兼具灵活性与创新性的概念性旅游规划成为时代的新宠。

(三)概念性旅游规划的特点

总的来看,概念性旅游规划具有以下特点:根据旅游地的资源特点与优势进行定位,因地制宜,实事求是;注重科学技术应用与学科交互结合;体现旅游规划战略部署,具有操作指导意义;编制灵活,接受模糊论证;讲究研究方法与思维的创新性,注重前瞻性研究。

二、概念性旅游规划的编制方法

(一)生态升级法

生态升级法是指在以生态升级为规划核心的基础上,把总体规划与资源利用相结合,采用创新型科学技术手段,提倡建设生态设施、使用生态能源、采用生态材料、运用生态技术、建造生态建筑以及主推生态景点。利用景观生态学等跨学科知识技术进行旅游景观升级、游客体验升级和产品服务升级。以生态体验为市场推广着力点,发展生态旅游为旅游地发展长期战略,进行旅游地概念性旅游规划的编制工作。南京响堂村生态农业旅游概念性规划采取了生态升级的方法,该规划中以从事农事活动为基础,以农业生产经营为特色,利用生态景观,把生态农业、园林、观光、度假与娱乐结合起来。采用生态升级法进行概念性旅游规划编制的案例有大连金州蚂蚁岛旅游规划、广东省增城区的生态农业旅游概念性规划以及安徽省宣城敬亭双塔景区规划等。

（二）文化挖掘法

文化挖掘法首先要进行旅游地资料分析，特别是研究当地历史文化与民俗风情，发现并包装旅游地传说故事。其次进行实地调查，特别是人文社会调查，对于旅游地地理风貌、建筑特色、现有旅游资源等问题进行实地调查分析。而后通过旅游地空间结构调整，形成丰富多变的空间布局，与旅游地文化民俗相呼应，进行历史文化景观重建、历史文化印象与传说故事再现，使特色文化变为旅游产品并与旅游业融为一体。民俗风情园与顾村镇的概念性旅游规划是文化挖掘法的典型案例。常见的文化挖掘产品有原生态文化参观区、博物馆等，随着人们对于旅游体验要求的加深，传统的博物馆式文化景区无法满足现代旅游市场的要求，因此需要在旅游地开发中运用前沿科学技术，例如 VR(Virtual Reality)，即虚拟现实技术的应用，让游客在技术帮助下亲身体验历史文化的源远流长。采用文化挖掘法进行概念性旅游规划编制的案例有重庆市璧山区千亩荷园规划、河南临洋寨旅游区、凉州风情园规划设计以及关中风情园等。

> **同步练习** 理解概念性旅游规划人工再造法的内涵，搜索相关案例进行分享。

（三）人工再造法

人工再造法首先要进行区域还原，在结构上与整体上将规划区域的大致样貌进行恢复，保留可利用资源，并按照整体规划进行改造。其次进入原貌加工或场景再现阶段，辅以投影、音响等现代先进技术，而后进行景观重建。建立完善的旅游产品体系，突出主题。人工再造法主要是两个方面，一是利用人工与科技，恢复曾经的自然、人文或历史景观，或建设人造奇景，是一个从无到有的过程，这类规划通常在现存旅游资源相对缺乏的区域。二是对原功能丧失的区域，改建开发特色旅游。对于旅游地所在城市来讲，旅游开发既是产业转型的途径，也是环境升级的方式，同时也为城市经济与社会发展带来显著效益。采用人工再造法进行概念性旅游规划编制的案例有安徽省铜陵市大官山公园等。

> **同步讨论** 阅读金州蚂蚁岛的概念性规划案例，其中体现生态升级法进行规划编制应遵循哪些原则？

三、概念性旅游规划编制案例

（一）金州蚂蚁岛旅游规划

大连金州蚂蚁岛坐落于整个金渤海岸的西北面，蚂蚁岛距离金州荞发山码头约30公里,受到整个金州区域滨海旅游产业的辐射,蚂蚁岛的地理位置极具优势。整个蚂蚁岛概念规划项目包括东蚂蚁岛和西蚂蚁岛两处,总面积近3平方公里,岛上临近码头有一些民房,其他地带生态保存良好,在西蚂蚁岛的西面由于海水的长年冲刷形成一处沙地漫滩,是该岛一处独特的大自然的奇特景观带,岛上基本保持原生态的植被,地貌没有破坏,同时林地生态保存完好,其具备发展旅游产业的巨大潜力。

对该景区进行概念性旅游规划,提出了"现代豪华、海洋之声"的品牌定位,一方面满足高端游客的品位及生活形态,提供度假别墅、马术俱乐部、高尔夫俱乐部、射箭俱乐部、帆船俱乐部、潜水俱乐部等一系列高级娱乐及活动项目;另一方面针对许多热爱海洋的人群,提供一系列与水相关联的难忘经历,包括近距离观察海洋生物、乘海风冲浪运动、在海中潜水娱乐,度假中心将提供家一般的完美海洋之旅,致力于打造国际一流的旅游度假胜地。

其中,在规划设计中,充分利用生态技术及能源结合现代设计低碳减排的要求,将在整个蚂蚁岛上结合景观,充分利用太阳能为整个岛屿的旅游活动及日常生活提供部分的动力来源。同时,在两蚂蚁岛的中间海域选择合适的区域设计海上发电风车,既提供生态的电力,又是海上别具一格的风景线。整个蚂蚁岛的商业公建和后线的旅游服务建筑在适宜的情况下结合流行的绿色屋顶的案例经验进行处理,使其节能方面有很好的效果,夏季降低屋内的温度,同时减少空调的开放量,起到降低碳排放量的作用,同时也减少电力资源的损耗。

> **同步讨论** 根据案例中对璧山区现有资源的介绍,分析该地区如何利用文化挖掘法打造其乡村生态文化、乡村景观文化、乡村建筑文化及乡村民俗文化。

岛屿的价值优势不是只有依靠高强度的开发才能体现,公共性、丰富的旅游活动及生态化是衡量岛屿开发是否成功的重要的指标,在满足上述指标的同时,也可通过滨海地区和岛屿自身开发量的平衡,来获得较大的经济效益。在促进岛屿旅游开发的同时,更重要的是要加强生态化建设,可通过岛屿的综合整治作为触媒,带动滨海地区的生态旅游建设。

(二) 重庆市璧山区千亩荷园旅游规划

璧山区东邻重庆市的沙坪坝区、九龙坡区,地处交通要道,是重庆市的西大门。璧山区区内资源丰富,资源优势明显,拥有25种旅游资源单体、4种基本资源类型。具体如下: ①乡村田园景观类,如白果社和二社的经济果林、玉林村白鹤林、千亩荷园、玉林村温水养鱼基地、茶园基地、石泉灵芝、玫瑰园;②历史遗迹与建筑文化景观,如冯家大院、冯家寨遗址、彭家寨遗址、明清民居、明清古墓(两处)、古石板路、竹林寺、"文革"小学遗址、万家寺遗址(曾国藩后裔)、水渠遗址、左家祠堂;③民俗文化类,如马帮文化;④乡村企业文化类,如玉林村石膏矿企业、塑料加工厂、自来水厂、上陶生产厂、轻纺工业。此外,璧山区还拥有丰富的历史文化,如独特的鱼文化、兔文化、蔬菜文化、果林文化、花卉苗木文化和得天独厚的生态文化、悠久的璧山区乡村文化。

通过对重庆市璧山区千亩荷园规划区发展背景、区域特征、发展现状的分析,系统整合提升规划区的特殊理念、特有思想、关键概念,并提升形象主题,在综合分析的基础上定位规划的发展主题方向和目标。通过对规划发展战略的确定、空间构架部署以及意向项目和产品的设计，总结出规划的最终发展模式，即以乡村生态文化、乡村景观文化、乡村建筑文化、乡村民俗文化为主题概念的"动感乡村，意向荷都"的乡村旅游发展模式。根据规划区目前的形势发展制定旅游行动方针和旅游战略方法，主要实施管理优先行动、规划优先行动、开发优先行动，构建运行机制，完善基础设施等策略。

任务 3　旅游区总体规划

知识目标
1. 旅游区总体规划的概念
2. 旅游区总体规划的内容
3. 旅游区总体规划的成果形式

技能目标
1. 理解旅游区总体规划的概念
2. 分析并确定旅游区总体规划的内容
3. 描述旅游区总体规划的成果形式

一、旅游区规划的概念

（一）旅游区

《旅游规划通则》将旅游区（tourism area）界定为：以旅游及其相关活动为主要功能或主要功能之一的空间或地域。《旅游区（点）质量等级的划分与评定》（GB/T 17775—2003）将旅游区界定为：经过县级以上（含县级）行政管理部门批准设立有统一管理机构，具有参观、游览、度假、康乐、求知等旅游功能，并提供相应旅游服务设施的独立单位。因此，旅游区是指以旅游及其相关活动为主要功能或主要功能之一的空间或地域，具有参观游览、休闲度假、康乐健身等功能，具备相应旅游服务设施并提供相应旅游服务的独立管理区。管理区应有统一的经营管理机构和明确的地域范围。我国的旅游区包括风景区、文博院馆、寺庙观堂、旅游度假区、自然保护区、主题公园、森林公园、地质公园游乐园、动物园、植物园等。

（二）旅游区规划

旅游区规划（tourism area plan）是指为了保护、开发、利用和经营管理旅游区，使其发挥多种功能和作用而进行的各项旅游要素的统筹部署和具体安排。旅游区规划按规划的层次可分为总体规划、详细规划（见图 2-2）。

图 2-2 旅游区规划分类

二、旅游区总体规划的主要内容

在旅游区开发、建设之前,原则上应编制总体规划。小型旅游区可直接编制控制性详细规划。旅游区总体规划的期限一般为 10~20 年。其主要内容包含以下一些方面。

(一)旅游区客源市场的分析与预测

遵循市场与资源双导向原则,根据旅游区所处地理位置和资源属性,实事求是地进行市场调研和预测,细分并选择符合规划区域的实际旅游目标市场。客源市场分析和预测的主要内容包括需求总量、地域结构、消费结构等。

(二)界定旅游区范围,进行现状调查和分析,对旅游资源进行科学评价

旅游区范围原则上应由规划委托方提出初步方案,规划课题组根据旅游规划的技术进行确定,一般不能将自然地理单元割裂开。

现状调查是确定规划思路的基础性工作,主要内容包括区域特征调查、政策法规与相关组织机构调查、旅游资源调查、旅游基础设施和专门设施调查等。其中,区域特征调查主要是对区位特征、自然环境、历史沿革、人口特征、文化背景、经济发展、土地利用、环境质量等的调查;政策法规与相关组织机构调查主要是对现有旅游开发政策和规划、政府和旅游组织结构、投资政策和资金来源、旅游相关条例和法规、旅游教育和培训机构等的调查。

(三)确定旅游区的性质和主题形象

旅游区的性质通常包括旅游区的资源特色、旅游服务功能和旅游区类型等级等。旅游区的主题形象与旅游区的性质紧密相关。旅游区形象是吸引旅游者的关键要素,是旅游区总体规划中需要重点研究的问题。

(四)确定旅游区的功能分区和土地利用,测算规划期内的旅游容量

功能分区主要解决如何在旅游区范围内合理地安排旅游基础设施、旅游专门设施用地,划定范围,并限定各类设施建筑的体量、风格、高度、容量、用途及其他要求。

规划布局要遵循服务集中、游览分散的原则,资源和环境保护第一的原则,安全可靠的原则,有利于游客旅游活动安排的原则。

旅游区的功能区,一般应包括观光游览区、旅游接待区、休闲度假区、登山野营区、文化娱乐区、商业服务区、行政管理区、居民生活区等。不同的旅游区所划分的功能区是不完全一样的,应根据旅游区的具体情况进行规划。

旅游容量的测算是一项复杂的工作,需要通过实地调查和室内计算,并且要综合考虑

多种因素才能完成。

（五）旅游交通规划

旅游交通规划可以分为外部交通规划和内部交通规划两部分。一方面，应确定规划区域对外交通系统的布局和主要交通设施的规模、位置；另一方面，应确定规划区域内部的其他道路系统的走向、断面和交叉形式。

（六）景观系统和绿地系统的总体布局

景观系统规划，一是要注意景观廊道的设计与保护；二是景观的培育；三是观景设施的规划。

绿地系统规划主要包括绿地系统的面积、位置、类型、展现的特色等。

（七）旅游基础设施、服务设施和附属设施规划

旅游基础设施主要包括供电系统、给排水系统、通信系统、医疗系统、治安管理系统等。

旅游服务设施主要包括住宿设施、餐饮设施、娱乐设施、购物设施、游憩设施等；附属设施主要指旅游规划区域的管理设施。在旅游区总体规划中，应对上述各类设施的数量、类型、特色与空间布局等进行相应的规划。

（八）防灾系统和安全系统规划

不同类型旅游区防灾系统的内容是不一样的。比如，山区主要涉及地质灾害的预防、森林病虫害的预防等；海滨一般涉及台风等自然灾害的预防等。防灾系统规划既要考虑灾害对游客、当地居民和旅游区工作人员的危害，也要考虑灾害对旅游资源和环境的危害。

安全是旅游者外出旅游最关心的问题，建立旅游安全系统是旅游业可持续发展的基本保障。在现代旅游活动中，不安全的因素随处存在。据国际相关机构统计，平均每50000名旅游者中就有1人在旅途中发生意外。随着现代旅游中惊、险、奇、特项目的不断增多，旅游者的活动范围正在向高山、海洋、沙漠、戈壁、海底、空中深入，旅游安全规划就更加急迫和重要。旅游安全规划应坚持"安全第一，预防为主"的方针，将规划的重点放在安全事故的预防上，但同时也应加强旅游救援体系、旅游保险等后补性措施的规划。

（九）研究并确定旅游区资源的保护范围和保护措施

通常将旅游区划分为核心保护区、重点保护区和外围保护地带。核心保护区是旅游资源精华所在，要绝对保护，不允许布局各类旅游服务设施；重点保护区是旅游区范围内除了核心保护区以外的地域，主要保护植被、自然景观和原生风貌，游人可以进入，但一般不允许修建永久性建筑物；外围地带是旅游区周边的地区，一方面要保护自然植被，避免建造破坏景观的建筑物，另一方面要控制建设有污染的厂矿企业。旅游区资源和环境保护的主要措施有划定保护区界线，明确保护对象，通过政府立法保护，成立专门的旅游区管理委员会，把开发和保护结合在一起。

（十）旅游区的环境卫生系统布局，提出防止和治理污染的措施

旅游区的环境卫生系统既是旅游区环境保护的依托，也是旅游区游览环境的保障。旅

游区环境卫生系统的内容广泛,既包括大量环境卫生设施的建设和空间布局,也包括旅游区环境卫生服务制度的建设。

(十一) 提出旅游区近期建设规划,进行重点项目策划

旅游区规划中的近期项目的确定对整个旅游区发展目标的实现至关重要。近期建设规划是一个目标具体、依据可靠、措施得当、切实可行的建设规划和计划,是政府管理部门审批建设项目的重要依据。

近期建设规划的主要内容有:确定建设项目的主要内容和投资规划;近期建设项目的空间地域布局和用地安排;在综合平衡的基础上,统筹安排各建设项目的重要程度、先后次序、建设年限和标准;根据投资规模落实规划资金和筹资渠道;估算新、扩、改建和维护项目的投资等。

(十二) 提出总体规划的实施步骤、措施和方法,以及规划、建设、运营中的管理意见

为了避免旅游规划"规划规划,纸上画画,墙上挂挂"的命运,增强旅游规划的可操作性,应有详细的规划实施措施。

(十三) 对旅游区开发建设进行总体投资分析

投资分析主要从投资总规模、收支平衡两个角度来论证旅游规划方案的经济可行性,具体内容包括以下几个方面。

1. 投资概算

旅游区总投资费用主要包括土地出让费用,建筑物投资费用,户外设施费用,教育培训、市场调研、宣传、技术咨询、不可预见费用等。

2. 经营成本概算

旅游区的经营成本一般包括设施维护费用、员工工资、保险、贷款利率、固定资产税、所得税、管理费用、宣传营销费用等。

3. 接待能力与营业量估算

主要预测旅游区开业后的预计销售价格、折扣价、营业规模等。

4. 投资收益分析

重点分析建设周期、旅游产品生命周期、保本经营状况、正常经营状况、最佳经营状况、投资回收期等。

同步练习 旅游发展规划与旅游总体规划有哪些相同之处?
A. 成果形式　　　　　　B. 文本使用效力
C. 撰写要求　　　　　　D. 内容

三、旅游区总体规划成果形式

旅游区总体规划的成果形式包括文本、图件和附件。

旅游区总体规划的文本与旅游发展规划的文本在使用效力、撰写要求上基本一致。

旅游区总体规划一般需要提供旅游区区位图、综合现状图、旅游市场分析图、旅游资源评价图、总体规划图、道路交通规划图、功能分区图、近期建设规划图以及其他专业规划图等图件。

旅游区总体规划的附件包括规划说明书、专题报告、基础资料和相关文件。

任务4　旅游区详细规划

知识目标
1. 旅游区控制性详细规划概述
2. 旅游区修建性详细规划概述

技能目标
1. 理解控制性详细规划的相关概念
2. 理解修建性详细规划的相关概念

一、旅游区控制性详细规划概述

（一）旅游区控制性详细规划概念

旅游区详细规划包含旅游区控制性详细规划和旅游区修建性详细规划。旅游区控制性详细规划是在旅游区总体规划的基础和框架下，对特定旅游区内的建设开发用地进行深入的控制性规划设计。

控制性详细规划要详细到对各项建设指标的确定，包括对发展目标的进一步细分；发展战略和策略要具体到操作计划和方案；明确各项接待服务设施的占地、建筑面积和内部功能；各项基础设施的具体指标确定，如给排水的管线、供电设备的负荷指标、道路的路面结构和具体宽度等；绿化的树种和栽培方式；资源和环境的保护对象和指标要求等。

（二）旅游区控制性详细规划任务

以总体规划为依据，详细规定区内建设用地的各项控制指标和其他规划管理要求，为区内一切开发建设活动提供指导。

(三)旅游区控制性详细规划的主要内容

(1) 详细划定所规划范围内各类不同性质用地的界线。规定各类用地内适建、不适建或有条件允许建设的建筑类型。

(2) 规划分地块,规定建筑高度、建筑密度、容积率、绿地率等控制指标,并根据各类用地的性质增加其他必要的控制指标。

建筑密度是指项目用地范围内各种建筑物、构筑物占地面积的总和占总用地面积的比例,其计算公式为:

$$建筑密度 = \frac{建筑物占地面积 + 构筑物占地面积 + 堆场占地面积}{项目总用地面积} \times 100\%$$

容积率是指项目用地范围内总建筑面积与项目总用地面积的比值。当建筑物层高超过 8 米,在计算容积率时该层建筑面积加倍计算。

$$容积率 = \frac{项目总建筑面积}{项目总用地面积}$$

绿地率是指项目区用地范围内各类绿地面积的总和与项目区用地面积的比率。

$$绿地率 = \frac{各类绿地面积总和}{项目区用地面积}$$

(3) 规定交通出入口方位、停车泊位、建筑后退红线、建筑间距等要求。建筑红线是指城市规划管理中,控制城市道路两侧沿街建筑物或构筑物(如外墙、台阶等)靠临街面的界线,由道路红线和建筑控制线组成。《民用建筑设计通则》(GB 50352—2005)规定,除基地内连接城市的管线、隧道、天桥等市政公共设施外,任何建筑物和附属设施不得突出道路红线和用地红线建造。

(4) 提出对各地块的建筑体量、尺度、色彩、风格等要求。

(5) 确定各级道路的红线位置、控制点坐标和标高。

(四)旅游区控制性详细规划的成果形式

旅游区控制性详细规划的成果形式包括文本、图件和附件。旅游区控制性详细规划图件的比例尺一般为 1∶2000—1∶1000,需要提供的图件主要包括旅游区综合现状图、各地块的控制性详细规划图、各项工程管线规划图等。旅游区控制性详细规划的附件一般包括规划说明书、专题报告、基础资料和相关文件等。

同步练习 旅游区修建性详细规划成果形式包括图件和说明书,不需要撰写文本。(判断)

二、旅游区修建性详细规划的概述

对于旅游区当前要建设的地段,应编制修建性详细规划。

(一)旅游区修建性详细规划的任务

在总体规划或控制性详细规划的基础上,进一步深化和细化,用以指导各项建筑和工程设施的设计和施工。

(二)旅游区修建性详细规划的主要内容

(1)综合现状与建设条件分析。
(2)用地布局。
(3)景观系统规划设计。
(4)道路交通系统规划设计。
(5)绿地系统规划设计。
(6)旅游服务设施及附属设施系统规划设计。
(7)工程管线系统规划设计。
(8)竖向规划设计。竖向规划是指城市开发建设地区(或地段)为满足道路交通、地面排水、建筑布置和城市景观等方面的综合要求,对自然地形进行利用、改造,确定坡度、控制高程和平衡土方等而进行的规划设计。
(9)环境保护和环境卫生系统规划设计。

(三)旅游区修建性详细规划的成果形式

旅游区修建性详细规划不需要撰写文本,只需要提供图件和说明书。

1. 旅游区修建性详细规划的图件

旅游区修建性详细规划图纸的比例尺一般为1:2000—1:500。提供的主要图件包括综合现状图、修建性详细规划总图、道路及绿地系统规划设计图、工程管网综合规划设计图、竖向规划设计图、鸟瞰图、透视图等。

2. 旅游区修建性详细规划说明书

旅游区修建性详细规划说明书主要对图件进行说明。

本章小结

旅游发展规划是指根据旅游业的历史、现状和市场要素的变化所制定的目标体系,以及为实现目标体系在特定的发展条件下对旅游发展的要素所作的安排。

概念性旅游规划是适应现代旅游业对市场变化的要求,综合运用各种科学技术手段,以根据旅游地的资源特点与优势定位的原则,而提出的一种创造性和前瞻性的旅游规划手段。

旅游区规划是指为了保护、开发、利用和经营管理旅游区,使其发挥多种功能和作用而进行的各项旅游要素的统筹部署和具体安排。

旅游区详细规划包含旅游区控制性详细规划和旅游区修建性详细规划。

旅游区控制性详细规划是在旅游区总体规划的基础和框架下,对特定旅游区内的建设开发用地进行深入的控制性规划设计。

关键概念

旅游发展规划　概念性旅游规划　旅游区总体规划　控制性详细规划编制　修建性详细规划编制

复习思考

1. 复习题

（1）简述旅游区总体规划的内容。

（2）请简要说明旅游区控制性详细规划和修建性详细规划的主要内容。

（3）请试着辨析旅游发展规划、概念性规划、旅游区总体规划和旅游区详细规划这几种类型编制的异同及相互关系。

2. 实作题

××地区旅游业发展的SWOT分析。

要求包含以下内容：

（1）简述选定区域的基本情况。

（2）逐一分析该区域旅游业发展的优势、劣势、机遇、威胁。

（3）得出结论。

（4）根据分析结论提出建议。

拓展案例

慢游与慢游小镇

2013年第三届中国消费经济高层论坛·慢城峰会，发布了"慢城宣言"，向全社会倡导一种健康、安全、绿色、内敛的消费观念和生活方式，呼吁全社会共同营造一种人与自然、人与社会、人与人更为和谐的关系，让每一个人都能享受慢生活，并成为慢生活的创造者和传播者，让每个人的内心每一天都能充满因放慢脚步而带来的充实感与幸福感。同时，该会议还评选出了"2012中国十佳村镇慢游地"荣誉榜：高淳区桠溪镇、丽江市束河古镇、昆山区锦溪镇、吴江区黎里古镇、安吉县上墅乡、缙云县河阳古村落、成都市洛带古镇、新沂市窑湾古镇、连云港市宿城乡、酉阳县酉水河镇（排名不分先后）。

（资料来源：马勇，李玺.旅游规划与开发[M].4版.北京：高等教育出版社，2017.）

讨论问题：

查阅资料，了解什么是"慢游"？讨论"慢游"概念的提出对于旅游地的发展有哪些启示？在编制规划中应如何体现？

项目 3
编制旅游规划

◆ 项目目标

在上一项目中,对旅游规划编制的类型进行了基本的理解认知,而在实践编制中,还需要解决编制过程中的策略思路问题。从实践中可知,编制旅游规划的目的可以归纳为两类,一类是为解决当前问题,一类是为实现预定目标,即问题导向型与目标导向型。由此引出旅游规划编制的三种导向方法,即问题导向旅游规划的编制方法、目标导向旅游规划的编制方法和综合导向旅游规划的编制方法。综合导向是前两者的综合,在本部分将重点展开论述前两种方法,第三种方法可根据实际案例结合前两者方法的思路进行运用。

◆ 学习目标

旅游规划编制的导向方法的学习,是学生具体进行撰写旅游规划策划时的思路指导,通过对两种导向方法的认知实践,成为后期项目规划编制的理论基础,本篇中包含两个案例,通过案例学习帮助学生理解。

本篇分为两个认知任务,分别为问题导向旅游规划的编制方法和目标导向旅游规划的编制方法。

通过本篇的认知学习,学生应该掌握问题导向和目标导向的两种旅游规划编制的方法,技术路线和体系研究,以及在具体案例中的实际应用。

◆ 案例引导

新形势下如何编制地方旅游"十三五"规划

"十三五"规划是我国经济发展步入新常态后的第一个五年规划,对中国未来的发展意义重大。与"十二五"相比,"十三五"时期正是我国经济转型改革的深化年,面临的经济形势异常复杂,任务异常艰巨,因此"十三五"规划的制定也必将被赋予众望。

对于旅游业来说,也不例外。近些年,大到产业地位、市场作用,小到旅游要素、发展模式,旅游产业均发生了翻天覆地的变化。在国家一系列产业政策的支持以及市场需求的推动下,旅游已突破单一产业的限制,与新型城镇化、区域发展、生态建设、乡村扶贫等紧密结合,成为拉动我国经济发展的重要动力,战略引擎作用逐渐凸显。在我国经济发展步入新常态的背景下,经济战略转型、产业结构优化升级、发展方式转变等的逐步推进,需要新的经济增长点。旅游产业作为现代服务业的重要组成部分,正在成为经济发展新常态下的新增长点,是稳增长的重要引擎,是调结构的重要突破口,是惠民生的重要抓手。面临这一重要的历史使命,旅游"十三五"规划的编制与以往相比,必将站在新的高度,呈现出不同的特征。在把握我国战略顶层设计、旅游发展未来趋势的基础上,我们需要认清旅游"十三五"规划的特征、理清旅游"十三五"规划的新思路,构建旅游"十三五"规划编制的技术路线,从而为未来5年旅游的发展提供一个有依据的、可操作的、可实施的发展路径与目标。而在编制过程中可以运用怎样的思路进行编制,在本篇内容将会通过案例的形式展开说明。

(资料来源:《对中国旅游"十三五"发展规划编制的思考与建议》,凤凰网。)

任务1 问题导向的编制方法

知识目标
1. 问题导向编制的概念
2. 问题导向编制的方法
3. 问题导向编制的技术路线
4. 问题导向编制的应用案例

技能目标
1. 描述问题导向编制的概念
2. 理解问题导向编制的方法
3. 选择合适的编制技术路线
4. 应用问题导向案例框架内容编制

一、问题导向的提出

有些地方编制旅游规划是要解决发展中的某些问题。问题导向的编制方法以研究问题为出发点,指导规划的方向,解决规划区旅游发展中目前面临或潜在的问题,促进旅游地的发展。"问题就是机遇",这种方法从问题诊断出发,通过深入的调查研究(包括踏勘现场、查阅资料、市场调查、座谈访谈、征询意见等),认真的分析梳理,确定规划区的问题系统,提出拟解决的核心问题,针对这些问题提出发展战略思路,构建核心产品体系,提出关键性策略,指导旅游地发展。

二、问题导向旅游规划的编制方法

西双版纳傣族自治州(以下简称"西双版纳")是在澜沧江—湄公河次区域(以下简称

"澜湄次区域")合作的当时时代背景下开展战略研究实践的,如何发挥西双版纳在澜湄次区域旅游合作中的重要地位、促进西双版纳旅游业再创辉煌就成为规划的重点问题。该规划是典型的以问题为导向的案例,本书以此为例探讨研究思路。

> **参考案例** 　《西双版纳在澜湄次区域旅游合作中的发展战略》,中山大学旅游发展与规划研究中心。

◆案　例

引子:问题的提出(委托方:西双版纳州旅游局)
(1)西双版纳旅游效益下降、增长乏力。
(2)澜湄次区域合作不断推进。

操作思路(承担方:中山大学旅游发展与规划研究中心)
(1)环境分析:发展机遇与挑战的提出。

在分析澜湄次区域旅游发展的概况、特点与趋势,西双版纳在澜湄次区域中的旅游发展历程与特点的基础上,从区域的角度分析了西双版纳在澜湄次区域中的优势、劣势、机遇与威胁。

(2)战略构想:战略框架的建构。

①战略目标。

推进和促成四国边境旅游区和大湄公河北部旅游圈的形成将景洪培育成为澜湄次区域的旅游组织中心和商贸中心之一,巩固和加强旅游目的地的功能和地位。

②战略时序。

近期:推出四国边境游、黄金水道游;重塑形象、丰富产品、加强合作、建设组织中心和商贸中心。

中期:四国边境游、黄金水道游系列产品的规模开发,以磨憨自由贸易区的发展为契机带动会展和商务旅游市场的进一步发展。

远期:四国边境国际公园建设,形成次区域旅游有效合作模式。

③战略构成。

区域战略:建立四国边境旅游区"国际公园"。

形象战略:形象危机管理和设计新形象的双重战略。

产品战略:以黄金四角探秘游、湄公河休闲观光游、四国边境游及边贸商务旅游为突破口,围绕"热带、多元文化、原始生态、边境"为主题深化老产品、发展新产品。

市场战略:围绕"通"、"留"两个字做文章,突破重点市场,拓展新兴市场,挖掘传统市场产业发展战略;提升旅游企业质量,控制数量,提升总体形象。

可持续发展战略:积极探索文化遗产向文化产业转化的模式,努力形成品牌效应。

(3)战略实施。

①规划对策的提出。

②区域合作战略的实施。

③产业发展和人才战略的实施。
④市场战略的实施。
⑤产品战略的实施。
⑥需要得到支持的旅游开发政策和措施。
⑦行动计划。
⑧重点建设项目库。

从以上案例中可以看出,以问题为导向的旅游发展规划的研究思路的出发点是问题诊断,然后针对这些问题提出发展战略思路,规划核心产品体系,构建支撑体系,提出实施对策。图 3-1 所示为问题导向旅游发展规划编制示意图。

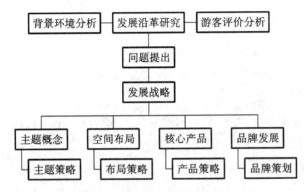

图 3-1　问题导向旅游发展规划编制示意图

在问题导向旅游发展规划编制方法中,两个关键任务是确定区域旅游发展中存在的问题、针对旅游地发展中存在的主要问题提出旅游发展的新思路。

同步思考　根据问题导向旅游发展规划编制方法示意图,重新阅读理解西双版纳旅游规划案例,解析每一步骤所对应的案例内容。

三、旅游发展问题诊断的技术路线与方法

这里强调"提出问题比解决问题更重要"。规划区旅游发展中存在的问题可能涉及各个方面,对于某一个既定的区域,可能同时存在很多问题,问题导向的方法有助于将所有现存的问题一一列举,通过归纳总结,根据问题的全局影响情况大小进行界定。

(一)旅游发展中存在的问题

一般来说,规划区旅游发展中存在的问题主要包括以下几个方面。

1. 旅游管理体制

旅游管理体制不顺畅,旅游行政管理部门的职能不明确,旅游区(点)管理体制不合理,都会制约旅游发展。

2. 旅游发展政策

旅游产业的地位不明确,旅游产业发展的政策环境不具备,通常会给旅游融资、旅游企业发展带来很大困难。

3. 旅游发展思路

旅游发展思路不清晰、不统一,定位不科学,目标模糊、过高或太低,会给旅游产业发展造成导向性错误。

4. 旅游产品开发

旅游资源向旅游产品转化难度大,旅游区(点)、旅游线路不符合游客需求,旅游产品体系不完整,旅游产品结构不合理,是制约旅游发展的核心问题。

5. 旅游产业布局

旅游产业布局不合理,功能分区不科学,土地利用不符合要求,中心地的支撑作用不够,增长极培育力度不足会成为旅游发展的障碍。

6. 旅游形象塑造

知名度不高、美誉度不够,旅游形象不够明确、不够突出、不够独特,旅游宣传口号不具震撼力、吸引力,旅游视觉与形象识别系统不完善,也影响旅游者的决策,从而影响客源。

7. 旅游市场开拓

旅游市场定位模糊,宣传力度不够,开拓手段单一,营销投入不足,会影响旅游客源的规模。

8. 旅游资金来源

旅游融资理念陈旧、渠道单一、手段落后,旅游开发投入不足,直接制约旅游发展。

9. 旅游基础设施

外部可进入性不高,内部交通不够便捷,通信、电力、给排水设施不完善,都会影响旅游体验。

10. 旅游配套设施

旅游住宿、餐饮、娱乐、购物、游览等接待设施不完善,将影响旅游者的体验质量和满意程度。

11. 旅游产业体系

旅游产业要素不健全、结构不合理、服务质量不高,会影响旅游综合收入,影响旅游带动作用的发挥。

12. 旅游人力资源

旅游从业人员数量不足、结构不合理、质量不能适应需求,也会影响旅游服务质量与管理水平。

13. 旅游环境保护

旅游环境质量下降、旅游资源遭到破坏,会在一定程度上制约旅游可持续发展。

14. 旅游发展效应

旅游对经济发展、社会进步、环境改善的作用不明显，关联带动作用没有充分体现出来，会给旅游发展造成负面影响。

（二）旅游发展问题诊断的技术路线

旅游发展问题诊断的过程可以分为四个环节：①考察、调查、访谈、比较等；②列举旅游发展中存在的问题；③比选确定存在的主要问题；④甄别存在的关键问题（见图3-2）。

在组织形式上，头脑风暴法、德尔菲法都是问题诊断经常采用的方法。从现象中找到问题，再在其中找到主要问题和关键问题。

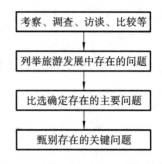

图 3-2　旅游发展问题诊断的过程

> **同步讨论**　查阅资料，了解什么是头脑风暴法和德尔菲法，两种方法各自的特点是什么？

（三）旅游发展问题诊断的基本原则

在问题诊断的基础上，应识别出其中的关键问题，基本原则如下。

1. 分清主次抓重点

问题有主要和次要之分。问题识别过程中，旅游规划工作者应分清主次，抓主要矛盾，识别出影响旅游发展全局的重点问题，提出解决方法。一般来说，旅游发展的关键问题可能包括产品、投入、形象、市场、产业要素、体制等方面。

2. 透过现象看本质

问题有表象和本质之分，有些问题仅仅是一种现象，规划工作者应深入分析其本质原因。例如，游客停留时间短、综合收入不高是各地旅游发展中经常面临的问题，此问题就属于表面现象，应分析造成这种现象的根本原因。这样，经过深入分析，才能为确定发展战略提供依据。

（四）旅游发展问题诊断的主要方法

在旅游规划实践中，问题诊断的方法往往因人而异，与规划工作者的思维方式有密切关系。具体而言，发现问题的技术方法主要有以下几种。

1. 实地观察法

通过对旅游资源、旅游区（点）建设等方面的实地考察，可以发现旅游开发中存在的问题。

2. 统计资料分析法

旅游发展指标、统计数据、旅游企业财务数据等统计资源蕴含大量的信息，从中可以发现存在的问题。

3. 理论分析法

利用旅游规划及相关领域的理论知识,对规划区旅游发展战略、产品定位、总体布局、形象塑造等问题进行分析,与实际进行比较,从而发现问题。

4. 典型调查法

选取典型的旅游区(点)或其他旅游企业"解剖麻雀",进行仔细分析,发现其中存在的问题。

5. 游客调查法

游客是旅游产品的消费者,通过游客调查可以发现旅游产品开发、旅游接待服务等方面需要改进的地方。

6. 比较法

与同类的旅游区(点)、旅游企业、旅游目的地进行比较,总结其他地区成功的经验,寻找本地存在的问题。

7. 假设法

假设某种条件出现会带来什么问题,或假设按照现在发展思路会导致什么后果。

(五) 旅游发展问题的分析工具

导致旅游发展问题的原因有很多,由于缺乏一定的分析工具,这些问题和原因显得非常杂乱,给问题的解决带来很大麻烦。能够帮助规划人员分析问题、解决问题的实用工具有鱼刺图、排列图和对策表。

1. 鱼刺图

鱼刺图(见图3-3)是由日本管理大师石川馨先生提出来的,因此又叫石川图。它是一种发现问题"根本原因"的方法,也称为因果图,鱼刺图中的每根"鱼刺"都代表引起问题的原因。鱼头部分可以填写问题,也可以填写结果,如"旅游综合效益不高";在原因部分填写主要原因,如"旅游产品原因";在支干部分的中原因里填写次原因,比如"旅游产品结构不合理";在小原因里填写次次原因,比如"旅游区仅注重开发观光旅游产品"等。

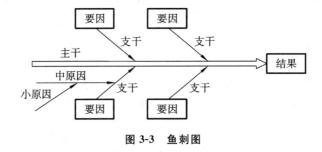

图 3-3 鱼刺图

 运用鱼刺图分析工具,选取一个旅游发展中存在的问题,进行讨论,并绘制相应鱼刺图。

制作鱼刺图分两个步骤:分析问题原因(结构)和绘制鱼刺图。

1)分析问题原因(结构)

分析问题原因(结构)的程序包括:①针对问题,选择层别方法;②按头脑风暴法分别对各层别类别找出所有可能原因(因素);③将找出的各要素进行归类、整理,明确其从属关系;④分析选取重要因素;⑤检查各要素的描述方法,确保语法简明、意思明确。

2)绘制鱼刺图

绘图过程包括:①填写鱼头(按为什么不好的方式描述),画出主骨;②画出大刺,填写大原因;③画出中刺、小刺,填写中小原因;④用特殊符号标出重要因素。绘图时,应保证大刺与主刺成60度夹角,中刺与主刺平行。

2. 排列图

排列图法又称主次因素排列图、帕累托图法,是指把影响项目质量的所有因素逐一排列出来,从中区分主次,抓住关键问题,采取切实措施,从而确保项目质量。它是根据意大利经济学家帕累托(Pareto)提出的"关键的少数和次要的多数"的原理,由美国质量管理专家朱兰(J. M. Juran)运用于质量管理中而发明的一种质量管理图形。该工具的作用是寻找主要质量问题或影响质量的主要原因,以便抓住提高质量的关键,取得好的效果。

1)排列图法的步骤

用排列图法分析问题的程序共分四个步骤。

第一步,确定问题的信息收集方式。具体方式有:考察记录表、游客调查表。

第二步,对收集到的有关质量问题进行分类统计、排列,制作统计表,在表上计算出比率和累计比率。对一些出现次数较少的质量问题可以归为一类。

第三步,根据统计表绘制排列图。左侧纵坐标表示问题数量,右侧纵坐标表示累计比率。

第四步,进行分析,找出主要质量问题。排列图上累计比率在0—70%的因素为A类因素,即主要因素;70%—90%的因素为B类因素,即次要因素;90%—100%的因素为C类因素,即一般因素。找出主要因素就可以抓住主要矛盾。

同步讨论 根据排列图法的绘制程序和步骤,试着绘制一个排列图法的示意效果图。

2)排列图的绘制

(1)先画左纵坐标,再画横坐标,在横坐标上标出项目序号,各项目间距相等,在最右边的项目1边线上画右纵坐标。

(2)按调查表中频数由大到小顺序填写项目名称,其他项填在最后。

(3)定出纵坐标的高度,按累计频数进行均分,坐标频数排列应采用整数,原点为0。

(4)定出右纵坐标刻度,其高度与左纵坐标频数对应,最高点处对应的频率为100%,原点为0;可标出10%,20%,30%,…,100%。

(5)按项目的频数,从左至右依次画出矩形,矩形高度为项目的频数,宽度为各项的横轴上的间距。

(6)描点画出曲线,其纵向作各项目矩形右边线的延长线,水平向为各项目累计百分率在右轴上所在点,向左侧是所作的横轴平行线上,两线交点即为所找的点。将各点用折线连接起来,在描点处标注相应点位的累计百分率,这条曲线称帕累托曲线。

(7) 从右坐标累积百分率为80%、90%、100%处向左平行于横轴引三条虚线,横坐标及三条虚线由下向上分为A、B、C三个类区。

在运用排列图进行质量分析时应注意:主要因素一般为一至二项,至多不超过三项,否则将失去突出重点的意义。对不重要的问题可设立一个"其他"栏,"其他"栏通常排在最后。

3. 对策表

对策表也叫措施计划表,是问题诊断并提出解决方法的一种有效方法。当排列图找出主要因素又经因果分析图找出主要原因后,就要针对主要原因制定对策,制定改进措施和计划。将这些措施和计划汇集成表,就是对策表(见表3-1)。对策表的内容通常包括分析的原因项目、该项原因的现状和标准、针对原因的对策等。

表3-1 对策表示例

序号	问题	现状	对策
1			
2			
3			
4			

四、《楚雄市旅游发展规划》编制研究

(一) 规划背景

楚雄市位于云南省中部、楚雄彝族自治州(以下简称楚雄州)中偏南部,既是通往滇西八州市的咽喉要道,也是从昆明向西进入东南亚、南亚大通道的重要一站。楚雄市历史悠久,很早就有人类繁衍生息,拥有较发达的古文化,被誉为"铜鼓之乡"。

楚雄旅游具有良好的区位条件,但是留不住客人;虽然有较好的资源依托,但是没有代表性旅游产品;尽管起步较早,但发展速度不快。在周边旅游迅速发展、安楚高速公路建成通车的情况下,当地旅游局委托云南师范大学旅游规划研究中心编制《楚雄市旅游发展规划》。规划组根据《旅游规划通则》的要求,客观地分析了当时旅游业发展的机遇和挑战,科学地诊断了存在的问题,系统全面地提出了旅游发展的总体战略、目标和措施,对旅游发展的时空布局、总体形象、客源市场、旅游产业重点、产业要素等进行了分析和规划。图3-4所示为大致规划思路。

(二) 发展潜力和限制条件分析

楚雄市旅游发展的优势:①滇中大昆明国际旅游区的重要组成部分,昆明的"远郊";②滇中—滇西北黄金旅游线的重要节点;③中国东南亚与南亚人流、物流带上的节点;④全国仅有的两大彝州之一;⑤全州的政治、经济、文化中心;⑥具有以"一彝三古"为代表的旅游资源;⑦政府的重视。

图 3-4　大致规划思路

楚雄市旅游发展面临的机遇：①西部大开发；②中国—东盟自由贸易区的建立；③产业结构调整；④全面建设小康社会和休闲时代的到来；⑤云南省实施"绿色经济强省，民族文化大省"战略；⑥云南实施旅游倍增计划；⑦重点改造和提升滇中大昆明国际旅游区和国际旅游集散中心；⑧楚雄州建设旅游特色产业；⑨昆明、滇西北、滇西旅游热区发展的联动作用及其提供的经验和示范。

同步讨论　根据楚雄市案例分析中优劣势分析和发展潜力及限制分析，鉴别已存在的问题，可以提出怎样亟待解决的核心问题？

楚雄市旅游发展的劣势：①旅游资源特色不突出；②未能树立有特色、有影响的旅游品牌；③旅游人力资源数量欠缺，素质有待提高。

楚雄市旅游发展面临的挑战：①全省旅游发展格局已经形成，楚雄旅游知名度仍不高；②四小凉山的竞争；③高速公路开通。

（三）问题诊断

楚雄旅游存在的关键问题有：第一，对旅游产业地位的认识不够，危机意识不足；第二，旅游资源转化为旅游产品的难度较大，尚未形成有吸引力的拳头旅游产品；第三，旅游区（点）建设滞后，没有支撑性旅游区（点）；第四，旅游形象尚未树立，旅游知名度不高；第五，以"火把节"为代表的彝族文化资源没有得到有效利用。

（四）规划的基本思路

在对楚雄市当时旅游市场情况分析和旅游发展问题诊断的基础上，规划组提出如下基本思路：在云南省建设绿色经济强省、民族文化大省、国际大通道战略的指导下，依托丰富的自然旅游资源和人文旅游资源，以"中国彝都"作为旅游发展的主题，通过逐步开发建设和分期滚动发展，完善旅游功能和旅游设施，对传统旅游区（点）进行拓展和提升，建设一批新的旅游区（点），使之成为旅游热点与主体，推出一批特色旅游产品，使之由冷区向温区转变；通过区域联动发展，使之由温冷区向热区转变；通过旅游业的发展，带动市域经济的全面进步。

任务 2　目标导向的编制方法

知识目标
1. 目标导向编制的概念
2. 目标导向编制的方法
3. 目标导向编制的目标体系
4. 目标导向编制的应用案例

技能目标
1. 描述目标导向编制的概念
2. 理解目标导向编制的方法
3. 确定合适的编制目标体系
4. 应用目标导向案例进行框架内容编制

一、目标导向的提出

人的行动具有目标性，做任何事情都必须首先明确和思考其目的和目标，然后思考并采取行动。目标导向的编制方法是规划区意识到怎样提高旅游综合竞争力，需要合理新颖的战略新思路。以目标为导向有两种情况，一种情况是规划区的发展目标已基本明了，规划的任务是将其进一步具体化然后集中研究为实现这些战略的对策和措施；另一种情况是规划区的旅游发展目标还很模糊，规划要从目前的背景环境和发展基础来确定新一轮的旅游发展目标，然后提出发展战略，编制规划。

二、目标导向旅游发展规划编制的方法

《洛阳市旅游发展规划》就属于目标导向的区域旅游发展规划编制，现以此为例探讨其研究思路。

引子：规划背景（委托方：洛阳市旅游局）

洛阳市旅游业受改革开放之惠、借改革开放之力，因其历史文化、资源优势曾经兴盛一时。然而，之后又经历了发展缓慢的过程，其国际国内旅游市场占有率逐渐下降。为将旅游业培养成新的经济增长点和支柱产业，促进洛阳经济和社会进一步发展，早日达到旅游强市的目标，洛阳市需要制定新一轮的旅游发展规划操作思路。

（一）"优、劣、机、威"分析

1. 优势

洛阳市旅游发展有六个方面的优势。

(1) 洛阳为华夏源头根址、神州古都之最，自然生态中原地区得天独厚，各类吸引物地域上呈组团分布，旅游资源条件十分优越。

(2) 洛阳居天下之中,同时处于越来越突出的区域交通网络中心地位,在进出国内国际旅游市场、利用旅游线路网络方面具有综合优势。

(3) 洛阳的历史人物、事件、传说存在于各类媒体及中小学课本中,还有大量工业"移民"和军人的存在,旅游信息自然渗透作用很强。

(4) "食、宿、行、游、娱、购"旅游设施和服务具有良好的基础。

(5) 经济和社会活动集聚为旅游业发展提供了良好的支持和辅助。

(6) 领导思想统一,高度重视,行动得力。

2. 劣势

洛阳市旅游发展有以下八个方面的劣势或不足。

 洛阳市旅游规划(2000—2020年),洛阳市旅游发展委员会负责编制。

(1) 历史文化可视性相对较差,丰富的地下文物和无形的历史文化资源转化为旅游产品具有一定难度。

(2) 游客规模小,市场份额低。

(3) 营销意识淡薄,促销投入不足,旅游信息传播严重依赖于自发的社会过程,市场预期形象不高。

(4) 拳头旅游产品比较单一,缺乏多样化的精品景区和旅游线路。

(5) 铁路交通条件差,航空线路和班次少,来往郑州机场不够便捷。

(6) 本地及周边地区经济相对落后,地方性旅游需求和旅游资本积累能力相对不足。

(7) 环境质量不断下降,不能适应旅游者对舒适感的要求。

(8) 公众旅游意识较为淡薄,旅游从业人员技能不适应发展需要。

3. 机遇

洛阳市旅游发展面临以下五个方面的机遇。

(1) 我国海外旅游市场高速成长,2020年可能成为世界最大的目的国。

(2) 国内旅游市场大幅度扩张,2020年将达17—20亿人次。

(3) 国际旅游者对中华文化的偏好将加强,国内旅游需求在以观光为主的同时,对娱乐消遣、商务旅游、修学旅游等的偏好将增加。

(4) 龙门石窟已被列为世界文化遗产、洛阳牡丹产业化示范工程实施、可利用的虚拟现实技术、夏商周断代工程,开发与保护相结合的文物保护观念深入人心,中央、河南省和洛阳市把旅游业作为新增长点,以及国家实施西部发展战略,这些将从供给面为洛阳旅游发展创造重大机遇。

(5) 郑洛开高速公路、洛界高速公路,以及"十五"期间洛湛铁路通道、西安至南京的东西部新通道的建成,将大大改善可达性。

4. 挑战

洛阳市旅游发展主要面临以下五个方面的挑战。

(1) 旅游需求个性化,旅游者对娱乐性、参与性要求提高。

(2) 随着西部发展和旅游者支付能力及闲暇时间的增加,西部历史文化旅游竞争力增强,洛阳历史文化旅游面临一定程度的替代竞争。

(3) 洛阳牡丹花会面临山东菏泽一定程度的替代竞争。

(4) 小浪底黄河旅游面临山西壶口瀑布、郑州黄河游览区的竞争。

(二)目标明确

1. 定位和使命

面向国际、国内两个市场,以历史文化为主要依托,以自然与经济社会活动为补充依托,重点发展观光、休闲度假、商务、修学旅游,寻根问祖旅游,将旅游业培养成为洛阳市的支柱产业,使洛阳市成为世界历史文化旅游城市。

2. 发展目标

在未来十年里,游客数量将呈现跳跃式发展,逗留时间有小幅度的增长,人均天花费增加不多;未来十五年里,游客逗留时间将有比较大的增加,人均天花费将持续增长;未来二十年内,游客人数、逗留时间、人均天花费均保持平稳增长。并分别提出了游客数量目标、旅游收入目标、旅游业总收入相当于总GDP的份额。

(三)战略确定及分解

1. 战略确定

(1) 新增长点战略。把旅游业作为洛阳市经济发展的新增长点。

(2) 规模促进战略。实施扩大市场规模、提升市场份额,以此带动全行业发展的战略。

(3) 营销导向战略。以提高市场占有率为目标,确定目标市场及市场竞争战略、产业组织战略和营销手法,进行旅游产品和项目的开发。

(4) 多极化战略。重点开发学生、教师、专业技术人员市场以及沿海沿江地区市场,保持亚洲和欧洲两极化格局;集中力量建设新的精品景区,开发新的精品旅游线路;拓展休闲度假和修学、寻根问祖等专项旅游;发展小浪底黄河旅游和中州山水旅游,实现布局广域化。

(5) 网络化战略。即加入和创建有利于洛阳市旅游业发展的旅游目的地网络,开发旅游目的地网络上的资源和市场,实现洛阳旅游的网络发展和网络经营。

(6) 企业化战略。即应用工商经营和管理的观念和方法进行公共产品和服务的经营。企业化战略重点是搞好景点景区经营管理以及市场开发和资源开发的企业化工作。

2. 战略分解

(1) 洛阳市旅游形象战略。

(2) 洛阳市旅游市场发展战略。

(3) 洛阳市旅游资源开发战略。

(4) 洛阳市旅游产品开发战略。

(5) 洛阳市旅游支撑系统发展战略。

(6) 洛阳市旅游地域组织规划。

(四)规划对策的提出

(1)洛阳旅游规划发展战略的实施。

(2)倍增行动计划。

倍增行动计划主要包括:景点景区行动计划;旅游精品线路行动计划;旅游交通行动计划;旅游环境行动计划;旅游设施和服务行动计划;旅游体制改革行动计划;营销行动计划;近中期投资估算。

(3)重点景点景区概念性设计。

从以上的分析中可以理出以目标为导向的旅游规划的一种研究思路,即以宏观目标为切入点,进行调查分析,确定发展目标,制定实现目标的战略,进而推出实施策略及保障措施。

> **同步讨论** 参照问题导向思路图绘制的方法,根据目标导向的旅游规划研究思路编制思路示意图。

目标导向的旅游规划的研究思路是基于旅游发展目标对于旅游产品设计、品牌塑造等的导向作用,它关注的焦点在于:①目标的确立,根据优势、劣势、机遇、威胁的分析和旅游发展历史与现状的研究,合理确定旅游发展目标,这实质上就确定了旅游发展的方向和要达到的水平;②战略的确定,根据旅游地旅游发展基础和条件,瞄准确立的目标,制定为实现旅游发展目标需要采取的战略。

在目标导向旅游规划编制过程中,确定旅游发展的目标是旅游规划的核心,规划的全部内容都是围绕这个核心而展开的。不管是前期的旅游资源调查分析与评价,旅游市场的分析与预测、旅游发展背景的分析,还是后期保障体系的制定,都是为了能确定和实现旅游开发的目标。

三、旅游发展的目标体系及其确定方法

(一)旅游发展的目标体系

1. 按目标的属性不同划分

规划目标可分为概念性目标与数值性目标。概念性目标是对规划区域旅游产业未来应该达到的发展状态所做的定性描述。数值性目标是对规划区域旅游业未来发展应该达到的具体方位所做的定量预测。

2. 按目标的可达性划分

规划目标可分为保守目标与乐观目标。保守目标是以较保守的思想方法对规划区旅游产业未来可以达到的发展状态与具体方位所做的预测,一般是规划区域发展的保底目标。乐观目标是以较乐观、大胆的思想方法对规划区旅游产业未来可能达到的发展状态和

具体方位所做的预测,只有在外部环境良好、内部发展顺利时才能达到。

3. 按目标的时间远近不同划分

按目标的时间远近不同划分规划目标可分为近期目标、中期目标与远期目标。三种目标的时间界限通常即为规划的三个阶段的时间界限。

(二)确定旅游发展目标考虑的问题

确定旅游开发的目标,一般要考虑以下三个方面。

1. 确定旅游业发展的各项指标

1) 旅游业发展的主要指标

旅游业发展的主要指标包括:国际和国内旅游接待人数和增长速度;国际和国内旅游者的人均消费水平和年增长速度;国际和国内旅游总收入;出境旅游人数、花费及其增长速度;旅游总收入占国内生产总值的比重。这些数值有的可以通过历史数据计算,有的则要通过抽样调查才能获得。

2) 旅游业发展的细化指标

为了更进一步了解区域旅游发展的水平和规模,有时还要计算一些由上述主要指标的细化而得到的指标。如各大洲旅游者在本地区国际旅游者中的比重及变化;各地(省、市、县)旅游者在本地区国内旅游者的比重及变化;本地居民进行国内旅游和出境旅游的比重及变化;本地区旅游增加值占第三产业的比重及变化;本地区旅游从业人员占整个区域从业人员的比例等。

3) 旅游业的发展指标

预测旅游业的发展指标是为了更好地规划、开发和管理旅游业的发展速度和规模。要做好科学预测,一般要考虑以下因素:主要旅游客源地的社会经济和居民收入与消费的增长趋势;本地国内生产总值的增长速度;全国、全省、全市旅游业增长速度;其他各地相近旅游地的旅游业增长速度;本地旅游业主要旅游发展指标的变化;本地旅游业所处的发展阶段;主要客源地和本地的主要旅游政策等。

2. 确定在区域旅游大格局中的地位

规划区能否成为一个目的地、在旅游大格局中占有一席之地、在国民经济中起主导或带动作用的决定因素,不仅有上述旅游业发展的量化指标,还包括旅游资源品位(本地标志性的旅游资源在同类资源中的地位)和旅游开发层次(旅游基础设施、旅游服务设施、旅游服务质量、旅游产品的组合和营销)两个因素。

> **同步思考** 思考综合导向旅游规划的编制方法是如何将问题导向旅游规划编制方法和目标导向旅游规划编制方法结合的。

3. 确定旅游业在国民经济中的产业地位

确定旅游业在本地区国民经济中的地位,是区域旅游规划的关键。旅游业作为一项经济产业已形成共识,在我国,旅游业也被确定为国民经济新的增长点。但旅游业在各个地方的产业地位是不同的,这主要取决于旅游业对国民经济的贡献率。

(三)旅游发展目标制定的原则

旅游发展目标的制定,一般应遵循下列原则。

1. 概括性与方向性原则

规划目标应高度提炼概括,总揽全局,体现未来全局,指引发展方向。

2. 可达性与激励性原则

规划目标必须符合发展规律与客观条件,通过一定的努力可以实现,并成为下一阶段工作的激励因素。

3. 一致性与协调性原则

规划的总目标与分目标、分目标与分目标之间,必须协调一致,互不对抗。

(四)确定旅游发展目标的方法

确定旅游产业的地位和发展目标可以采取如下方法。

1. 定性预测法

根据过去的发展过程和发展速度,估计将来旅游发展的情况。

2. 专家意见法

根据专家的研究和感性认识,估计将来旅游发展的情况。

3. 发展分析法

根据过去旅游发展经济指标的变化,做出其发展的数学模型,利用模型计算未来的经济指标的变化。

4. 相关分析法

利用数学模型,找出旅游发展的经济指标和国民经济相关指标之间的相关关系,然后根据这种关系和国民经济指标的变化来分析旅游发展经济指标的变化。

5. 对比分析法

通过与类似地区旅游发展的对比,分析本地区将来的旅游发展情况。

6. 投入产出分析法

根据未来旅游投资计划,进行旅游投入产出分析,得出旅游经济各项指标的变化值。

  云南省怒江州福贡县旅游发展规划,云南师范大学旅游规划研究中心研制。

四、《福贡县旅游发展规划》编制研究

（一）规划背景

福贡县地处云南省西北部，位于滇西北横断山中北段碧罗雪山和高黎贡山之间的怒江峡谷中，造就了壮观的东方大峡谷景观。福贡是少数民族聚居县，具有鲜明的民族特色。福贡县是一个发展程度较低的边疆农业县，经济发展水平不高。

《福贡县旅游发展规划》贯彻"可持续旅游"、"大旅游"的思想，从福贡旅游发展刚刚起步、旅游产业基础薄弱、目标尚不明确的实际出发，采用目标导向的方法进行编制。规划首先对福贡县旅游发展的背景与环境、旅游资源状况、旅游产业发展历史与潜力进行了分析和评价，接着又深入分析了对福贡旅游发展具有重要影响的怒江州、三江并流世界自然遗产区、滇西北、大香格里拉生态旅游区、云南省旅游发展的现状与前景，在此基础上确定了旅游发展的目标。根据目标制定旅游发展战略，并对旅游总体布局、旅游产品体系、旅游重点项目、旅游产业集群、旅游支撑与保障体系进行了规划。

（二）发展目标

1. 总体目标

到规划期末（2020年），将福贡建设成为国内外知名的高山峡谷、人类文化生态园、神奇秘境旅游区和三江旅游胜地。

2. 分目标

（1）提高旅游业对边疆民族地区经济发展的贡献率，使其成为支柱产业。

（2）发挥旅游产业的重要社会功能，促进民族文化的保护与传承，提高各族人民的生活水平与自身素质。

（3）促进三江并流世界自然遗产的保护，促进东方大峡谷旅游资源的保护。

（三）发展战略

在云南省建设绿色经济强省、民族文化大省、国际大通道发展战略的统领下，抓住我国社会主义建设重要的战略机遇时期，以科学发展观为指导，坚持以人为本，以"大旅游"、"五个统筹"和"巩固、提高、开发、完善、创新"为方针，立足自然奇观、独特民族风情、立体生态等优势资源，以"打基础、抓特色、建精品、拓市场"为主线，以开发特色旅游产品、培育知名品牌为核心，努力打造成为国内外知名的高山峡谷观光、民族风情体验、人类文化生态科考、神奇秘境探险的旅游区之一，香格里拉生态旅游区和"三江并流"世界自然遗产的重要组成部分，成为支撑怒江大峡谷旅游的最重要的旅游目的地。

本章小结

以问题为导向的旅游发展规划的研究思路的出发点是问题诊断，然后针对这些问

题提出发展战略思路、规划核心产品体系、构建支撑体系、提出实施对策。

以目标为导向的旅游规划的一种研究思路,即以宏观目标为切入点,进行调查分析,确定发展目标,制定实现目标的战略,进而推出实施策略及保障措施。

关键概念

问题导向　目标导向

复习思考

1. 复习题

(1) 请简要说明问题导向和目标导向的编制思路,并绘制示意图。
(2) 简述旅游发展问题的分析工具。
(3) 请结合案例说明,在旅游发展目标的确立过程中,应综合考虑的问题。
(4) 结合案例分析说明,问题导向编制方法与目标导向分析方法的区别与联系。

2. 实作题

《××区旅游发展规划》编制思路分析。

要求收集旅游发展规划资料,并分析其运用了怎样的编制方法,根据该编制方法的步骤列述该区域的研究情况。

拓展案例　　　　海宁百里钱塘国际旅游长廊规划

百里钱塘为海宁市南部长达百里的沿江区域。区内独有"一潮四看"的钱塘江景观资源和盐官古镇等特色人文资源,是国际著名的观潮胜地。保护与发展,一直是本区备受关注与争议的主题。规划综合分析区域内有奇观无胜地、有特色无优势、有水岸无亲水、有枢纽无集散、有新区无新城这五方面的问题,以此为切入点,进行剖析。并从问题中发现价值、选择战略。从中确立了强化特色景区的核心结构,激活魅力廊道,组织两大游览系统,打造绿色综合交通系统,完善绿地景观系统,建立田园化公共活动领域图六大目标。

规划的特点可总结为以下两点:强调"顶层设计"理念,融产业研究、项目策划、古镇保护于一体,多学科结合指导空间布局。重点凸显地域的文化要素,将城镇历史文化保护、自然环境特色融入本区发展的空间格局之中。先底后图,进行非建设用地布局优先的城、景、乡统筹布局。运用大地景观生态学理论,以田园、山水资源的保护为出发点,突出生态格局中的绿道设置研究,协调功能组团与城镇建设区。

(资料来源:浙江省城乡规划设计研究院。)

讨论问题:

查阅资料,了解海宁百里钱塘旅游规划更多的背景信息,在此规划的编制中,运用了怎样的编制思路?

应用篇
YINGYONGPIAN

项目 4 旅游资源调查与评价

◆ 项目目标

旅游业的发展依赖于不断进行的旅游资源开发和旅游目的地建设,旅游资源是旅游业发展的基础,也是旅游规划和旅游策划的先决条件。

旅游资源开发依赖于科学、合理的资源调查与评价,通过旅游资源调查和评价,梳理可供利用的旅游资源状况,系统而全面地掌握旅游资源的数量、质量、性质、特点、级别、成因、价值等,为旅游资源分级分区、开发规划和合理利用提供决策依据。

◆ 学习目标

旅游规划前期需要开展旅游资源实地勘察和文献调查,并且对资源进行全面梳理和系统分类,通过定量及定性方法对旅游资源进行科学评价,进而展开旅游资源的开发与利用环节。本项目以教师指导,学生参与为主,由小组合作完成学习任务。

本项目分为四个学习任务,分别为旅游资源分类、旅游资源调查、旅游资源评价、旅游资源开发。

通过项目实践,并结合理论课程的学习,学生应该掌握旅游资源的概念和特征,掌握旅游资源分类的原则和方法,计划并实施旅游资源调查与评价,填写旅游资源单体调查表和调查区实际资料表,绘制旅游资源图,完成旅游资源调研报告的撰写,并能够确定旅游资源开发的方向和模式。

◆ 学习任务

任务清单	1. 应用旅游资源国标分类方案 2. 开展旅游资源文献调查 3. 开展旅游资源实地勘察 4. 填写旅游资源单体调查表 5. 填写旅游资源调查区实际资料表

续表

任务清单	6. 绘制旅游资源图 7. 撰写旅游资源调查报告
项目流程	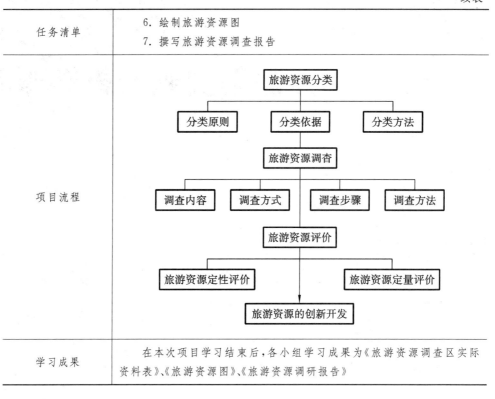
学习成果	在本次项目学习结束后，各小组学习成果为《旅游资源调查区实际资料表》、《旅游资源图》、《旅游资源调研报告》

◆ 案例引导

西安旅游资源与旅游业发展

长安自古帝王都，作为中华文明和中华民族重要发祥地之一、丝绸之路的起点，古都西安有着独特的人文旅游资源；地处关中平原中部，北濒渭河，南依秦岭，八水润长安，大自然又赋予了西安得天独厚的自然旅游资源。无疑，丰富多样的旅游资源让西安成为国内外游客心目中的旅游胜地。

一直以来，旅游业都是西安重要的支柱产业，西安也曾多次获得"中国优秀旅游城市"、"最佳国内旅游城市奖"、"国内TOP10旅游目的地"等称号。那么西安旅游受到如此热捧的原因是什么？

（一）传统旅游资源优势不减

兵马俑、华清池、大雁塔、钟楼……说起西安著名的旅游景点，想必这些都是游客们到西安的必去之处。历史上周、秦、汉、唐等十三个王朝在此建都，深厚的历史文化积淀和浩瀚的古迹遗存使西安成为"天然的历史博物馆"。西安旅游资源优势明显，依托资源，西安形成了以文物资源为主，文化资源、自然资源、科技教育资源等多种资源齐备的较为完整的旅游资源结构。西安旅游资源具有中国旅游资源普查标准中155个基本类型中的90余个类型。

（二）新兴旅游市场势头正劲

西安传统的旅游资源优势不减，西安旅游市场也出现了不少新的热点。西安入选了全国十大红色热门目的地城市,西安事变纪念馆、革命公园等景点成为热门去处。除了红色旅游,事实上,乡村游、民俗游可以说是近年来西安旅游市场的一大热点,利用假期到周边区县采摘赏花、民俗体验、田园风光、休闲度假等已成为不少西安市民假日出游的选择。而现在兴起的体验式旅游在西安也得到了较好的发展,西安主要打造了乐华城、临潼旅游度假区奥特莱斯、华南城、工业旅游华夏综合体(特色小镇)、白鹿仓等。另外就是推出了一系列温泉、滑雪、水上运动项目。

(三)未来发展还有广阔空间

面对已经较为完整和成熟的旅游市场,未来,西安可开发利用的旅游资源还有哪些,怎样更好地发展旅游业呢?

西安拥有厚重的人文历史,如此浩瀚的历史遗存是西安的优势,具有独特性、唯一性。要通过挖掘这些资源,并通过现代技术手段展示出来,比如通过文化交流活动、文化演艺、文化衍生品等多种手法,加深游客对西安、陕西的印象。在这方面,西安已经做了不少努力和项目,比如旅游演出,有大型实景演出《长恨歌》、西安城墙景区的仿古入城式、《仿唐乐舞》等。还有西安饮食文化展示与体验,比如传统的回坊,新近打造的永兴坊、白鹿原民俗村、袁家村等。在自然旅游开发这方面,要尊重自然,先保护好,然后再开发。随着渭河综合治理工程的推进,依托渭河可以做很多旅游体验项目,另外就是对秦岭旅游资源的保护、开发和利用。

(资料来源:《西安游看啥》,陕西日报.)

任务1 旅游资源分类

知识目标
1. 旅游资源的概念
2. 旅游资源的特征
3. 旅游资源的类型

技能目标
1. 区分旅游资源的主要类型
2. 归纳旅游资源的分类方法
3. 应用旅游资源的国标分类

一、辨析旅游资源

20世纪80年代以来,随着我国旅游业的发展,旅游资源的研究受到很多学者的重视,由于认识角度的不同,出现了不同的旅游资源的定义,比如从旅游资源的自身价值定义、从旅游资源的开发角度定义等。总体上看,旅游资源既包括自然界形成的,也包括社会创造的;旅游资源可以是物质形态的,也可以是非物质形态的;旅游资源能激起旅游者的旅游动机,是旅游者旅游活动的对象物,能满足旅游者的特定需要;旅游资源能为旅游业所开发利用,并产生一定的效益。因此我们认为,旅游资源是指自然界和人类社会凡能对旅游者产生吸引力,可以为旅游业开发利用,并可产生经济效益、社会效益和环境效益的各种事物和因素。

对区域旅游资源状况的认知是旅游开发的前提,旅游资源与一般资源相比较,存在以下特征。

(一) 旅游资源的观赏性和体验性

旅游资源同一般资源的最主要区别,就在于其美学特征,具有较高的观赏性,虽然旅游动机因人而异,旅游内容丰富多彩,但观赏活动几乎是旅游过程中不可缺少的核心内容。观赏性是构成旅游资源吸引力的最基本要素,旅游资源的观赏性越强,对旅游资源的吸引力就越大,观赏性影响旅游资源的品质。

体验性主要指旅游资源经过旅游业开发利用后能够通过各种感官带给旅游者独特的经历,体验性是旅游资源区别于其他资源的又一特性,许多民俗旅游资源,如民族歌舞、节庆仪式等表现出的可参与性,对异质文化区域的旅游者具有相当大的吸引力。

同步思考 针对旅游资源的季节性变化引发的旅游淡旺季,如何应对?

(二) 旅游资源的时限性和地域性

旅游资源的时限性是由所在地的维度、地势和气候等因素所决定的,这些因素造成的自然景观的季节变化,旅游业的发展在一年之中会出现明显的淡旺季之分。由于许多特色旅游资源只有在某些特定时段才能被开发利用,所以不同类型旅游资源的组合,能有效延长旅游地可开发利用的时限。

旅游资源的地域性是指旅游资源分布具有一定的地域范围,存在地域差异,带有地方色彩。地域性是旅游流产生的根本因素,不同地方有不同的自然与文化因素,而旅游者天生有求新、求异的心理需要,这使得旅游者在一定条件下跨越空间限制前往异地游览。

(三) 旅游资源的多样性和综合性

旅游资源是一个广泛的集合概念,任何能够造就对旅游者具有吸引力环境的资源皆可成为旅游资源,此外,旅游资源在表现形式上也可反映出多样性的特点,旅游资源这一多样性特点的存在,是客观世界的复杂性决定的,更与人们旅游动机的多样性分不开。

旅游资源的综合性首先表现为旅游资源是由不同的要素组成的综合体,如山岳景观是由山体、云雾、林木等资源组成的;峡谷景观是由谷地、河水、草地等资源组成的;村落景观是由民居、牌匾、民俗等资源组成的。旅游资源的综合性还表现在旅游资源开发上,由于单一资源的开发往往对旅游者的吸引力有限,在实践中,常把不同类型的旅游资源结合在一起开发,已形成互补优势,如森林公园虽然以林木资源为主,但也包括山丘、水文、生物、建筑等一系列资源类型。

(四) 旅游资源的垄断性和不可移动性

其他旅游资源经过开发,或以其自身,或以其产品,可以输往其他地方以供利用,但旅游资源一般在地域上是固定的,不可移动的,这样便形成了旅游资源的地域垄断性。旅游资源的不可移动性使得旅游资源的开发一般应该在当地进行,对于搬迁、移动资源、建设仿制景观应该保持审慎的态度。

旅游资源的垄断性和不可移动性可以从以下角度来理解:首先,自然旅游资源是在一定自然地理环境下形成的,由于其规模往往巨大或与地理环境的紧密联系性,使其难以发生空间位移,比如长江三峡、五岳等,无法用人工力量来搬迁或异地再现。其次,人文旅游资源是在特定的地域环境和特定的历史条件下的人类社会产物,它们的价值主要体现在包含人类社会、历史信息的丰富性上,比如秦兵马俑、万里长城等,倘若人为割裂其环境联系,将会影响到旅游资源所承载信息的完整性、原真性和真实性,使资源的价值降低。最后,在现代经济和技术条件下,在其他地方仿制有名的旅游资源是有可能的,如微缩景观、园林建筑等,但由于脱离了历史和环境,仿制资源往往缺少原有的意义和魅力,其生命力相对有限。

同步阅读 全球即将消失的十大绝美景点

(五)旅游资源的永续性和脆弱性

其他资源多数不能重复利用,在人们消费产品的同时,资源也随之消耗,而旅游资源相反,在妥善保护的情况下可长期反复利用,旅游者不能带走旅游资源本身,带走的是利用旅游资源开发留下的体验和印象,因此旅游资源具有永续性。此外,开发过的旅游资源在新一轮的、更深层次的开发中,仍可继续利用,如河道观光进一步开发为河道漂流,山谷观光进一步开发为极限攀岩等。

同步阅读 黑色旅游——旅游的另一种意义

但与此同时,旅游资源往往很脆弱,旅游资源如果利用和保护不当也会遭到破坏,甚至难以修复,具有不可再生性。不仅有形的旅游资源如此,无形的旅游资源也有同样的问题,即使是一些可再生的自然旅游资源,其恢复和更新也是需要时间和条件的。

(六)旅游资源的定向性和可创新性

由于旅游者性格、教育、经历及审美的差异,旅游者对旅游资源的欣赏也是多层次和多样性的。旅游资源的吸引力在某种程度上涉及旅游者主观效用评价,就某项具体的资源而言,它可能对某些旅游者吸引力大,却对另一些旅游者无多大吸引力,甚至根本没有吸引力。所以旅游资源具有吸引力定向的特点,只能吸引某些特定的市场,很少能对整个旅游市场都具有同样大的吸引力。

随着时间的推进,人们的兴趣、需要以及社会时尚潮流也在发生变化,这使得人造旅游资源的创新成为必要和可能。此外,在传统旅游资源匮乏的地区,当地为了发展旅游业,也可能会凭借自己的经济实力人为地创造一些旅游资源,如以迪士尼乐园为代表的各类主题公园,洛阳牡丹花会和山东潍坊国际风筝节等旅游活动。

二、明确旅游资源的分类原则

分类亦称归类,是根据分类对象的同和异把事物集合成类并系统化的过程。分类以比较为基础,通过比较识别出事物之间的共同点和差异点,然后根据其共同点和差异点进行分别归类。通常是利用求同存异的方法归并较大的类,再根据差异将对象划分为较小的类,从而将对象区分为具有一定从属关系的不同等级的系统。

尽管旅游资源的分类方法很多,但是在分类过程中,它们都遵循一定的分类原则,以保证分类的科学性和实用性。旅游资源分类原则主要有以下几种。

(一)相似性与差异性原则

这是进行分类时要依据的首要原则,即所划分出的同一级同一类型的旅游资源必须具有共同的属性,不同的类型之间必须具有一定的差异性。不能把具有共同属性的旅游资源划分为不同的类型,也不能把不具有共同属性的旅游资源划分到同一类型。

(二)与概念一致原则

不同的旅游资源基类有各自不同的概念,因此在进行旅游资源的分类过程中,要遵循概念的一致性原则。对同一种旅游资源的定义必须恰当地说明这种旅游资源区别于其他旅游资源的地方,在进行下一步分类时,必须以其定义为出发点,并能包含其下属资源的属性。

同步讨论 旅游资源可以从哪些角度进行分类?

(三)系统性原则

旅游资源是由各种不同的资源个体组成的一个系统,因此,在对旅游资源进行分类时必须遵循系统性原则,包含逻辑对应、逐级划分、相互独立三层含义。逻辑对应也可称为对应性原则,即划分出的次一级类型的内容必须完全对应于上一级类型的内容。不能出现次一级的内容超出上一级的内容或少于上一级类型的现象,否则就会出现逻辑上的错误。逐级划分即分级与分类相结合。旅游资源是一个庞大的复杂的系统,它可以分出不同级别、不同层次的亚系统。因此,分类时可以把分级与分类结合起来,逐级进行分类,避免出现越级划分的错误。相互独立即所划分出的类型相互之间必须是独立的,不能出现相互重叠的现象。因此,不同级别或不同类型的划分不能采用相同的标准;对每一类型直接划分次一级类型时必须采用相同的标准,以避免出现分类的重叠。

（四）可操作性原则

旅游资源的分类是一项实践性很强的工作,在进行分类的过程中,必须考虑资源的定量评价与资源的实际开发问题,确定的分类指标和体系,必须可以指导旅游资源的分类和开发,否则将会与实际脱节,成为纯理论的专项研究,淡化旅游资源分类的目的和意义。

三、确定旅游资源的分类依据

分类还必须具有一定的具体依据,即必须根据旅游资源本身的某些属性或关系进行分类。由于旅游资源的属性、特点及事物之间的关系是多方面的,因而分类的依据也是多方面的,人们可以根据自己的分类目的选择不用的分类依据。常见的分类依据有以下几种。

（一）成因

成因是指旅游资源形成的基本原因、过程。例如,人文旅游资源是人为的原因形成的；自然旅游资源是自然界赋予、天然原因形成的。

（二）属性

属性是指旅游资源的性质、特点、存在形式、状态等。例如,人文旅游资源中的历史古迹、古建筑、陵墓、园林、宗教文化、城镇、社会风情、文学艺术等,因为它们的属性不同,因而可以区分为不同的类型。

（三）功能

功能是指旅游资源能够满足开展旅游活动需求的作用和效能,例如观光功能、休闲功能、度假功能等。有的旅游资源可以满足开展多种旅游活动的需求,因而具有多种旅游功能。

（四）时间

根据旅游资源的形成时间不同可以把旅游资源区分为不同的类别,例如,建筑类旅游资源依托其形成的时间不同又可以划分为古代建筑与现代建筑。

（五）其他

根据分类的目的和要求的不同,还可以有其他不同的分类依据,如开发利用状况、管理级别、旅游资源质量高低等。

四、选择旅游资源的分类方案

旅游资源的分类,是根据其存在的同质性和异质性,按照一定的目的、需要,将其进行合并、归类的一个科学区分过程。旅游资源分类有利于旅游资源的归档、查找、管理和对比,有利于旅游资源的调查、评价、开发和保护。

由于旅游资源的构成十分复杂,学术界有多种分类方法,需要根据资源分类的目的和要求选择相适应的分类方法。

(一)两分法分类方案

所谓两分法分类方案是指把旅游资源首先分为自然旅游资源和人文旅游资源两大系列的一种分类系统。该分类方法以旅游资源的成因及相关属性为分类依据,能够反映旅游资源的本质差异,分类结果具有较强的科学性和客观性,因此是目前最常见、应用最广泛的一种分类方法(见表4-1)。

表 4-1 两分法旅游资源分类

大类	主类	亚类	大类	主类	亚类
自然旅游资源大类	地文景观类旅游资源	地质过程形迹	人文旅游资源大类	历史遗址类旅游资源	史前人类活动遗址
		山体、石体与峡谷			古代历史文化遗址
		蚀余地貌			近代革命活动遗址
		自然灾变遗迹			世界文化遗产
		沙石地貌		古代建筑类旅游资源	宫殿与坛庙建筑
		岛屿景观			城防与军事建筑
		洞穴地貌			交通与水利建筑
	水域风光类旅游资源	河段景观			著名景观建筑
		湖泊与沼泽景观		古典园林类旅游资源	西方园林
		瀑布景观			东方园林
		泉水景观		宗教文化类旅游资源	佛教文化
		海洋景观			道教文化
		冰雪景观			伊斯兰文化
	气象气候类旅游资源	气象与天象景观			基督教文化
		旅游气候		古代陵墓类旅游资源	中外帝王陵墓
	生物景观类旅游资源	植物景观			历史名人陵墓
		动物景观		旅游商品类旅游资源	菜系与风味小吃
	综合自然景观类旅游资源	自然保护区			地方土特产品
		自然风景名胜区			工艺品
		森林公园			美术作品
		地质公园			纪念制品
		世界自然遗产		人文活动类旅游资源	民族文化
					文学艺术
					婚俗与特色食俗
					传统节庆活动
					现代节庆活动
				城镇与产业观光类旅游资源	历史文化名城
					特色小城镇
					特色民居
					现代都市风光
					产业观光

(资料来源:马耀峰,宋保平,赵振斌.旅游资源开发[M].北京:科学出版社,2004.)

（二）国家标准分类体系

旅游资源开发与管理的最有效、最权威、最广泛的分类方法是《旅游资源分类、调查与评价》（GB/T 18972—2017）。国家标准分类体系的依据主要是旅游资源的性质，即现存状况、形态、特性、特征等。据此，将我国的旅游资源分为8个主类、23个亚类、110个基本类型3个层次。8个旅游资源主类分别是地文景观、水域景观、生物景观、天象与气候景观、建筑与设施、历史遗迹、旅游购物（见表4-2）。

> **同步思考** 国标分类中是否存在问题？

表 4-2 国家标准旅游资源分类

主类	亚类	基本类型
A 地文景观	AA 自然景观综合体	AAA 山丘型景观　AAB 台地型景观 AAC 沟谷型景观　AAD 滩地型景观
	AB 地质与构造形迹造	ABA 断层景观　ABB 褶曲景观 ABC 地层剖面　ABD 生物化石点
	AC 地表形态	ACA 台丘状地景　ACB 峰柱状地景 ACC 垄岗状地景　ACD 沟壑与洞穴 ACE 奇特与象形山石　ACF 岩土圈灾变遗迹
	AD 自然标记与自然现象	ADA 奇异自然现象　ADB 自然标志地 ADC 垂直自然地带
B 水域景观	BA 河系	BAA 游憩河段　BAB 瀑布 BAC 古河道段落
	BB 湖沼	BBA 游憩湖区　BBB 潭池 BBC 湿地
	BC 地下水	BCA 泉　BCB 埋藏水体
	BD 冰雪地	BDA 积雪地　BDB 现代冰川
	BE 海面	BEA 游憩海域　BEB 涌潮与击浪现象 BEC 小型岛礁
C 生物景观	CA 植被景观	CAA 林地　CAB 独树与丛树 CAC 草地　CAD 花卉地
	CB 野生动物栖息地	CBA 水生动物栖息地　CBB 陆地动物栖息地 CBC 蝶类栖息地

续表

主类	亚类	基本类型
D 天象与气候景观	DA 天象景观	DAA 太空景象观赏地　DAB 地表光现象
	DB 天气与气候现象	DBA 云雾多发区　DBB 极端与特殊气候显示地 DBC 物候景象
E 建筑与设施	EA 人文景观综合体	EAA 社会与商贸活动场所　EAB 军事遗址与古战场 EAC 教学科研实验场所　EAD 建设工程与生产地 EAE 文化活动场所　EAF 康体游乐休闲度假地 EAG 宗教与祭祀活动场所　EAH 交通运输场站 EAI 纪念地与纪念活动场所
	EB 实用建筑与核心设施	EBA 特色街区　EBB 特色屋舍 EBC 独立厅、室、馆　EBD 独立场、所 EBE 桥梁　EBF 渠道、运河段落 EBG 堤坝段落　EBH 港口、渡口与码头 EBI 洞窟　EBJ 陵墓 EBK 景观农田　EBL 景观牧场 EBM 景观林场　EBN 景观养殖 EBO 特色店铺　EBP 特色市场
	EC 景观与小品建筑	ECA 形象标志物　ECB 观景点 ECC 亭、台、楼、阁　ECD 书画作 ECE 雕塑　ECF 碑碣、碑林、经幡 ECG 牌坊牌楼、影壁　ECH 门廊、廊道 ECI 塔形建筑　ECJ 景观步道、甬路 ECK 花草坪　ECL 水井 ECM 喷泉　ECN 堆石
F 历史遗迹	FA 物质类文化遗存	FAA 建筑遗迹　FAB 可移动文物
	FB 非物质类文化遗存	FBA 民间文学艺术　FBB 地方习俗 FBC 传统服饰装饰　FBD 传统演艺 FBE 传统医药　FBF 传统体育赛事
G 旅游购物	GA 农业产品	GAA 种植业产品与制品　GAB 林业产品与制品 GAC 畜牧业产品与制品　GAD 水产品与制品 GAE 养殖业产品与制品
	GB 工业产品	GBA 日用工业品　GBB 旅游装备产品
	GC 手工艺品	GCA 文房用品　GCB 织品、染织 GCC 家具　GCD 陶瓷 GCE 金石雕刻、雕塑制品　GCF 金石器 GCG 纸艺与灯艺　GCH 画作

续表

主类	亚类	基本类型
H 人文活动	HA 人事活动记录	HAA 地方人物　HAB 地方事件
	HB 岁时节令	HBA 宗教活动与庙会　HBB 农时节日 HBC 现代节庆

数量统计

8主类	23亚类	110基本类型

（三）动态分类方案

动态分类方案的提出是为了进一步加深旅游者对旅游资源的认识，使旅游开发者和经营者更能理解旅游者对旅游资源的心理、行为活动要求，以便更好地确定其开发方向，制定发展规划和措施（见表4-3）。

表4-3　动态旅游资源分类

类型	次　类		具体类型
稳定型	长久稳定型		如城市、宗教圣地、会议中心、港口、古建筑、遗址、出土文物；山岳、江海、大型造型地貌、温泉、岩洞、民俗风情等
	相对稳定型		如小型造型地貌、古树、野生动物、常年性溪流、瀑布、常绿树木花卉、钟乳石、黄土造型地貌、游乐设施等
可变型	规则变化型	稳定规律变化型	季节性气候条件、季节性河流、瀑布、溪流、泉水等；山花、红叶、落叶树种、海光、鱼群、动物群、候鸟、鸟鸣、沙丘、海潮等；农业土特产品等
		不稳定规律变化型	如云海、云雾、树挂、沙鸣、山鸣等
	随机型		如海市蜃楼、极光、佛光等

（资料来源：马耀峰，宋保平，赵振斌.旅游资源开发[M].北京：科学出版社，2004.）

（四）其他分类方案

1. 根据旅游资源的市场特性和开发现状进行分类

1）潜在旅游资源

这类资源可以是自然景观、历史遗存，或是独特的吸引物，往往具有较高的旅游价值，但目前尚无开发的潜在资源。

2）现实旅游资源

这类旅游资源是自然或历史文化赋存的客观存在的现实旅游资源。有的历史悠久，旅游设施较为完备；有的历史悠久，但缺乏时代内容，需要加以调整、充实、丰富；有的已列入规划，即将开发，也作为现实的旅游资源。

3）人工旅游资源

这类资源原来并不存在，完全是人工创造出来的新的旅游资源。

2. 根据旅游资源的级别和管理进行分类

不同的旅游资源具有不同的吸引力和影响力，其所接待的游客和知名度也有较大差别，因此可以按照级别进行分类。

1）国家级旅游资源

这类资源具有重要的观赏、历史和科学价值，吸引的可以是全国乃至国际游客，在国内外享有很高的知名度。

2）省级旅游资源

这类资源具有较高的观赏、历史和科学价值，具有地方特色，在省内外有较大的影响，吸引的游客可以是国内、地方或省内的游客。

3）市（县）级旅游资源

这类资源具有一定的观赏、历史和科学价值，主要接待本地游客。

3. 根据旅游资源的功能进行分类

1）观光游览型旅游资源

以各种优美的自然风光、著名的古建筑、城镇风貌、园林建筑为主，供旅游者观光游览和鉴赏，使旅游者陶冶性情，并从中获得各种美的享受。

2）参与型旅游资源

参与型旅游资源即体验型旅游资源，包括冲浪、赛马、渔猎、龙舟竞渡、游泳、制作、访问、节庆活动、集市贸易等。旅游者可以亲自参与活动，得到切身的体验。

3）购物型旅游资源

主要包括各种土特产、工艺品、艺术品、文物商品及纺织品等旅游商品，主要供旅游者购买，以纪念他们的旅游经历。

4）保健康疗型旅游资源

主要包括各种康复保健、度假疗养设施与活动，如疗养院、度假村、温泉、沙浴、森林浴、健身房等，主要供旅游者度假、疗养、健身之用，旅游者从中可以锻炼身体，得到体质的恢复与提高，还可以治疗某些慢性疾病。

5）文化型旅游资源

主要包括富有文化科学内涵的各类博物展览、科学技术活动、文化教育设施等。旅游者从中可以获得一定的文化科学知识，开阔眼界，增长阅历。

6）感情型旅游资源

主要包括名人故居、名人古墓、各类纪念地等，可供开展祭祖、探亲、访友、怀古等旅游活动，以表达旅游者的思古、怀念、敬仰等感情。

任务 2　旅游资源调查

知识目标
1. 旅游资源调查的内容
2. 旅游资源调查的程序
3. 旅游资源调查的方法

技能目标
1. 制订旅游资源调查计划
2. 开展旅游资源实地勘察/文献调查
3. 编辑旅游资源调查文件及报告

一、明确旅游资源的调查内容

旅游资源调查是依照一定标准和程序针对旅游资源开展的询问、勘查、实验、绘图、摄影、录像、记录、填表等活动。旅游资源的调查是旅游规划、开发利用和保护的基础。

> 同步讨论 旅游资源调查应该从哪些方面展开？

一般而言,旅游资源的调查内容包括旅游资源形成背景条件调查、旅游资源赋存调查和资源外部开发环境调查。

（一）旅游资源形成背景条件调查

该部分调查的主要目的是调查区域内的基本情况,从而找出资源的整体特色及内在联系。

1. 调查区的地貌特征

包括调查区所处的地貌单元、地质构造状况、岩性、地壳活动状况等。

2. 调查区的水文特征

包括地表水和地下水的类型、分布、水文特征及特殊的水文现象,特别是洪水、泥石流等灾害现象。

3. 调查区的动植物特征

包括调查区动植物的类型、分布及珍稀或特色动植物类型的基本状况。

4. 调查区的气象、气候和环境因素

包括调查区内降水、气温、光照、湿度的基本状况和特殊的现象。

5. 调查区的历史沿革

包括调查区在人类历史上的发展历程及遗留下的各种遗迹情况。

（二）旅游资源赋存调查

根据旅游资源的属性进行调查，为旅游开发提供基本素材。

1. 调查自然景观

根据对调查区基本自然条件的调查，有重点地调查可供开发、特点突出的资源，包括构成特色山体的岩石、地层、构造，构成地貌形态的山势、沟谷、洞穴等，构成水景的泉、溪、湖等，具有特色的动植物和气象因素等。

2. 调查人文景观

包括各类古建筑和遗址、古人类活动和文化遗址、古交通遗址、石刻、壁画及特色村等。不仅要调查现存、物化的景观，还要调查历史上有影响但已毁掉的人文遗迹及民间传说等，便于开发时充分利用。

（三）资源外部开发环境调查

根据旅游资源的开发要求，对与其相关的自然、社会、市场、环境等进行调查。

1. 自然环境调查

包括调查区的地质、地貌、水文、气象气候、动植物等自然条件。

2. 社会环境调查

包括该地的行政归属与区划、人口与居民、文化医疗卫生、安全保卫、历史文化以及位置、距离、交通、邮电通信、电力、供水、食宿等基础条件，最好附上相关的行政区划图和位置分布图。

3. 市场环境调查

调查旅游地和周围客源地的经济状况，相互联系的紧密程度，居民消费水平和出游率。依据旅游资源吸引力的大小，进行可能的客源分析，包括客源形成的范围和大致数量，对调查区客源产生的积极影响和不利因素。

4. 环境质量调查

调查影响旅游资源的环境质量情况，包括工矿企业、科研医疗、人口压力、生活服务、仓储等设施造成的大气、水体、土壤、动植物等的污染状况和治理程度；有无地震、洪涝、火山、地质等自然灾害，有无噪声、地方性传染病、放射性物质、易燃易爆物质等。

二、确定旅游资源的调查方法

（一）概查、普查与详查

概查是由于受时间、资金、人力、物力等因素的限制，在第二手资料分析整理的基础上，进行的一般状况调查。主要任务是对已知点进行调查、核实、校正，或根据其他专业资料对潜在旅游资源进行预测的验证。可在大范围内进行调查，确定资源的基本状况及分布规律；也可在较小范围内，对指定区域做现状调查。这种方式周期短、见效快，但信息损失量大，容易使区域内旅游资源的评价存在偏差。

普查是对特定区域所进行的详细、全面的调查，从而为合理利用旅游资源提供科学依据。开展普查工作的基本条件包括：已成立正式旅游管理或开发机构，并有一定实际工作经验和资料积累；普查区内有较丰富的旅游资源相关资料和数据；有可以承担普查任务的专业人员；有为实施普查及成果处理所需要的物资、设备和资金。普查工作既可以行政区（如全国、省或县）为普查单元，也可选取自然区、人文区或线状区为普查单元。旅游资源的普查工作是一项周期长、耗资大、技术水平高、成果科学合理的基础性工作，但这种方法对人、财、物等各方面要求较高。

详查是带有研究目的或规划任务的调查，通常调查范围较小，可使用大比例尺地形图（1∶10000—1∶5000）进行。调查中通过直接测量、校核收集基础资料，对重点问题和地段进行专题研究和鉴定，并对旅游开发所需要的外部条件进行系统调查，对关键性问题提出规划性建议。这种方式目标明确、调查深入，但应以概查或普查的成果为其基础，避免脱离区域背景下的单一景点静态描述。

（二）实地勘察与文献调查

实地勘察是最基本的旅游资源调查方法。调查人员通过观察、测量、拍照、摄像、填绘等形式，直接获得旅游资源的第一手资料，必要时还要提取样本（水样、植物、石质、土质），进行仪器测试。实地调查时须备有地形地貌图，同时完成旅游资源调查表的填绘、旅游资源分布草图的绘制等工作。调查人员应勤于观察、善于发现、及时填图和填表。

在实地勘察的同时，查阅文献是不可缺少的重要手段。充分利用各部门的调研结果，如农业、林业、水利、土地、交通、气象、环境、文化等部门的调研资料和规划统计数据，以及有关地方风土人情的刊物、汇编、著作等，从中都可查阅到有关旅游资源的资料和线索。

（三）现代科技分析法

现代科技手段的应用为旅游资源的调查带来了许多方便。在进行野外实地勘察时，使用现代声像摄录设备，如照相机、摄像机等，可以将野外考察过程全面地记录下来，真实地显现出旅游资源地的原貌。

现代科技手段应用于旅游资源调查主要体现在采用遥感技术、全球定位系统（GPS）、物探技术等。

遥感技术是采用航天遥感（卫星）、航空遥感测量技术，对地球进行测量观察而获得地学信息的一种手段，具有信息量大、覆盖面广、方位准确性高、所需时间短、费用较少、现势性强等优点，因而被广泛应用于众多领域，在旅游资源调查方面取得了较好的效果。通过遥感技术，有时还能得到其他调查手段无法获得的信息。如人们一直希望了解历代长城究竟有多长，通过现代遥感技术则能精确测定长城对地面重压所造成的痕迹，提供了地面上现已不存在的信息，使这个问题得到解决。

> **同步思考** 还有哪些新技术可以应用于旅游资源调查？

GPS是一种空间定位技术，现代测量技术如全站仪（可用于测定地面的地物、地形，并能用符号表示在图上的一种测量仪器）等，都可用来测定调查区旅游资源的位置、范围、大小、面积、体量、长度等，在调查中用途很大。

物探技术主要用于调查那些尚未发掘的地下文物，如秦始皇陵的物探技术。在旅游资源调查中，应尽量充分运用各种现代科学技术手段，提高调查的准确性、精确性和科学性，但需要有运用专门知识和先进技术设备能力的人，才能够进行信息判读、解译和选择。

三、准备工作

（一）组织准备

确立调查人员，成立调查组。调查人员应由不同管理部门的工作人员、不同学科方向的专业人员及普通调查人员组成。要求调查人员应具备相应的专业知识，并对调查组人员进行相关的技术培训，如资源分类、野外方向识别、图件填绘、伤病急救处理、基础资料的获取等。

（二）资料准备

收集一切与调查区有关的资料，一般包括以下3类：①文字资料，即指与旅游资源单体及其赋存环境有关的各类文字描述资料，包括地方志书、乡土教材、旅游区与旅游点介绍、规划与专题报告等；②图形资料，即指与旅游资源调查区有关的各类图形资料，重点是反映旅游环境与旅游资源的专题地图；③影像资料，即指与旅游资源调查区和旅游资源单体有关的各种照片、影像资料。通过对收集的资料加以系统整理和分析，可初步了解本区旅游资源的特色，在此基础上，制订野外工作计划。同时要准备好调查区不同比例尺地形图（县城调查区用1∶5万—1∶1万比例尺地形图；地市级用1∶50万—1∶10万比例尺地形图；省区级用1∶100万—1∶50万比例尺地形图），作为野外调查时的填图底图。此外还要准备若干"旅游资源单体调查表"以辅助记录资源的信息。

（三）制订计划和仪器准备

制订旅游资源调查的工作计划和方案，包括调查目的、调查区域、调查对象、主要调查方式、所需设备器材、调查经费、需完成的图表以及调查成果的表达方式等。在资源调查方面常用的设备如定位仪器（指南针、GPS等）、简易测量仪器（水平仪、海拔计、气压计、温度计、湿度计、测速仪等）、影像设备（数码相机、数码摄像机、录音笔等）、野外通信联络装备（手持对讲机）。

四、开展调研

(一) 确定调查小区和调查线路

调查小区一般按行政区划分,也可按现有或规划中的旅游区域划分。调查线路按实际要求设置,一般要求贯穿调查区内所有调查小区和主要旅游资源所在的地点。尽量做到覆盖面大,避免遗漏某些内容,且不走回头路。

(二) 选定调查对象

这一过程可分为初步普查和重点详查。

1. 初步普查

在收集资料的基础上,对区域内的旅游资源进行全面调查,确定旅游资源基本状况和分布位置,把有关景点标注在相应比例尺图件上。

2. 重点详查

经过初步筛选,拟定详细调查的对象,对调查区的旅游资源单体应有重点、有选择地进行调查。对具有旅游开发前景,有明显经济、社会、文化价值的旅游资源单体,集合型旅游资源单体中具有代表性的部分,代表调查区形象的旅游资源单体应进行重点调查。对品位明显较低,不具有开发利用价值的;与国家现行法律、法规相违背的;开发后有碍于社会形象的或可能造成环境问题的;影响国计民生的;某些位于特定区域内的旅游资源单体暂不进行调查。

(三) 实地调查

调查内容包括旅游资源单体的规模与体量、成因现状、历史演变及发展趋势、类型结构和空间组构特点(外观形态结构、内在性质、组成成分),与同类资源相比较的特色,自然、经济、社会、环境条件等,此阶段应特别注意详细的文字描述、数据测量、图像资料的获取和现场的详细填图。填图时要重视利用 GPS 或全站仪对旅游资源单体的空间定位工作(经纬度或大地坐标),还要注意单体的面积、范围、长度、体量等数量指标。调查中通过直接测量、校核所收集到的基础材料,对重点问题和地段进行专题研究和鉴定,并对旅游开发中所需要的外部条件进行系统调查,对关键性问题提出规划性建议。

(四) 填写图表

调研过程中要及时填写旅游资源单体调查表(见表 4-4)、旅游资源调查区实际资料表(见表 4-5)等,同时绘制旅游资源图,在工作底图的实际位置上标注旅游资源单体(部分集合型单体可将范围绘出),各级旅游资源使用对应图例(见表 4-6),单体符号一侧加注旅游资源单体代号或单体序号。

表 4-4　旅游资源单体调查表

基本类型：

单体序号	
单体名称	
代号	
行政位置	
地理位置	东经　　　　　北纬

性质与特征(单体性质、形态、结构、组成成分的外在表现和内在因素,以及单体生成过程、演化历史、人事影响等主要环境因素):

旅游区域及进出条件(单体所在地区的具体部位、距市/县/区中心里程、交通情况(陆/空/海)、依托区域及依托区域交通情况、周围主要景区(点)名称和距离):

保护与开发现状(单体保存现状、保护措施、整修情况、文物保护级别、开发情况、年游人接待量):

调查表各项内容填写要求如下。

(1) "单体序号"项,由调查组确定的旅游资源单体顺序号码。

(2) "单体名称"项,即指旅游资源单体的常用名称。

(3) "代号"项,代号用汉语拼音字母和阿拉伯数字表示,即"表示单体所处位置的汉语拼音字母—表示单体所属类型的汉语拼音字母—表示单体在调查区内次序的阿拉伯数字"。

(4) "行政位置"项,填写单体所在地的行政归属,从高到低填写政区单位名称。

(5) "地理位置"项,填写旅游资源单体主体部分的经纬度(精度到秒)。

(6) "性质与特征"项,填写旅游资源单体本身的特性,包括单体性质、形态、结构、组成成分的外在表现和内在因素,以及单体生成过程、演化历史、人事影响等主要环境因素。

(7) "旅游区域及进出条件"项,包括旅游资源单体所在地区的具体位置、进出交通、与周边旅游集散地和主要旅游区(点)之间的关系等。

(8) "保护与开发现状"项,包括旅游资源单体保存现状、保护措施、开发情况等。

项目4　旅游资源调查与评价

表4-5　旅游资源调查区实际资料表

调查区名称			调查时间	年　月　日至　年　月　日	
行政位置					
A.调查区基本资料					
调查区概况（面积、行政区划、人口、所处的旅游区域）					
调查工作过程（工作程序和调查重点，提交主要文件、图件）					
调查区旅游开发现状和前景（总体情况、产业地位、旅游开发潜力、旅游开发）					
B.各层次旅游资源数量统计					
系列	标准数目		调查区		
			数目	占全国比例/%	
主类	8				
亚类	31				
基本类型	155				
C.各主类、亚类旅游资源基本类型数量统计					
1.地文景观	37				
综合自然旅游地	7				
沉积与构造	7				
地质地貌过程形迹	14				
自然变动遗迹	7				
岛礁	2				
2.水域风光	15				
河段	3				
天然湖泊与池沼	3				
瀑布	2				
泉	2				
河口与海面	3				
冰雪地	2				
3.生物景观	11				
树木	3				
草原与草地	2				
花卉地	2				
野生动物栖息	4				

续表

系列	标准数目	调查区	
		数目	占全国比例/%
4.天象与气候景观	8		
光现象	3		
天气与气候现象	5		
5.遗址遗迹	12		
史前人类活动场所	4		
社会经济文化活动遗址遗迹	8		
6.建筑与设施	49		
综合人文旅游地	11		
单体活动场馆	5		
景观建筑与附属型建筑	11		
居住地与社区	8		
归葬地	3		
交通建筑	5		
水工建筑	6		
7.旅游商品	7		
地方旅游商品	7		
8.人文活动	16		
人事记录	2		
艺术	2		
民间习俗	8		
现代节庆	4		

D. 各级旅游资源单体数量统计

等级	优良级旅游资源			普通级旅游资源		未获等级
	五级	四级	三级	二级	一级	
数量						

E. 优良级旅游资源单体名录

五级
四级
三级

F. 调查组主要成员

责任	姓名	专业	职称	分工	责任	姓名	专业	职称	分工
组长					成员				
副组长					成员				

续表

责任	姓名	专业	职称	分工	责任	姓名	专业	职称	分工
成员					成员				
成员					成员				
成员					成员				
G.主要技术存档材料									
类别									
文字资料									
调查记录									
调查图件									
影像资料									
填表人			联系方式			单位： 电话： 电子信箱：			填表日期： 年　月　日	

表4-6　旅游资源图图例

旅游资源等级	图　　例	使用说明
五级旅游资源	■	1. 图例大小根据图面大小而定，形状不变 2. 自然旅游资源使用蓝色图例，人文旅游资源使用红色图例
四级旅游资源	●	
三级旅游资源	◆	
二级旅游资源	□	
一级旅游资源	○	

五、文件编辑

对收集的资料和野外勘查的记录进行系统的整理总结，整理分析包括以下内容。

（一）调查资料整理

调查资料包括文字资料、照片、录像片、图表等。将野外考察的现场调查表格归纳整理为调查汇总表，将野外拍摄的照片和录像片进行放大或剪辑编辑，并附上文字说明。

（二）调查图件绘制整理

整理反映旅游资源调查工作过程和工作成绩的填绘图件、手绘草图，进行复核、分析、整理，并与原有地图和资料互相对比，做到内容与界限准确无误，形成正式图件。

(三) 编写旅游资源调查报告

主要内容包括以下几个方面。

(1) 前言。调查任务来源、目的、要求，调查区位置、行政区划与归属、范围、面积，调查人员组成，工作期限，工作量和主要资料及其成果等。

(2) 调查区旅游环境。调查区自然地理特征、交通状况和社会经济概况等。

(3) 旅游资源开发历史和现状。包括旅游资源的成因、类型、分区、特色、功能结构、开发现状等。

(4) 旅游资源基本类型。包括旅游资源的类型、名称、分布位置、规模、形态和特征（可附带素描、照片、录像资料等）。

(5) 旅游资源评价。通过对调查区的旅游资源进行定性和定量的评价，评定旅游资源的级别和吸引力。

(6) 旅游资源保护与开发建议。阐明调查区内的旅游资源开发指导思想、开发途径、步骤和保障措施。

(7) 主要参考文献。

(8) 附图。

任务3　旅游资源评价

知识目标
1. 旅游资源评价的内容
2. 旅游资源评价的方法
3. 旅游资源调查的原则

技能目标
1. 应用旅游资源国标评价法
2. 应用旅游资源定量评价法
3. 应用旅游资源定性评价法

一、明确旅游资源评价的内容

旅游资源评价就是选择某些评价因子，按照某些标准，运用一定的方法对旅游资源的价值做出评判和鉴定，旅游资源评价实质上是在旅游资源调查的基础上，对其进行深入剖析和研究。旅游资源评价的角度不同，评价内容有较大的差异，常见的旅游资源评价角度主要包括旅游资源自身评价和旅游资源开发评价。

(一) 旅游资源自身评价

1. 旅游资源的性质

旅游资源的性质主要从旅游资源的类型、不同旅游资源的组合状况、旅游资源的用途

等方面来确定。

2．旅游资源的价值

旅游资源的价值一般分为艺术观赏价值、历史文化价值、科学价值等方面。

 旅游资源的价值和功能体现在哪些方面？

3．旅游资源的功能

旅游资源的功能是指旅游资源可供开发利用、能够满足某种旅游需求的特殊功效，是其价值的体现。旅游功能越多，宜进行的旅游活动越多，其价值越大。

4．旅游资源的特色

旅游资源的特色就是一处旅游资源不同于其他旅游资源的地方，是吸引游客出游的关键性因素，是旅游资源开发的灵魂。旅游资源的特性越突出，其吸引力大，旅游价值也就越大。

5．旅游资源的密度

旅游资源的密度也称为旅游资源的丰度，是指在一定地域内旅游资源的集中程度，即单位面积内拥有旅游资源的个体数量，通常用"个/平方公里"来表示。旅游资源的密度可以通过旅游资源调查进行量化，密度越高，旅游资源的价值也就越高。

6．旅游资源的组合度

旅游资源的组合度是指在同一地域内不同要素的组合或同一地域内旅游资源的分布及配置状况。在多数情况下，同一旅游地域内往往分布有不同种类的旅游资源，并相互配合。如果只对其中的某一种因素进行评价，可能其评价并不高，然而由于多种因素的巧妙组合，会大大提高这一旅游地的整体旅游价值。

7．旅游资源容量

旅游资源容量是指在确保旅游资源及环境不被破坏，不对游客和旅游地居民的心理造成不利影响的前提下，旅游资源所能容纳的游人数量。旅游资源景观数量越多、规模越大、场地越开阔，它的旅游容量就越大；反之，旅游资源景观稀少、类型简单、场地狭小，其旅游容量就小，超过旅游容量，旅游活动就会受到影响，旅游资源及其环境就会受到破坏。

（二）旅游资源开发评价

1．区位环境

区位环境主要包括旅游资源本身所处的地理位置、交通条件及与相邻旅游地旅游资源的关系等。

旅游资源本身所处的地理位置与旅游资源是否具有较好的开发价值是紧密相关的，如某旅游资源位于地球的赤道上，或位于两个国家的国境线上等，这样的特殊位置可能会使其开发价值倍增。

同步讨论 举例说明旅游资源的互补关系和替代关系。

旅游资源所在地的交通越方便,可进入性就越强,越能吸引游客;反之,旅游资源地处偏僻,交通不便,可进入性差,就难以吸引游客。

与相邻旅游地的关系主要包括两种形式:一是互补关系,二是替代关系。被评价的旅游资源如果与相邻旅游地呈互补关系,会使价值增加,如果呈替代关系,则会使其价值降低。

2. 自然环境

自然环境主要包括地质地貌、气候、植被、水文、土壤等,自然环境是构成旅游资源所在区域整体感知形象的一个因素,是旅游活动的重要外部环境条件之一。

3. 人文环境

人文环境主要包括旅游资源分布区的社会经济环境、中心城镇、现有的基础设施等。

4. 客源环境

客源环境主要包括能吸引的客源范围、辐射半径、吸引客源层次及特点、游客在享受资源时所产生的反应、客源可能产生的季节变化等。

5. 政治环境与投资环境

政治环境与投资环境主要包括国家政治局势和地区社会治安状态、国家和地区政策、经济发展战略及给予投资者的优惠条件等。

6. 施工环境

施工环境主要包括工程建设的环境、工程建设基本供应条件等。

二、应用旅游资源国标评价法

旅游资源国标评价法是国家标准《旅游资源分类、调查与评价》(GB/T 18972—2003)中拟定的旅游资源评价标准,也称为旅游资源单体评价体系。根据国家标准,对旅游资源单体实行共有因子评价方法,即按照旅游资源基本类型共同拥有的因子,由评价人员根据该标准中制定的"旅游资源共有因子综合评价系统"对旅游资源单体进行打分评价。

(一)评价体系

本系统有评价项目和评价因子两个档次,评价项目分为资源要素价值、资源影响力、附加值三部分。

资源要素价值为85分,分为5个评价因子,即观赏游憩使用价值(30分)、历史文化科学艺术价值(25分)、珍稀或奇特程度(15分)、规模、丰度与概率(10分)、完整性(5分)。

资源影响力为15分,分为2个评价因子,即知名度和影响力(10分)、适游期或使用范围(5分)。

附加值主要是指环境保护和环境安全,分正分和负分。

每一评价因子分为四个档次,其因子分值相应为四档。具体评价项目、评价因子及其赋分见表 4-7。

表 4-7 旅游资源评价表

共有因子评价问答(你认为本单体属于下列评价项目中的哪个档次,应该得多少分,在最后的一列内写上分数)			
评价项目	档 次	本档次规定得分	你认为应得的分数
观赏游憩使用价值	全部或其中一项具有极高的观赏价值、游憩价值、使用价值	30—22	
	全部或其中一项具有很高的观赏价值、游憩价值、使用价值	21—13	
	全部或其中一项具有较高的观赏价值、游憩价值、使用价值	12—6	
	全部或其中一项具有一般的观赏价值、游憩价值、使用价值	5—1	
历史文化科学艺术价值	同时或其中一项具有世界意义的历史价值、文化价值、科学价值、艺术价值	25—20	
	同时或其中一项具有全国意义的历史价值、文化价值、科学价值、艺术价值	19—13	
	同时或其中一项具有省级意义的历史价值、文化价值、科学价值、艺术价值	12—6	
	历史价值、文化价值、科学价值或艺术价值具有地区意义	5—1	
珍稀或奇特程度	有大量珍稀物种,或景观异常奇特,或此类现象在其他地区罕见	15—13	
	有较多珍稀物种,或景观奇特,或此类现象在其他地区很少见	12—9	
	有少量珍稀物种,或景观突出,或此类现象在其他地区少见	8—4	
	有个别珍稀物种,或景观比较突出,或此类现象在其他地区较多见	3—1	
规模、丰度与概率	独立型单体规模、体量巨大;组合型旅游资源单体结构完美、疏密度很好;自然景象和人文活动周期性发生或频率极高	10—8	
	独立型单体规模、体量较大;组合型旅游资源单体结构很和谐、疏密度良好;自然景象和人文活动周期性发生或频率很高	7—5	
	独立型单体规模、体量中等;组合型旅游资源单体结构和谐、疏密度较好;自然景象和人文活动周期性发生或频率较高	4—3	
	独立型单体规模、体量较小;组合型旅游资源单体结构较和谐、疏密度一般;自然景象和人文活动周期性发生或频率较小	2—1	
完整性	保持原来形态与结构	5—4	
	形态与结构有少量变化,但不明显	3	
	形态与结构有明显变化	2	
	形态与结构有重大变化	1	

续表

评价项目	档次	本档次规定得分	你认为应得的分数
知名度和影响力	在世界范围内知名,或构成世界承认的名牌	10—8	
	在全国范围内知名,或构成全国性的名牌	7—5	
	在本省范围内知名,或构成省内的名牌	4—3	
	在本地区范围内知名,或构成本地区名牌	2—1	
适游期或使用范围	适宜游览的日期每年超过300天,或适宜于所有游客使用和参与	5—4	
	适宜游览的日期每年超过250天,或适宜于80%左右游客使用和参与	3	
	适宜游览的日期超过150天,或适宜于60%左右游客使用和参与	2	
	适宜游览的日期每年超过100天,或适宜于40%左右游客使用和参与	1	
环境保护和环境安全	已受到严重污染,或存在严重安全隐患	−5	
	已受到中度污染,或存在明显安全隐患	−4	
	已受到轻度污染,或存在一定安全隐患	−3	
	已有工程保护措施,环境安全得到保证	3	
本单体得分		填表人	调查日期 年 月 日

(二) 评价等级

根据旅游资源单体评价得分,从高到低依次如下。

(1) 五级旅游资源,得分值域≥90分。
(2) 四级旅游资源,得分值域75—89分。
(3) 三级旅游资源,得分值域60—74分。
(4) 二级旅游资源,得分值域45—59分。
(5) 一级旅游资源,得分值域30—44分。
(6) 未获等级旅游资源,得分值域≤29分。

同步练习 应用旅游资源单体评价表对熟悉的旅游资源进行打分并划分等级。

其中,五级旅游资源被称为特级旅游资源;四级、三级旅游资源被称为优良级旅游资源;二级、一级旅游资源被称为普通级旅游资源。

三、应用旅游资源定性评价法

(一)"三三六"评价法

该评价体系是由卢云亭先生提出,主要适用于对某一旅游地进行综合评价。所谓"三三六"是指对旅游地的评价应从旅游资源具有的三大价值、开发后产生的三大效益和开发中所涉及的六大条件几个方面去进行系统评价。

1. 三大价值

三大价值是指旅游资源本身所具有的历史文化价值、艺术观赏价值和科学考察价值。历史文化价值属于人文旅游资源范畴。评价历史古迹,要看它的类型、年代、规模、保存状况及其在历史上的地位,一般来说,历史古迹越古老、越稀少,就越珍贵;越出于名家之手,其历史价值和旅游价值就越大;在历史上产生的影响越大,其旅游开发价值也就越大。艺术观赏价值是指旅游资源的艺术特征、地位和意义,自然风景的景象属性和作用各不相同,其种类越多,构成的景象也越丰富多彩。科学考察价值指旅游资源的某种研究功能在自然科学、社会科学和教学上各有什么特点,能否为科教工作者、科学探索者和追求者提供现场研究场所。

 长江流域非遗资源六维价值评价

2. 三大效益

三大效益是指经济效益、社会效益和环境效益。经济效益主要包括旅游资源利用后可能带来的经济收入;社会效益指对人类智力开发、知识储备、思想教育等方面的效益;环境效益指旅游资源的开发是否会对环境、资源造成破坏。在对三大效益进行评价时,应综合考察分析各利弊。

3. 六大条件

旅游资源的开发必须建立在一定可行性的条件基础上,这些条件最重要的是六个方面:景区的地理位置和交通条件、景物或景类的地域组合条件、景区旅游容量条件、施工难易条件、投资能力条件、旅游客源市场条件。

(二)"六字七标准"评价法

该评价法由黄辉实先生提出,主要从两个方面对旅游资源进行评价:一是旅游资源本身,二是旅游资源所处的环境。

1. 对旅游资源本身的评价

美:旅游资源给人的美感。主要考察旅游资源的可观性。

古:旅游资源的历史久远性。一般而言,距离现在越久远的旅游资源,对当今游客的吸引力就越强。

名：一是指旅游资源本身的知名度。旅游资源本身的知名度往往可以透过其本身获得的一些称号来判断，如"世界遗产"、"国家级风景名胜区"、"国家自然保护区"、"国家森林公园"、"国家级重点文物保护单位"等。在我国历史上，人们还习惯将同类事物中价值最高、名气最大的用数字概括，这也是判断其知名度高低的重要指标，如四大佛教名山、五岳、六大古都、三大名楼等。二是指旅游资源与名人、著名事件的联系性。最典型的是名人故居，可能建筑十分平庸，但因为有名人曾在其中生活过，其旅游价值就会大增。原本价值一般的旅游资源，由于与一些重大的历史事件有联系，旅游价值也大不一样。

特：特有的、别处没有的或少见的资源。

奇：人们不能正常解释的现象或事物，能给人新奇的感受。

用：能为旅游者提供使用价值的旅游资源，如自然旅游资源中具有医疗价值的温泉、供玩赏的名花异草、人文旅游资源中的手工工艺品等。

2. 对旅游资源所处环境的评价

采用以下七个标准：季节性、污染状况（旅游环境的质量）、联系性、可进入性、基础结构、社会经济环境、旅游市场。这七个标准分属自然环境、经济环境和市场环境范畴，它们对旅游资源的开发利用价值影响颇大，评价时要进行客观的分析。

四、应用定性旅游定量评价法

（一）技术性的单因子定量评价法

该评价方法在评价旅游资源时集中考虑某些典型关键因子，对这些关键因子进行技术性的适宜度或优势判断。这种评价对于开展专项旅游活动如登山、滑雪、游泳等较为适用，在此选择性介绍几种较为成熟的方法。

1. 气候适宜度评价

气候是影响旅游者旅游消费行为的重要因素。在不同的气候要素组合情况下，人体的舒适感受往往不同。例如，同一气温下，空气的相对湿度发生变化，人体的温度感觉就会发生较大变化；而同一温度下，风速不同，旅游者人体的温度感觉也会存在差异。因此，在评价气候适宜度时常采用温湿指数和风效指数两个指标。

温湿指数（THI），其计算公式为：

$$THI = t - 0.55 \times (1-f) \times (t-14.74)$$

其中，t 为干球温度（℃），f 为空气的相对湿度（％）。一般在评价时将温湿指数在 15—27 称为旅游适宜气候。

2. 滑雪旅游资源评价方法

美国土地管理局的土地供游憩活动适宜性评估系统中，对滑雪旅游资源的技术性评价选取了七个因素，即雪季长短、积雪深度、干雪保留时间、海拔、坡度、气温、风力等。每个指标分为四个等级给分，最终根据总分将滑雪旅游资源分为三个等级。表 4-8 所示为美国滑雪旅游资源的技术性评估标准一览表。

表 4-8　美国滑雪旅游资源的技术性评估标准一览表

因素	标准	得分	标准	得分	标准	得分	标准	得分
雪季长短	6个月	6	5个月	5	4个月	4	3个月	2
积雪深度	>1.22 m	6	0.92—1.22 m	4	0.61—0.92 m	2	<0.305 m	1
干雪保留时间	3/4 季	4	1/2 季	3	1/4 季	2	0 季	1
海拔	>762.5 m	6	457.5—672 m	4	152.5—457.5 m	2	45.5—152.5 m	1
坡度	很好	4	好	3	一般	2	差	1
气温	>10	3	17.8—6.7	2	<17.8	1	—	—
风力	轻微	4	偶尔变动	3	偶尔偏高	2	易变	1

（二）层次分析法

层次分析法是美国运筹学家 A. L. Saaty 提出的,其基本点是通过人们较易操作的两两相比判别,最终通过判断矩阵达到整体比较的目的。该方法有以下几个主要步骤。

1. 因素分解和确定层次结构

对所研究的问题进行因子分解和层次划分,确定因子的不同层次及每一层次上的各因子之间的组织关系,使所有因子汇成"决策树",如图 4-1 所示。

2. 选择评价指标,构造判断矩阵

对"决策树"中的每一层次构造判断矩阵,即分别建立两两相比矩阵(见表 4-9),以分别求取对上一层次因子而言各因子的重要程度。

 应用层次分析法对某类旅游资源进行评价。

表 4-9　两两相比重要程度分级表

两两比较关系	极其重要	重要得多	明显重要	稍显重要	同等重要	稍不重要	不重要	很不重要	极不重要
标准值	9	7	5	3	1	1/3	1/5	1/7	1/9

利用两两相比建立判断矩阵,为确保其客观可靠性,可请相关学科的专家学者和旅游行政管理部门的人员,以填表的方式,按两两相比重要程度的判断级别,对同一层次中的各因素相对于上一层次的某项因子的相对重要性给予判断评分(见表 4-10)。

表 4-10　判断矩阵样式示意图

因子	A1	A2	A3	A4
A1	1	1/2	4	3
A2	2	1	7	5
A3	1/4	1/7	1	1
A4	1/3	1/5	1	1

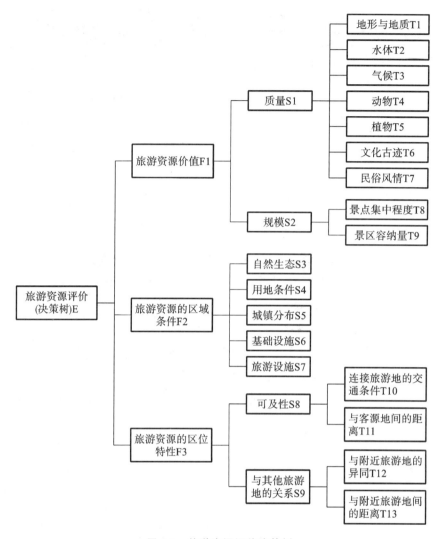

图 4-1　旅游资源评价决策树

3．确定权重，建立评价指标体系

根据判断矩阵，通过分析和计算，得出各层次指标的相对重要性，确定权重。

4．处理结果

处理结果，通过一次或多次结果反馈及专家意见征集，直到一致性检验达到满意为止。至此，完成评价模型权重排列。

（三）指数评价法

旅游资源的指数评价法分为三步。

（1）调查分析旅游资源的开发利用现状、吸引力及外部区域环境，要求有准确的定量统计资料。

（2）调查分析旅游需求，主要内容有游客数量、旅游者构成、逗留时间、旅游花费趋向、需求结构及节律性等。

(3)拟定总体评价式,建立表达旅游资源特质、旅游需求与旅游资源之间关系的若干量化模型。公式为:

$$E = \sum_{i=1}^{n} F_i M_i V_i$$

式中,E 为旅游资源评价指数;F_i 为第 i 项旅游资源在全部旅游资源中的权重;M_i 为第 i 项旅游资源的特质与规模指数;V_i 为旅游者对第 i 项旅游资源的需求指数;n 为旅游资源总项数。

最后,可以应用调查结果和评价指数确定旅游资源的旅游容量、密度、需求规律性和开发顺序。

任务 4 旅游资源开发

知识目标
1. 旅游资源开发的内容
2. 旅游资源开发的方法
3. 旅游资源开发的模式

技能目标
1. 梳理旅游资源开发的思路
2. 应用旅游资源开发的模式

随着旅游业的发展,旅游者需求多样化、个性化趋势日益明显,只有不断地对现有旅游资源进行深层次开发或是开发新的旅游资源,才能满足旅游者的需要,确保旅游业持续健康发展。特别是在旅游业竞争日趋激烈的今天,如何发挥旅游资源的多种功能、开发出富有区域特色的旅游资源、满足旅游者的不同需求,已成为区域旅游业发展、在激烈的市场竞争中立于不败之地的关键。旅游资源开发是指在旅游资源调查和评价的基础上,以发展旅游业为目的,以市场需求为导向,有组织、有计划地对旅游资源加以利用,发挥、改善和提高旅游资源对旅游者吸引力的综合性技术。

一、明确旅游资源开发的原则

(一)保护性原则

旅游资源具有较强的脆弱性,不但会受到自然因素的破坏,在被旅游业利用的过程中也有可能遭到人文耗损,因此旅游资源保护在旅游开发中极其重要。旅游资源保护主要包括两个方面:一是资源本身的保护,限制资源的损耗,延缓衰减的自然过程,将人为损耗降低到最低点,绝不允许人为随意破坏;二是旅游环境的保护,要求旅游资源的开发既要和自然环境相适应,有利于环境保护和生态平衡,控制污染,又要与社会环境相适应,遵守旅游目的地的政策法规和发展规划,不危及当地居民的文化道德和社会生活。

（二）特色性原则

旅游资源的特色是构成旅游吸引力的关键因素，特色性原则要求在开发过程中不仅要保护好旅游资源的特色，而且要充分揭示、挖掘、发展旅游资源独有的、异质资源的特色。具体来说，尽量保持自然和历史形成的原始风貌，尽量开发利用具有特色的旅游资源项目；努力反映当地文化，突出民族特色和地方特色。此外，特色性并不是单一性，在突出特色的基础上，还应围绕重点项目，不断增添新项目，丰富旅游活动内容，满足旅游者多样化的需求。

（三）经济性原则

旅游资源开发是一项经济活动，必须遵循经济效益原则，不是所有的旅游资源都值得开发，如果开发旅游资源所投入的成本高于它所能带来的收益，这种开发显然是不可行的。因此，应当进行旅游开发投入与产出分析，确保开发活动能带来丰厚的利润。在充分了解旅游市场的基础上，对旅游资源开发项目的可进入性、对旅游者的吸引力、投资规模、投资效益、建设周期、资金回收周期等各方面，都应有细致的数据分析。同时，还要根据开发实力，分阶段有重点地优先开发某些项目，之后再不断增添新项目和配套设施及服务，最终形成完善的旅游设施和服务体系。

（四）市场导向性原则

市场导向性原则就是根据旅游市场的需求内容和变化规律，确定旅游资源开发的主题、规模和层次。市场导向性原则要求旅游资源开发一定要进行市场调查和市场研究，准确把握市场需求和变化规律，结合资源特色，寻求资源条件与市场需求之间的最佳结合点，确定开发主题、规模和层次。

 举例说明旅游资源开发的 5 种方式在实际规划与策划中的应用。

二、梳理旅游资源开发的方式

根据旅游资源的性质和开发目的，旅游资源开发包括新建、利用、修复、改造和提升 5 种方法。

（一）新建

新建即凭借当地的旅游资源特点，建立新的旅游景区、景点或主题公园，建设一些必要的旅游服务基础设施，以增加区域旅游吸引力，满足旅游需求，推动地方旅游业发展。这种方式重在创新，在特色，必须创造出"人无我有，人有我优，人优我特"的具有鲜明个性和独特风格的景物。

（二）利用

利用指利用原有的未被认识的旅游资源，通过整理、组织和再开发，从而使之成为旅游吸引物的一种开发方式。随着社会的进步和人类生活水平的提高，人们的旅游需求及消费行为特征也呈现多样化趋势。所以，可以根据人们需求的新变化，开发利用那些以前未被认识到的旅游吸引物，使其成为新的旅游景点。如工业旅游、科技旅游的开展，使卫星测控中心、飞机制造公司成为新的旅游热点。

（三）修复

由于自然或历史的原因而被损毁，但又有很高艺术、历史文化或科学研究价值的旅游资源，经对其进行整修、修复或重建，使之重新成为可供旅游者参观游览的景点。

（四）改造

改造是指投入一定数量的人力、物力和财力，对现有的、但利用率不高的旅游景观、旅游设施或非旅游设施进行局部或全部改造，使其符合旅游市场需求，成为受旅游者欢迎的旅游吸引物。

（五）提升

提升是指对已被开发但又不适应旅游业发展需要的旅游吸引物，需要深入挖掘，增加一些旅游设施和新的服务，提高其整体质量，再生出新的旅游吸引力的一种开发方式。

需要说明的是，以上5种开发方式并无严格的明显界限，通常是结合现状需求，根据具体的旅游资源状况，确定具体的开发方式及其组合。

 以家乡为例，针对不同类型的旅游资源，讨论旅游资源开发的思路和模式。

三、建立旅游资源开发的模式

由于旅游资源的性质、价值、区位条件、规模、组合、结构以及区域经济发达程度、文化背景、法律法规、社会制度、技术条件等方面因素的不同，加之旅游资源开发的深度和广度不一，使得旅游资源开发的模式也趋于多元化。根据不同的影响因素和划分标准，旅游资源开发的模式可归纳为不同的类别。

（一）根据资源类型特点开发

1. 自然类旅游资源开发模式

自然类旅游资源以其特有的天然风貌和纯朴本色，对旅游者特别是来自城市的旅游者产生强烈的吸引力。有些自然类旅游资源不经过开发，原汁原味就可吸引旅游者开展旅游活动，但绝大多数自然资源都要经过开发建设，才能具有较强的吸引力，方便旅游者进行旅游活动。开发建设的主要内容是交通线路布设、协调配套的旅游设施,包括各种基础设施和旅游专用设施等。但是在建设的同时,又要力求保持自然景观的原始风貌,减少人为因素的干扰和建设中的破坏。

自然类旅游资源一般具有观光游览、休闲体验、度假享乐、康体健身、参与性游乐、科学考察以及各种专题性旅游等功能。自然类旅游资源的开发一般要尽量突出资源的本色特点,在保障旅游者可进入以及环境保护设施达到要求的前提下,尽量减少和避免人为的干扰性建设以及资源地的城市化倾向,使之源于自然,体现自然。而对于自然、人文相互交融的旅游资源,应在突出自然美的基础上,深入挖掘其文化底蕴,做到情景交融,自然美和人文美交相辉映,相得益彰。

2. 文物古迹类旅游资源开发模式

文物古迹类旅游资源是人类文明的瑰宝,具有观光游览、考古寻迹、修学教育、学习考察、访古探幽、文化娱乐等多种旅游功能。既可供游人参观瞻仰,又可进行考古研究和历史教育,同时还可以深入挖掘其历史文化内涵,开展形式多样、参与性强的文化娱乐活动,如作坊文物复制、古陶器制作、古乐器演奏等。文物古迹类旅游资源的魅力在于其历史性、民族性、文化性和科学艺术性,其开发也应从展现资源的历史价值、科学价值、艺术价值、民族文化价值、美学价值、稀缺性价值等方面入手,着重反映和展示资源所代表的历史时期的政治、经济、文化、社会、文学艺术等的发展水平及其历史意义。

文物古迹类旅游资源一般都和历史文化名城相伴而生,并以历史文化名城作为依托。因此,开发文物类旅游资源,主要着眼点应在于历史文物古迹的修缮、整理、保护,并向游人说明和展示其历史价值之所在。此外,文物古迹类旅游资源的开发还要与城市的总体发展规划结合起来,使历史文化名城既保持其历史性和文化性,又满足现代社会的需要。

3. 社会风情类旅游资源开发模式

异国风情、他乡风俗习惯是吸引旅游者的重要因素,该类旅游资源主要是以人为载体的,通过人类的生产劳动、日常生活、婚丧嫁娶以及人际交往关系等行为方式而表现出来。社会风情类资源往往具有表演性、活动性和精神指向性,体现当地独特的、不为人知的、差异性极强的民风民俗和人文特征。此外,该类旅游资源还具有传播文化,促进交流与合作的作用。所以社会风情类旅游资源具有观光游览、愉悦体验、文化交流、参与性游乐等旅游功能。

与其他旅游资源的开发方式不同,社会风情类旅游资源的开发利用更强调参与性、动态性和体验性,要尽可能地使旅游者参与到旅游地的社会活动和民俗仪式中去,让他们对当地的社会风情、民族习惯有切身的体验。需要指出的是,对这类旅游资源的开发一定要保持当地风情的原汁原味,不能单纯为了商用目的而改变或同化当地民风民情的特色。

4. 宗教文化类旅游资源开发模式

宗教文化是人类精神财富的重要组成部分,其深厚的哲学理念、虔诚的精神导向、强烈的信徒吸引力、深邃的文化艺术性,使它成为一类非常重要的人文旅游资源。一方面宗教文化含有浓重的精神文化色彩,文化艺术性极强;另一方面宗教文化具有较广阔的客源市场,不但对广大信徒有强烈的吸引力,而且也较受喜欢猎奇的非宗教信仰者的欢迎;同时宗教活动具有浓厚的氛围、神秘的表演性和广泛的参与性,且节庆日多,易于开展各种专题旅游活动。

宗教文化类旅游资源具有观光游览、朝拜祭祀、猎奇探秘、参与性游乐等旅游功能。宗教文化类旅游资源开发时要突出其参与性、动态表演性和神秘性,并构建强烈的宗教氛围,重点展示宗教的活动特点、艺术特色、建筑物特征以及空间布局,开发设计时要留足进行宗教活动的空间场所。

5. 现代人工吸引物开发模式

改革开放以来,我国经济得到了持续快速的发展,由于交通条件的改善,以及各种基础设施的不断完善,使得可用于开发旅游地的各种现代人工吸引物大量涌现,成为一种新兴的旅游资源。这些资源主要分为观光型和游乐型两大类,前者如东方明珠,后者如世界之窗。现代人工吸引物一般具有参与性娱乐、演艺体验、观光游览、休闲游乐等旅游功能。

建造人工吸引物对于那些旅游资源缺乏,但又较好地具备开展旅游外部条件(如经济发达、交通便利、人口密集、客源丰富)的地区,是旅游资源开发最好的一种思路。它有利于增加旅游内容,延长游客停留时间,丰富当地居民的业余文化生活。建造人工吸引物投资多、周期长,且要和周围的环境、已有建筑物相互协调,是一种难度较大的旅游资源开发模式。它需要在地点选择、性质与格调确定、产品定位、市场定位、规模体量、整体设计等方面都进行认真细致的调研,并要特色突出,个性鲜明,在某一方面具有垄断性,注意大众化、娱乐性和参与性。

(二) 根据旅游地综合条件开发

1. 价值高,区位优,经济条件好:全方位开发模式

这类旅游资源地,自身资源价值高,地理区位优越,且拥有良好的发展旅游业的经济社会条件,资源、区位、经济发展水平优势明显,因此可以进行旅游资源的全方位开发。要重视充分有效地利用各类旅游资源,开展丰富多彩的旅游活动,完善旅游活动行为所需的各类层次结构,从行、吃、住、游、娱、购等方面,全面满足旅游者的需求,特别要重视开发购物场所和娱乐设施,提供专项特色服务,提高旅游服务档次,增加旅游收入中弹性收入部分的比例。

2. 价值高,区位一般,经济条件差:重点开发模式

这类旅游资源地资源很丰富,且价值高,对游客的吸引力强,但地理区位一般,经济发展水平较差。由于地方经济条件的限制,往往缺乏发展旅游业所必需的开发资金,因此这类旅游地的开发要积极争取国家或上级政府的扶持资金,或转让资源开发经营权,多方争取区外、境外资源开发资金,有选择地、有重点地开发一些受市场欢迎的旅游资源项目;同时要进一步改善交通条件,提升旅游目的地的可进入性,并完善旅游服务配套设施的建设,提高旅游服务质量,使地方旅游业得到快速发展。

3. 价值高,区位、经济条件差:特色开发模式

这类旅游资源地资源价值高,对旅游者有很强的吸引力,但由于地理位置偏僻,交通条件差,旅游者的可进入性差,加之地方经济落后,导致旅游资源开发成本加大。这类旅游资源大多处于未开发或初步开发状态。其开发的关键在于改善进出交通条件,同时有选择地开发一些高品位的、有特色的旅游资源,开展一些市场针对性强的特种旅游活动,并逐步配

备相应的服务接待设施,进而培育和改善旅游业发展的环境和条件。

4. 价值低,区位好,经济条件好:参与性游乐开发模式

这类资源地由于区位条件和区域经济发展水平较好,因此具有发展旅游业的社会经济基础,但缺少高品位的旅游资源。资源开发时要充分利用区位优势和经济优势去弥补资源贫乏的劣势。在注重利用现有资源的基础上,可开发建设娱乐型、享受型、高消费型的旅游开发项目。如参与性较强的主题公园类等人工旅游景区点,同时还应看到当地经济发展水平高,居民消费能力强,旅游资源开发要注意完善旅游活动所需的各种配套设施,满足不同层次旅游者的需要。

5. 价值、区位、经济条件都一般:稀有性开发模式

这类资源地无明显优势,资源价值、地理区位、当地经济发展水平都属于中间状态。资源开发时,要注意对旅游资源进行分级评价,重点开发周边市场缺少,且可能受游客欢迎的旅游资源项目,创造区域内的拳头旅游产品,还要进一步改善区位交通条件,提高旅游服务质量,同时加强对外宣传和促销,逐步树立鲜明的旅游形象。

(三) 根据地域特色开发

1. 东部地区——精品开发模式

我国东部地区的社会经济发展水平高,对外交往联系密切,市场范围广,高素质人才集中,已形成了环海、长江三角洲和珠江三角洲等旅游发达区,具有发展旅游业的综合优势。东部地区旅游资源开发,应着眼于努力提升旅游产品层次和提高旅游资源开发水平。在原来旅游资源开发的基础上,着重突出构建旅游产品的精品项目,使低层次资源开发转变为高层次资源开发,为旅游者提供全面的、高质量的旅游产品和服务。在继续开发建设好观光游览旅游产品的同时,重点开发建设休闲度假会展商贸旅游产品,根据国际国内旅游市场需求,不断满足不同类别旅游群体的旅游需求。

2. 中部地区——特品开发模式

从地理位置看,我国中部地区位于从沿海向大陆内部经济梯级发展的中间过渡地带,有着承东启西、延承旅游业发展、转送旅游客流的区位条件。中部地区旅游资源开发,一方面着眼于旅游设施相对落后的现状,继续努力加强基础设施建设,改善发展旅游条件;另一方面要面对和东部旅游产品竞争所处的相对劣势,大幅度提高旅游资源开发和利用的水平,重点开发建设特色旅游产品,即发展专题旅游。以便能够和东、西部旅游产品形成优势互补,来吸引从东部入境的海外旅游者和东部客源市场游客。

3. 西部地区——极品开发模式

我国西部地区地域辽阔,是中国地形最复杂、类型最多样的旅游景观区域,自然、人文、社会风情旅游资源极为丰富。其资源优势突出,但由于经济发展水平低,旅游观念、意识相对较为落后,绝大部分旅游资源开发不足。发展旅游业存在两大制约条件:一是生态环境恶劣,二是基础设施落后,旅游资源地可进入性较差。西部地区很多旅游资源在全国甚至世界具有唯一性和垄断性,西部地区旅游资源开发要充分利用这一重要优势,在大力发展旅游基础设施建设的同时,全力打造旅游资源开发的"极品"工程,即开发具有不可替代性

的专项旅游。

（四）根据投资主体开发

1. 政府主导型资源开发模式

对跨区域旅游资源开发和旅游区域内一些基础设施的建设，政府起着决定性作用。作为投资者的政府可分为中央政府和地方政府。该模式的特点是政府运用掌握的开发规划审批权力，对旅游资源开发进行宏观管理。开发资金的投入主要依赖中央、地方财政，但可能对一些公共设施的投入引入相关的市场招商引资机制。对具体的旅游开发不作具体干预，主要通过开发规划和行政审批来调控。该模式适用于旅游资源待开发区域以及经济欠发达地区的旅游开发，多见于铁路、高速公路、旅游专用公路、环保工程等旅游基础设施建设。

2. 企业主导型资源开发模式

企业主导型资源开发模式是指地方政府将管辖范围内的旅游资源开发及经营权采用出让的方式，吸引投资商进行开发经营，政府只在行业宏观层面通过规划、政策法规、宏观市场促销等方式对投资、开发商进行管理的模式。按照投资企业的不同，可划分为国有企业型、集体企业型、民营企业型以及混合经济型等。

这种模式主要针对的是不同类型的景区景点类的旅游资源开发项目。旅游景区类项目的管理相对简单，经济效益明显，投入产出比值高，投资回收期相对较短。这种模式的特点是政府从宏观层面上管理市场、审批开发规划项目、制定法规和旅游发展战略等，直接进行投资，对于旅游资源开发项目引入市场机制，引导企业来开发建设、经营旅游项目，按照市场经济的法则来发展旅游业。该模式为我国鼓励和优先支持的旅游资源开发模式，适用于所有不同类型的旅游资源开发区域。

3. 民间投资型资源开发模式

民间投资型资源开发模式是指一般的民营企业或个人投资于中、小型的旅游资源开发项目，或旅游区内开办的一些餐饮、住宿、购物项目，如风味饭馆、乡村旅店、农家乐项目等。这一类投资主体往往较注重投资的短期效益，追求投资回报率。民间投资虽然只是单体或几个旅游项目的资金投入，但对于关联性很强的旅游业来说却有着非常重要的意义。按照"谁投资，谁受益"的旅游发展原则，民间资本投资旅游的积极性正在不断提高。

该模式的特点是投资规模一般不是很大，涉及的投资范围较宽，一些投资少、见效快的旅游开发项目较能吸引这一类投资者。此模式适用于旅游业发展较为成熟，且取得了较好经济效益的旅游资源开发区域，或旅游业正在起步的旅游资源的待开发区域。

4. 外商投资型资源开发模式

外商在旅游业的投资范围目前主要集中于宾馆、饭店、旅行社和汽车出租行业，投资方式以合资方式为主。为了进一步扩大旅游行业利用外资的能力，引导外商转向旅游基础设施以及旅游资源开发建设，将是中国旅游业吸引外商投资的重要发展方向。

这种资源开发模式的特点是投资规模可能很大，外商将带来先进的管理理念和管理模式，对地方旅游业发展可能起到一种示范带动作用。该模式适合于经济欠发达地区的旅游资源开发，或资源开发需要资金量很大，当地不可能进行开发的旅游项目。

以上几种模式并不是完全独立的，随着旅游资源开发投资管理体制的进一步完善，"以政府为主导，以企业和外商为投资主体，民间和个人投资为补充，共同进行旅游资源开发"的模式将会成为我国旅游业发展的主体形式。

本章小结

　　旅游资源是指自然界和人类社会凡能对旅游者产生吸引力，可以为旅游业开发利用，并可产生经济效益、社会效益和环境效益的各种事物和因素。

　　旅游资源常见的分类方法有两分法、国家标准分类体系、动态分类方案等。

　　旅游资源调查是依照一定标准和程序针对旅游资源开展的询问、勘查、实验、绘图、摄影、录像、记录、填表等活动。旅游资源的调查是旅游规划、开发利用和保护的基础。

　　旅游资源的调查内容包括旅游资源形成背景条件调查、旅游资源赋存调查和资源外部开发环境调查。

　　旅游资源评价是选择某些评价因子，按照某些标准，运用一定的方法对旅游资源的价值做出评判和鉴定，常见的旅游资源评价角度主要包括旅游资源自身评价和旅游资源开发评价。

　　常见的旅游资源定性评价法有"三三六"评价法、"六字七标准"评价法。

　　常见的旅游资源定量评价法有旅游资源国标评价法、单因子定量评价法、层次分析法、指数评价法。

　　旅游资源开发应该依据保护性、特色性、经济性、市场导向性原则。

　　根据旅游资源的性质和开发目的，旅游资源开发包括新建、利用、修复、改造和提升等方法。

关键概念

　　旅游资源　旅游资源国标分类　旅游资源调查　旅游资源定性评价　旅游资源定量评价　旅游资源开发

复习思考

1. 复习题

（1）列举并解释旅游资源的特点。

（2）用所学知识，分析可依据哪些其他标准对旅游资源进行分类并举例说明。

（3）简述旅游资源调查的程序。

（4）旅游资源评价的内容有哪些？

2. 实作题

对××区域的旅游资源进行调查和评价。

要求包含以下内容：

(1) 按照《旅游资源分类、调查与评价》(GB/T 18972—2003)的分类方案对调查区域内的旅游资源进行调查,并填写资源单体调查表。

(2) 对调查区域所有旅游资源单体进行定量评价,确定旅游资源等级。

(3) 对调查区域的旅游资源进行开发评价。

(4) 依据调查和评价结果,填写调查区实际资料表,绘制旅游资源分布图。

(5) 撰写旅游资源调查报告。

拓展案例　　遂宁"无中生有"的旅游发展模式

地处川中腹地的遂宁市旅游资源优势并不明显,但是遂宁人大胆运用创新思维,创造"无中生有"创新旅游资源。

(1) 一个盐厂"点化"成了一片"中国死海"。2002年,遂宁人将默默无闻的盐卤资源"点化"为旅游资源,将工业盐卤池转换成体验式的"海水漂浮"。迄今为止,"中国死海"是四川省第一个,也是目前唯一的国家4A级大型漂浮休闲度假景区。

(2) 两座庙宇"演化"成了全国仅有的"观音故里"。遂宁观音民俗文化丰富,千百年来,融入广大民众和民俗活动中,在遂宁及周边地区广泛流传。在长期以来没有将其作为旅游资源对外宣传和开发的情况下,遂宁人以创新的思维,提炼出"观音故里"旅游品牌,回避了千篇一律的寺庙旅游资源的竞争,引起无数专家学者的研究论证,产生了极大的市场效应,并取得了招商引资的巨大成功。

(3) 一段江面"变化"成了一个"西部水都"。观音湖实为涪江过军渡水利工程下闸蓄水后形成的面积14平方千米的水域,兼有防洪、发电、航运等多种功能。遂宁人"突发奇想",全面整合观音文化和水文化资源,创造了一个集城市公共游憩、观音慈善文化体验、高端养生度假、商务休闲、特色运动体验五大功能于一体的文化性、生态性、体验性的综合湖泊旅游休闲度假胜地,并以此为主要载体,叫响"西部水都"名号。

(4) 一块硅化木幻化成了"中华侏罗纪公园"。遂宁射洪县的一个原本并不知名的峡谷,因为发现峡谷内原本被老百姓用来码猪圈的"方子木"(棺材),是来自恐龙时代侏罗纪的树木变成的化石,于是,遂宁请来地质专家论证研究,找来各方专家策划,其结果是成功申报了"射洪硅化木国家地质公园",争取到了2010年第八届国际侏罗纪大会的主办权,正在建设融合科普和游乐项目的"中华侏罗纪公园"。

(资料来源:遂宁蝶变川中奇葩——"无中生有"的旅游发展模式,四川旅游政务网。)

问题:

结合案例,谈谈你是如何理解旅游资源的可创新理论的?你认为遂宁旅游发展成功的关键因素有什么?

亳州旅游资源开发新思维

亳州历史悠久,人文旅游资源丰富,是国家级历史文化名城,全国首批旅游优秀城市。其旅游资源可以概括为"道、酒、药、城、帝"5个字。

(1) "道"。

道教是中国土生土长的固有宗教,深深扎根于中国传统文化的沃土之中。自从公元前502年前后老子的《道德经》问世,汉文化的哲学、医药、音乐、化工、政治、养生、健身等便都烙上了道教的印记。亳州是老庄故里、陈抟家乡,有众多著名的道教宫观,如天静宫、道德中宫、庄子祠、陈抟庙等。

(2)"酒"。

亳州酿酒业历史悠久,自古就是名酒之乡。自春秋起,当地人就用古井甘泉酿酒,此后酿酒业延绵不绝。建安元年(196年),曹操将家乡酿制的九酝春酒(又名减酒)贡献给汉献帝,"减酒"从此名扬天下,作为贡品年年进贡朝廷,至明代正式列为贡酒。如今位于亳州城西北的古井镇,已经发展成为以白酒为主导产业,拥有一家大型国有企业(古井集团)和三家省级企业集团在内的七十多家白酒生产企业,年销售收入达20亿的工业型城镇。

(3)"药"。

亳州为一代神医华佗的故里,自古就有"药都"之称,是中医药文化的摇篮。亳州盛产中药材,自东汉末年神医华佗开辟第一块"药圃"之始,种植、经营中药材已有2100多年的历史,明、清时期亳州成为全国四大药都之一。如今亳州已是名副其实的全国最大的中药材集散地,药业经济已成为富民强市的重要支柱。

(4)"城"。

明清时期,由于涡河航运的发展,亳州经济繁荣,形成了"七十二条大街,三十六条古巷"等众多的商业街市。如今古城虽然没有了舟楫林立、商旅云集的场面,但大部分保留了古风旧韵,漫步古街巷,仍可体会到北关旧时商业的鼎盛。

(5)"帝"。

东汉建安末年亳州为谯郡,作为魏武帝曹操故里,公元21年文帝诏封五都,谯郡名列其中,作为曹魏政权的陪都,亳州遗留下来众多历史遗迹,主要有曹氏宗族墓群、地下运兵道、斗武营、东西观稼台等。亳州还建有三国揽胜宫、曹氏公园等。

亳州虽旅游发展起步较早,但很长一段时期,旅游发展缓慢,与旅游资源赋存严重不符。亳州旅游要想破茧成蝶,实现跨越式发展,绝不是单纯的"道""酒""药""城""帝",而应该是站在大旅游的角度,发挥集群优势,将亳州最有代表性的旅游资源进行整合,寻找一个最佳的契合方式将它们融合到一起。资源整合最佳的方式是"道为亳州旅游之源,城为亳州旅游之形,药、酒、帝为亳州旅游之流"。也就是说应该将"道"文化作为亳州旅游的核心品牌,"北关古城"应该作为亳州旅游的载体,"药""酒""帝"应该作为亳州旅游最重要的表现形式。即通过古城这一最佳载体,巧妙地将这些文化元素融合进去,将文化资源转为旅游产品,升华为旅游品牌。

(资料来源:原群.旅游规划与策划全真案例[M].北京:旅游教育出版社,2014.)

问题:

结合案例,谈谈你是如何理解旅游资源的组合性与互补性的?

项目 5 旅游市场分析与预测

◆ 项目目标

客源是旅游业发展的原动力,客源市场分析的准确与否,直接关系到旅游开发投资的可行性与安全性,是旅游规划成功与否的关键。因此,编制旅游规划的一个重要环节就是对旅游客源市场进行深入的研究。

对旅游市场的研究最终落脚到对客源市场的预测上,预测结果是旅游规划的依据。对旅游市场预测的准确与否,关键要看对市场细分、市场定位、目标市场的选择是否准确。

◆ 学习目标

旅游规划前期需要做好充分的市场调研工作,并且对调研结果进行深入的分析与预测,成为市场规模、市场定位、市场细分的重要依据。本项目以教师指导,学生参与为主,由小组合作完成学习任务。

本项目分为三个学习任务,分别为旅游市场调查、旅游市场预测、目标市场选择。

通过项目学习,并结合理论课程的学习,学生应该掌握市场调查的内容、程序与技术,掌握旅游市场预测的方法,并且能够进行市场细分与目标市场选择,最终完成旅游市场调研报告的撰写。

◆ 学习任务

任务清单	1. 确定旅游市场调研目标及内容 2. 编制市场调研计划 3. 设计市场调研问卷/访谈提纲 4. 组织实地市场调研 5. 市场调研结果分析与处理 6. 市场规模预测 7. 目标市场细分与选择 8. 撰写市场调研报告

续表

项目流程	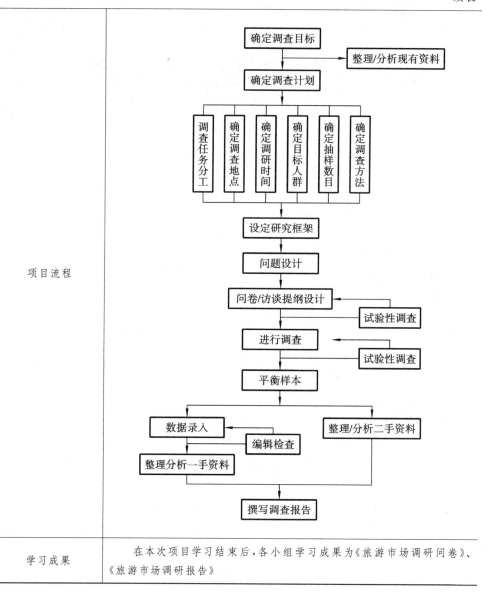
学习成果	在本次项目学习结束后,各小组学习成果为《旅游市场调研问卷》、《旅游市场调研报告》

◆案例引导

中华恐龙园的市场分析

常州的中华恐龙园是全国较大的恐龙博物馆和恐龙类主题公园,一期工程450亩(1亩≈666.67平方米),是以中华恐龙馆为核心,以恐龙化石、恐龙标本、恐龙群雕、恐龙主题游乐为内容的主题公园。它突破了传统意义上博物馆的定位,利用声、光、电等高科技手段,把死的恐龙做活,令人耳目一新。中华恐龙园已通过ISO9000质量管理体系认证,并成为中国最年轻的国家AAAA级旅游景点。中华恐龙园处在华东旅游圈,历来是主题公园竞争最为激烈的地区,其所在的常州市又是一个旅游资源相对贫乏的城市,但中华恐龙园在开业一年半的时间内,入园人次达到170万人次。在成百上千的人造景点都没有摆脱从名噪一时到门庭冷落甚至关门破产的命运时,以恐龙为主题的常州恐龙园却取得了骄人的成绩,开业四年依然保持着每年一百多万游客、五千多万元营业收入的佳绩。

开园伊始,恐龙园就明确了"稳固大常州、大无锡,重点撬动南京市场,有计划诱发上海市场"的启动市场策略。而随着二期的开放,恐龙园自身的吸引力增加,辐射范围扩张,恐龙园又瞄准了上海市场、辐射浙江及华东市场,进一步开发全国和部分国外市场,并对这些市场进行了拓展。据企划部游客意见调查统计资料显示,来恐龙园的不仅有常州本地人,还有来自苏北、上海、南京等周边城市的游客,甚至出现了山东、安徽等外省游客。据测算,夜公园一个月给恐龙园带来700多万元收入。游园次数调查显示,第一次来园游玩与游玩恐龙园两次以上的游客之比达到了4∶5,有相当比例的游客已经是第三次、第四次来恐龙园游玩了。那么,你认为中华恐龙园成功的主要原因是什么?

（资料来源:http://www.docin.com/p-1008227815-f4.html。）

任务1 旅游市场调查

知识目标
1. 旅游市场调查的类型
2. 旅游市场调查的内容
3. 旅游市场调查的技术
4. 旅游市场调查的程序

技能目标
1. 区分并选择旅游市场调查的类型
2. 分析并确定旅游市场调查的内容
3. 应用市场问卷设计与访谈技术
4. 选择并应用市场抽样技术

旅游市场是旅游产品交换的场所,由于旅游市场可以较好地反映旅游产品的现实购买者和潜在购买者,因此又常常被称为旅游需求市场或旅游客源市场,一般而言,旅游市场由不同地域、不同国度、不同年龄以及不同偏好的游客构成,而旅游市场调查是了解旅游者需求的最有效方式。

旅游市场调查是指运用科学的方法和手段,系统地、有目的地收集和分析市场信息,做出评价,提出建议,为旅游产品的开发和营销决策提供依据的活动。

一、调研准备工作

这一阶段是调研工作的开始,主要解决三方面的问题。

（一）确定调查目标

旅游市场调查的第一步便是要确定调查目标,即评估现有资料,明确待调查和解决的问题。在调查工作开展前,参加调查工作的人员必须明确本次调查的目标。

> **同步练习** 制订某景区旅游市场调研计划。

(二)制订调研计划

根据景区市场调研的目标,编写具体的市场调研计划(见表5-1),包括市场调查工作的人员分工、调研地点分布、调研参考时间、调研人群、抽样数目、经费使用、采用调研方法等。

表5-1 市场调研计划的内容

内容	具体事项
人员分工	确定调研人员的数目以及各自的任务分工
调查地点	确定调查的地点分布
参考时段	确定调查的时间分布
目标人群	确定调查的主要对象
抽样数目	确定调查的样本数目
调查方法	确定调查的主要方法
经费预算	根据调查计划,确定经费预算

(三)培训调查人员

调查人员需要一定的专门知识,在调查工作实施前需要进行专门的培训。培训的内容一是职业道德,二是专业技能。

二、明确调查类型

根据调查任务,选择调查类型,可以根据调查目的、调查对象、调查资料来源、交流方式等方面确定调查的方式类型。

(一)按调查的目的分类

按调查的目的可以分为探索性调查、描述性调查和因果性调查(见表5-2)。

表5-2 按调查的目的分类的调查类型

类型	说明	优缺点
探索性调查	搜集初步资料的调查方法;常见的形式访谈、经验调查、查找资料;用于了解现状、发现问题,为制定更加翔实的调查方案做前期准备;常为描述性调查和因果性调查做准备	优点:简便易行 缺点:准确性低

续表

类型	说　明	优缺点
描述性调查	如实记录和反映市场的客观情况；常用于旅游者社会、人口方面的属性，如年龄、收入、性别、受教育程度；市场消费类型判断	优点：调查结果客观准确 缺点：工作量大
因果性调查	适用于探寻市场现象之间的因果关系，或某项市场试验；了解外界因素的变化对项目进展的影响程度	优点：调查结果直观 缺点：防止片面性，多因素引起变化

（二）按选择对象的方法分类

按选择对象的方法可分为全面调查、典型调查和抽样调查（见表 5-3）。

表 5-3　按选择对象的方法分类的调查类型

类型	调查对象	优点	缺点	适用范围
全面调查	所有对象	全面准确	工作量巨大	普查
典型调查	典型代表	工作量小	对象选择难以把握	同质性、数量多、比较熟悉
抽样调查	随机抽取部分对象	经济性好、实效性强、适应面广	不稳定，有所偏差	以部分情况估计和推断整体情况

（三）按资料的来源分类

按资料的来源可分为第二手资料调查、第一手资料调查和观察调查（见表 5-4）。

表 5-4　按资料的来源分类的调查类型

类型	数据获取	特点
第二手资料调查	外部、内部资料	局限性、数据有效性
第一手资料调查	实地调查	精确可靠，但成本高
观察调查	旁观、借助仪器，无提问，无交流	间接性、客观性

同步思考　观察法适用于哪些市场数据调研？

（四）按交流的方式分类

询问调查是市场调查中最常用的一类方法，一般按照所拟定调查事项，有计划地通过访谈、询问等方式提出问题，通过被调查者的回答来获取调查信息和资料的一种专项调查形式。该调查法的优点是调查与讨论研究相结合，不仅能提出问题，还能探讨、研究解决问题的途径；缺点是容易受被访者影响，影响结果的可靠性。

一般来说,询问调查可以分为面谈法、电话询问法、邮寄调查法、留置问卷法、新闻媒介调查法、网络调查法等(见表5-5)。

表5-5 询问调查法的类型

方法	交流方式	优点	缺点
面谈法	预约访问 接头采访	方便灵活、回答率高、可靠性强,情感沟通,了解态度	成本高,受人员影响大,不易单独使用
电话询问法	电话	速度快、费用低、覆盖面广	时长受限、不宜复杂、配合度低
邮寄调查法	邮寄问卷	送达率高,成本低,接受度高	用时长,回收率低
留置问卷法	留置预约时间收回	回收率高,不受影响,思考时间充分	不宜广泛进行,时间长
新闻媒介调查法	电视、广播、报刊	广泛性、时效性、公开性、客观性	误差不易控制,受媒介影响大
网络调查法	网络问卷	快捷方便,易统计	受访者结构单一,真实性难以控制

同步讨论 列举网络问卷调查平台。

三、梳理调查内容

旅游规划与策划的市场调查主要包括客源地的旅游市场环境调查、旅游市场需求调查、游客人口学特征调查、游客购买动机和行为调查、旅游市场竞争调查、旅游营销信息调查等方面的内容。

(一)旅游市场环境调查

旅游市场环境是指对旅游市场产生直接和间接影响的各种外在因素。通过旅游市场环境调查,可从中发现各种机会、风险和约束条件,旅游市场环境主要包括自然地理环境、社会经济环境、社会文化环境和政策法律环境等几个方面。

1. 自然地理环境

自然地理环境包括调查区域与旅游市场的距离、旅游市场的地理环境、旅游资源情况等。

2. 社会经济环境

由于经济支付能力是实现旅游活动重要的外部条件之一,因此决定游客收入水平的经济环境对旅游市场的旅游需求结构与需求量会产生巨大的影响。

经济环境要素主要包括国民生产总值、人均国民生产总值、个人可自由支配收入、居民储蓄存款情况、消费水平、消费结构、物价指数、城市化水平等。

3. 社会文化环境

社会文化环境主要包括客源地的人口数量、人口素质、人口自然结构、人口职业和行业结构、民族分布与构成、宗教信仰、风俗习惯、语言、审美观与价值观等。

4. 政策法律环境

政策法律环境主要包括与旅游业发展有关的方针政策和法律法规,如关于国民经济与社会发展的规划、旅游业发展的方针政策、对外经济贸易政策、环境保护政策等。

(二)旅游市场需求调查

旅游需求是在一定的时期内、一定的价格上,游客愿意而且能够购买的旅游产品的种类和数量,即游客对某一旅游目的地的需求数量。这种需求表现为有支付能力的需求,即通常所称的旅游购买力。旅游购买力是决定旅游市场大小的主要因素,是旅游市场需求调查的核心。

1. 旅游需求调查

旅游需求总量的调查主要是通过抽样调查来推算总体的购买数量。一般调查的主要内容包括以下两方面。

(1)旅游购买力。旅游购买力是指在一定时期内,全社会在旅游市场上用于购买旅游产品的支付能力,尤其是居民旅游购买力,它是社会旅游购买力最重要的内容,历来是旅游市场需求调查的重点。

(2)居民可供支配收入调查。收入是产生旅游需求的必要条件之一,尤其是可供支配的收入。了解游客的收入和旅游需求之间的联系,可以据此进行旅游需求的分析和预测,所以,居民可供支配收入的多少是决定居民旅游购买力大小的最主要因素。可随意支配收入是收入中最活跃的因素,它所形成的需求伸缩性大、弹性强。

2. 潜在旅游需求调查

潜在旅游需求是旅游调查中重要的方面,因为潜在游客在通过外在的刺激或者内在的动机激发以后,会转变为现实的游客。潜在旅游需求调查主要包括以下两个方面。

(1)潜在游客。包括潜在游客的特征、数量、需求特点等。

(2)旅游需求趋向。旅游需求的趋向就是了解游客会将其旅游购买力用于何处、购买旅游产品的类别、购买的时间和出游的地区。对旅游趋向及其变动的调查,可为旅游目的地以及旅游企业加强市场预测,合理组织、开发适销对路旅游产品,开展有效的营销活动和制定合理的产品价格等提供参考依据。

(三)游客人口学特征调查

人口学特征是市场细分的重要标准之一,为此在进行调查时,通常需要针对消费者的基本信息进行调查,调查内容主要包括总人口、家庭结构、人口地理分布、年龄及性别构成、教育程度及民族传统习惯等。此外,由于个人基本信息大多属于个人的隐私,从鼓励受访者回应提问、提升调查的有效性角度考虑,有关个人资讯的调查不应面面俱到。调查设计时,应该以研究目的为导向,仅询问与研究和规划有关的信息,无关的信息不要过多涉及。

1. 客源地域分布

客源地指国际旅游者的国籍或常住地、国内旅游者的居住地或城市。人口地理分布与市场需求有密切关系。比如沿海地区与内地、城市与农村,无论在消费、需求构成、购买习惯和行为等方面都存在许多差异。客源地是了解规划地市场的基础资料,对于掌握该地市场构成现状有一定的作用。

2. 家庭结构

随着散客化趋势的兴起,以家庭为基本单位来进行旅游消费所占比例越来越大。另外,在我国人口政策和生活观念的变革中,家庭结构也出现了由过去几代同堂的大家庭向三口之家的小家庭发展,这对旅游需求也产生了影响。

3. 年龄构成

不同年龄的游客对旅游产品和服务需求的数量和种类都有所不同。如年轻人的消费观念比较超前,乐于一些享受性的服务,喜欢刺激、具有参与性的旅游活动;而老年人则对旅游休闲度假、康体保健性的旅游产品比较热衷。当然这也不是一概而论的,在不同的地区、不同的时期会有不同的特点,这都要通过市场调查去了解和把握。

4. 性别差异

由于性别的差异,游客不但对旅游产品的需求有很大差别,其旅游行为也有很大差别。通常女性对旅游目的地的选择要求较多,但是其购买选择受外界影响较大,需经过犹豫、反复挑选后方能下决心,而男性自主性强,旅游决策比较果断。

5. 职业构成

职业不同,对旅游需求的差异也是比较明显的。不同的职业对目的地和景区的选择差异很大。

6. 教育程度

游客由于教育程度不同,会产生不同的旅游消费需要,一般来说,教育程度较高的游客喜欢具有文化内涵的一些景区和景点,如博物馆、遗址遗迹类景区;另外他们偏好购买某些特殊和文化层次较高的旅游商品,购买旅游商品时也显得较为理性。

(四)游客购买动机和行为调查

1. 游客旅游动机调查

所谓旅游动机,就是人们为满足一定的旅游需要,而产生购买行为的愿望和意念。人们的旅游动机常常是需要触发的,旅游动机可以运用一些相应的手段诱发。游客旅游动机调查的目的主要是弄清旅游动机产生的各种原因,以便采取相应的激发措施。目前,常见的出游动机主要有观光、度假、购物、美食、商务、研修、公务、探亲、访友等。对旅游动机的调查能够帮助规划者进一步了解该地目前的吸引力结构。

2. 游客购买行为调查

游客购买行为是游客购买动机在实际购买过程中的具体表现,游客购买行为调查就是对游客购买模式和习惯的调查。一般来说,游客购买行为的调查主要涉及不同群体的游客的旅游偏好调查、旅游决策行为调查、旅游消费行为调查、旅游空间行为调查和旅游满意度的调查等方面。

（1）旅游偏好调查。主要调查游客偏好哪一类的旅游目的地，是自然类还是文化类等，以及在外出中对于"吃、住、行、游、购、娱"各个要素的偏好情况。

（2）旅游决策行为调查。影响旅游决策的因素很多，如价格、促销、服务质量、个人偏好、购买环境、服务提供商的知名度等，都影响着旅游者的最终购买决定，因此需要调查影响旅游决策的主要因素。

（3）旅游消费行为调查。主要调查在旅游活动中，从旅游消费的各个层面来看，其消费的总额以及消费的构成。

（4）旅游空间行为调查。从不同的层面调查游客的旅游活动属于哪种空间尺度，在每个不同空间尺度上的旅游活动具有哪些空间特征和规律。

（5）旅游满意度调查。游客对整个旅游活动的满意程度，也包括对各个旅游要素的满意程度。

（6）旅游购买时间调查。游客在购物时间上存在着一定的习惯和规律，尤其是旅游具有很强的季节性和区域性。如国内游客的旅游购买在我国的长假尤其突出，如"十一"和春节，而国外的游客又有带薪的假期，其购买高峰期则有不同。对于短线游客而言，购买高峰期与双休日、清明和端午等假期有关。

（7）逗留时间调查。以过夜数作为统计指标的逗留时间与旅游者对当地设施的使用情况和消费情况直接相关，同时也是旅游地吸引力强弱的主要表现。

同步阅读  延川县旅游市场消费特征

（8）到访次数与频率调查。对消费者到访次数与频率的调查与分析能够让规划者对旅游地的市场影响力和吸引力有更为直观的判断。重游率较高的景区景点，其市场吸引力和影响力也自然越高。

（五）旅游市场竞争调查

主要调查同类产品、景区、旅游目的地的服务提供情况、市场占有率；现有旅游产品或服务有无新产品或服务来代替；竞争对手（同类型的旅游企业或旅游目的地等）状况，它们的产品或服务的质量、数量、成本、价格、技术水平、发展潜力等。

需要指出的是，在旅游市场中，不同区域或旅游企业之间的关系，并非是单纯的竞争关系，更多是竞争与合作并存。因为只有通过合作才能更好地提升区域旅游吸引力，共同将客源市场培植壮大。

（六）旅游营销信息调研

主要调查区域、企业、景区的旅游营销方式、营销渠道和营销效果。包括旅游景区、旅游企业、目的地的旅游营销商的经营能力，目前销量和潜在销量，采用哪种营销渠道效果最

佳,广告媒体的选择等。

四、开展文案调查及网络检索

文案调查的资料、数据的获取渠道主要包括旅游管理部门、旅游企业、统计部门、专业期刊、报纸书籍以及专业的调查公司的资料。常用的文案调查方法包括参考文献查找法和检索工具查找法,具体的工作程序如图5-1所示。

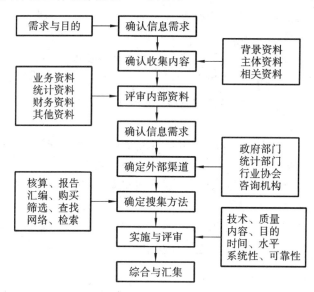

图5-1　文案调查的工作流程

互联网是获取信息的新工具,网络调查法主要是利用专业网站、官方网站、企业网站和门户网站进行市场调查研究,有些大型的旅游门户网站建有网络调查服务系统,该系统往往拥有大型的有关旅游目的地或旅游企业和游客的数据库,利用这些完整详细的会员资料,数据库可自动筛选受访样本,为网络调查提供服务平台。

网络调查的应用领域十分广泛,主要集中在旅游需求、产品和目的地偏好、旅游广告效果、旅游市场供求调查等方面的调查研究。随着信息技术的不断发展,云计算、物联网以及各种传感器能够收集到充分的消费者行为数据,目前,互联网上的数据每年都会增长50%。这些数据通过大数据平台整合、充分挖掘之后可以成为市场分析的利器,并能够降低市场调研的成本。例如,2016年人民网舆情监测室联合百度就通过百度地图的大数据平台,预测旅游黄金周期间可能的拥堵路段,并对出行的用户行为特征进行画像描述。

在旅游规划与开发的相关工作中,可以采取不同的思路,构建消费者分析系统。这种分析系统的构建基础大致上可以分为两类,一类是消费者的手机信号,另一类是社交网络信息,如微博、网络点评、网络相片分享信息等。

对于待开发或初步开发的地区而言,自行构建一个专门的数据分析平台相对较为困难,学者们提出可以借助移动电话网络的信令数据开展数据挖掘和进行市场分析。所谓信令是在无线通信系统中,除了传输用户信息之外,为使全网有序地工作,用来保证正常通信所需要的控制信号。

在社交网络的分析方面，主要是对某些重要的社交网络平台的内容开展分析，从而描绘出消费者的旅游数字足迹。而微博、网络游记、网络点评等数据来源也成为一些学者进行消费者行为分析的媒介。

 同步阅读　　大数据解读延川旅游品牌关注度

尽管使用大数据的方法开展消费者行为分析尚处于起步阶段，已有的研究成果已经向我们展示了该分析方法的可行性及巨大的潜力。随着某些网络平台的不断融合发展，大数据的分析平台必将成为未来经济行为和决策的重要依据。例如，百度舆情平台就主要依托大数据技术，为客户提供了全方位监控互联网舆论的大数据分析平台。基于大数据挖掘技术和处理能力，在保护用户隐私的前提下，通过对网络信息的自动采集和多维度分析，实现对互联网上相关舆情的实时监控和深度分析，为舆情分析者全面掌握舆情动态、做出正确舆论引导提供依据。这个平台就可以作为规划者或管理者倾听游客反馈，预判旅游出行趋势与热门程度，提升旅游服务体验的数据平台。

五、设计调查问卷

问卷又称调查表，是用以记载和反映调查内容和调查项目的表式，问卷在旅游市场调查中具有举足轻重的地位。

问卷调查是根据调查目的，设计调查问卷，由被调查者按调查问卷所提的问题和给定的选择答案进行回答的一种专项调查形式。其特点为通俗易懂、实施方便、使用范围广、节省时间。调查问卷要简单明了，便于被调查者回答，良好的调查问卷是调查工作成功的重要保证。

（一）问卷的结构

一份完整的问卷应当由标题、说明、被调查者的基本信息、调查主体内容、编码等部分组成（见表5-6）。

表 5-6　问卷结构说明

构成	说　　明	举　　例
问卷标题	问卷标题应简明扼要，易于引起被调查者的兴趣	某景区旅游者消费行为调查
问卷说明	首先是问候语，并向被调查对象简要说明调查的主题、目的、填表方法与要求，同时解除他们回答问题的顾虑，并请求当事人予以协助	您好！为了解旅游度假市场的需求特征，以及游客对某度假区发展的期望，特设计本次问卷调查。本次调查为匿名调查，仅用于学术研究，不会对您有任何影响，谢谢您的合作与支持！

续表

构成	说明	举例
被调查者的基本信息	主要是了解被调查者的相关资料，以便对被调查者进行分类。一般包括被调查者的性别、年龄、职业、受教育程度、收入等	1. 您的性别： A. 男 B. 女 2. 您的年龄： A. 14岁及以下 B. 15—24岁 C. 25—44岁 D. 45—64岁 E. 65岁及以上 3. 您的职业： A. 学生 B. 企事业单位职员 C. 专业/文教科技人员 D. 服务销售人员 E. 工人 F. 军人 G. 农民 H. 离退休 I. 其他 4. 您的文化程度： A. 高中/职高/中专及以下 B. 大专 C. 本科 D. 硕士及以上 5. 您的月收入： A. 3000元以下 B. 3001—5000元 C. 5001—10000元 D. 10000元以上
调查主体内容	该部分是问卷的核心部分，组织单位将所要调查了解的内容具体化为一些问题和备选答案提供给被调查者	1.【单选】您能接受的人均花费约： A. 50元以下 B. 50—100元 C. 101—300元 D. 301—500元 E. 500元以上 2.【多选】您愿意通过何种方式前往某景区： A. 自驾 B. 公交车 C. 出租车 D. 旅游大巴 E. 火车/高铁 F. 其他 3.【填空】您认为景区需要增加何种服务？_____
编码	调查问卷加以编码，以便分类整理和统计分析	编号_____
结束语	在调查问卷的最后，简短地向被调查者强调本次调查活动的重要性以及再次表达谢意	感谢您的合作，祝您生活愉快！

 你认为被调查者信息部分应该放置在问卷前面还是问卷后面？

（二）问卷中问题的形式

在提问方式中，问题所采用的形式主要分为直接性和间接性两种。直接性问题是指通过直接的提问，立即就能得到答案的问题，例如，您是否游览过某景区？间接性问题是指被调查者的一些敏感、尴尬、自损形象的问题。

在调查问卷中,问题所采用的形式主要分为开放式和封闭式两种。封闭式问题的特点是提供固定的备选答案,已知答案范围,答案数量有限,常见于"√"形式,例如,您去过某景区吗?A.去过 B.没去过。开放式问题可以自己的方式任意作答,答案复杂、无法预知,属于探讨性问题,例如,您喜欢哪种形式的旅游活动?

在提问目的中,问题所采用的形式主要分为机动性和意见性两种。动机性问题为了了解被调查者的一系列具体行为的原因和理由,例如,您为什么选择到某景区旅游?意见性问题为了了解被调查者对某些问题的意见或看法,例如,您对本次导游讲解服务有何评价?

(三) 问题的设计方法

问卷中问题的设计方法很多,在旅游市场调查中常用的问题设计方法主要有二项选择法、多项选择法、顺位法、数值尺度法、自由回答法等(具体见表5-7)。

 国内旅游抽样调查问卷

表 5-7　问题设计方法举例

设计方法	说　明	举　例
二项选择法	答案形式:是与否、有与无,被调查者选择其一 特点:短时间得到明确答案,使中立者的意见偏向一方 答案确实属于非A即B型,否则在分析时会导致主观偏差	您喜欢休闲运动类的旅游项目吗? A.喜欢　　B.不喜欢
多项选择法	一个问题提供三个以上答案,选择一项或几项最符合的答案 答案需包含所有可能情况,答案不宜过多	【单选】您平均1年外出旅游几次: A.0次　B.1次　C.2次　D.3次　E.4次及以上 【多选】您平时偏好什么形式的休闲活动? A.喝茶聊天　B.棋牌　C.SPA　D.酒吧　E.书吧 　F.咖啡厅　G.DIY工艺制作　H.其他
顺位法	要求被调查者从所列问题的答案中,按照一定标准,先后选择或排序的方法	【选择】您认为生态环境质量最好的旅游地是: A.广西桂林　B.安徽黄山　C.四川九寨沟　D.新疆天池 【排序】您购买旅游商品时,对下列选项的关注程度的先后顺序是: A.价格　B.质量　C.实用性　D.美观性　E.纪念价值

续表

设计方法	说　明	举　例
数值尺度法	程度上的判断,对每个答案分配分值	请您对本区的旅游服务质量进行评价: (请用5分制表示,5分表示最好,1分表示最差) 住宿_____ 餐饮_____ 交通_____ 购物_____ 娱乐_____ 游览_____ 总体印象_____
李克特量表	列出同意或不同意的程度供答题者选择	您本次旅游的导游服务质量很好: 非常不同意 1□ 不同意 2□ 无法判断 3□ 同意 4□ 非常同意 5□
重要性量表	列出某种属性的重要程度供答题者选择	对我来说,导游服务: 极为重要 1□ 很重要 2□ 有些重要 3□ 不很重要 4□ 根本不重要 5□
购买意向量表	列出购买意向程度供答题者选择	如果景区提供导游服务,我会: 肯定购买 1□ 可能购买 2□ 不确定 3□ 可能不买 4□ 肯定不买 5□
语义差别法	给出两个处于极端位置的词,答题者选择能表示其感觉的位置	您认为本次导游: 专业——业余 热情——冷漠
自由回答法	设计问题容易,获取信息多样,受被调查者影响大	您对本景区有何建议?
完成句子	提供未完成的句子,由答题者来完成	当我选择酒店时,最重要的考虑因素是:_____

续表

设计方法	说 明	举 例
词语联想	提供一个词,由被调查者回答看到该词后进入脑海的第一个词语	当我听到以下词语时,进入脑海中的第一个词是: 度假酒店 ____ 经济型酒店 ____ 民宿 ____

(四)问卷的试用

如果问卷出现模糊的问题、无法回答的问题,其作答率会很低,作答率低会严重影响问卷调查结果的可靠性。因此,为了提高作答率,需要对整份或部分问卷进行试用。将调查问卷交给相关专家或有经验者过目,征求他们对问卷内容和结构的意见和建议,也可请目标人群中的一些代表人员进行试答,以识别哪些地方存在问题。一般而言,问卷设计中会有一些问题需要注意,具体见表5-8。

表 5-8 问卷设计中的常见问题及举例

问题	说 明	举 例
提问语言的不规范	避免使用学术化语言,避免用词含糊不清	您的家庭结构属于以下哪种类型? A.核心家庭 B.单亲家庭 C.联合家庭 D.主干家庭 这样的问题就是明显的专业词汇的不合适运用
问题具有明显倾向性	问卷设计的问题必须保持中立,在问卷中使用引导性问句是大忌	旅游资源保护很重要,您认为对旅游资源进行保护有必要吗? A.有 B.没有 C.说不清 这样的问题带有倾向性,是不应该出现在问卷中的
问题引起回答者的焦虑	对于一些涉及隐私、有悖于道德或者敏感性问题,要尽量避免出现,或采取隐晦方法提问	您有没有在旅游区乱涂乱画过? A.有 B.没有 这样发问容易引起游客的焦虑,因为这是不文明行为
问题具有多义性	不要试图在一个问题中涉及两个及以上层面的内容	您父母的文化程度是: A.高中以下 B.大专 C.本科 D.研究生及以上 这个问题同时涉及两个人的情况,收集的信息无法使用
问题过于笼统	笼统的问题让被调查者无法回答,收集的数据没有实际意义	您对西安旅游的了解情况是: A.很了解 B.一般 C.不了解 这个问题缺少对了解程度的衡量标准,一般的处理方式是采用量表法,用相关的多个具体问题综合衡量

续表

问题	说　明	举　例
答案设计不合理	设计的答案没有区分,或者问题相同,处于同一维度	您旅游过程中的主要消费是: A. 景区门票　B. 住宿 这个问题的答案不完整,旅游消费的种类没有全部涉及

（五）调查问卷的设计技巧

1. 问卷设计要点

叙述问卷题目时,代词、动词、形容词等词语的位置最好一致,可使整个问卷的量表、问题叙述一致化,阅读比较方便、容易理解。

使用通用、简单易懂的词语。问卷中使用的字词应和被调查者的水平相一致。

问题描述要简单明了。语句意思要清楚,不能模棱两可。

不能使用有偏差误导的字句。问卷中所用的字词对所有被调查者而言,认知上有一个相同的意义。

不要暗示。问题设计应使被调查者在回答时不必作估计或作一般性的陈述。

不要隐藏其他答案或方案。一个问句只问一个事物或概念。在同一问题中希望获得两个答案的问题,应尽量避免。

句子要短而集中,长话短说。

2. 问题顺序的确定

问卷的问题不应是杂乱排列的,应该有一定的顺序。合理的顺序意味着问卷条理清晰。问卷中的问句一般可以按照下列顺序排列。

（1）先易后难,先简后繁。前面的几个问题必须是简单易答的问题,把复杂的问题放在后面,以培养被调查者的信心,让其感觉到有能力去回答所有问题。

（2）适度集中,前后连贯。考虑前面问题对下一个问题的可能影响,问题的先后应按照合理的顺序排列,同类问题放在一起,这样回答者容易作答,避免突然改变问题的性质,以免被调查者感到混淆,难以作答。

（3）先一般,后特殊。把能引起被调查者兴趣的问题放在前面,把枯燥的问题放在后面;一般性问题放在前面,特殊性问题放在后面。

（4）先封闭,后开放。先问行为方面的问题,再问态度、观念性问题;开放性问题放在后面。

3. 问题答案的设计

答案满足互斥性和全面性。问题的答案不能相互包含和相互重叠,否则被调查者可能会做出双重选择,影响调查结果。全面性是指在答案中要将可能出现的回答都列入,只有将答案全部列入,才有可能使每个应答者都有答案可选。在实际工作中互斥性比较容易把握,但是全面性则有一定难度,为了做到全面性,设计者必须对这个问题非常了解,亦可通过研讨、试调查等方法补充答案;实在把握不准的情况下设置"其他"选项,以弥补空缺。如果调查中,"其他"选项有10%的被调查者选择,说明里面有重要的信息没有被提出来,需要重新设计答案。

答案要有中立性。设计问卷必须站在中立的立场上,避免个人主观看法,尤其在设计备选答案时要避免片面化,否则无法反映实际情况。问卷的设计要通过研讨听取不同的声音,这样才能保证公正、科学。

设置模糊型答案。在许多封闭式问题之中,有些应答者对一个不知道或不了解的问题,没有办法作答,有时会胡乱勾画答案,为了避免这种情况的出现,在答案中会设置"不知道""无所谓"之类的模糊答案。

六、设计抽样方式

在现实生活中,大部分市场调查项目的调查对象很多,分布面较广,加之受调查费用的限制,很难展开全面调查。因此,抽样调查就成为国内外市场调查中普遍选用的调查手段。

(一)抽样方法的选择

按照调查对象总体中的每一个样本单位被抽取的机会是否相等,抽样方法分为随机抽样法和非随机抽样法两大类,随机抽样法是完全依据概率原则抽取样本的方法,由于样本都是任意抽取的,因此抽样中的各种人为因素,如调查人员的态度、倾向及个人判断等均不对样本抽取过程发生作用,可使调查研究的客观性得到保证。不完全依据概率原则抽取样本的方法为非随机抽样法。

1. 简单随机抽样

简单随机抽样又称单纯随机抽样,总体 N 个单位中任意抽取 n 个单位作为样本,每个样本被抽中的概率相同。

2. 分层抽样

分层抽样又称分类抽样、类型抽样,总体 N 个单位分为互不重复的 k 层,在每层分别抽取 $n_1, n_2, \cdots, n_k$ 个样本,按各层间的抽样比是否相同分为等比例分层抽样、非等比例分层抽样。

3. 整群抽样

整群抽样又称集团抽样,将总体分为若干个群,以群为单位抽取样本,适用于个体庞大且分散的情况,群内差异大,群间差异小。

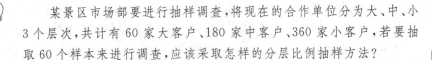

某景区市场部要进行抽样调查,将现在的合作单位分为大、中、小3个层次,共计有60家大客户、180家中客户、360家小客户,若要抽取60个样本来进行调查,应该采取怎样的分层比例抽样方法?

4. 系统抽样

系统抽样又称等距抽样、机械抽样,将总体中各单位按一定顺序排列,根据样本容量确定抽选间隔,随机确定起点,每隔一段间隔抽取一个单位。

5. 概率抽样

概率抽样又称PPS抽样,通过辅助信息,使每个单位均有按其规模大小成比例被抽中的概率。

6. 任意抽样

任意抽样又称自然抽样、偶遇抽样、方便抽样,是任意选择样本的方法。

7. 判断抽样

判断抽样又称目标抽样、立意抽样,根据研究目的,主观选择抽样目标,倾向性影响较大。

8. 配额抽样

配额抽样又称定额抽样,根据各部分包含单位的比例分配样本数额,根据配额抽取样本,是非随机抽样中最科学、客观的方法。

9. 滚雪球抽样

寻找少量对象,通过他们寻找新对象,以此类推,一般在个体信息不全时采用。

(二)抽样步骤的设计

1. 确定调查总体

调查总体应包括总体单位、抽样单位、抽样范围和时间。

2. 调查个体编号

正确确定调查总体范围后,为使挑选出来的样本更具有客观性和代表性,需要采用随机抽样原则抽取样本,必须对总体内每一个个体进行编号。

> **同步练习** 某景区共接待游客400人,为了调查游客满意度,决定在8个旅行团中每团随机选取12人进行调查,样本容量为多少?

3. 确定样本容量

在组织调查时,抽样误差的大小直接影响样本指标代表性的大小,而必要的样本单位数目是保证抽样误差不超过某一给定范围的重要因素之一。因此,在抽样设计时,必须决定样本单位数目。样本容量又称样本数,即每一个样本的必要抽取单位数目。

样本容量的确定方法常见有以下几种。

(1)教条式方法:总是设定在5%。

(2)约定式方法:自我认定。

(3)成本基础法:依据成本确定。

(4) 统计分析法：分析各子集数量，再加成。

(5) 置信区间法：①百分率 $\dfrac{z^2(PQ)}{e^2}$；②平均数 $\dfrac{s^2 z^2}{e^2}$。

4. 选择抽样方式，进行样本调查

对抽选出来的样本进行逐个调查，调查中随机抽样方法不允许轻易改变样本或减少样本数，以保证所得资料的准确性和代表性；至于非随机抽样方法，只要达到样本数量，调查人员是否变更调查样本无关紧要。

5. 推算调查总体结果

常用的方法有百分比推算、平均数推算等。

七、调研实施与总结

（一）实地调研

这一阶段的主要任务是按计划系统收集各种资料数据，包括第一手资料和第二手资料，并对调查过程实施监督，确保调查的质量。

（二）处理调查信息

对调查中所获得的数据、资料进行统计、整理，进行数据输入、分析、计算、制表等，将调查的直观问题汇总成理论结论。

（三）撰写调查报告

将整个调查工作过程、调查结论以文字、图、表等制作成调查报告，供相关部门使用，为旅游规划与开发的决策提供依据。

任务 2　旅游市场预测

知识目标
1. 旅游市场预测的内容
2. 旅游市场预测的程序
3. 旅游市场预测的方法

技能目标
1. 分析并确定旅游预测的内容
2. 应用有历史数据的市场预测方法
3. 应用无历史数据的市场预测方法

旅游市场预测是对旅游市场未来需求的展望与推测，依据旅游市场发展规律的认识，从过去、现在来推测未来的过程。20 世纪 90 年代前，以传统的定量定性方法为主；20 世纪 90 年代后，人工智能理论广泛应用。旅游市场预测一般遵循如下步骤。

一、明确预测内容

针对不同的需要,旅游市场预测的目标是不相同的,预测的内容也不一样,一般而言,旅游市场预测的主要内容包括以下几个方面。

(1) 旅游人数及年均增长率。
(2) 人均停留时间。
(3) 人均旅游消费水平。
(4) 旅游收入及年均增长率。
(5) 旅游目的。
(6) 旅游客源结构。

二、收集预测材料

预测材料分为第二手资料和第一手资料。对旅游市场的预测是建立在历史数据的基础之上的,历史数据需要预测者精心收集、细致整理和分析。但是有些市场预测,仅靠已有的第二手资料是无法完成的,这时需要根据预测目标和内容,有针对性地开展市场调查,收集第一手资料,以便预测工作顺利开展。

三、选择预测方法

究竟选择哪种预测方法或预测模型,要根据预测的对象和拥有的历史数据而定,预测方法或模型的选择是否恰当,不仅关系到预测能否顺利进行,而且会影响到预测结果的准确性和可靠性。在旅游规划中,对旅游市场的预测主要分为两大类:一类是有历史数据的预测,另一类是没有历史数据的预测(见表 5-9)。

表 5-9 常见旅游市场预测方法

有历史数据的预测方法	没有历史数据的预测方法
成长率预测法	旅游者意图调查法
比率法	销售人员综合意见法
加权序时平均数法	德尔菲法
移动平均法	类似项目比较预测法
滑动平均法	—
一元回归模型预测法	—

(一) 有历史数据的预测方法

1. 成长率预测法

这是一种最简便、最常用的旅游市场预测方法。主要根据一些常见的公开数据,预测某一市场的旅游需求总量。

同步练习 请根据以下数据,预测某年 A 市游客的市场需求总量:
(1) 某年 A 市人口预计达到 100 万人;
(2) 预计每 100 人中,将有 20 人出游;
(3) 预计出游人均消费为 300 元。

其预测公式为:
$$Q_i = P_i T_i E_i$$

式中,Q_i 为预测年份的市场需求总量,P_i 为预测年份的预测总人口,T_i 为预测年份的预计出游率,E_i 为预测年份的人均旅游消费额。P_i、T_i、E_i 的数值,有的能直接从政府出版物中找到,有的可以从相关资料中通过简单推算得出。

同步练习 已知×年,到海洋世界游玩的人有 10 万人,通过相关历史数据计算,发现每年到该景区的游客量呈现 10% 的增长,那么 2 年后该景区预计接待游客量为多少?

2. 比率法

比率法是根据历史资料和过去的增长率来推算未来预测值的方法,预测公式为:
$$Q_i = \alpha(1+\beta)i$$

式中,Q_i 为第 i 年的客源人数规模,α 为预测基年值,β 为年增长率。

这种预测方法是在不考虑市场其他因素的变化条件下实现的,所以,适用于比较稳定趋势的预测,常用于游客接待量的预测。

3. 加权序时平均数法

加权序时平均数法又称为权重法,该预测方法是将各个时期的历史资料或统计数据,按近期和远期的影响程度,由远及近,逐渐扩大权数,以加强近期影响程度,进行加权后求出平均数值。这种预测方法适用于趋向性的递增或递减倾向。其预测公式为:
$$W = \frac{\sum Bf}{\sum f}$$

式中,W 为预测值,B 为各时期的数量,f 为权重。

该预测方法的核心是权重的设置。权重的设置主要有两个原则:由远及近,逐渐扩大权数;根据以往的经验设置权重。

4. 移动平均法

利用过去若干期的实际值来求取平均值,作为预测期的预测值。每预测一次,在时间上逐次往后推移,删除最早数据,加入最新数据,每期预测均取若干期实际值的平均值作为当期的预测值。移动平均期越长,预测误差越小。只有包括足够的期数,才足以抵消随波动变化的影响。

同步练习 某旅游区2012—2017年的旅游收入如表所示,试预测计算2018年的旅游收入。

年份	旅游收入/万元
2012	64
2013	68
2014	71
2015	69
2016	76
2017	74

其预测公式为:

$$M_{t+1} = \frac{X_t + X_{t-1} + \cdots + X_{t-n+1}}{n}$$

式中,M_{t+1}为第$t+1$期平均数,即预测值;X_i为第i期的数值;n为移动平均数;t为期数序号。

5. 滑动平均数

从一个有n项的时间序列中计算多个连续m项序列的平均值,其中第一个连续m项序列的第一项,是原来n序列的第一项;第二个连续m项序列的第一项是原来n序列的第二项;……最后一个m项序列的第一项是n序列的第$(n-m+1)$项。滑动平均值因项数m的不同而有不同的名称。

其预测公式为:

$$\hat{y}_t = \frac{1}{2l+1}(y_{t-l} + y_{t-(l-1)} + \cdots + y_{t-1} + y_t + y_{t+1} + \cdots + y_{t+l})$$

6. 一元回归模型预测法

第一,确定预测目标和影响因素,收集历史统计资料数据。

第二,建立一元线性回归方程$Y = a + bX$,式中Y为因变量(预测值),X为自变量(时间标值),a、b为回归系数。

第三,求回归系数a、b(最小平方数法)。

第四,计算相关系数r(-1—1,越接近1,误差越小)。

第五,预测和检验。

(二)历史数据的预测方法

1. 旅游者意图调查法

使用旅游者意图调查法需具备三个条件:第一,购买意向明确清晰;第二,意向会转化为购买行为;第三,购买者愿意将其购买意向如实告诉调查者。

因此这种方法适用于高消费市场的短期预测,受外部因素影响变化小。

比如：明年你是否打算到欧洲旅游？由调查对象在购买概率调查表中做选择，根据购买概率进行市场预测。

2. 销售人员综合意见法

该方法通常是在无法直接接触消费者时通过对销售人员进行调查预测。

同步练习 请根据 A、B、C 三位销售人员对某旅游产品未来销量的描述，对旅游市场规模进行预测。

操作流程：请 n 位销售人员对未来某时段市场的最高、最低和一般值及其出现概率进行预测，计算出各期望值；将期望值进行平均，平均值作为预测结果。

3. 德尔菲法

德尔菲法又称专家意见法，20 世纪 50 年代美国兰德公司 RAND Corporation 提出，适用于缺乏历史数据或预测中需要相当程度的主观判断时，因此，德尔菲法常被用作最后使用的预测工具，此方法要求专家背对背填写，花费时间较长。德尔菲法流程图如图 5-2 所示。

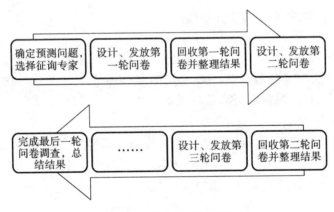

图 5-2　德尔菲法流程图

4. 类似项目比较预测法

在旅游项目地区或近似地区，往往已有建成同类的不构成直接竞争的旅游项目，以运营项目作为参照物，适当修正，也可以获得预测项目的客源量预测值。

四、分析预测结果

对需要的各种指标或数据进行预测，之后对预测的各种指标和结果，进行可靠性分析与成果校核修正。

同步练习 若两者是竞争关系怎么办？

任务 3　目标市场选择

知识目标
1. 旅游市场细分的标准
2. 旅游目标市场选择的原则
3. 旅游目标市场选择的方法

技能目标
1. 分析并确定旅游市场细分的标准
2. 应用单一变量选择目标市场
3. 应用综合变量选择目标市场

一、确定市场范围和细分标准

企业在确定经营目标后，就必须确定其经营的市场范围，这是市场细分的基础。企业必须在深入调查研究市场的基础上，分析市场的需求状况，做出相应的决策。同时企业必须结合自身的经营目标和资源条件，从广泛的市场需求中选择自己有能力服务的市场范围，不能过大或过小。

旅游市场细分是将整个市场按照旅游者的特点，划分为不同旅游者群的过程；所划分出来的每一个旅游者群，就是一个旅游细分市场。旅游市场细分便于选择恰当的目标市场，恰当的目标市场选择是旅游规划与策划的重要基础和保障。

同步讨论 旅游市场细分有何意义？

影响旅游市场需求的因素是多样的，一般说来，常见的旅游市场细分标准有以下类别。

（一）地理细分

所谓地理细分就是将市场划分为不同的地理单元，如国家、省、地、市、县、乡、镇等，然后选择其中的一个或几个作为市场营销的目标市场。常见的地理细分变量有所在地区、城市规模、气候等（见表 5-10）。

表 5-10　常见地理细分举例

地理细分变量	细分类型
所在区域	华东、华中、美国、欧洲等
城市规模	城镇、大城市、特大城市、世界城市等
气候条件	温带、亚热带、热带等

（二）人口细分

人口细分是按照旅游者的年龄、性别、家庭人口、家庭类型、收入、职业、受教育程度、种族、宗教等人口变量来对客源市场进行划分，该类因素对旅游者的需求影响因素较大，并且该信息可以较好地为市场营销人员所获得，并进行分类处理，因此，这种标准在旅游市场细分中是使用的较为频繁的一类市场细分标准。常见人口细分举例如表 5-11 所示。

表 5-11　常见人口细分举例

人口细分变量	细分类型
年龄	青年市场、中年市场、黄昏市场等
性别	男性旅游市场、女性旅游市场等
家庭人口	情侣市场、三口之家、四世同堂等
收入	高收入市场、中等收入市场、经济型市场等
职业	商务旅游市场、公务旅游市场、学生旅游市场等
受教育程度	高学历旅游市场
宗教	少数民族旅游市场

在进行旅游市场的人口细分时，单一人口因素的有效性往往不太理想。例如，用单纯的年龄指标得到的细分市场，景区就不一定能够发现其所需要的目标市场，因此，在旅游市场细分过程中，更多的是采取多因素联合的人口细分方式。如将收入和年龄结合起来作为旅游市场细分的标准或将职业、家庭、人口以及年龄等要素联合细分旅游市场。

（三）心理细分

按照旅游者的个性、兴趣、爱好等心理因素来划分旅游市场，常用的标准有社会阶层、生活方式、个性等。常见心理细分举例如表 5-12 所示。

表 5-12　常见心理细分举例

心理细分变量	细分类型
社会阶层	社会名流、上层社会人士、普通人士等
生活方式	基本需求满足型、需求拓展型、需求质量提升型等
个性	安逸型、冒险型等

（四）行为细分

行为细分是指以旅游者选择购买旅游产品的行为方式来进行旅游市场细分，通常采用的标准有旅游动机、价格敏感度、品牌敏感度、旅游方式、旅游距离、旅游时间等。常见行为细分举例如表 5-13 所示。

表 5-13 常见行为细分举例

行为细分变量	细分类型
旅游动机	观光旅游市场、度假旅游市场、康体旅游市场、休闲旅游市场、商务会议旅游市场、探亲访友旅游市场等
价格敏感度	豪华型旅游市场、经济型旅游市场等
品牌敏感度	高忠诚度旅游市场、低忠诚度旅游市场等
旅游方式	团队旅游市场、散客旅游市场等
旅游距离	短途旅游市场、中远程旅游市场等
旅游时间	春季旅游市场、夏季旅游市场、秋季旅游市场、冬季旅游市场等

同步讨论 还有哪些因素可作为旅游市场细分标准？

二、分析市场需求

在选择市场范围后,根据市场细分的标准和方法,下一步就需要了解市场范围内现实和潜在消费者的全部需求和潜在需求,并尽可能全面而详细地分列归类,以便针对市场需求的差异性,决定实行哪种细分市场的因素组合,为市场细分提供可靠的依据。

首先,列举潜在旅游者的基本需求。营销者可以从地理、人口、行为和心理等几个方面,初步预计潜在旅游者的需求。

其次,分析潜在旅游者的不同需求。应该根据各细分变量做抽样调查,即在初步了解市场需求的基础上,有目的地选取市场细分变量,进行整体特征市场细分。例如可以选取年龄、性别、收入、婚姻、地区、个性作为市场细分的变量,组合各细分市场变量的不同取值即可得出不同的细分市场。但是,并非市场划分得越细越好,因为旅游地通常情况下很难满足每一个子市场。

通过了解消费者的不同需求,分析可能存在的细分市场。在分析过程中,一方面,要考虑到消费者的需求特征,另一方面还应根据分析和经验,做出估计和判断。

三、细分市场调整与命名

细分市场应该具有这样的特征,即任何两个细分市场存在明显的区别,而同一个细分市场内的潜在旅游者具有明显相似的购买行为特征。在这些细分市场中,首先应去掉现实中不存在的子市场,然后再去掉一些无利可图的市场,对于剩余的一部分细分市场,规划者要进一步分析各市场的特点,以明确有没有必要对各细分市场再做细分。

在对市场进行细分后,应该根据各个细分市场的不同需求与购买行为等主要特征,用最形象的方法为各个可能存在的细分市场确定名称。

四、目标市场的选择

目标市场选择是在市场细分的基础上进行的,即选出能为旅游地所利用,通过满足该部分旅游者的需求实现自身发展目标的细分市场的过程。旅游地应该根据自身优势、竞争状况、旅游者偏好等主客观条件,从各个细分市场中,确定其中一个或几个细分市场,作为本旅游地的目标市场,并使本旅游地的定位策略和经营组合策略适应目标市场的需求的过程。

（一）有效的目标市场应遵循的原则

1. 目标市场应具有可测量性

目标市场的可测量性是指市场的规模、市场购买潜力以及市场的未来发展走向可以测量。

2. 目标市场应具有可进入性

可进入性是指选定的目标市场应该在经济上、政策上、文化上都具有可进入性,这是目标市场有效性的重要前提。对于进入门槛较高的细分市场,除非能够肯定从中受益大于所付出的成本,否则将不是理想的目标市场。

3. 目标市场应具有可盈利性

从经济性的角度考虑,盈利性无疑是旅游开发区域关注的重要内容,因此,选择的目标市场应该在长期内保证在经济上获益。

4. 目标市场应具有可操作性

可操作性是指所选择的细分市场内,制定的市场营销策略能够付诸实施,有效吸引该市场。例如某个国外细分市场,虽然其具有一定的潜在规模,但是因为距离、文化差异等原因,无法针对其制订营销计划或制订的计划无法实施,那么该细分市场则不应列入目标市场。

（二）旅游目标市场选择的方法

1. 按单一变量选择目标市场

按单一变量选择目标市场可以有以下几种划分方式。

（1）按空间距离来确定目标市场。从空间方位上选择旅游区的目标市场,将目标市场划分为近程市场、中程市场和远程市场。选择的依据是距离旅游目的地的空间距离和时间距离。

（2）按接待量来确定目标市场。根据旅游目的地的可能接待量将其划分为主要市场、次要市场和机会市场。根据目的地应重点发展主要市场、积极开拓次要市场,机会市场则是今后开发的对象。

（3）按旅游动机来确定目标市场。根据规划区域旅游资源、旅游产品、市场影响因素来确定目标市场。比如,有的旅游目的地的目标市场可能是观光市场,有的可能是度假市场,有的则可能是休闲市场。

(4)按年龄来确定目标市场。旅游区的产品不一样,从年龄的角度选择的目标市场也是不一样的。比如,运动型旅游目的地主要将年轻人确定为自己的目标市场,文化观光型旅游目的地应该将中老年人确定为自己的目标市场。

(5)按收入情况来确定目标市场。由于旅游产品的价格高低悬殊,在选择目标时应与收入水平直接相关。比如,度假型旅游目的地主要以中高收入者作为目标市场,很难将没有直接收入的学生作为目标市场。

(6)按职业来确定目标市场。职业与收入水平有紧密的关系,旅游区在确定目标市场时也应充分考虑这一因素,比如,公务旅游目的地主要以公务人员作为目标市场,休闲旅游目的地主要以白领市场为主。

2. 按综合变量选择目标市场

在多种细分旅游市场中逐一选择目标市场,然后将其综合考量,形成一个特定的、针对性强的目标市场(见表5-14)。

表5-14 综合变量目标市场选择列举

年龄	性别	收入	婚姻	地区	个性	子市场
儿童	女	高	已婚	东北	开放	M
青年				华北		
中年	男	中	未婚	华东	保守	
				中南		
老年		低		西南		

(三)目标市场选择的策略

通常采用的目标市场选择策略有三种:无差异市场策略、差异性市场策略、集中式市场策略。

1. 无差异市场策略

若使用无差异市场策略,可以忽视子市场之间的差异,而把整个市场看作一个具有相同或近似需求的大的目标市场,并以单一的市场营销组合去满足该市场的需要。这种策略要依赖广泛性的分销渠道和大众性的广告宣传,力图在人们的心目中建立一个稳固的产品形象。

采取无差异市场策略时,由于不用进行子市场研究和计划,市场研究和生产管理的费用大大降低。但这种策略也存在很大的局限性,因为通过一种产品去满足所有的消费者较为困难。

2. 差异性市场策略

差异性市场策略指针对目标市场的特点,分别制定出有针对性的市场营销组合,以尽可能地满足目标顾客的不同需求。

差异性市场策略正好符合旅游需求多样性的特点,有利于吸引更多的旅游者,强化旅游地形象和市场竞争力,进而更多地促进销售。但是,差异性策略也同时会带来成本的增加。调整产品使之符合不同子市场的需要,通常要牵扯额外的研究与开发、工程或特殊手段所需要的费用,而且通过多种营销途径去影响不同的子市场,也会增加市场运营成本。

3. 集中式市场策略

集中式市场策略即选择一个或少量几个细分市场作为目标市场,以便集中全部精力,凭有限的人、财、物取得较高的市场占有率。

通过集中式营销策略,旅游目的地在目标市场中能取得强有力的位置。由于市场营销过程具有较高的专业性与针对性,因此经济性较强,投资回收率也较高。但集中式市场策略的风险也相对较大。

本章小结

旅游市场调查是指运用科学的方法和手段,系统地、有目的地收集和分析市场信息,做出评价,提出建议,为旅游产品的开发和营销决策提供依据的活动。

旅游市场调查主要包括客源地的旅游市场环境调查、旅游市场需求调查、游客人口学特征调查、游客购买动机和行为调查、旅游市场竞争调查、旅游营销信息调查等方面的内容。

完整的问卷应当由标题、说明、被调查者的基本信息、调查主体内容、编码、结束语等部分组成。常用的问题设计方法主要有二项选择法、多项选择法、顺位法、数值尺度法、自由回答法等。

按照调查对象总体中的每一个样本单位被抽取的机会是否相等,抽样方法分为随机抽样法和非随机抽样法两大类。

对旅游市场的预测主要分为有历史数据的预测和没有历史数据的预测。

常见的旅游市场细分标准有地理细分、人口细分、心理细分、行为细分等。

有效的目标市场选择具有可测量性、可进入性、可盈利性和可操作性。

目标市场选择策略有无差异市场策略、差异性市场策略、集中式市场策略等。

关键概念

市场调查计划　问卷技术　访谈技术　抽样技术　市场预测　市场细分　目标市场选择　市场调查报告

复习思考

1. 复习题

(1) 旅游规划与开发的市场分析主要包括哪些内容?

(2) 简述旅游市场调研的步骤和方法。

(3) 试设计一个针对旅游者消费行为和决策模式的问卷调查表。

(4) 如何对旅游客源市场进行定位?

2. 实作题

×××景区客源市场调查与预测。

要求包含以下内容：

(1) 景区旅游发展背景介绍。

(2) 使用问卷调查或访谈调查等方法对旅游客源市场进行调查。

(3) 旅游客源市场预测(选择1—2种预测方法)。

(4) 旅游客源市场细分。

(5) 旅游目标市场选择。

拓展案例　　　　武夷山景区细分市场分析

武夷山风景名胜区是"世界文化和自然"双遗产地。该景区开发已有多年，属于老景区。面对新景区、景点的不断涌现，为适应市场的发展变化，武夷山有必要对各细分市场做出分析并适当定位。

武夷山景区接待境外旅游者数量较少，尤其是日韩客人甚少。相比之下，张家界、九寨沟等景区则备受境外旅游者青睐。武夷山景区的境外市场定位以港、澳、台地区，日本、韩国及周边东南亚国家为主要目标市场。

对国内常规市场而言，2015年武夷山竹筏接待人数77.34万人次，门票人数62.75万人，全年游客接待总数与上年对比仅增6.79%。根据景区监察大队不完全统计，全国各地来武夷山旅游者比例分别为福建15.17%、北京12.25%、上海11.58%、广东9.17%、江苏9.17%、浙江8.25%、山东6.17%、其他省市28.24%。从以上比例可以看出福建、北京、上海、广东、江浙的旅游者较多。武夷山仍属于以华东市场为主，北京、广东市场在逐步扩大的区域性景区。国内常规旅游市场定位：立足省内，巩固以上海为中心的华东市场；提升以北京、山东为中心的华北市场和以广州及珠江三角洲为中心的华南市场；兼顾以重庆、成都为中心的西南市场、以郑州为中心的中原市场；重点热销以武汉为重点的湖北市场，同时辐射江西市场。

另外，根据市场需求状况，武夷山景区还存在部分机会市场，如青少年学生旅游市场、老年旅游市场、修学旅游和会议旅游市场以及职工休闲度假旅游。

(资料来源：https://max.book118.com/html/2015/0819/23700583.shtm.)

问题：

上述案例中旅游景区市场细分所采用的标准是什么？武夷山景区在确定境外市场和国内常规目标市场时的依据是什么？

项目 6
旅游发展战略与定位

◆ 项目目标

指导思想是旅游规划与开发的重要前提,是一切规划工作的重中之重。如何结合政策背景,确立正确的指导思想对规划工作有着重要意义。旅游规划的战略定位是指导区域旅游产业发展的重要依据,它为旅游产业设定愿景,制定发展战略,是旅游规划的灵魂。旅游发展目标按内容划分,分为总体目标和阶段目标,按目标属性划分,又分为经济水平目标、社会效益目标、环境保护目标和文化发展目标。

旅游规划的所有内容都是围绕旅游规划的战略定位展开。旅游规划的战略定位包含五个定位,即主题定位、功能定位、形象定位、产业定位和产品定位。围绕着旅游规划战略定位就是制定旅游发展的目标与主题定位、形象定位、功能定位、产业定位和产品定位。

◆ 学习目标

政策背景是规划的宏观依据。在准确解读政策的基础上,明确与政策方向一致的指导思想,制定符合实际状况、切实可行的发展目标,并根据旅游区的指导思想、发展目标确立其战略定位。本项目由老师教导为主,学生参加活动为辅,以小组形式完成学习任务。

本项目共有三个学习任务:明确指导思想、确立发展目标及明确战略定位。

通过本项目学习,并结合理论课程的学习,学生应了解发展目标的类型,战略定位的内容,并熟练掌握如何查找来源可靠真实的支持政策,如何解读对项目发展有利的政策信息,如何根据项目实际情况制定切实可行的发展目标以及战略定位,最终完成发展目标及战略定位的专题报告。

◆ 学习任务

任务清单	1. 政策背景解读 2. 上位规划文件解析

任务清单	3. 产业发展状况梳理 4. 确定产业发展目标 5. 明确旅游区战略定位
项目流程	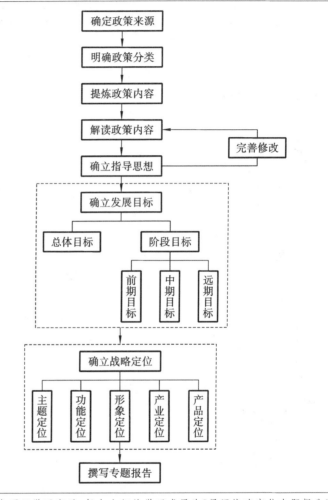
学习成果	本项目学习完后,每个小组的学习成果为《景区战略定位专题报告》

◆ **案例引导**

福建厦门集美区旅游发展的阶段性目标定位

福建厦门集美区从2009到2020年旅游发展的阶段性目标定位分为三个阶段。

◆ 近期:2009年—2012年

任务重点:规划组认为近期主要应在进一步做好基础设施建设、旅游形象系统定位的同时确定一批优先发展区域,完善并提升一批优先发展项目(或产品),以品牌项目作为吸引极核带动集美区整体旅游业发展。

目标预测:至2012年,旅游总收入占GDP的比值实现年均约20%的速度增长,初步确立旅游业在集美区的产业地位。

◆ 中期:2013年—2015年

任务重点:规划组认为中期主要应在科学功能分区的框架下启动一批潜在优势项目和产品,形成布局合理的产品线和项目丛,同时深化旅游形象系统及其营销工作,加大区域旅游协作力度,完善旅游管理体制。

目标预测:至2015年,旅游总收入占GDP的比值实现年均约15%的速度增长,初步确立旅游业在集美区的支柱产业地位。

◆ 远期:2016年—2020年

任务重点:规划组认为远期主要应通过全方位的努力,形成规范化、高质量的旅游项目档次和经营环境,最终建立起具有集美特点和优势、合理而完备的旅游产业体系,形成科学化的旅游目的地系统。

目标预测:至2020年,旅游总收入占GDP的比值实现年均约5%的速度增长,进一步巩固和加强旅游业在集美区的支柱产业地位。

任务1　确立指导思想

知识目标
1. 政策的分类
2. 确立指导思想的原则

技能目标
1. 政策背景的查找
2. 政策内容的提炼
3. 政策内容的解读

一、确定政策来源

政策复杂多样,在进行旅游区的规划设计时,应有目的、有意识地选取与旅游地所在地紧密关联的政策。为保证政策的真实性及可靠性,查找政策的主要渠道为当地政府的官方网站以及实地到政府部门进行咨询。

同步思考 出台旅游相关政策的政府部门有哪些?

二、明确政策分类

政府的政策方针,按性质来分,可以分为国家政策、区域政策、产业政策三种。其中,国家政策主要由国家层面的政府机构颁布实施,如《国务院关于促进旅游业改革发展的若干意见》；区域政策分为省域层面、副省级城市层面、地级市城市层面以及县级市城市层面，如安徽省池州市出台的《关于促进旅游业发展的若干鼓励政策》；产业政策是政府为了实现一定的经济和社会目标而对产业的形成和发展进行干预的各种政策的总和，如《韶山市2016—2017年旅游产业扶持政策实施办法》。

三、提炼政策内容

旅游规划指导思想的编制一定要与国家、地方政府的政策方针紧密保持一致，坚持以邓小平理论和"三个代表"重要思想为指导，深入贯彻落实科学发展观和社会主义核心价值观，坚持在生态文明的总体要求下，美丽中国的总体目标下，把握旅游产业发展的机遇，推进旅游产业的健康快速发展。当然，编制指导思想时，对于国家层面的政策主要体现在省域旅游产业发展的指导思想当中，对于一般的地级市或县域旅游规划的指导思想，则需结合当地的实际情况进行编制。

四、解读政策内容

在确定政府来源真实可靠的前提下，对政策进行分类总结，结合旅游区具体项目，选择相关程度高、紧密性强的政策进行解读，找到对项目发展有力的政策支持。如《国民旅游休闲纲要（2013—2020年）》中指出，要"积极创造开展旅游休闲活动的便利条件，不断促进国民旅游休闲的规模扩大和品质提升，促进社会和谐，提高国民生活质量"。从这些语句中，我们便可以解读到国家政府对旅游业的大力支持，也从另一角度佐证了目前旅游业发展的美好前景。

五、确立指导思想

旅游规划指导思想的编制应遵循以下三个原则。

（一）"大旅游"、"大产业"的原则

新一轮旅游规划的编制一定是在"大旅游"、"大产业"的视角下进行编制的。从大旅游的角度出发整合各类资源，包括旅游资源、产业资源和社会资源；从大产业的角度出发推进旅游与第一产业、第二产业和第三产业的融合发展。因而在编制相应的旅游规划指导思想时，一定要高屋建瓴、高瞻远瞩地从"大旅游"、"大产业"的视角切入，将该理念贯穿于整个指导思想当中，强化旅游规划指导思想的新思维方式。

（二）因地制宜的原则

由于旅游规划的指导思想具有一定的宏观性，因而在大方向、大方针的指引上就会出现雷同、相似的局面。在编制旅游规划指导思想时，一定要结合规划地的社会政治经济环境、规划地旅游产业发展特色，因地制宜进行编制。尤其是在编制政府的旅游产业发展规划时，当地政府出台的政策文件将成为指导思想编制的重要参考。

（三）综合协调的原则

旅游规划指导思想的编制还要体现出一定的综合性、协调性。首先，"十三五"旅游产业发展的趋势表明旅游产业融合发展的态势，而旅游规划的指导思想作为指导产业发展的思想旗帜，其内容一定要考虑到其他相关产业的发展；其次，旅游规划的指导思想还要体现多方的价值诉求，旅游产业的发展是当地政府、企业、社区与旅游者共同支撑起来的，因而指导思想的编制也要考虑他们的利益诉求。

旅游规划指导思想的主要内容一般由三个部分构成，即"政策文件指导"+"发展实施路径"+"总体发展目标"，三个部分之间通过合适的词语进行连接。如福建省"十二五"旅游规划当中的指导思想："以胡总书记视察福建的重要讲话精神为指导，紧紧抓住国务院《关于支持福建省加快建设海峡西岸经济区的若干意见》文件出台的战略契机，以'建设我国重要的自然和文化旅游中心'和'把旅游业培育成国民经济的战略性支柱产业和人民群众更加满意的现代服务业'为目标，围绕福建省委省政府的部署要求，深入贯彻落实科学发展观，充分利用海峡西岸旅游区独特的区位、资源和市场优势，发挥海峡西岸旅游区在连接两大三角洲、对接海峡东岸和辐射中西部地区中的不可替代作用，坚持以市场为导向，以改革开放和体制机制创新为动力，充分发挥旅游业在现代服务业中的先导作用和带动作用，树立'培植大项目、塑造大品牌、形成大产业'的观念，重点突出'海峡旅游'品牌，为最终将以福建为主体的海峡西岸旅游区打造成为我国重要的自然和文化旅游中心，并进一步建设成为国际知名的旅游目的地奠定更加坚实的基础。"

通过该指导思想我们可以看出，福建省"十二五"旅游规划编制参考的重要政策文件是国务院《关于支持福建省加快建设海峡西岸经济区的若干意见》，要实现的总体目标是"我国重要的自然和文化旅游中心"，实施路径是充分利用海峡西岸旅游区独特的区位、资源和市场优势，坚持以市场为导向和以改革开放和体制机制创新为动力。

六、完善指导思想

指导思想经由规划小组第一次提出来后，在组内进行讨论，集合对政策背景的解读，以及小组讨论结果对旅游规划的指导思想进行修改完善。

任务2　确立发展目标

 知识目标
1. 发展目标的类型
2. 发展目标制定的依据及原则

 技能目标
1. 发展目标的制定
2. 目标任务图的绘制

一、明确目标类型

旅游发展目标可以按照不同的标准分类。

(一) 按照旅游发展目标的内容分类

按照旅游发展目标的内容分类可分为终极目标(总体目标)和阶段目标(包括概念性目标、数值性目标)。所谓终极目标就是该旅游地经过长时间的发展后要达到的要求,通常包括以下几个内容:需要该地区旅游相关行业部门去支持的旅游需求;对该地区旅游发展的未来可能性所做的预期;对该地区旅游发展战略的一般性指导方针;对该地区旅游发展意义的揭示等。

相对于旅游发展的总体目标,阶段目标较为细致和具体。一般而言,根据人们的分期习惯,往往将旅游发展的阶段目标分为前期、中期、后期三个部分。

> **同步思考** 上网查询所在省市近几年的旅游发展目标规划,并在课堂讨论交流。

前期目标通常对旅游发展中如基础设施建设、旅游产品组合、旅游市场划分、行业队伍整顿等基本内容和亟待解决的问题做出规定。

中期目标是在前期成果的基础上对旅游纵深发展,如旅游理念提升、旅游形象塑造、旅游精品开发、旅游市场推广等提出要求。

远期目标则是为旅游发展持续动力的规划和创新目标的设计提供蓝图。

此外,还可以按照目标的表述形式分为概念性目标(目的)和数值性目标(指标)。所谓概念性目标主要为采取描述性的语句,对旅游地未来的发展期望达到的目标和效果加以说明。而数值性目标则需要通过相关的研究,借助具体的量化指标来探讨旅游地未来发展需要达到的具体标准。如某时期接待境内外旅游者人数、旅游创汇额、国际国内旅游收入等指标。由于发展环境具有不稳定性,因此,通常还会给数值性目标制定一个数值目标区间,以基本目标作为下限,以激励目标作为上限。

图 6-1 是按内容分类的旅游发展目标分类结构图。

(二) 按照旅游发展目标的属性分类

按照旅游发展目标的属性分类可分为经济水平目标、社会效益目标、环境保护目标和文化发展目标,如图 6-2 所示。

旅游发展的经济水平目标是反映其最终产业规模和经济收益状况的系列指标,包括境内外旅游者人数、旅游总收入与创汇、地方居民收入水平、占 GDP 的比重、投资回收期、乘数效应等。

旅游发展的社会效益目标主要涉及特定时期下旅游的发展将会产生怎样的社会效果,包括提供的就业机会、地方居民的支持率、社会风气、旅游者的满意度、从业人员服务质量等指标。

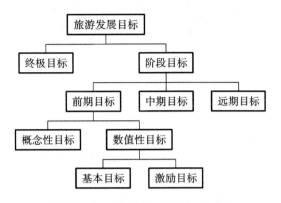

图 6-1　旅游发展目标分类（按内容）

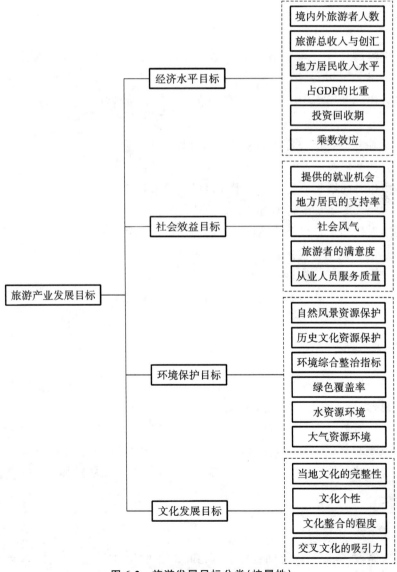

图 6-2　旅游发展目标分类（按属性）

旅游发展的环境保护目标直接关系到旅游可持续发展的问题,主要包括自然风景资源保护、历史文化资源保护、环境综合整治指标、绿色覆盖率、水资源环境、大气资源环境等内容。

旅游发展的文化发展目标需要体现旅游发展对当地文化的影响和与文化互动的预期结果,包括当地文化的完整性、文化个性、文化整合的程度、交叉文化的吸引力等指标。

二、明确目标制定的依据

在确定旅游区旅游发展战略目标时,主要依据国家级旅游发展相关报告如《中国旅游业"十五"计划和2015年、2020年远景目标纲要》,各省级旅游发展纲要如《福建省旅游发展总体规划》,其中重点考虑如下几点因素。

(1) 根据世界旅游组织的预测,中国将在未来二十年从亚洲旅游大国迈向世界旅游强国。

(2) 我国沿海高速公路、高铁、动车、城际铁路等交通便利后,使沿海地区与内陆区域的联系更加紧密。

(3) 各省市积极实施项目带动旅游发展战略,为沿海地区旅游业的发展带来新的机遇。

旅游区旅游规划战略目标的制定主要遵循以下4个原则。

(1) 旅游业的发展速度适当高于国民经济的增长速度。

(2) 国内旅游的增长速度适当高于入境旅游的增长速度。

(3) 旅游收入的增长率适当高于旅游接待人次的增长率。

(4) 旅游人数和旅游收入的增长考虑不同的旅游业发展态势。

经济目标的预测主要包括以下内容:旅游人次预测、旅游消费预测、旅游收入预测、饭店床位数预测、景区发展质量的预测等。

社会目标的预测主要包括一元钱的投资能产生多少效益,能提供多少就业岗位等。

三、确定发展目标

上述旅游发展目标的定位基本上是从旅游地发展的角度,即站在东道主的立场上对旅游发展进行目标设计。但是,在旅游规划与开发中,其目标的确立不仅要关注当地的发展,同时还应将旅游者的需求和满足感置于较为重要的位置。因此,在旅游规划与开发中,在确立旅游区发展目标时,通常将区域国民经济发展总体目标、区域旅游产业发展总体目标与景区的自身发展、旅游者的旅游体验相结合。目前为旅游规划界所公认的旅游发展目标框架如下。

(一) 满足个人需求

不同的旅游者,他们的旅游动机都不尽相同。因此,在市场经济条件下,满足旅游者的个人需求是旅游发展的根本的目标之一。它主要包括以下几个方面。

(1) 安静与休息,同时参与消遣和体育运动。

(2) 回避喧嚣的同时与当地居民适当接触。

(3) 接触自然与异域风俗,但拥有家庭舒适感。

(4) 隐匿或独居,但有安全保障与闲暇机会。

(二)提供新奇经历

对大多数游客而言,他们所向往的旅游经历是逃避常规生活中的高密度人群、快节奏的生活压力与严重污染的环境。因此,旅游发展目标中应体现出"回归自然"的特色,如安静、生活节奏变慢、放松身心等,与大自然、阳光、海水、森林、山地的亲密接触,异质文化与生活方式的新型体验。

(三)创造具有吸引力的"旅游形象"

(1) 旅游规划与开发应尽可能赋予旅游区一种新颖的个性特征,同时使得这种个性特征易于被游客辨识、记忆和传播。

(2) 利用地区资源特色,采用当地材料建设。

(3) 展示地区属性,创造特别的旅游"气氛"。

(4) 对设施赋予富有想象力的处理,反映区域风貌与气候属性。

(5) 为游客提供与当地居民、工艺品与风俗习惯接触的机会。

值得一提的是,上述旅游发展目标的类型和内容只是为旅游发展目标的制定提供了理论框架和方法。在旅游规划与开发的实际工作中,对于发展目标体系的设计,需要以当地的发展态势作为依据,进行具有针对性的发展目标体系内容设计。

四、编制目标任务图

在确定发展目标后,规划设计过程中往往需要编制目标任务图。目标任务图(一般为阶段目标或经济目标)的绘制通常借助 excel 等图表绘制工具,通过折线图、柱状图等多种形式的图表,目标会更加通俗易懂,使人一目了然。

任务 3 确立战略定位

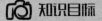 知识目标
1. 战略定位的含义
2. 战略定位的类型

 技能目标
战略定位的确立

一、明确定位类型

战略定位的概念最初起源于营销学,经过几十年的发展,战略定位的思想已经延伸到其他行业。在旅游规划与开发过程中,旅游区的战略定位即结合旅游区的资源状况及未来愿景,在市场分析的基础上做出的关于旅游区在主题、功能、形象、产业、产品等五大方面的定位,从而使该旅游区在市场竞争中拥有强大竞争力,从而取得有利竞争地位的一种过程。旅游规划的战略定位是指导区域旅游产业发展的重要依据,它为旅游产业设定愿景,制定发展战略,是旅游规划的灵魂。旅游规划的所有内容都是围绕旅游规划的战略定位展开的。按照定位内容的划分,旅游区的战略定位主要包括以下内容:主题定位、功能定位、形象定位、产业定位、产品定位。本项目仅介绍主题定位、功能定位、产业定位及产品定位,形象定位将作为独立项目在以后章节中详细介绍。

二、制定定位内容

在明确旅游区资源赋存状况后,在进行市场细分及选择的基础上,结合指导思想、政策背景、发展目标等,旅游规划组需要制定该旅游区的战略定位体系,具体内容涉及主题定位、功能定位、产业定位及产品定位等。

三、主题定位

主题定位是旅游目的地发展的核心,旅游产业的功能要凸显主题,旅游吸引物的布局要围绕主题展开。旅游主题定位一般确定旅游目的地"举什么旗、打什么牌和走什么路"。主题定位的确立一般有三个来源,即旅游发展目标、发展功能和旅游形象。

旅游发展目标是未来旅游发展的方向,确定旅游发展目标必须充分考虑资源优势、内外部环境等各种影响因素。一旦确定旅游发展目标,那么旅游产业的功能以及旅游形象必须围绕发展目标来设计。因此,在城市旅游主题定位过程中,发展目标是最基本的要素。

旅游发展功能是根据旅游发展目标确立的,同时也要考虑旅游资源和社会经济发展水平。旅游的功能与目的地所拥有的旅游资源类型有很大的联系,这是因为功能需要有相应的旅游项目作为支撑,而旅游项目与旅游资源紧密相关。

> **同步思考** 试收集不同省市的旅游形象宣传口号,并讨论是否合理。

旅游形象是展示旅游目的地风貌的载体,目的地往往通过明确的旅游形象来向旅游者传递相关信息。因此,旅游形象从根本上而言是确定目的地旅游特质的过程,旅游形象是旅游发展目标和功能的具体表现,概括了旅游发展目标和功能。

由以上分析可以看出,旅游的主题由三大要素构成,其中旅游发展目标是最基本的要素;旅游功能则是由发展目标决定的内在功能;旅游形象是发展目标的外在表现。所以在发展旅游的过程中,必须明确不同阶段旅游目的地的主题定位,针对不同的发展阶段,提出不同的形象口号。

山东省整体上以"好客山东"为主题形象,各地级市在这一统一的形象下分别有各自的主题,如"泉城济南"、"奥帆之都,多彩青岛"、"葡萄酒城,魅力烟台"、"放飞梦想,逍遥潍坊"、"中华泰山,天下泰安"、"走遍四海,还是威海"等主题。

四、功能定位

功能定位是确定旅游目的地今后发展将具备哪些功能,以及哪些功能为主要的发展方向。从重要性来看,旅游功能可以分为主导功能、支撑功能和辅助功能;从内容上来看,旅游功能具有综合性、多元性和复杂性的特征。所以,在确定旅游目的地旅游功能时,要从多个方面加以衡量。总的来说,旅游功能要考虑三大效益,即经济效益、社会效益和环境效益。

经济效益,即旅游产业对目的地经济产业结构以及区域市场格局中扮演的角色的定位。

社会效益,即旅游产业发展不仅要体现其经济效益,还要与社会发展相适应,要满足旅游者与市民的休闲需求,满足文化遗产保护的需要。

环境效益,即在旅游发展过程中要注意与环境协调一致,注重对旅游环境的营造。

从旅游功能的影响因素来看,旅游的功能可以从以下四个方面进行交叉定位,如图6-3所示。

图6-3 旅游功能定位示意图

同步练习 峨眉山市:从旅游观光向休闲度假转型发展

旅游功能既有单一的旅游功能,如观光旅游、文化旅游、生态旅游、城市旅游、购物旅游、度假旅游、工业旅游、修学旅游、科考旅游、徒步旅游、会议旅游、展览旅游、节事旅游、奖励旅游和邮轮旅游等,又有复合型的旅游功能,如休闲观光、生态度假、会议展览、文化休闲、城市游憩、山地休闲、科考探秘和康体娱乐等。从未来旅游发展的趋势来看,具备复合型旅游功能的旅游目的地将越来越受到市场欢迎,并且国内一些受欢迎的单一旅游目的地也开始逐渐向复合型旅游目的地转变,如峨眉山建设的温泉度假小镇、温泉公园、主题酒店和国际度假社区等项目助力峨眉山由观光型向休闲度假型转变。

同步练习 杭州市十大产业的发展定位

五、产业定位

产业定位是指对旅游产业未来发展方向与目标的定位。产业定位主要考虑三个因素：第一个是旅游产业目前在目的地国民经济发展中的地位；第二个是未来旅游产业可能在国民经济中占有什么地位；第三个是参照本省或国家对旅游产业的定位。就目前旅游产业的发展来看，大部分地区的旅游产业规模偏小，旅游收入占 GDP 的比重还未达到 5%。但是根据 2009 年国务院 41 号文件提出的将旅游业打造成国民经济战略性支柱产业和人民群众更加满意的现代服务业的定位，多个省区及地方政府将旅游产业定位为战略性支柱产业[①]。

六、产品定位

产品定位是对旅游目的地未来发展哪些旅游产品进行选择。旅游产品的发展是随着旅游业的发展逐渐演变的。在旅游刚刚兴起的时代，旅游产品主要以观光旅游为主。我国从改革开放后至 1994 年，旅游市场的供给基本以观光旅游产品为主。这一时期，我国旅游业刚刚起步，旅游开发基本围绕着旅游资源的观赏功能进行。从 1994 年至 2006 年，这一时期的旅游市场开始出现了休闲产品、度假产品，但是观光产品仍然占据主流，这一时期是我国大众旅游迅速发展的时期。从 2006 年之后，随着旅游者旅游需求的多样化，旅游市场上的旅游产品种类也越来越多，并且产品细分的趋势越来越明显，观光产品、休闲产品和度假产品衍生出更多种类的专项旅游产品。

 武汉市赏花旅游产品的开发与发展

当然，根据旅游目的地的特色，旅游产品的定位除了表 6-1 所列的以外，还有许多其他的变化。比如一个旅游目的地花卉比较有特色，该目的地的旅游产品定位就会有花卉观赏旅游产品；一个目的地楚文化比较深厚，就会有专门的楚文化旅游专项产品，该产品就可能既包含观光产品，也包含休闲产品和度假产品。

表 6-1 旅游产品体系分类

旅游产品大类	专项旅游产品
观光产品	生态旅游、文化观光、农业观光、工业观光、城市观光、海洋观光、湖泊观光
休闲产品	生态休闲、乡村休闲、主题乐园、城市游憩、山地休闲、海滨休闲、极限运动
度假产品	休闲度假、文化度假、生态度假、海滨度假、山地度假、邮轮旅游、奖励旅游

---

① 支柱产业增加值一般占到国民经济生产总值的 5%，由于目前国内缺乏旅游产业增加值的统计数据，因而暂时用旅游收入占 GDP 比重来判断旅游产业在国民经济中的地位。

本章小结

确立正确的指导思想是一切规划工作的前提。指导思想的确立需要与政策背景紧密切合。确立正确的指导思想需要经过确定政策来源、明确政策分类、提炼政策内容、解读政策内容等步骤。

发展目标是旅游目的地未来发展的愿景,按内容划分,分为总体目标和阶段目标,按目标属性分,又分为经济水平目标、社会效益目标、环境保护目标和文化发展目标。

旅游规划的战略定位是旅游规划的核心,主要包括五个定位,即主题定位、功能定位、形象定位、产业定位和产品定位。旅游项目及产品的设计都需要围绕战略定位来进行。

关键概念

指导思想　政策解读　发展目标　战略定位　主题定位　功能定位　产业定位　产品定位

复习思考

1. 复习题

(1) 政策类型有哪几种?试举例说明。
(2) 简述确立指导思想的原则。
(3) 简要说明旅游发展目标的类型。
(4) 简述战略定位的类型。

2. 实作题

××景区战略定位专题报告。

要求包括以下内容:

(1) 指导思想的确定。
(2) 发展目标的确立。
(3) 主题定位、功能定位、产业定位、产品定位。

拓展案例　福建省"十二五"发展规划的战略目标及分目标

以"建设我国重要的自然和文化旅游中心"和"把旅游业培育成国民经济的战略性支柱产业和人民群众更加满意的现代服务业"为战略目标,发挥旅游业在区域经济结构调整中的重要作用,围绕"三轴、三区、四中心城市"的空间布局,加强建设重点项目、完善旅游产品体系、强化旅游产业要素,实现福建省旅游品牌和旅游精品建设的重大突破,实现旅游经济增长方式的重大转变,实现旅游业在东南沿海地区的逐步崛起,旅游业成为福建省国民经济的战略性支柱产业,实现福建省成为旅游强省和旅游经济大省的目标。

——经济目标。力争到2015年,福建省接待入境旅游者710万人次,年均增长12%,旅游创汇50亿美元,年均增长13.9%;国内旅游人数突破2亿人次,年均增长12%以上,国内旅游收入2370亿人民币,年均增长20.8%。实现旅游总收入超过2760亿元人民币,旅游总收入相当于全省GDP的12%,旅游业成为战略性支柱产业。

——社会目标。一是通过发展旅游扩大就业。力争到2015年,全省旅游业直接从业人员达到180万,旅游及相关行业从业人员达到700万人,使旅游业成为福建省吸纳就业的主要渠道之一。二是通过发展旅游实现脱贫致富。力争到2015年,使得经济较为落后的一部分县、村真正通过旅游的发展摆脱贫困局面。

——品牌目标。继续优化、提升全省十大旅游品牌,创新发展国家级生态旅游休闲示范区和文化旅游创新示范区。对比较完善的品牌继续提升,对基本成熟的品牌拓展完善,对刚刚起步的品牌重点培育。

——目的地目标。创建一批中国优秀城市旅游目的地和中国优秀乡村旅游目的地,并按照建设社会主义新农村的总体部署,培育新建50个旅游小城镇。努力将福建省建设成为一个在国内具有高知名度和高市场占有率、在国际具有较强影响力的知名旅游目的地。

——企业目标。推进星级饭店建设与评估。全省星级饭店达到800家,其中四、五星级饭店达到120家;旅行社超过1000家,最大的旅行社企业规模争取超过5亿元,有10家以上旅行社进入全国双百强旅行社行列,同时通过兼并、重组等方式扶植5家大型综合性旅游企业集团上市或做强做大。

——景区目标。推进A级旅游景区的建设和提升,力争在"十二五"期间实现全省A级景区达到150家,4A级景区达到80家,5A级景区达到8家,实现全省旅游精品景区管理创新的突破。

问题:

1. 分析福建省制定"十二五"发展规划及分目标的依据。
2. 谈谈福建省制定"十二五"发展规划及分目标对你制定旅游区发展目标的启示。

项目 7
旅游空间布局规划

◆ 项目目标

旅游区空间布局是根据区域内的资源分布、土地利用、项目设计等状况对旅游区内部进行系统划分的过程,是对旅游区内经济要素的统筹安排和配置。空间布局决定了旅游区的内部结构,对于区域内的景观设计、交通线路设计等都会产生深远影响。

旅游区的功能分区是对旅游发展在时间和空间上的组织和安排,合理的分区能促进旅游业较好地实现规模扩张、效益增长和竞争力提升,为其实现可持续发展打下坚实的基础。

◆ 学习目标

本项目分为三个学习项目,分别为明确空间布局模式、确定功能分区、学习空间布局成功案例。本项目以老师指导为主,学生参加活动为辅,由小组合作完成学习任务。

通过本项目的学习,并结合理论课程的学习,学生应掌握空间布局的模式,不同地域类型的旅游区空间布局的规律,利用旅游资源调查及评价的结果,考虑区内自然要素的状况,结合景区的发展目标明确空间布局模式,确定功能分区。

◆ 学习任务

任务清单	1. 明确空间布局原则 2. 学习空间布局方法 3. 掌握一般布局模式 4. 选择不同地域类型的空间布局类型 5. 明确功能分区原则 6. 确定功能分区形式

续表

项目流程	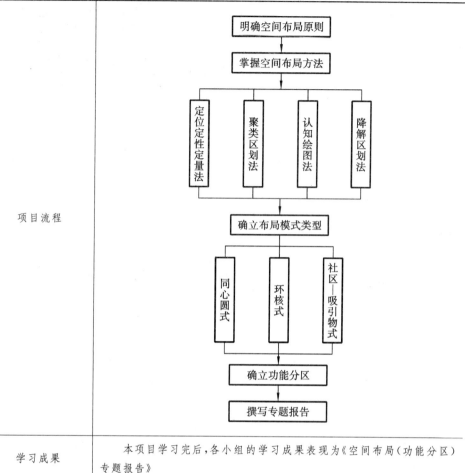
学习成果	本项目学习完后,各小组的学习成果表现为《空间布局(功能分区)专题报告》

◆案例引导

上海市旅游发展空间布局[①]

上海市旅游业发展"十二五"规划中提出至"十二五"期末,基本形成与世界著名旅游城市相匹配的"一圈、四区、三带、一岛"旅游业发展新格局(见图7-1)。

(一)构建"都市旅游中心圈"

都市旅游中心圈,包括徐汇、长宁、普陀、闸北、虹口、杨浦、黄浦、静安、浦东(外环内)等中心区的区域范围,与中心城区重合。都市旅游中心圈依托本市中心城区各类优质旅游资源的整合和开发,打造集都市观光、美食购物、娱乐休憩、商务会展等于一体的都市旅游服务功能区,成为国际都市观光旅游目的地、国际时尚购物旅游目的地、国际都市商务会展旅游目的地、国际都市文化娱乐旅游目的地和国际都

---

① 资料来源:上海市旅游业发展"十二五"规划,http://www.shanghai.gov.cn/shanghai/node2314/node25307/node25455/node25459/u21ai591271.html。

项目7　旅游空间布局规划

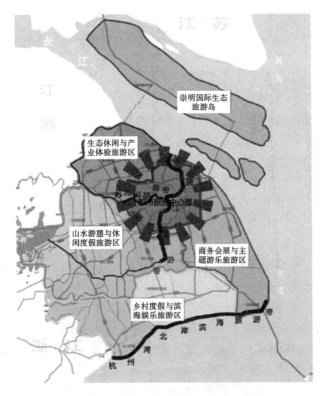

图 7-1　上海市旅游空间布局

市休闲度假旅游目的地的主要功能承载区。

（二）形成市郊"四大旅游区"

1. 商务会展与主题游乐旅游区

商务会展与主题游乐旅游区主要位于本市东部，包括浦东新区（外环外）的区域范围。东部旅游区是综合性旅游目的地、旅游延伸地与旅游交通枢纽地，是上海世界著名旅游城市的重要组成部分，是国际商务、大型会展、主题乐园的集聚区域。

2. 山水游憩与休闲度假旅游区

山水游憩与休闲度假旅游区主要位于本市西部，包括青浦区、松江区、闵行区的区域范围。该旅游区依托青浦、松江、闵行丰富的山水、人文、历史风貌等资源优势，依托虹桥综合交通枢纽旅游集散功能，顺应旅游消费升级的趋势，打造西部以佘山、环淀山湖为代表的特色鲜明的休闲度假区，拓展上海作为世界著名旅游城市的功能空间。

3. 乡村度假与滨海娱乐旅游区

乡村度假与滨海游乐旅游区主要位于本市南部，包括金山区和奉贤区的区域范围。该旅游区依托金山、奉贤的滨海和乡村旅游资源，进一步提升旅游服务和产业能级，加快旅游软硬件环境建设，在杭州湾北岸重点打造富有特色滨海旅游区，枫泾、庄行乡村旅游区。

4. 生态休闲与产业体验旅游区

生态休闲与产业体验旅游区主要位于本市北部，包括宝山区、嘉定区的区域范围。该旅游区依托各区县的优势资源，重点打造生态旅游、休闲度假等旅游产品，加快旅游业与相关产业的融合，推动乡村旅游、工业旅游、水上旅游、文化旅游和谐发展，努力形成上海都市旅游新的拓展区域。

（三）打造三条黄金旅游集聚带

1. 黄浦江"三沿十景"旅游带

黄浦江旅游带北至吴淞口、南至奉浦大桥，流经浦东、宝山、杨浦、虹口、黄浦、徐汇、闵行、奉贤等区，是黄浦江向两岸延伸3—5公里范围的带状区域。"十二五"期间，要继续发挥世博效应，着力整合文化、工业和生态等相关资源，推进黄浦江两岸景观和旅游码头建设，积极拓展水上旅游线路，提高旅游服务水平，依托沿江旅游资源和产品，并大力发展"三游（邮）"（邮轮、游船、游艇）经济，沿江各区形成各具特色的滨江旅游带，努力构建黄浦江"三沿十景"的发展格局。

"三沿"是建设沿江景观绿化、沿江畅通型交通、沿江旅游功能集聚区。"十景"分别为吴淞水门、江湾塔影、枫岛渔火、长虹卧波、城堡滴翠、滴水映日、昔日风帆、外滩春秋、东方水都、龙华晚钟等。

2. 苏州河风貌区旅游带

苏州河风貌区旅游带主要指与中环线交汇点至与黄浦江交汇口约20公里长的苏州河流域。苏州河风貌区旅游带要充分利用苏州河水上和沿岸旅游资源，注重水陆联动和资源整合，统筹开发高品质的苏州河水上旅游产品。要结合旅游景区的开发和布局，在普陀、虹口、闸北、黄浦、静安、长宁等区的苏州河岸线新增8个游船码头，并在码头周边配套建设旅游服务设施和商业服务设施。同时，推动苏州河沿岸景观绿化建设、景观灯光建设、景观桥梁建设，并力争建成贯穿苏州河旅游带的沿岸游步道，形成苏州河河口风貌区、十八湾风貌区、蝴蝶湾风貌区等若干个文化景观集聚区域，凸显苏州河观光休闲、文化展示、民俗风情、商务会展等旅游功能，打造具有浓郁上海特色的水上旅游带。

3. 杭州湾北岸滨海旅游带

杭州湾北岸旅游带主要指金山区、奉贤区及浦东新区南部的滨海地区。杭州湾北岸旅游带要充分利用海岸资源，逐步提升海水水质，完善滨海旅游环境建设。要促进水岸联动，以浦东滨海森林公园、奉贤海湾旅游度假区、金山滨海休闲旅游区为重点，努力拓展滨海旅游区域范围，大力培育融滨海观光、水上运动和康健疗养于一体的休闲度假旅游产品，积极打造金山三岛游等一批水上旅游线路，形成滨海特色旅游带。

（四）建设国际生态旅游岛

崇明区利用世界最大河口冲积岛生态资源及崇明三岛生态建设目标，把崇明三岛建设成为以休闲度假旅游主导的世界著名生态岛和乡村旅游观光岛。以陈家镇、东平国家森林公园、明珠湖等区域为发展重点，打造生态休闲度假旅游、高品质观光旅游、农业旅游、体育旅游、文化旅游等，实现社会多元化资金投入为主，初步形成较完善的旅游产业链结构，实施国家地质公园世界河口博物馆等项目，申报崇明岛世界地质公园项目，力争使旅游产业成为崇明区战略性支柱产业。

任务 1　明确空间布局模式

知识目标
1. 空间布局的原则
2. 空间布局的方法
3. 空间布局的模式

技能目标
1. 掌握空间布局的方法
2. 根据区内自然要素选择空间布局类型

旅游区空间布局是根据区域内的资源分布、土地利用、项目设计等状况对旅游区内部进行系统划分的过程,是对旅游区内经济要素的统筹安排和配置。

一、明确空间布局原则

(一)突出分区原则

这是旅游功能分区的核心原则之一。在旅游规划与开发中,必须通过各种产品与服务来突出旅游区的主题形象,即通过自然景观、建筑风格、园林设计、服务方式、节庆事件等来塑造与强化不同旅游功能分区的形象。

(二)集中功能单元原则

对不同类型的设施如住宿、娱乐、商业设施等,应采取相对集中的布局。游客光顾次数最多、密度最大的商业娱乐设施区域,宜布局在旅游地中心与交通便利的区位,如在酒店和主要景点附近,并在它们之间布设方便的路径,力求使各类服务综合体在空间上形成聚集效应。

1. 在开发方面

集中功能单元的布局能使基础设施低成本、高效益,而且随着旅游开发的深入与市场规模的扩大,新的旅游服务保障部门更易生存。经验表明,当饭店与社会餐饮区域相邻布局时更容易形成综合的市场竞争优势。

2. 在经济方面

集中功能单元的布局带来的景观类型多样性还可以吸引游客滞留更长时间,从而增加地方经济中旅游服务部门的收入,从而带动社区经济的发展。

3. 在社会方面

集中功能单元的布局有利于游客与当地居民的交流与沟通,利于社会风俗的优化,进而可将其开发成一种新的旅游吸引物。同时,许多旅游设施可以兼作当地社区居民使用,一举两得。

4. 在环境方面

集中功能单元的布局有利于环境保护与控制，对污染物的处理也更为有效，敏感区能得到有效保护。深度开发区实施合理的设计标准，可采用连续的控制管理。

集中功能单元的布局可以防止布局散乱，亦可防止对主要自然景观的视觉污染。另外，集中功能单元的布局也有利于主题形象的形成，可以产生一定的整体规模优势。

（三）协调功能分区原则

协调主要表现在处理旅游功能分区与周围环境、旅游功能分区与管理中心、旅游功能分区之间以及旅游功能分区与主要景观结构（核心建筑、主体景观）的关系等。

在规划设计时，有些功能分区具有特殊生态价值而应划为生态保护区，而旅游娱乐区则可承受较大的外界干扰，规划设计中通过适当的合理划分，引入适当的设施使其达到各自最佳的使用状态。另外，协调功能分区还应通过对各种旅游活动进行相关分析，以确定各类活动之间的互补、相依或相斥关系，从而有效地划分功能分区。此外，各功能分区内的设施、活动安排也需要选择适当的布置位置，如野餐区必须具备良好的排水条件、浓密的遮阴、稳定的土壤表层和良好的植被覆盖及方便的停车场。

（四）合理规划动、视线原则

连接各旅游分区交通线路的规划应充分考虑旅游过程中的游客心理特性，以实现符合人体工程学的有效动线规划。其设计必须依照顺序推进，以建立理想的空间布局关系。

旅游区内部交通网络应高效且布局优化，路径与园林景观有效配置，并建立公共交通系统，采用步行或无污染交通方式，限制高速行车，使行走与休息均为一种享受。对于相距较远的景点之间旅游区应配备公共交通工具，邻近的景点间设置人行道、缆车或畜力交通方式，可使内部实现低污染的交通优化。

空间布局还应尽量考虑旅游者观赏视线上的层次性，在分区内布置有效的观景系统和视线走廊，如在一些制高点、开阔地带或主要景观地区设置一系列的眺望亭与休息区，让游客能在区内最佳视点充分享受到优美奇特的自然景观。

（五）保护旅游环境原则

环境保护的目的是保障旅游地可持续发展，它主要包括两个方面：其一是保护旅游区内特殊的环境特色，如主要的吸引物景观；其二是使旅游区的游客接待量控制在环境承载力之内，以维持生态环境的协调演进，保证旅游区土地的合理利用。

二、明确空间布局方法

对于旅游景区空间布局方法的研究主要有定位、定性、定量法，聚类区划法，认知绘图法以及降解区划法四种方法。

（一）定位、定性、定量法

吴人韦（1999）将旅游规划的空间布局方法概括为"三定"，即定位、定性以及定量。所谓定位就是指依据一定的理论和旅游景区的实际情况确定各旅游功能分区和旅游项目及设施的空间位置。定性是指在空间定位的基础上，对旅游景区各功能分区的主导功能、主题形象等内容加以限定，为其今后的发展提供明确的指导方向。定量则是在对各功能分区定位和定性的基础上，依据各功能分区的环境条件、旅游线路组织以及对旅游者行为的预测而确定各个功能分区的最佳生态容量。

 月湖旅游景区的空间布局

1. 旅游景区空间布局的定位

旅游景区空间布局定位的主要依据是景区内自然社会资源以及环境景观要素的空间分异。具体而言，造成景区内空间分异的要素主要指地形、水体、地质、动植物等自然因素以及人类社会事件、历史依存的聚集点、现代旅游和娱乐项目的空间指向等。因此，旅游景区的空间布局在定位上一定要全面考虑景区内的自然和社会历史要素。

2. 旅游景区空间布局的定性

对旅游景区内空间布局的定性从分区的开发前景、分区的主体特征以及分区间的关系三个方面着手分析。

分区的开发前景分析是规划者对分区旅游发展的目标定位，因此，开发前景是未来该分区的发展方向，是景区空间布局定性的重要内容，在分区开发前景分析中，旅游规划者需要确定的是各分区的功能、项目、形象等内容。

分区的主体特征是决定该分区旅游开发方向的基础性条件，以《宜昌三峡极顶黄牛岩风景旅游区修建性详细规划》为例，该景中的功能分区和项目布局都是以区域中的资源和环境特征为基础。如地质园景区就是以著名的地质景观"黄牛背斜"为依据，始祖园区则以区域内嫘祖遗迹为基础加以提升形成发展设想。可见，在为景区内各分区定性时，要充分调查各分区内的资源和环境景观特征。

景区各功能分区定性时，规划者还应站在全局的高度统筹安排各功能分区间的相互关系。只有各分区在功能上互补，在主题形象和发展方向上相互融洽，才能保证旅游景区的顺利发展。

3. 旅游景区空间布局的定量

景区内人满为患已经不仅是我国的独特情况。目前世界上很多旅游景区都面临着这样的问题。过量旅游者的进入毫无疑问会给景区及其周边的生态环境和自然景观带来众多的负面影响，同时还会对旅游者自身的安全造成威胁。因此，目前世界各国对景区的旅游者容量控制都较为重视。景区空间布局的定量就是为景区内各功能分区预测制定合理的环境容量，其预测的依据主要有三个，即区域规模、开发类型以及旅游者行为模式。

区域规模实际上指景区功能分区的面积大小。一般而言，面积越大的区域其旅游者的容量相应越大。但是，对于不同类型的地区，其情况有些差异。如平原地区的旅游景区，游客密度可能会较山地型旅游景区大，因此单位面积上容纳的旅游者人数，平原型旅游景区会较山地型旅游景区多。

旅游景区开发类型对景区定量的影响主要体现在开发类型决定了景区的旅游项目,而不同类型的旅游项目对景区容量的要求是不同的。如观光型旅游景区以及生态型旅游景区,游客容量较小,娱乐型旅游景区游客容量可以很大,甚至必须达到规定的人数门槛,以迪士尼乐园为代表的主题公园型娱乐旅游景区旅游者容量肯定比一般同等规模的旅游景区要大。

此外,旅游景区内各分区的定量还应考虑到旅游者的行为模式,一般而言,来自不同区域和不同年龄段的旅游者在景区中的行为模式有差异,而游客的行为模式会直接影响到旅游景区内的周转率,从而对景区内游客容量产生影响。因此,旅游者的行为模式也是旅游景区空间布局定量中的一个重要因素。

同步练习 云南省旅游发展总体规划中的功能分区

(二)聚类区划法

聚类区划法又称"上升区划法"(见图7-2),是指从小地域空间入手,通过对其进行归类合并而逐步上升到数量较少的大型功能分区的方法。主要步骤如下。

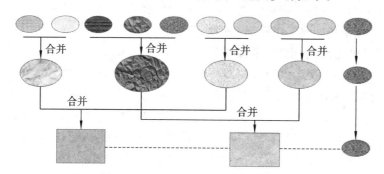

图7-2 聚类区划法示意图

第一,在旅游景区内设定 n 个地域样本,即最小的地域空间。

第二,计算各个样本空间之间的距离,并按照相邻样本空间之间的共性,将其划分为 $n-x$ 类。

第三,针对上述的 $n-x$ 类地域空间形式,进行同类或相邻地域样本的合并,并不断重复该过程。

第四,最终将会形成无法继续合并而产生 $n-x-y$ 个典型少量大型区域,这就是我们最终需要的对旅游景区的空间划分。

(三)认知绘图法

认知绘图法是1983年由弗里更提出来的旅游区域空间布局的方法。它以心理学理论为基础,通过对旅游者心理图示的揭示来达到旅游景区空间的合理化和人性化布局。

其方法主要为通过综合旅游者对旅游地形象的认知,计算出旅游位置权数,并以此作为空间布局定位的依据。该方法的基本步骤如下。

第一步,选择抽样调查的方法,以确保获得具有代表性的随机样本。通过抽样选择一系列的旅游者,这些旅游者将作为认知绘图法的成员参与到景区空间布局中来。

第二步,向被选中的这些被调查者提供一张景区的空间布局底图,要求他们在认为作为旅游中心地最佳的区域位置上作一个明显的标记,并在此基础上画出3—5个次级旅游分区的范围。

第三步,根据这些被调查者画出的旅游景区中心地和次级旅游分区的范围,计算出每个次级旅游分区的位置权数(TLW)。具体计算公式如下:

$$TLW=[(A+B+C)\times(A+B)]/(1+C)$$

式中,A代表每个次级旅游分区所获得旅游者认可的中心地的次数;B为每个次级旅游分区被旅游者归为一个次级旅游分区的次数;C代表一个次级旅游分区被旅游者部分划分为一个次级旅游分区的次数。

第四步,在计算次级旅游分区位置权数的基础上,对其进行汇总,并将结果在景区空间布局的底图上标示出来。所获位置权数最高的区域为该旅游景区的中心区域,而沿着所获位置权数最低的区域画线则可以得到各个次级旅游分区之间的区域界限。

(四)降解区划法

降解区划法是1986年由加拿大学者史密斯提出来的一种大尺度旅游空间进行区划定位的方法。该方法在具体的操作上与聚类区划法形成一对逆操作,即聚类分析法是由下至上地进行分析和归类,而降解区划法则是从大的空间范围着眼,对大尺度的空间范围予以逐步分解,最后形成若干个旅游景区的次级分区的结果。

从具体的划分过程来看,主要是借助两分法,通过规划者的主观判断,将大尺度空间最终划分为若干个小型区域空间(见图7-3)。

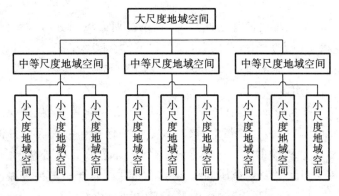

图7-3 降解区划法示意图

三、确立布局模式类型

(一) 常见旅游景区空间布局模式

一般情况下,旅游区空间布局模式有同心圆式布局、环核式布局和社区—吸引物式布局三种。

1. 同心圆式布局

同心圆式布局模式源于景观设计师弗斯特(Forster)1973年提出的旅游区空间开发"三区结构模式"。在该模式中,旅游区从里到外依次为核心保护区、游憩缓冲区以及密集游憩服务区。其中,核心保护区是受到严密保护的自然区,限制乃至禁止游客进入。围绕它的便是游憩缓冲区,在规划游憩缓冲区时配置了野营、划船、越野、观景点等服务设施。最外层是密集游憩服务区,为游客提供各种服务,有饭店、餐厅、商店或高密度的娱乐设施,如图7-4所示。

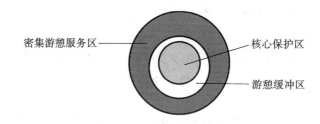

图7-4 旅游区同心圆式布局模式

世界上许多国家在对待需要保护的生态型旅游区时都采用了该布局模式。例如,美国国家公园土地利用规划就采用了这种三分法,将国家公园分成核心区、缓冲区和边缘区三个部分。核心区是指中央自然保护区,对旅游者的进入加以严格限制。缓冲区是指美国国家公园的一般管制区。最外层是周边游憩区,主要为旅游者提供食、住、行、游、购、娱等活动。

澳大利亚东北部的大堤礁海洋公园规划,将该规划区域划分为六大分区进行管理,即保护区(严格控制科学研究)、国家公园区(游憩和旅游、科学研究)、缓冲区、保护公园区(游憩与旅游、科学研究、有限制的垂钓)、生态环境保护区(游憩与旅游、科学研究、商业性和娱乐用垂钓)以及综合利用区。

1994年,我国国务院颁布的《中华人民共和国自然保护区条例》里规定自然保护区可以分为核心区、缓冲区和实验区。其中,核心区是自然保护区内保存完好的天然状态的生态系统以及珍稀濒危动植物的集中分布地,除经允许的科研活动外,禁止任何单位和个人进入。核心区外围可以设置一定范围的缓冲区,只准进入从事科学研究观测活动。缓冲区外围为实验区,可以进入从事科学试验、教学实习、参观考察等活动。

2. 环核式布局

所谓环核式布局模式是指旅游地空间布局以重要景观或项目为核心,相关的旅游接待、服务设施以及娱乐项目等全部围绕该核心景观和项目进行布局的模式,如图7-5所示。

一般而言，吸引物较为单一的旅游区的空间布局往往会采用环核式布局模式，在该模式下，旅游接待服务设施与旅游吸引物之间由交通联系呈现出伞骨或车轮形状，例如，位于广东省陆丰市的玄武山旅游区，因为宗教信仰，在东南亚一带拥有较大的影响力，成为广东省著名的旅游区之一，但是该旅游区较为独立，其周边缺少其他旅游景区的支撑。因而，在空间布局上形成了类似于环核式的空间布局。该旅游区的所有接待设施都由当地居民自发组织、紧紧围绕在该旅游区的周围，形成了包围该旅游区的一道接待设施环。

3. 社区—吸引物式布局

社区—吸引物式布局模式是1965年由甘恩（Gunn）首先提出的，是在旅游区中心布局一个社区服务中心，外围分散形成一批旅游吸引物综合体，在服务中心与吸引力物综合体之间有交通连接，如图7-6所示。

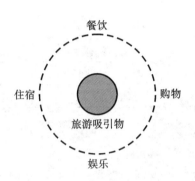 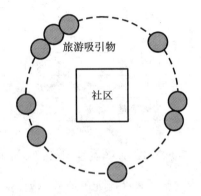

图 7-5　旅游区环核式布局模式　　　　图 7-6　社区—吸引物式布局模式

社区—吸引物式布局模式与环核式布局有一点相似，即在上述两种布局模式下都会出现环状的分布。其不同之处在于，社区吸引物式布局模式下，位于环状中心的是具有旅游接待功能的社区。而环核式布局模式下，位于环状中心的是旅游吸引物。因此，社区—吸引物式布局是在旅游资源较为丰富，但是分布较为分散的情况下产生的一种分布形式。在该形式下，为了增强区内的交通便捷性，往往会在社区与旅游资源以及旅游资源间修建交通线，最终形成车轮状交通格局。

同步思考　试以自己身边的景区为例，举例说明该景区属于哪种空间布局模式？

海坛岛是我国第五大岛屿，福建省第一大岛。该岛上旅游景点大都分布于岛屿的四周，并且景观众多，如石牌洋、三十六脚湖、凤凰山沙坡、坛南湾、海坛天神等。而由于环境和历史军事等原因，海坛岛的旅游接待设施基本上位于岛屿中部的半潭镇。因此，最终该区域形成了一个旅游接待中心位于中部、旅游景点和景区分散于岛屿四周的社区—吸引物式的空间布局。

旅游规划的空间布局基本是基于这三类模式发展起来的。在目前的旅游规划空间布局中，一般本着突出主导功能、体现地域特色、保持区域协调和实现可持续发展的原则，一般会有一个旅游发展的引爆点，以及若干个重要的旅游节点，在引爆点与节点之间通过交通线、水系或山脉等进行连接，进而形成旅游目的地的空间布局，如"一心、两翼、三区、八组团"。在这里"一心"一般就是旅游发展的引爆点;而"两翼"则是旅游发展的重要节点;"三区"则是将旅游目的地划分为三大区域,"八组团"则是分布在三个区域的旅游项目较为集中的功能组团。常见的旅游空间布局表述如表7-1所示。

表7-1 常见的旅游空间布局表述

规划名称	空间布局
北京市"十二五"时期旅游业发展规划	一核一轴、两带十二板块
上海市旅游业发展"十二五"规划	一圈、四区、三带、一岛
杭州市"十二五"旅游休闲业发展规划	一核、一极、两圈、两轴、全域覆盖
桂林市旅游总体规划修编	一核、一带、两极、两轴
四川省"十二五"旅游业发展规划	一极、三带、五区、五线
浙江省旅游业"十二五"发展规划	三带、十区
厦门市"十一五"旅游业发展规划	一心、二带、三片区
温州市旅游发展"十二五"规划	一核、一岛、四板块
丝绸之路旅游区总体规划	一轴、六带、十四区
海峡西岸旅游区总体规划	三轴、八区

(二)不同地域类型景区空间布局模式

按照旅游景区所处的地域类型,我们可以将旅游景区分为山地型、河流型、湖泊型、海滨型、草原型以及森林型六大类别,对于不同地域类型的景区而言,其空间布局模式有所不同。但是总体来看,其功能分区都是在上述的三种基本布局模式的基础上加以变化。

同步思考 我国有哪些比较典型的根据地域类型而进行空间划分的旅游景区?

1. 山地型旅游景区空间布局

山地型旅游景区是指那些位于山地,景区内地形起伏较大,空间布局受地形影响较大的景区。该类旅游景区中景点和资源往往较为分散,因此,旅游景区空间布局上,一方面要

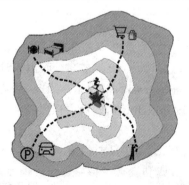

图7-7 山地型旅游景区分叉式布局

考虑交通、环境等因素,另一方面还应通过空间布局使旅游者能在旅游过程中经过尽可能多的旅游景点。总体上来看,山地型旅游景区的空间布局有以下三类,即分叉式布局、环状式布局以及综合式布局。

山地型旅游景区的分叉式布局如图7-7所示。该类型的布局模式是将主要的旅游景点作为景区的核心置于山顶,其他的旅游吸引物则因为地形的关系而只与该主要旅游吸引物产生单面的联系,景区内的旅游接待设施则分布于这些旅游吸引物之间。

山地型旅游景区环状式布局模式如图 7-8 所示。该类布局模式中各旅游吸引物通过环状线路相互串联，旅游接待设施分布于其间。山地型旅游景区综合式布局模式如图 7-9 所示，是指融合了分叉式和环状式布局的特点，在空间上旅游吸引物之间通过交通网络的建设而构成网状的分布。该种布局模式较上述分叉式和环状式相比更具有变化性，旅游者在行为模式上可供自主选择的余地更大。

图 7-8　山地型旅游景区环状式布局

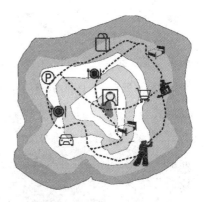

图 7-9　山地型旅游景区综合式布局

2. 河流型旅游景区空间布局

河流型旅游景区在空间布局上出于旅游交通设计和旅游者行程安排上考虑大多采用沿河式布局（见图 7-10）。

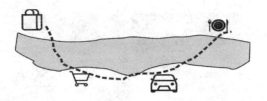

图 7-10　河流型旅游景区沿河式布局

河流型景区中沿河式布局最为典型的当属长江三峡景区。作为我国著名的旅游目的地，长江三峡景点均沿长江分布，人们通过游船就可以一路领略瑰丽的三峡风情。此外，知名的江南水乡旅游景区——乌镇，其旅游项目也为典型河道分布的空间布局模式，沿着镇上的东石河依次分布着传统作坊区、传统民居区、传统文化区、传统餐饮区、传统商铺区、水乡风情区。

3. 湖泊型旅游景区空间布局模式

湖泊型旅游景区空间布局模式总体上来看可以分为两种，即环湖式布局模式（见图 7-11）和网状式布局模式（见图 7-12）。环湖式空间布局多见于湖中无岛，而仅仅将湖作为一种自然环境景观的旅游景区中。该类景区内旅游吸引物主要分布于湖泊的四周，水上多开发康体运动项目。因此，该类景区规划时在空间布局上主要通过环湖的景观将各个旅游吸引物串联起来，最终形成一个环状的景区布局模式。

采用网状布局模式的湖泊型景区大多在湖中有岛、岛上拥有一定数量的旅游吸引物的旅游景区中。此时，景区布局应全面考虑旅游者的旅游需求，通过开发多元化的旅游交通工具，实现水上、陆上的联合开发，不仅要求视线上互联互通，还应在旅游行程上紧密联系。

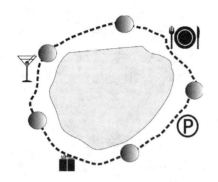 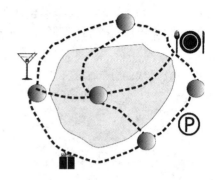

图 7-11　湖泊型旅游景区环湖式布局模式　　　图 7-12　湖泊型旅游景区网状式布局模式

该布局模式就是借助水上、陆上甚至空中的交通组织而实现景区内旅游吸引物的开发。

4. 海滨型旅游景区空间布局

海滨型旅游景区空间布局模式主要体现在旅游接待和游乐设施的空间布局以及其与海岸线的位置关系上。一般而言,海滨型旅游景区在空间布局上会采用递进式的布局模式。从国内外海滨型景区开发的实践经验来看,该类景区在空间上的布局由海上到陆地一般依次为:海上运动区、养殖区、垂钓区、海滨浴场、游船码头、海滩活动娱乐区、海滨公园、沿海植物带、野营区、交通线、接待中心等,如图 7-13 所示。国外滨海旅游带的开发大部分都按照上述层次进行布局,除了海边设置游艇、浴场以及沙滩活动区外,在距离海滩较远处还设置有供旅游者免费使用的休闲、野营、烧烤设施。

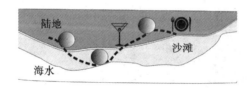

图 7-13　海滨型旅游景区递进布局模式

5. 草原型旅游景区布局

草原型旅游景区是一种旅游吸引物较为分散、分布密度较低、区内差异性较小的旅游景区类型。一般情况下,草原型旅游景区的地质条件不允许修建大规模的旅游接待设施。因此,可以将这一类的旅游景区划分为一定的亚区,在兼顾亚区之间功能互补性的前提下,重点对亚区内的旅游服务设施进行布局。各个亚区应具有相对独立的旅游功能,同时应通过交通网络进行连接。这种草原型旅游景区的空间布局模式一般被称为营地式布局模式(见图 7-14)。

6. 森林型旅游景区空间布局

森林型景区一般是生态观光和休闲度假的场所,属于环境十分脆弱的地域类型,因此,该类景区空间布局时,应将生态环境保护放在第一位。从旅游者的活动来看,观光、游览等活动对于森林环境造成的影响较为有限且负面影响不多。对森林生态环境负面影响最为强烈的应该是旅游接待设施产生的污染,如餐饮、住宿等。为了尽量避免因旅游接待而给森林型旅游景区环境造成的危害,一般均采用双核式的景区布局模式。

所谓双核式旅游景区空间布局模式(见图 7-15)是指为了尽量避免因旅游接待而对森

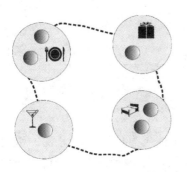
图 7-14　草原营地式布局模式

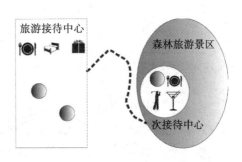
图 7-15　森林型旅游景区双核式布局模式

林型旅游景区生态环境造成负面影响,而对旅游接待设施予以一定的分散化和远离化。因此,这里的"双核"指的是景区拥有两个旅游接待核心。其中,第一个核心是远离景区的游客主要接待中心。由于该接待中心所处的环境对外界冲击的承受力较景区内强,通常将污染和环境负面影响较为严重的主要接待设施和服务置于此中心处。此外,在景区附近或主入口处设置另一个次级旅游接待中心,该接待中心仅提供对环境和资源影响较小的配套服务,这个次级旅游接待中心就构成了"双核"布局模式中的第二核心。

森林型旅游景区空间布局的主要影响要素是旅游活动对景区环境的影响可见,被评为国家 4A 级旅游景区的福州市森林公园的空间布局就采取了双核心的布局模式。该森林公园位于福州市北郊,距市中心 7 公里,总面积 8.593 平方公里。该森林公园内部设有小型的接待设施,规模虽然不大,但是接待功能齐全。其主要接待功能全部转移到福州市区,即依托福州市区的旅游接待设施,尽量减少旅游接待给该森林公园环境造成的影响。

任务 2　确立旅游功能分区

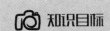　功能分区的原则

　功能分区的策划

旅游的功能分区是依据旅游开发地的资源分布、土地利用、项目设计等状况而对区域空间进行系统划分的过程,是对旅游地经济要素的统筹安排和布置。空间布局决定了旅游地的内部结构,这对旅游地景观、交通路线组织等都会产生深远影响。

一、明确功能分区原则

科学的功能分区是做好旅游区规划的重要基础。根据突出旅游资源特色、发挥交通及城镇体系在旅游开发中的作用,充分结合市场需要和旅游资源的开发潜力、方便管理和有利于产业的组织等要求,对旅游区进行科学、合理的功能分区。

> **同步思考** 空间布局原则和功能分区原则有什么异同点？

（一）项目领先原则

目前我国旅游规划与开发大都处于项目导向阶段,项目成为旅游深度开发的重要基础,区域旅游功能也需要通过具体的项目支撑得以表现,因此,旅游规划中的功能定位应贯彻实施旅游发展的项目带动战略思想,在进行旅游开发过程中,强调旅游功能定位与旅游项目建设的结合。在旅游功能定位与分区的基础上,以旅游项目建设支撑体现旅游区的功能特征,即在对旅游功能分区建设的过程中,以旅游项目建设为基本元素,旅游功能的体现和旅游产品系列都需要通过项目建设来实现,把项目建设放在第一位。

（二）资源重组原则

旅游功能分区的主要目的之一是要实现区域旅游资源的优化重组,我国旅游资源数量丰富、类型多样。因此,在进行功能分区和定位时应综合考虑旅游资源的特色和分布,注重对旅游资源实现优化重组,即通过功能定位有效盘活旅游资源,促进旅游区旅游业的发展；除了丰富的自然旅游资源外,还要盘活丰富的文化旅游资源和生态旅游资源等特色资源,旅游功能的定位与分区布局要体现资源整合的这一特征,实现旅游资源的优化组合,达到旅游资源的合理利用与品质的提高。

（三）形象制胜原则

鲜明的旅游形象对于区域旅游发展而言,具有重要意义,能有效推进区域旅游的市场推广。目前,我国旅游资源虽然丰富,但仍未形成鲜明的旅游形象,影响了我国旅游整体竞争力的提升。在旅游功能定位中,要紧紧围绕塑造海滨旅游形象,统筹规划各类资源和产品。

（四）产品优化原则

区域旅游功能定位最终要落实到产品上。因此,旅游地区应抓住区域旅游开发的机遇,对旅游产品体系进行调整和优化：一方面,大力开发旅游产品,丰富产品内容；另一方面,对原有的旅游产品和线路进行重新包装和设计,并根据旅游产品组合涉及的区域进行旅游功能定位与分区、实现旅游产品组合的有效性与旅游功能和旅游产品的对应性,达到优化我国旅游产品结构、提高旅游产品竞争力的目的。

（五）功能提升原则

在我国旅游发展中,要把提升区域旅游功能作为旅游功能定位的指导原则,促进整个区域旅游空间格局的优化和旅游功能的整体提升。定位旅游功能既要尊重各个地区旅游发展的现状,也要对原有的旅游功能进行优化提升,以达到整合资源,指导今后旅游产品开发的目的。

项目7　旅游空间布局规划

（六）区域协作原则

区域协作是推进旅游发展的重要战略。旅游发展的功能定位与分区布局要体现区域协作与联动的指导思想，将未来的协作区域整合在一个功能体系中，使区域旅游功能得到更好的体现；同时也要通过旅游产业组织将协作区域紧密联系在一起，通过区域协作推进当地海滨旅游的发展，进而实现当地旅游业的二次腾飞。

二、明确资源分布状况

旅游资源是旅游规划与开发的客体，也是旅游功能分区的重要依据。在进行旅游功能分区策划时，规划小组必须对整个区域的旅游资源进行完整、仔细的调查并分类，旅游资源调查及评价工作有利于规划者掌握规划区的具体情况，明确旅游区的资源赋存状况及类型。旅游资源调查及评价的具体内容详见应用篇项目1。

在明确规划区资源分布状况及类型的前提下，规划小组应根据旅游资源调查及评价的内容，如旅游资源的类型、等级、疏密程度及特色等进行合理的功能分区规划，例如，生态旅游资源较为富集的区域可划为生态旅游休闲区，文化旅游资源较为集中的区域可划为文化体验区。

三、明确区内自然要素

首次进行旅游规划与开发的区域往往是人类活动不曾涉及的地方。旅游功能分区的策划很大程度上受制于规划区内的自然要素，这里的自然要素主要指山、川、河、流等。山地型的旅游区地形起伏较大，旅游资源较为分散，此时如何对山地型的规划区进行功能分区，做到既考虑交通、环境保护等因素，又给游客带来最大的游客体验就是一个难点。

四、确定分区形式

功能分区一般无固定的模式，在实际的旅游规划操作中，大多都是靠规划小组的智慧，根据旅游资源调查的结果、区域内自然要素等客观情况，再结合旅游区的发展目标加以创造和实施的。

> **本章小结**
>
> 　　旅游区空间布局是根据区域内的资源分布、土地利用、项目设计等状况对旅游区内部进行系统划分的过程。进行旅游区空间布局时，规划组要遵循空间布局的原则，即突出分区原则、集中功能单元原则、协调功能分区原则，合理规划动、视线原则，保护环境原则。
>
> 　　空间布局的方法主要有定位、定性、定量法，聚类区划法，认知绘图法以及降解区划法四种方法，在实践中，通常使用聚类区划法进行空间布局的归并与划分。对于不

同地域类型的景区而言,其空间布局模式有所不同。但是总体上看,其功能分区都是在上述的三种基本布局模式的基础上加以变化。

旅游功能分区是旅游地开发中进行项目布局和空间结构划分的工作。功能分区需要遵循项目领先原则、资源重组原则、形象制胜原则、产品优化原则、功能提升原则、区域协作原则。要在明确资源分布状况、区内自然要素的前提下确定旅游区的功能分区形式。

关键概念

空间布局模式　空间布局类型　功能分区

复习思考

1. 复习题

(1) 简述旅游区空间布局的原则。
(2) 简述空间布局的方法,应如何运用？
(3) 布局模式的类型有哪几种？不同地域类型的旅游景区如何选择布局模式？
(4) 简述功能分区的原则。

2. 实作题

选择一个景区,小组实地调研或网上查询资料,完成《××景区空间布局提升专题报告》,应包括以下内容。

(1) 空间布局的规划。
(2) 功能分区的规划。

拓展案例　武汉市黄陂区大余湾景区提升规划

大余湾景区位于武汉市黄陂区木兰乡,占地面积约605亩(1亩≈666.67平方米)。景区自开发以来,以明清古建筑住宅和其风水布局为特色,兼具农家乐和农业采摘等休闲体验项目。2016年,大余湾创新规划提升小组提出了以"明清古村,老家大余"为主题,面向生活在都市远离乡村的人们,通过"余音"、"余味"、"余宗"、"余风"、"余家"、"余念"六大主题区以及其内部的游客体验项目,突出景区的农家风味、明清建筑、传统民俗、特色民宿等,让游客产生回到记忆中老家的感觉。

根据村子的实际状况,经过科学合理的分析,村落及其周边形成了一个"一心,两轴,六区"的空间结构(见图7-16)。其中:"一心"——景区游客分布最集中的地方,景区的游客服务中心。

"两轴"——景区交通轴(沿景区主干道),景区发展轴(双龟山至后山)。

"六区"——六大主题功能分区。

1. 余味区

农业观光体验区占地180亩,分布在景区西侧,集田园观光、农作物采摘及餐饮于

项目7　旅游空间布局规划

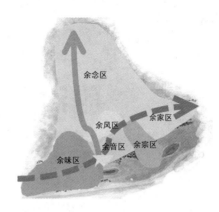

图7-16　大余湾景区功能分区图

一体。这里布局了种类丰富的旅游项目,让游客在旅游过程中找到置身于田野之中的乐趣及轻松之感。

2. 余音区

占地21亩,该区直接连接景区入口。该区按照游览顺序有"清池观鱼"、"树寄人情"、"余音袅袅"、"河灯夜泊"四个观赏区,可以让游客在游览过程中感受大余湾恬淡自然的氛围,从而达到放松身心的休闲目的。

3. 余风·书香泥塑活动区

占地约15亩,位于大余湾景区中北部,地势较为平坦。拥有百子堂、随园等吸引物。该区深入挖掘大余湾耕读文化,设置经书学堂,同时在随园设置黄陂泥塑体验区以增强游客体验乐趣。

4. 余宗区

占地面积约35亩,该区位于东西双龟山的中间,太极广场的西侧。余宗区从字面意思上可理解为余氏先祖的生活情状的展示。古建筑留下的文物展品以及民俗展品大多集中于该区域。因此,该区主要以文化体验为主。该区是整个大余湾景区的文化体验的核心部分。

5. 余家区

占地面积约45亩,该区位于大余湾景区东双龟山西侧。20余条巷子纵横分隔,现存50多户石砌屋。余家区主要是在原有明末清初的民俗建筑基础上发展民宿文化,在原来的基础上改造升级,将民居打造成为四类不同风格的民宿供游客居住,可以以间出售也可整栋出售,给游客提供舒适放松的住宿环境,体验不同的生活习俗,舒缓身心,放松心情。

6. 余念区

位于大余湾景区后山部分,占地约309亩。本次规划计划将后山区域开发成宗教文化旅游中心。启动文昌阁的规划重建工作以及朝圣大道的建设工程。

问题:

1. 分析该提升规划空间布局和功能分区遵循的原则。

2. 请谈谈这个案例对你进行空间布局和功能分区的启示。

项目 8 旅游产品与线路设计

◆ 项目目标

我国旅游景区已经进入了全面提升发展的新阶段,无论是既有景区的转型升级,还是新建景区的规划设计,都必须有系统的、科学的项目及产品策划。

旅游资源经过开发、建设,形成旅游项目、产品、线路及商品,面向广大旅游市场。旅游项目设计是旅游产品设计的基础,它是连接旅游资源和旅游产品的重要纽带。旅游线路和旅游商品的策划需要整合思维与创意设计。

◆ 学习目标

旅游项目、产品、线路及商品策划涉及主题、内容、程序及方法等重要环节,本项目以教师指导,学生参与为主,由小组合作完成学习任务。

本项目分为四个学习任务,分别为旅游项目策划、旅游产品策划、旅游线路策划、旅游商品策划。

通过项目学习,并结合理论课程的学习,学生应该掌握项目、产品、线路及商品策划的原则、内容、程序与技术,能够根据特定主题或任务进行设计,最终形成完整的策划方案。

◆ 学习任务

任务清单	1. 根据特定主题,完成旅游项目内容策划或创新设计 2. 设计特定主题或任务的旅游产品 3. 设计完整的旅游产品体系 4. 根据特定需求,设计旅游线路 5. 创新旅游商品策划

续表

项目流程	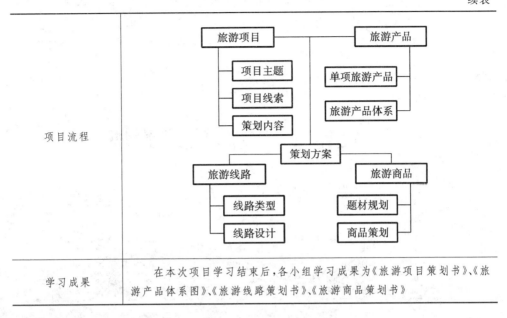
学习成果	在本次项目学习结束后,各小组学习成果为《旅游项目策划书》、《旅游产品体系图》、《旅游线路策划书》、《旅游商品策划书》

◆ 案例引导

主题旅游产品搅热冰雪季

冰雪景观与运动赛事、艺术活动有机融合,观光旅游与丰富体验深度结合。哈尔滨市旅游委根据市场多样化需求,精雕细刻产品品质,策划推出丰富多彩、主题设计个性鲜明的七大类主题产品。

【冰雪景观主题产品】深度改造升级"老字号",突出冰雪大世界、雪雕博览会、冰灯游园会等三大景区冰雪景观的艺术性、观赏性和震撼力。培育壮大"新字号",突出呼兰河口湿地公园、伏尔加庄园、万达城国际冰灯大世界等景区的参与性、娱乐性和观赏性。

【专业冰雪运动赛事主题产品】重点组织开展国际冬泳邀请赛、冰雪汽车挑战赛、冰球邀请赛、雪地足球邀请赛、青少年滑雪锦标赛和冰帆比赛等16项专业赛事活动。

【非专业的冰雪娱乐体验活动主题产品】推出金河湾冰雪梦幻乐园、长岭湖冬捕冰钓旅游节、极地馆冬季旅游活动以及通河民俗村美食节等44项活动。

【学生冰雪游主题产品】结合"百万青少年上冰雪"广泛开展对外联谊活动,加强针对学生的冰雪旅游活动组织。重点抓好达沃华裔青少年冬令营、中俄青少年舞蹈交流演出、全国青少年冰雪冬令营等13项活动。

【冰雪文化艺术活动主题产品】依托哈尔滨市浓厚的冰雪文化底蕴,开展各类冰雪艺术活动,主要包含专业及市民参与的冰雪雕赛事活动、冰雪文化艺术活动、冰雪时尚活动三大块共30项活动,满足广大市民游客的冰雪文化体验情怀。

【冰雪温泉旅游主题产品】提升服务,提升英杰寒地温泉、美丽岛、汤合宫、大顶子山温泉等休闲度假类产品知名度和影响力。

【冰雪狩猎主题产品】推动完善玉泉国际狩猎场的基础设施,丰富活动内容,将其打造成集狩猎旅游、生态旅游、民俗文化旅游于一体的综合性度假景区。

(资料来源:张焱.七大类主题旅游产品搅热冰雪季[N].哈尔滨日报,2017-12-06.)

任务1　旅游项目策划

知识目标
1. 旅游项目的概念内涵
2. 旅游项目的策划内容
3. 旅游项目的策划程序

技能目标
1. 构思旅游项目创意主题
2. 应用旅游项目策划方法
3. 形成旅游项目策划方案

一、旅游项目环境分析

旅游项目是在调查、分析和研究的基础上,运用智力为旅游地开发提出发展主题及整体运筹规划概念的过程。旅游项目是指借助于旅游资源的开发,以旅游者和旅游地居民为吸引对象,为其提供休闲消遣服务的旅游吸引物。旅游项目可大可小,一个景点可以成为一个项目,一项旅游活动可以成为一个项目,一栋建筑可以成为一个项目,旅游目的地的一种美食甚至一个景观带等都可以成为一个旅游项目。在正式开始旅游项目设计之前,首先要进行旅游资源、旅游市场、市场竞争态势等基础性分析。

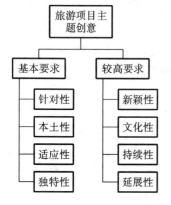

图8-1　旅游项目主题创意原则

二、旅游项目主题创意

旅游项目主题是指旅游项目的核心内容和基本思想,主题选择是对旅游项目核心内容和基本思想的确定。

(一)旅游项目主题选择的原则

旅游项目主题必须符合八个方面的要求,分别是针对性、本土性、适应性、独特性、新颖性、文化性、持续性和延展性(见图8-1),这些要求也就是策划者在进行主题构思时必须考虑的基本内容。

(二)旅游项目主题遴选的标准

遴选旅游项目主题时,可以考虑如下标准:身临其境、情感体验、寓教于乐、穿越时空、营造梦想,其具体含义如下。

1. 身临其境

体验的审美愉悦完全可以是自然的,也可以主要靠人工营造,如阿联酋迪拜海滨的棕榈岛海滩度假区。旅游项目主题应为游客创造一种身临其境的氛围。

2. 情感体验

具有诱惑力的主题必须调整人们的现实感受。旅游项目主题体验须提供或是强化人们所欠缺的现实感受。如雷峰塔可以为人提供感受经典爱情或是甜蜜气氛的体验。

3. 寓教于乐

旅游项目主题应该而且可能将娱乐和教育结合在一起,让教育的体验充满快乐。如在中国古代便有"游学"的说法,18世纪修学旅游是英国贵族的必修课,直到今天,修学旅游仍是受欢迎的产品。

4. 穿越时空

旅游项目的主题最好能够通过影响游客对空间、时间和事物的体验,彻底改变游客对现实的感觉。如美国的"荒野体验"融真(动物)、假(人造树林)、虚(电影特技)于一体,创造了"在广阔的户外漫步"的后现代旋律。

 创意旅游项目为景区植入灵魂

5. 营造梦想

每个人内心深处都有逃避现实的渴望。目前,逃避现实的体验主要来自对一些科幻式、冒险式电影和故事的模拟。例如欢乐谷的"美国西部淘金之旅"、加利福尼亚的荒野体验公园无不如此。

(三)项目创意的主要来源

一般而言,新的项目构思主要来源于以下几个方面。
(1)游客的需求和欲望是寻找新产品构思的起点。
(2)经营者能了解游客需求和产生革新设想,并拥有相关材料。
(3)从事设施生产和设计的部门,掌握资料,并具有创新能力。

(四)项目创意的思维方法

1. 头脑风暴法

在使用这种方法进行策划时,组织者要明确策划的主题,提供必要的相关信息,创造一个自由的空间,让各位专家充分表达自己的想法。头脑风暴法的最大特点在于能够在短时间内获取广泛的信息与创意,互相启发,集思广益。

2. 德尔菲法

运用这种方法时,要求专家具备与策划主题相关的专业知识,熟悉市场情况,精通策划的业务操作,专家的每轮意见,组织者需要对结果进行统计处理,直至得到比较统一的方案。

3. 智能放大法

对事物有全面和科学的认识,在此基础上对事物的发展做出夸张的设想,运用这种设想对具体的项目进行策划,这种策划方法容易形成公众舆论的焦点,进而提高知名度。

4. 逆向思维法

从事物的另一面去观察分析,通常能突破传统思维框架束缚,找到利用正向思维所不能发现的、全新的解决方案,是成功率较高的重要方法。逆向思维法通常要求策划者从游客和竞争者的角度去考虑项目的构思设计。

5. 移植策划法

将其他事物的特点和功能合理移植过来,达到创造的目的。一般分为创意移植法和项目移植法。但需注意项目移植法一般只适用于相互之间比较类似的地区,且风险较大。

6. 联想策划法

通过由此及彼的联想对旅游项目进行创新的方法。联想策划法的具体实施方法很多,最常用的有相关联系法、序列联系法和强制关联法。

7. 类比策划法

将两个思考对象进行比较,根据它们的某些相似特征,推断出它们可能具有的其他相似特征的策划方法,即从已知项目创造出未知项目的方法。

8. 优势组合法

将旅游项目的资源、市场、资本、管理、营销等各方面的优势科学合理地连接、组合在一起,使得策划最大限度地利用和发挥这些优势,构建新颖独特的项目。

9. 经验分析法

对旅游项目进行分析判断,将不切实际、不能满足人们需求的部分删除,找出符合实际的、与人们的需求相一致的、新颖的项目的策划方法。

三、旅游项目线索选择

项目主题确定之后,要选择一些线索进行支撑。主题与线索之间的关系如图 8-2 所示。一般而言,主题和线索的结合主要有三种方式,分别是链式结合法、支撑式结合法、集聚式结合法。

(一)链式结合法

很多旅游项目的主题是根据旅游资源特色提炼而成的,主题往往具有延展性,围绕主题的发挥又可以进行一系列的项目设计。在这种方式中,旅游项目设计分别从主题的形成

（上游）、展示、发挥（下游）等方面进行，形成上游项目、主题展示项目、下游项目（见图 8-3）。

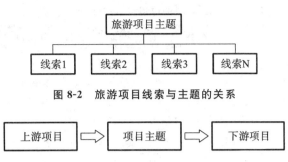

图 8-2　旅游项目线索与主题的关系

图 8-3　链式结合法示意图

（二）支撑式结合法

很多旅游项目主题是具有包容性的，其文化内涵非常丰富。要完整地展示项目主题，就必须从项目主题文化内涵的不同侧面进行项目设计，在这一方式中，从项目主题的不同侧面出发进行项目设计，形成了不同分项目（见图 8-4）。

图 8-4　支撑式结合法示意图

（三）集聚式结合法

一些旅游项目以叙事、描写为主题，对应的项目策划往往围绕模拟叙述的情景进行，力图通过景观塑造以及场所表演等各种手段，提供给旅游者一个梦幻般的环境。在这一方式下，旅游项目往往依据主题叙述的空间和时间的逻辑关系进行设计和布局（见图 8-5）。

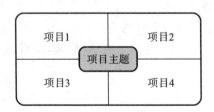

图 8-5　集聚式结合法示意图

四、旅游项目具体策划

一个典型的旅游项目须具备最基本的旅游吸引物、作为核心的旅游活动、作为支撑的旅游设施与旅游服务。因此，旅游项目可被视为吸引物（Attraction）——服务（Service）——设施（Installation）——活动（Activity）的综合体（简称 ASIA），这提供了一种方法。在实际操作中，具体的旅游项目策划可以从旅游吸引物、活动、设施、服务等方面进行。表 8-1 是应用这一方法的旅游项目策划实例。

表 8-1　ASIA 方法的应用实例：旅游观光茶园设计

序号	维　　度	具　体　设　计
1	旅游吸引物	茶山
2	旅游活动	游客接受短暂培训，了解采茶技巧与注意事项；亲自采茶，体验收获的乐趣（可组织茶歌对唱、采茶比赛）；参观茶叶加工车间，了解普洱茶制作流程；参与茶叶制作；欣赏茶道表演，品尝茶文化主题餐饮
3	旅游设施	竹篮、草帽；制茶作坊、茶室、茶餐厅；凉亭、旅游厕所等
4	旅游服务	示范讲解、安全提示、茶道表演、餐饮服务等

五、完成项目策划方案

（一）旅游项目名称

旅游项目名称是旅游项目策划的一个重要内容。旅游项目名称是连接旅游项目与旅游者的桥梁，在对旅游项目命名时要仔细揣摩旅游者的心态，力争通过一个有创意的名称，来吸引广大旅游者。

 　应用 ASIA 方法策划旅游项目，并完成旅游项目策划方案。

（二）旅游项目主题

项目主题是项目的灵魂，体现了旅游地和旅游企业的目标和特色。项目主题鲜明与否，影响着旅游地或旅游企业的吸引力和竞争力，决定着项目开发效果的好坏。项目主题策划则必须深入研究旅游地或旅游企业的发展目标、自身特色和优势，以及旅游者的需求特征和规律。只有这样，才能保证项目主题确切、新颖、鲜明、形象化，获得旅游者的好感，保证项目取得成功。

（三）旅游项目功能

旅游者所能直接体验的是旅游项目的功能，进而深层次体验旅游项目的性质与主题。在策划中，策划者应明确项目的主导功能是观光型、度假型项目，还是专项型、特殊型项目，或是复合型项目。

（四）旅游项目市场

项目市场策划，是策划者通过对与项目产品市场紧密相关的各种要素进行系统的分析、组合，对项目未来的市场和市场行为进行全方位的超前筹划。项目市场策划由市场机会策划和市场营销策划两部分组成。市场机会策划即是对项目市场机会的分析、识别、捕捉、创造,进而选择占领目标市场的投资策略谋划。市场营销策划是根据项目现有的优劣势状况和既定的项目总目标,制定出市场营销目标,并就实现目标的过程、对策及措施进行创造性筹划设计。

(五)旅游项目选址和规模

为了保证项目的落地性和可操作性,旅游项目应具有一定的空间特征,项目策划要明确给出每一个项目大致的地理位置和占地面积。此外,还要考虑旅游项目整体布局、建筑风格等。

(六)旅游项目融资

项目融资策划应根据项目的性质、规模,建立融资方案,对项目设立所需的资金数量进行估算,制订项目资金投入计划,设计合理的资金筹措渠道和方式,以保证项目资金按时、足额到位,使建设按照策划方案有序进行。

任务 2　旅游产品策划

知识目标
1. 旅游产品的类型
2. 旅游产品的层次
3. 旅游产品的组合

技能目标
1. 划分旅游产品类型
2. 策划单项旅游产品
3. 规划旅游产品体系

旅游产品是为满足旅游者旅游活动需求而提供的旅游服务的总称,旅游产品和旅游活动安排实际上体现了策划者的创意及构思意图,旅游规划与策划的核心是设计具有吸引力、竞争力和生命力的旅游产品,为旅游者创造满意的体验。一般而言,旅游产品策划包括单项旅游产品策划和旅游产品体系规划。旅游产品的体系规划需要建立在单项旅游产品策划的基础之上。

一、单项旅游产品策划

旅游产品策划是一项理性的思维活动,它基于详实的市场调查,始于创意形成,经过创意筛选、市场分析与定位、概念成型和市场可行性分析,为产品的后续开发或组合开发做好先导工作。

(一)创意形成

产品的策划始于创意形成,而创意的来源则往往需要通过系统的捕捉。为了得到源源不断的产品创意,作为一项系统的工作,必须选择几个好的创意源泉。

1. 旅游资源

旅游资源是旅游产品策划的原材料,是衡量旅游产品对旅游者吸引力大小的重要因素,较大程度地制约着旅游产品的功能和开发方向,是产品创意的重要前提与基础。在旅游产品的创意策划中,挖掘资源本身固有的特色十分重要,它使得旅游产品通过传承和彰显具有比较优势的资源属性,以获得市场的竞争优势。例如,峨眉天下秀、青城天下幽、华山天下险,这"秀"、"幽"、"险",既是它们的资源特色,也是它们的竞争优势,因而始终保持我国旅游名山的地位。

值得注意的是,旅游资源的特色是资源自身特有的属性,并不一定都能转化为产品,即使转化为产品,也不一定能得到市场认可。所以,产品创意还不能只是分析旅游资源的特色,还要根据市场需求、分布区位、可进入性、竞争状况等各个要素进行综合考虑,将这些特色与市场需求相匹配,形成市场卖点。

2. 旅游需求

游客的需求是最为直接的创意源泉,通过对旅游者的调查,可以了解旅游者的需求和欲望;通过分析旅游者的问题和投诉,可以发现既有产品存在的不足、未来新产品的开发方向。因此,可以通过观察或与旅游者直接交谈、向旅游者发放调查问卷来听取他们的意见和建议。旅游者常常会产生对旅游体验的期望,这些期望常常就包含着新产品的创意,发现这些创意,就可以把它们推向市场,并从中获利。

3. 竞争对手

所谓"知己知彼,百战不殆",只有充分了解行业供给信息,才能生产出别具特色的产品或新产品。通过购买或体验竞争对手的产品,借以了解其产品内容、质量水平和市场反应,以判断自己产品的竞争能力和市场地位,并决定是否要开发相似产品、开发新产品或改进老产品。因此,需要关注竞争对手的广告和其他渠道传出的竞争信息,这些都是获取产品创意的线索。当采用竞争对手的创意时,应该保证至少做得和竞争对手一样好,甚至比他们做得更好。

4. 内部来源

旅游企业可以通过正式的调查与分析过程来发现新的创意,一般而言,大部分的产品创意来自内部设计。一线服务人员和营销人员都是很好的创意来源,因为他们每天都与旅游者或旅行中介直接接触,非常清楚旅游者需求的变化。

5. 外部来源

分销商与市场联系紧密,能接触大量的旅游景区和客源市场,他们有许多可能引发创意的最新信息,对于景区而言,旅行社通常是获取竞争对手和客源市场信息最方便的渠道。此外,还应该保持与行业杂志、展销会、研讨会、政府机构、专业资讯机构、广告公司、营销调研机构、大学及科研机构等组织的接触,他们通常也会带来创意源泉。

(二)创意筛选

不是所有的创意都能转化为产品,也不是所有创意产品都能为旅游目的地带来经济效益,创意形成阶段的目的在于促进各种想法的大量涌现,而创意筛选却是要减少想法的数量,准确地抓住能转化为市场效益的好创意,尽可能剔除那些没用的,甚至可能给企业带来高风险的想法。

筛选创意需要一个合理的标准,需要对产品、目标市场、竞争状况分别进行分析,并对市场规模、产品价格、产品开发时间和成本以及回报率作一些粗略的估计。

在创意筛选阶段,应该仔细地审视一下产品线的关联性问题。在策划新产品时,一个常见的错误是策划了一个与目的地原有产品组合关联性不高的产品。为了加强策划中新产品与原有产品组合的关联性,我们需要考虑这项产品是否强化了景区与重要客源的联系、是否更有效地利用了现有资源、是否提高了现有产品组合的竞争力。

(三)市场分析与定位

大多数旅游产品的同质性或替代性较高。因此,在旅游产品策划过程中必须突出某些特点或属性,使其产品特征在目标细分市场的旅游者心中留下深刻的印象,并最终成为游客进行比较选择和做出购买决策的重要依据。值得注意的是,这些突出的特点或属性只是旅游者心目中的印象,而不是目的地对自己产品的标榜。在产品正式定位之前,首先要分析当前市场的供求关系,假如某一细分目标市场份额较大,但市场已经有了很多的产品供应者,因此开发同类产品并占据一席之地相对较难;而某些细分目标市场份额虽然较小,但可能一直没有相应的产品供应,说不定蕴含着较大的商机。其次,要分析该目标细分市场的需求特征,包括其旅游消费需求的频率、时空特征、饮食爱好、住宿习惯等,值得注意的是,之所以成为目标细分市场,必然拥有与其他细分市场不同的特征,这些特征才是最值得关注的。

只有充分了解并锁定了目标细分市场,并深入分析其市场供求关系及其需求特征,旅游产品才能被旅游者识别并认同,而具体市场定位的途径则有很多,旅游产品定位一般有六种可供选择的方法。

1. 根据产品自有特色进行定位

这是最为常见的一种定位方法,即根据自己产品的某种或几种优点,或者说根据目标游客所看中的某种或几种利益进行定位,例如,对于景区来说,这些优点或利益可以体现为资源优势,如独特的景观、珍贵的历史遗存、丰富的资源组合等;对于住宿设施来说,这些优点或利益可以体现为饭店的建筑风格、便利的交通服务,房间的装饰风格等,或者这些方面的任何组合。

2. 根据价格与质量之间的联系进行定位

采用这种方法进行产品定位,就是将产品价格作为反映其质量的标识。众所周知,价格的重要作用之一便是表征产品质量。产品性能越好,服务质量越佳,其价格也越高,例如,对于一个文化内涵突出、品牌影响巨大、服务设施俱佳的主题酒店来说,住宿价格定得高一些,会对游客起到一种知觉暗示,即他们在这里可以得到别样的乐趣。

3. 根据产品用途进行定位

企业根据产品的某种特别用途进行市场定位。例如,一个休闲农庄拥有各类动漫主题游乐设施,则可以把自己定位在适合开展亲子游活动的农庄型景区。

4. 根据产品使用者进行定位

通过营销努力,特别是通过公关活动,同某些社会阶层或社会名流建立起良好、紧密的顾客关系,则会为某些类型的消费者所关注,如在莎士比亚的故乡,莎士比亚剧场附近有一家餐馆,规模很小,服务方面也谈不上有什么令人称道之处,但由于和莎士比亚剧场的演员关系较好,这些演员经常光顾该餐馆,因此很多对莎剧特别是对其演员感兴趣的人也纷纷前来光顾,该餐馆因此成为前来此地观光的游客必去的地方之一。

5. 重新划分产品类别进行定位

通过变换自己产品类别的归属而进行定位,从而扩大或控制自己的目标市场范围。例如,有些度假酒店不将自己定位为酒店,而定位为温泉疗养中心等,从而吸引了大量前来疗养休闲的游客。同样值得注意的是,目前国内很多乡村旅游点纷纷开展创建 A 级旅游景区活动,目的就是使之进入大众旅游市场,以获取更稳定的客源。

6. 借助竞争对手进行定位

根据自身的发展目标与资源情况,通过对同类市场中的竞争对手进行分析,筛选出自己的"影子",并借助竞争对手的知名度来实现自己的定位。通常的做法是通过推出比较性广告,说明本产品与竞争性产品在某一个或某一些产品的相同之处,从而达到引起旅游者注意并在其心中形成印象的目的。例如,苏州乐园早期的形象宣传口号是"迪斯尼太远,去苏州乐园"。

(四)产品概念成型

产品概念是指产品创意的具体化,并用能被旅游者理解的术语来加以表述,旅游者要的并不是一个创意,也不在乎如何定位,而是需要实实在在的旅游体验。如何将创意转化为旅游者的体验?在前述创意筛选、市场分析与定位的基础上,需要把产品创意进一步具体化为产品概念。有了产品概念,产品的各方面就基本确定了,具体可以从"5W"着手。

1. Why(产品核心价值)

旅游者为什么要购买你的旅游产品,这是产品的核心价值。产品策划必须赋予产品明确的核心价值,其核心价值是根据旅游者的需求信息来提炼的。所以,在产品策划过程中,必须站在旅游者的角度来思考问题。

2. What(产品具体内容)

旅游者在消费旅游产品时,将获得何种具体的经历和体验,这就是产品的内容。它是一个非常重要的策划环节,成功的产品策划应该将产品的核心价值完整地传递给旅游者,使旅游者在经过精心策划的旅游经历中充分地体验到这一价值,从产品的功能角度而言,就要考虑旅游者在未来的体验过程中,具体需要哪些产品,比如吃什么、住什么、玩什么、购什么、乐什么,而这些内容都必须与产品的核心价值直接或间接相关。

3. Who(产品目标市场)

确定谁是产品的主要消费者,这些目标市场有什么特殊的旅游需求,而这些旅游需求应该是与产品的市场定位、核心价值相匹配的。

4. When(产品上市时间)

产品的上市时间主要有两点:一是产品在什么时间推出广告、上市销售,旅游者在什么时间购买,什么时间消费,如季节性旅游、假日旅游、淡季旅游、旺季旅游、周末旅游等;二是旅游者的购买频率和数量,即多久买一次、一次买多少等,如人们去热带海滨旅游的时间往往集中在冬季,并且以家庭出游和公司奖励旅游的方式居多。

5. Where(产品销售渠道)

确定旅游产品信息通过何种途径到达旅游者,通常需要回答以下几个问题,如是否通过旅行社销售?通过一家还是多家旅行社销售?这些旅行社需要在哪些细分市场具有优势?如果不通过旅行社销售,采用网络销售还是直接销售?

(五)市场可行性分析

1. 产品市场前景

产品市场前景包括产品市场的大小、打入市场的可能性、需求的持久性、仿制的困难性、此类产品的发展趋势等。

> **同步练习** 请以"丝绸"为主题,列举可供开发的旅游产品,并画出发散思维图。

2. 销售前景

销售前景包括产品的需求量和需求时间、产品的销售范围和目标市场,此类产品的销售数量和市场占有率、潜在旅游者数量及旅游者实际购买力、旅游者对新产品的要求和希望、季节变动对销售的影响、与景区现有产品的关系、产品的销售渠道等。

3. 竞争态势

竞争态势包括生产和销售类似产品的竞争者数量,各竞争对手的销售数量、产品系列、产品特点、产品差异程度、竞争策略、竞争变化情况、市场占有率、价格差,以及潜在竞争对手和他们加入该种新产品市场的可能性等。

4. 价格

价格包括竞争产品价格的变动情况,旅游者对此类产品价格的意见和要求,此类产品的价格弹性等。

二、旅游产品体系规划

旅游产品体系是指旅游地根据市场需要而供给的旅游产品组合,在旅游规划与策划中,通常需要对该区域的旅游产品类型体系、等级体系、产品组合、分期建设进行规划。

(一)旅游产品类型体系规划

旅游产品类型体系规划即对某区域可以开发的旅游产品种类进行规划,共同组成类型多样、功能完善的旅游产品体系。同时,各类旅游产品又可分成各种细分类别,细分类别旅游产品的设计理念就是以细分类别作为脉络,将同一类别的景点串联起来,形成整体观光产品。梳理旅游产品类型是做好旅游产品规划与策划工作的基础和前提,分类标准不用,旅游产品的类型各异,以下介绍一些在旅游规划与策划中具有实际意义的旅游产品分类方案。

  进入21世纪以来,各种新型旅游产品不断涌现,是否意味着观光旅游产品已经没有市场了?为什么?

1. 按照旅游者参与程度划分

1)观光型旅游产品

观光型旅游产品是旅游业发展初期成长起来的一种产品,也是一种最为常见的旅游产品,旅游方式以参观为主,旅游者在游览过程中是被动地"饱眼福",旅游者对经营者提供的旅游产品没有更多个性化需求。旅游的目的主要是观景,旅游的对象主要是旅游目的地中知名度较高的自然或文化景观。旅游者消费这些旅游产品时的共同特征是"走马观花",旅游活动中参与性的内容较少。

2)主题型旅游产品

主题型旅游产品的旅游方式仍然带有较多的参观成分,但参观的内容和范畴与观光旅游产品相比已经有所区别。旅游者仍然倾向于到旅游目的地级别较高的景点和景区旅游,但这些景点和景区之间存在某些自然、历史、文化或其他方面的联系,如"生态旅游"、"丝路旅游"和"三国旅游"等。旅游者的旅游目的有了明确的指向性,不再是泛泛地满足一般的好奇心,旅游方式已经由"参观"过渡到"参与"。

3)参与型旅游产品

此类旅游产品是要尽量调动旅游者的积极性,使旅游方式由被动地接受转为主动地参与。在旅游产品生产和消费的过程中,旅游者同旅游经营者以及旅游目的地居民之间的关系是互动的。旅游者通过身心的调动得到愉悦的感受,参与活动的兴趣被激发出来;旅游经营者和当地居民在轻松融洽的气氛中提供服务,服务的质量更有保障,例如"乡村旅游"、"烹饪旅游"和"火把节"。这一类型的旅游产品,对旅游目的地及其旅游景区的知名度没有很高的要求,旅游产品组合的关键在于必要的旅游设施、特定的主题和必要的行为示范。

4)体验型旅游产品

旅游者对于这类旅游产品的选择和购买具有强烈的主观意愿且较少受到外界的干扰。在旅游活动过程中,旅游者全身心投入,对旅游产品的价值和使用价值体验深刻,并能从中得到满足。这一产品类型的旅游者通常愿意花较多的钱去购买产品,进行专业化组合是旅游产品获得成功的重要手段。随着人们旅游需求的日渐多元化和细分化,体验型旅游产品会被越来越多的旅游者认可和接受,因此,体验型旅游产品可以挖掘的市场空间还会更大。

2. 按旅游产品功能层次分类

这种分类可分为基础型旅游产品、提高型旅游产品和发展型旅游产品,这三个层次内部存在递进关系。该分类主要从客源面大小、游客花费、游客旅游天数多少、游客参与程度、游客得益程度来划分。

1）基础型旅游产品

泛指观光游览型旅游产品，这类产品游客参与程度不高，但客源层宽，可适应不同类别的旅游者。

2）提高型旅游产品

相对于观光游览型产品，该类产品游客参与程度提高，花费的费用、时间增加，客源层变窄，可适应部分类别旅游者，如休闲旅游、度假旅游等。

3）发展型旅游产品

相对于观光游览与休闲度假型旅游产品而言，该类产品游客参与程度最高，花费的费用、时间也增加，但客源层也变窄，可适应部分专门类别旅游者，如探险旅游、修学旅游、文化体验旅游、SPA旅游等。

3. 按照旅游产品的时代特征分类

按照旅游产品发展历程把旅游产品划分为传统旅游产品和新兴旅游产品。传统旅游产品主要是指那些历史较为悠久，为人们所熟知的旅游产品（见表8-2）；新兴旅游产品是随着现代旅游活动的开展，为了满足现代旅游者需要而新出现的旅游产品，它是相对于传统的旅游产品而言的，类型众多（见表8-3）。

表8-2 传统旅游产品的类型

大类名称	细类名称
传统的观光旅游产品	自然风光观光产品、城市风光观光游憩产品、名胜古迹观光产品
升级的观光旅游产品	微缩景观、外国村、外国城、仿古村、时代村、主题公园、野生动物国、水族馆、城市旅游、都市旅游
文化旅游产品	文化旅游、遗产旅游、博物馆、美术馆、艺术欣赏旅游、民俗旅游与民族风情游、怀旧旅游、历史人物遗迹旅游、祭祖旅游、宗教旅游、文学旅游
商务旅游产品	商务旅游、会议旅游、奖励旅游、大型活动与节事旅游、购物旅游
度假旅游产品	海滨度假、山地度假、温泉度假、乡村旅游、度假村和旅游度假区、环城游憩、野营旅游
社会旅游产品	社会旅游

表8-3 新兴旅游产品的类型

大类名称	细类名称
军体健康旅游产品	体育旅游、高尔夫旅游、体育观战旅游、滑雪旅游、漂流、自驾车旅游、军事旅游、医疗保健旅游、疗养保健旅游
业务旅游产品	修学旅游、教育旅游、校园旅游、工业旅游、观光农业和农业旅游、科学考察旅游与地质旅游
享受旅游产品	豪华列车旅游、豪华游轮旅游、美食旅游
刺激旅游产品	探险旅游、赛车旅游、秘境旅游、海岛和海底旅游、沙漠旅游、斗兽旅游、狩猎旅游
替代性旅游产品	冒险旅游、自然旅游、生态旅游、科学旅游、社区旅游

4. 按照旅游产品要素划分

1) 旅游餐饮产品

旅游餐饮产品有两个层次的功能：首先是为了满足旅途中的基本生理需要；其次还包含品尝异国他乡的风味美食，体验不同地区、不同民族的饮食文化差异的需要。在策划旅游餐饮产品时，应当注重地方特色饮食文化的开发，使其对旅游者产生文化吸引力。

2) 旅游住宿产品

旅游住宿产品主要是为了满足旅游者休息、恢复体力等基本生理需要，但在现代旅游活动中，住宿设施在满足旅游者基本生理需要之外，还设有购物、康体、娱乐等丰富多样的服务项目，以满足旅游者精神享受的需要，特别是在度假旅游中，度假酒店通常是旅游者活动的中心点，它通常向旅游者提供多种选择的综合性旅游产品，一些著名的度假酒店本身就是一个独立的旅游吸引物，如迪拜的帆船酒店。

3) 旅游交通产品

旅游交通产品能为旅游者提供由常驻地到旅游目的地的往返服务及在旅游区内的往返服务，其核心功能是帮助旅游者实现空间位移，旅游者购买旅游交通产品，是购买了从一地安全地到达另一地的交通服务，而不是交通工具本身，旅游交通部门在旅途过程中为旅游者提供的特殊体验也构成了旅游交通产品的一部分。一个国家或地区的旅游交通产品越丰富越优良，就越有利于旅游业的发展。事实上，随着旅游者消费观念的转变，旅游交通工具以及道路交通设施亦逐步成为新型的旅游吸引物，如徐霞客古道。

> **同步思考**　共享单车服务已经成为到访游客解决内部交通的重要方式，也成为一种重要的旅游产品，该措施对地方旅游经济发展有何作用？

4) 旅游游览产品

旅游游览产品主要指旅游吸引物，游览观光是旅游活动的核心内容和主要目的，游览观光的对象就是各种旅游吸引物。旅游者的兴趣爱好多种多样，其旅游动机也各不相同，单一的旅游资源、单调的游览产品难以满足旅游者的多层次需求。因此，多元化进行旅游资源的开发和旅游景点的建设是一种趋势，主要表现在三个方面：一是强调自然资源、人文资源的综合开发；二是强调相关互补的旅游景点组合；三是注重旅游资源的创新性开发。

5) 旅游购物产品

旅游购物产品是指旅游者在旅游活动中所购买的对旅游者具有实用性、纪念性、礼品性的各种物质形态的旅游商品，旅游者到达旅游目的地后大都要购买一些旅游纪念品、工艺美术品、土特产品及生活用品。这些商品大部分在旅游结束后留作纪念、陈列、使用，或作为馈赠亲友的礼品，具有某种纪念意义，旅游购物产品从某种意义上是旅游活动的延伸。

同步阅读　《宋城千古情》：旅游演艺的成功案例

6）旅游娱乐产品

旅游娱乐产品是指满足旅游者在旅游活动过程中娱乐需要的产品。旅游者在旅途中，特别是晚间，需要通过娱乐来放松精神，加深旅游者之间的交流。因此，旅游娱乐产品成为大多数旅游者的一种基本需要。娱乐产品的体验化、多样化、新颖化、趣味化和知识化，可以充实旅游产品的内涵，从而更广泛地吸引具有各种爱好的旅游者，为旅游目的地增加旅游效益。

（二）旅游产品等级体系规划

旅游产品的等级体系（见图8-6）指旅游产品在其形体结构上是否形成了品牌产品、重要产品和配套产品的布局。品牌产品是旅游地的导向性产品，竞争力强，能够展现和强化旅游地形象。重要产品是整个产品布局体系的支撑，是旅游地产品的主力。配套产品可以丰富产品结构，满足小尺度客源市场和低消费市场群体的需要。

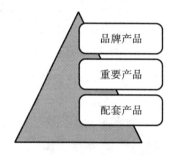

图8-6　旅游产品等级体系

（三）旅游产品组合规划

旅游产品组合，指旅游目的地全部产品线和产品结构。产品组合有一定的长度、宽度、深度和关联度。旅游产品组合的长度是指一个旅游地的产品组合中所包含的产品项目的总数；旅游产品组合的宽度是指一个旅游地有多少旅游产品大类；旅游产品组合的深度则是指某条具体产品线中的每个产品项所包含的子项目的数量；旅游产品组合的关联性指一个旅游地的各个产品大类在资源条件、目标市场、销售渠道等方面的密切相关度。旅游产品组合的宽度、广度、深度和关联度在营销战略上具有重要意义。

1. 旅游产品组合类型选择

从旅游目的地面向的客源市场和旅游产品种类来看，可以把旅游产品组合分为四种类型。

　　请列举你所熟悉的多市场多产品线型、单一市场多产品线型、多市场单一产品线型、单一市场单一产品线型旅游景区或旅游目的地，并分析原因。

1）多市场多产品线型

这种类型的产品组合是指旅游目的地同时面对多个不同市场，经营多种产品线，又称为全面型（见图8-7），例如，景区可以同时面向学生市场、白领上班族市场、银发市场开展农耕体验产品、休闲养生产品和养老旅游产品等产品线。

2）单一市场多产品线型

旅游目的地向某一个特定的市场提供多种产品线，如针对探险旅游这一特定市场，推出各种价位、各种类型、各种体验时长的旅游产品，采用这种产品组合的可以集中精力在特定的目标市场上,研究其特点,有针对性地采取营销策略,但缺点在于市场的规模有限,并且容易受到客观因素的影响,风险较大。图 8-8 所示为单一市场多产品线型。

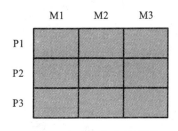

图 8-7　多市场多产品线型

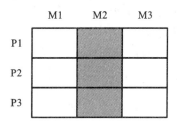

图 8-8　单一市场多产品线型

3)多市场单一产品线型

这一类型的产品组合只设计特定的旅游产品,但却面向很多市场(见图 8-9)。例如,某山水类的景区面向不同客源市场只推出山水观光产品。经营这种产品组合的容易进行管理、树立品牌、推出专业化的旅游产品,但缺点是由于产品类型的单一而导致经营的风险加大。

4)单一市场单一产品线型

该类型指为某一特定的市场生产特定的产品,并不是只为一个市场生产一种产品,还可能为另一个特定市场生产另一种特定的产品(见图 8-10)。经营这种产品组合有利于在不同的市场上生产适销对路的产品,扩大销售,减少风险,但缺点是经营管理的成本较高。

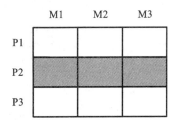

图 8-9　多市场单一产品线型

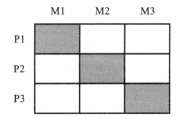

图 8-10　单一市场单一产品线型

2. 旅游产品组合策略选择

旅游需求在不断变化,旅游目的地选择了某种产品组合类型后,还必须根据市场需求的变化、自身实力和资源条件的发展来调整产品组合,寻找最有利的市场契机,旅游产品组合策略就是动态调整产品组合的路径。

1)产品线扩展策略

超出其现有的产品经营范围而增加同一产品线上产品项目的数量叫作产品线扩展,主要包括向上扩展、向下扩展和双向扩展。

产品线的向上扩展是指提高产品的档次,对初级产品进行优化提升,面向高端市场;产品线向下扩展是指加大初级产品的投入,主要投入低端市场;定位于中端市场的目的地决定向低档和高档市场扩展其产品线叫产品线的双向扩展。

2)产品线填补策略

产品线填补策略是指在其现有的产品线范围内增加一些产品项目,其目的主要是充分利用剩余资源,满足消费者的不同需求,填补市场的空白,以防竞争者的侵入。采用这种策略时应注意使每个产品具备显著的差异,避免自己的新旧产品互相竞争。

3)产品线削减策略

由于旅游产品销售具有比其他产品更强的季节性和易波动性,旺季时采用的旅游产品组合到了淡季往往会出现利润低甚至亏损的现象。及时削减和调整这些产品组合,把资源更多地用到利润高的产品上,有利于提高利润。当旅游旺季到来时,也应该及时调整产品组合,延长产品线以抓住市场需求扩大带来的市场机会。

(四)旅游产品分期规划

旅游产品在设计上要安排好旅游产品开发的阶段性,旅游产品一般也分为近期产品、中期产品和远期产品,三期产品在内容上要近详远略、依次推进。

1. 近期旅游产品的设计

五年之内主要开发的旅游产品一般确定为近期旅游产品。目前已经非常成熟、开发基础雄厚;有一定知名度、占有一定市场份额且具有开发空间的旅游产品可以确定为近期旅游产品。对近期旅游产品的设计要求是一定要详细,从产品的确定、产品的主攻方向,到具体开发措施,都要一一给予规划,以便有的放矢、循序渐进地进行开发。

2. 中期旅游产品的设计

中期旅游产品指的是未来十年主要开发的产品。要在开放程度日益提高、交通条件越来越便利、基础设施日臻完善、旅游产业规模逐渐壮大的情况下,开发好的旅游产品。

3. 远期旅游产品的设计

经过近期、中期的发展之后,规划区的旅游产业基础逐渐夯实,市场已经拓展开,远期旅游产品的任务是增强旅游产品的影响,提升产品档次,并进一步提高整体旅游形象。

任务 3 旅游线路策划

知识目标
1. 旅游线路的类型
2. 旅游线路设计的原则

技能目标
1. 创意旅游线路主题
2. 规划旅游线路设计

一、明确旅游线路的定位和类型

旅游线路是旅游规划者以旅游交通线将一定区域内的旅游景点、旅游设施、旅游活动项目、旅游服务等因素串联起来的方便旅游者游览的空间组合形态。

线路定位要考虑旅游者不同年龄、职业、教育水平、经济收入以及喜好的差异,设计不同类型的线路。以上海世博会的线路为例,有定位于体验中国传统养生学的"中医保健养生之旅",有定位于感觉都市新贵休闲项目的"击剑潜水之旅",有定位于感受京杭运河及其运河两岸文化的"运河之旅",还有定位于品民风民情的"走进世博人家"之旅。

一般来说,旅游线路的类型划分可以按照空间跨度、线路属性、功能目的、时间长短四种形式来划分。

(一) 按空间跨度分类

1. 大、中尺度的旅游线路

大、中尺度的旅游线路即联系客源地和一系列旅游地的旅游路径,它包括了旅游产品所有组成要素的有机组合与衔接。大、中尺度旅游线路往往是以城市和旅游区位线路上的节点,以航空线、铁路线、公路线、水路线串联,涉及的空间范围较大,如中国东线:北京(入境)—南京—江苏—上海—杭州—广州(出境)。

2. 小尺度的旅游线路

小尺度的旅游线路即旅游景区内联系各个景点的旅游线路。小尺度旅游线路多指旅游景区或城市内的旅游线路,以游道、街道串联若干景点的空间组合,涉及的空间范围较小。旅游区规划中的区内旅游线路多为此类。

(二) 按线路属性分类

1. 周游型线路

周游型线路即观光游览型旅游线路,以交通线串联若干旅游城市和景区,旅游者以观赏自然和人文景观为主。因此,同一位游客重复利用同一线路的可能性小。例如,四川省九环线,九环线(九环线是成都到九寨沟环线的简称)是四川一条重要的旅游干线,贯穿四川的部分精品旅游景区,是乘坐汽车从成都到九寨沟的必经线。九环线呈现环状,全长913千米,起点是成都,终点是九寨沟,分东线和西线。九环线以九寨沟与成都为对称轴。从成都、都江堰、汶川、茂县、松潘到九寨沟为西半环,成都、德阳、绵阳、北川、平武为东半环。该线路涵盖了都江堰、四姑娘山、牟尼沟、黄龙、九寨沟及东环上的王朗国家级自然保护区、绵阳科技城、北川新县城、安县罗浮山温泉、江油李白故里、广汉三星堆等旅游景点。

2. 逗留型线路

往往以交通线将常住地和目的地串联起来,目的地单一,旅游者在目的地时间较长,多属于度假性质。因此,同一游客重复利用同一线路的可能性较大。

(三) 按功能目的分类

依据该线路为旅游者提供的功能划分,可分为观光型、休闲度假型、购物型、科考型、探险型、专题型旅游线路等。

(四) 按时间长短的分类

此类可分为一日游线路,针对本地市场,时间短,消费低;二日游线路针对周边市场,有过夜消费;三日游线路,针对中远程市场,时间较长,消费较高。

（五）按空间分布形态分类

此类可分为六种模式，即两点往返式、单通道式、环通道式、单枢纽式、多枢纽式、网络分布式。

1. 两点往返式旅游线路

两点分别是指旅游客源地和旅游目的地。这种旅游线路多为度假逗留型，也有部分属于观光型或事务型。如果在旅游区或旅游城市内，则表现为住地与景点之间的单线连接。图 8-11 所示为两点往返式旅游线路。

2. 单通道式旅游线路

以交通线串联若干的旅游城市或旅游景区，在旅游景区或旅游城市中，则以游道或街道串联若干景点，多属于周游型旅游线路，这类空间形态往往分布于狭长形的地域内，如长江三峡旅游线、旅游区内的峡谷、溶洞内的游览线路等。旅游活动完成后，旅游者要么走回头路，要么选择另外的交通方式直接从终点再回到起点。图 8-12 所示为单通道式旅游线路。

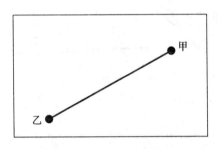

图 8-11　两点往返式旅游线路

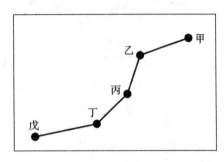

图 8-12　单通道式旅游线路

3. 环通道式旅游线路

属于环闭型旅游线路，从目的地出发，途径若干旅游城市、旅游景区，最后返回目的地。在旅游活动的过程中，旅游者不走回头路，接触的景点较多，是旅游者最乐于接受的旅游线路。图 8-13 所示为环通道式旅游线路。

4. 单枢纽式旅游线路

以某一旅游城市或旅游区内住宿地为旅游节点，其他所有旅游目的地都与之连接，形成一个放射系统，旅游者以旅游节点为中心向四周旅游景点作往返式的短途旅游大多为一日游。图 8-14 所示为单枢纽式旅游线路。

5. 多枢纽式旅游线路

以若干重要的旅游城市为旅游节点连接其他的旅游目的地，几个旅游节点之间有线路连接。该类线路一般运用于旅游大区，如"宁—沪—杭"旅游线路就有多个枢纽旅游城市。图 8-15 所示为多枢纽式旅游线路。

6. 网络分布式旅游线路

交通线将一定区域内的旅游城市、旅游景区全部覆盖，可供旅游者任意选取景点与道路。这类旅游线路形成的前提条件是拥有方便的交通系统。图 8-16 所示为网络分布式旅游线路。

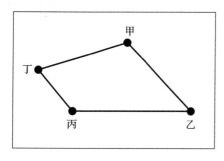

图 8-13　环通道式旅游线路

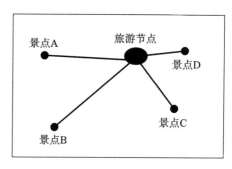

图 8-14　单枢纽式旅游线路

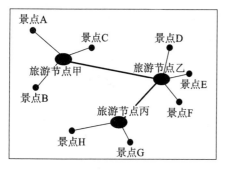

图 8-15　多枢纽式旅游线路

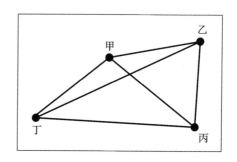

图 8-16　网络分布式旅游线路

（六）按旅游主题进行分类

该种线路具有吸引游客、个性鲜明的主题,主题贯穿旅游线路的始终,线路中几乎所有的景区都围绕这一主题来选择,通过参与旅游线路的活动,游客对主题能够有非常透彻的了解。如国家旅游局对外推出的"万里长城"、"丝绸之路"、"黄河文明"、"长江三峡"、"红军长征"、"香格里拉"、"青藏铁路"、"京杭大运河"、"松花江鸭绿江"等。甘孜州"十二五"旅游发展规划主题旅游线路有:圣洁甘衣山水文化精华游、情歌故乡浪漫游、贡嘎极高山群体验游、亚丁香格里拉生态游、康巴文化发祥地风情游、中国最美乡村休闲游、川藏线景观大道自驾游。

 洛阳休闲农业精品旅游线路

二、创新旅游线路的名称

旅游线路的名称从某种意义上反映旅游线路的性质、内容和设计的基本思路,旅游线路的名称应简短,不宜超过 10 个汉字;旅游线路的名称应当反映旅游线路的主题,让人一

目了然；此外，旅游线路的名称还应有新意，能产生一定的广告效应，使阅读者过目不忘。例如，中国香格里拉生态旅游区规划设计了六条主题线路：大好河山经典游、藏大走廊民俗游、藏传佛教朝圣游、茶马古道怀旧游、洛克考察寻访游、进藏路线探奇游。

三、选择旅游节点

旅游线路中的节点就是旅游景区、旅游城市，是构成旅游线路的主要组成部分，选择旅游线路节点的主要因素包括：旅游线路的主题、旅游线路的客源市场、旅游线路的交通通达状况、旅游线路的时间长短。

四、选择交通线路和方式

交通线路是旅游线路的具体表现形式，选择恰当的交通线路和方式是实现旅游线路各项目标的基础。选择交通线路和方式时既要考虑交通线路的现状，也要考虑缩短空间距离（选择空间距离最短的交通线路）和时间距离（使用最快捷的交通方式），应将二者兼顾。

五、选择住宿、餐饮、娱乐、购物

住宿、餐饮、娱乐、购物是旅游过程中的重要内容，是不可或缺的。旅游线路规划在选择这些旅游产品时应着重考虑以下因素。

（1）价格。根据旅游线路消费对象的经济承受能力进行选择，豪华旅游线路可选四星、五星级饭店住宿，选择高档的娱乐场所。

（2）方便性。这些旅游产品一定要在旅游线路的恰当位置，位于交通线附近。

（3）与旅游线路的主题相一致。住宿、餐饮、娱乐、购物可以强化旅游线路。

> **同步思考** 旅游线路中的购物点应该如何安排？

六、编排旅游线路

将选定的旅游节点、交通线路、食、住、娱、购产品进行恰当的编排和组合，形成旅游线路。编排旅游线路主要包括两方面的内容：一是空间顺序编排，将不同的旅游节点、旅游活动安排在旅游线路的恰当空间；二是时间顺序的编排，要在确定的整个旅游线路的总时间（即通常所说的几日游）的基础上细化，甚至要精确到以分钟为单位。当然，在时间编排上既要精确，也要有意识地留有一定的余地，方便旅游线路的实施。另外需要说明的是，涉及旅游线路定价的主要是旅行社推出的旅游线路，旅游规划编制者设计的区域旅游线路和旅游区内的游览线路一般不考虑定价问题。线路编排完成后，还需要进行多方案比选，对设计出来的多条旅游线路进行评估、比较，将符合要求的旅游线路选择出来，作为正式的旅游线路。最终确定的旅游线路,需要满足以下原则。

（一）效益原则

旅游线路作为旅游商品向社会推出,与其他商品一样,其设计的关键是适应市场需求,最大限度地满足旅游者的需要。旅游者对线路的基本要求是花最少的时间和费用获取最佳的旅游体验,所以游览时间的长短、游览项目的数量与质量、在途时间和花费的多少将影响游客对旅游线路的选择。同时,对旅游地和旅游经营者而言,还要以获取最大经济效益、社会效益和生态环境效益为原则。

（二）特色性原则

特色是旅游线路形成吸引力的关键性因素。由于旅游动机、旅游形式、旅游资源的属性各不相同,要求旅游线路设计突出特色,形成有别于其他线路的鲜明主题。旅游线路上的各个景区不仅要具有特色,而且所联结的景区要有群体规模,以显示其整体效果。

（三）热点、冷点兼顾原则

为了保持客源平衡,不能把所有的热点景区安排在同一旅游线路上,而应把热点、冷点有机地搭配起来组织旅游线路,这样既可使一贯客流量大、游客集中的旅游热点不致人满为患,也可使一贯游客少、旅游设施闲置的旅游冷点不致无人问津,以提高整体经济效益。

（四）不重复原则

旅游线路要尽可能设计成线状、环状和网状,避免迂回往返和不必要的重复,不走回头路。尤其在旅游者文化素质普遍提高、兴趣爱好多样,且自驾车者高速发展的当代,更应持这一原则。

（五）张弛有序原则

线路设计要张弛有序,节奏感强,注意安排好优质景点与一般景点的关系,要全面分析游客心理,注意将游客心理、兴致与景观特色分布结合起来,注意优质景点在线路上的分布与布局。

（六）安全性原则

旅游线路设计中要注意游客的安全因素,一方面要避免线路上游客拥挤、碰撞、线路阻塞,甚至造成事故;另一方面要避免线路通过气象灾害区、地质灾害区和人为灾害区,同时要注意在旅游线路上设置必要的安全保护措施。中国幅员辽阔,旅游资源丰富而又分散等特点,过去一直习惯于包价旅游有组织接待,以观光周游型旅游线路为主,面对旅游线路销售方式的多样化、线型的多样化和逗留型旅游线路增长迅速的国际旅游业发展趋势,旅游线路的组织必须根据市场的发展不断改进和更新。

任务 4　旅游商品策划

知识目标
1. 旅游商品的概念
2. 旅游商品的类型
3. 旅游商品的策划原则

技能目标
1. 筛选旅游商品题材
2. 形成旅游商品策划
3. 规划旅游商品管理

一、旅游商品现状分析

从旅游规划与策划的角度出发,旅游商品是指旅游目的地专营场所出售的,以外来者为主要目标客源的实物形态产品。旅游商品规划及策划之前,首先需要进行旅游商品现状分析,现状分析主要是对规划区域旅游商品的现状进行实地调查和分析。重点应对旅游商品的种类、生产情况、销售情况、与相邻旅游目的地旅游商品的对比、旅游商品的满意度等进行调查分析,找出规划区域旅游商品生产、销售中存在的突出问题。

二、旅游商品题材策划

旅游商品的题材应来自对规划区域的地方性分析,应与规划区域的自然景观、人文景观、历史文化、风土民情等紧密相关,应成为旅游目的地形象的传播媒介。例如,云南丽江的旅游商品以东巴文化为题材,开发出众多反映东巴文化的旅游商品,如服装、装饰品、日用品、工艺品等;奥地利以其历史上著名的音乐家莫扎特为题材,设计制作出众多的以莫扎特命名的旅游纪念品;法国巴黎以代表性景观埃菲尔铁塔为题材,制作出上百种旅游商品。总之,旅游商品的题材选择,一定要具有地方特色和文化内涵,成为当地的标志。在商品题材的选择中,以下要点需要注意。

(一)体现纪念性

旅游商品一般可以显示旅游目的地的某些特性,在时过境迁后能够引起旅游者的美好回忆,将游客的旅游经历物化。因此,纪念性越强的旅游商品,越能受到旅游者的青睐。

(二)体现民族性

以某一民族的历史、文化、风俗、风景名胜等作为题材,以其所在地特有的物产作为材料,利用本民族独特的传统工艺制作的旅游商品,往往能让旅游者喜欢。这类充满浓郁民族风情的旅游商品,在市场上具有强大的竞争力。例如,苗族的银制品,藏族的藏药、食品、饰品等。

（三）体现艺术性

旅游活动主要是满足人们的审美需要，作为旅游活动组成部分的购物品，只有具有较高的艺术价值，才能较好地满足人们的审美情趣，当然，不同人的审美观不一样，评判的标准不一样，这就要求制作旅游商品时要突出个性。

（四）体现市场性

旅游商品不仅类型广泛，而且旅游商品的生产主体较为广泛，既包括生产旅游商品的专门企业，也包括许多其他普通企业。然而旅游商品的服务对象单一，旅游商品主要出售给旅游者。因此，旅游商品在设计时需要研究旅游者的需求特点，满足市场潮流和趋势。

同步讨记 随着互联网时代的到来，游客随时随地能够买到世界各地的旅游纪念品或商品，那么旅游目的地还需要专门提供旅游商品吗？

（五）体现宣传性

旅游商品的宣传性是指以旅游纪念品为核心的旅游商品具有宣传旅游目的地、吸引更多潜在旅游者来访的功能。旅游商品具有的特色性往往能成为旅游目的地的象征，旅游者购买当地的旅游商品并将之带回常住地，在其与亲朋好友交流旅游经历时起到宣传旅游目的地的作用。

三、旅游商品类型策划

（一）按旅游商品的属性分类

1. 旅游工艺品

以特殊的工艺制作而成的具有收藏、纪念、馈赠、实用等价值的艺术品，表 8-4 所示为常见的工艺品类型。

表 8-4 常见的旅游工艺品

名　称	举　例
陶器	宜兴紫砂陶、洛阳唐三彩等
瓷器	景德镇瓷器、绍兴越瓷、耀州青瓷等
漆器	北京雕漆、福州脱胎漆器、扬州镶嵌漆器等
雕刻工艺品	玉雕、牙雕、石雕、木雕、贝雕、米雕、发雕等
丝织工艺品	三大名锦（北京云锦、四川蜀锦、苏州宋锦） 四大名绣（苏绣、湘绣、蜀绣、粤绣）等
金属工艺品	景泰蓝、珐琅、金银首饰、金银器皿等

续表

名　　称	举　　例
塑造工艺品	北京"面人"、天津"泥人张"等
编织工艺品	竹编、草编、藤编等
文物古董	出土文物复制品、碑帖、法律不禁止交易的古玩等
书画金石	书法、绘画、篆刻、拓片
文房四宝	湖笔、湘墨、宣纸、端砚等
民间剪纸	陕北安塞剪纸

2. 土特产品

旅游目的地特有的地方物产制品,如茶叶(西湖龙井、碧螺春、铁观音、普洱茶)、中药材(人参、虫草、鹿茸、阿胶、天麻、贝母等)、土产品(阳澄湖大闸蟹、金华火腿、南京板鸭等)。

(二)按旅游商品的主要用途分类

1. 旅游纪念品

旅游纪念品主要是指那些可以帮助旅游者回忆旅游经历,反映旅游目的地的旅游资源、风土民情、特殊物产等的旅游商品,如少数民族旅游区的服饰、上海东方明珠电视塔模型等。

2. 旅游馈赠品

旅游者在旅游目的地购买的,用以馈赠亲朋好友的旅游商品。一般应能展示旅游目的地的特性,同时应具有一定的经济价值和实用价值,如瑞士的手表、香港的珠宝等。

3. 旅游用品

旅游者在目的地购买的,在旅游过程中可以使用的物品,如旅游箱包、旅游鞋帽、登山器械、雨衣、太阳镜、摄影器材、防暑用品、防寒用品、帐篷等。

(三)按制作旅游商品的原材料分类

制作旅游商品的原材料可以分为天然材料和人工合成材料两大类。天然材料可以分为植物材料、动物材料、矿物材料等;植物材料可以分为木、竹、草、藤、树叶、树根等类型;矿物材料,如金、银、铁、铅、玉石等;动物材料的类型则十分复杂。随着科技的进步,利用人工合成材料制作旅游商品越来越多。

四、旅游商品策划成型

基于旅游商品特性的分析,在进行旅游商品规划及策划时,需要满足以下基本原则。

(一)市场导向原则

根据市场需要规划设计旅游商品,只有这样,规划设计出来的旅游商品才会得到旅游者的认可,才会产生经济效益和社会效益,因此,在旅游商品规划设计前期,必须要花大力气研究旅游者的购物动机和购物心理。一般而言,旅游者的购物动机有以下几个方面。

1. 纪念动机

购买旅游商品,主要是留作本次旅游的纪念,在若干年后,看到旅游商品就能回忆起这次旅游的经历。这类旅游商品在旅游者心目中与在旅途中拍的照片的作用相差不大,因此,应将反映旅游目的地景观特色、风土民情、历史文化等内容作为旅游商品的题材。

2. 馈赠动机

旅游者购买旅游商品主要是为了在返回常住地后将其作为礼品送给亲朋好友。

3. 新异动机

旅游商品主要是满足旅游者追新求异的心理需要。这类旅游商品在题材、制作工艺、造型上往往能出人意料,给人以新奇感。

4. 价值动机

价值动机主要是指旅游商品能保值、增值,旅游者在旅游目的地花较少的钱购买,日后才会产生增值效果。

5. 文化动机

旅游商品反映旅游目的地的文化,充当传播旅游目的地文化的载体。

6. 享受动机

部分旅游商品可以使旅游者更加舒适、方便,增添旅途的乐趣。

(二) 特色原则

特色是对旅游产品的基本要求,旅游商品也不例外。只有具有地方性、民族性的旅游商品,才会对旅游者产生吸引力,才具有纪念价值、馈赠价值。带有浓厚地域色彩的旅游商品往往能够以其特有的地域暗示,勾起旅游者对旅游经历的美好回忆而为广大旅游者所喜好。地域性的旅游商品往往具有地域垄断的特点,如果在该地区错过,再在别处购买就会比较困难,在旅游者特殊消费心理的作用下,旅游者一般对此类旅游商品情有独钟。因此,旅游商品的开发应充分挖掘地方特色,找出当地特有的物品或者某一元素开发成旅游商品,独树一帜。

(三) 就地取材原则

就地取材可以使旅游商品的成本低、地方特色突出。旅游商品设计、制作中的就地取材主要包括三个方面的内容:一是旅游商品的题材来自旅游目的地,如西安出售的兵马俑复制品,上海出售的东方明珠电视塔模型;二是原料来自旅游目的地,如云南大理生产出售的各种大理石工艺品;三是旅游商品的制作工艺来自旅游目的地,如贵州少数民族地区出售的各类蜡染工艺品。

(四) 创新原则

在旅游商品竞争日趋激烈的今天,旅游商品的规划设计必须贯彻创新原则,打破常规,打破惯常思维,规划设计出符合旅游者需要的旅游商品。旅游商品规划设计中的创新主要包括题材创新、制作材质创新、生产工艺创新、外形创新、包装创新、产品形式创新等。

（五）轻便原则

旅游商品一般应较为精巧和轻便，因为旅游者在旅途中不希望携带笨重的物件，体积大、重量重的旅游商品不适宜旅游者携带，会影响旅游者的购买积极性。比如，石类纪念品，许多旅游者常常想买又不敢买。

五、旅游商品管理规划

旅游商品管理规划包括旅游商品生产规划、旅游商品销售规划和行业管理规划等内容。

旅游商品的生产主要分为两类：一是采用传统的手工生产，其优点是艺术性强，工艺精良，生产出来的旅游商品具有较强的保值、增值性，但其产量有限，价格较高；二是工厂化生产，优点是产量大，产品质量、规格统一，可以极大地降低生产成本，但不适宜于制作传统工艺品。究竟采取何种模式进行旅游商品生产，在规划时应具体分析，根据所生产的旅游商品的特性来确定。

旅游商品销售事关其产生的经济效益和社会效益，必须进行总体规划。根据对现代旅游者购物心理的分析，旅游商品销售应采取开放式、参与式、互动式、组合式、捆绑式的销售方式，例如，根据市场调查，有超过50%的旅游者表示超市开架式的销售方式深得他们的喜欢。对于旅游城市，可以在恰当的位置规划旅游商品购物区或旅游商品购物街；对于重点旅游城镇，可以规划旅游购物一条街、专业性旅游商品市场；对于旅游景区（点），可以规划旅游商品销售区。对于那些以购物为主要内容的古城、古镇，可将旅游商品的生产与销售相结合，与古城镇风貌的恢复相结合，形成"前店后厂"模式。

旅游商品管理的核心是行业管理。旅游商品的主管部门应编制旅游商品规划，提供旅游商品信息，指导旅游商品的设计、生产、销售；加快旅游商品研发的人才培养，确保有一支专业的旅游商品设计、生产和销售的人才队伍；成立相关行业组织，对旅游商品的生产和销售进行管理和监督。此外，旅游商品主管部门还应对旅游商品的质量进行实时监控、检查，确保旅游商品质量，树立良好的形象；要加大对旅游商品设计、生产、销售的扶持力度，出台优惠政策，适当减免税收，使旅游目的地的旅游商品健康发展。

本章小结

旅游项目是在调查、分析和研究的基础上，运用智力为旅游地开发提出发展主题及整体运筹规划概念的过程。

旅游产品体系是指旅游地根据市场需要而供给的旅游产品组合，在旅游规划与策划中，通常需要对该区域的旅游产品类型体系、等级体系、产品组合、分期建设进行规划。

旅游线路是旅游规划者以旅游交通线将一定区域内的旅游景点、旅游设施、旅游活动项目、旅游服务等因素串联起来的方便旅游者游览的空间组合形态。

旅游商品题材的选择要体现纪念性、民族性、艺术性、市场性和宣传性。旅游商品策划遵循市场导向原则、特色原则、就地取材原则、创新原则和轻便原则。

关键概念

旅游项目　单项旅游产品　旅游产品体系　旅游线路　旅游商品

复习思考

1. 复习题

（1）总结旅游项目主题创意的方法。
（2）举例说明旅游产品设计的程序。
（3）举例说明旅游设计的原则。
（4）简述旅游商品规划的原则。

2. 实作题

（1）××旅游区旅游产品策划。

要求包含以下内容：

①产品现状分析。
②产品策划思路。
③产品体系设计。

（2）××旅游区旅游线路设计。

要求包含以下内容：

①规划区域简介。
②设计多条区域旅游线路。
③设计多条旅游区内部游览线路。
④对每条线路设计中贯穿的原则和注意事项进行简要的文字说明。
⑤绘制出设计的旅游线路图（可以为示意图）。

（3）××旅游区旅游商品规划。

要求包含以下内容：

①规划区旅游商品现状调查与分析。
②旅游商品题材规划。
③旅游商品生产规划。
④旅游商品销售规划。
⑤旅游商品管理规划。

拓展案例

看故宫怎样开发文创产品

久居深宫的后宫娘娘戴上了VR眼镜，高冷的皇帝成为游戏主角，"朕就是这样的汉子"成为网络金句……近几年来，故宫开始变得"萌萌哒"，其一贯高冷而神秘的形象也通过一个又一个的卖萌瞬间变得温情起来。当故宫决心放下身段,赢得的不仅是文创产品1年卖出10个亿的财富,还有外界对其开放、创新的由衷点赞。

"故宫,本身是一个世界级的超级IP"

某段时间,腾讯与故宫博物院合作的消息刷爆了朋友圈。雍正三千佳丽的微信聊天截图,认真玩"天天爱消除"游戏的宫女,戴上VR眼镜与虚拟皇帝见面以解相思之苦的后宫娘娘萌化了网友的心。

故宫又一次与互联网公司发生亲密接触。故宫博物院将开放一系列经典IP,与"NEXT IDEA 腾讯创新大赛"的两项赛事"表情设计"和"游戏创意"展开合作,故宫此次开放的IP包括经典藏品《雍亲王题书堂深居图屏》(又称胤禛十二美人图)、《韩熙载夜宴图》(局部)、《海错图》(节选)、明朝皇帝画像,以及故宫数字文创《皇帝的一天》App、《故宫大冒险》动态漫画中的卡通形象等。

"故宫,本身就是一个世界级的超级IP。特别是这几年的变化很大、思路很新。通过各种周边创意产品,借助移动互联网,故宫已经迅速地吸引了新一代的年轻粉丝。"北京故宫文物保护基金会的创始理事、腾讯公司董事会主席兼首席执行官马化腾表示,社交平台可以活化传统文化。

"除了萌,还有雅"

早在与腾讯合作前,故宫在淘宝开网店售卖的文创产品就已成为"爆款"。朝珠当耳机、顶戴花翎成了防晒伞、"朕就是这样的汉子"折扇、"格格钓金龟婿"书签、"雍正御批"胶带等一系列"萌系"文创类产品迅速蹿红,成为年轻人喜欢的"潮物"。

2015年8月,故宫淘宝在网上促销,第一个小时,1500个手机座宣布售罄,一天内成交1.6万单。截至2015年12月,故宫博物院共计研发文创产品8683种,包括服饰、陶器、瓷器、书画等系列,产品涉及首饰、钥匙扣、雨伞、箱包、领带等。故宫的文创产品营业额超10亿元。这里的10亿元并非只是故宫的萌娃娃产品销售收益,故宫的文创产品还包含旅游纪念品,故宫出版社出版的图书码洋,通过授权的方式与众多企业合作的流水及数字故宫团队研发的产品等。

"对于以故宫为代表的传统文化的需求,我们希望更精准。"故宫博物院副院长冯乃恩表示,"萌"只是众多文创产品中一个小的系列,八成以上产品是根植于厚重的文化内涵,在微故宫微店里售卖的文创产品基本属于比较高雅的系列。"文创产品这块其实是利用'萌'系列,先把受众吸引到故宫周边来。你只有对故宫感兴趣了,才会有兴趣了解故宫其他周边的产品,发现还有雅的产品,甚至是酷的产品。通过这种温馨的、贴近百姓的方式,把故宫文化更广泛地传播。"

"新时代下传统文化的闪光"

对"卖萌"这事,故宫是相当认真的。刘松林透露,故宫的每款文创产品,研发周期都在8个月左右,从创意到产品,每个环节都严格把控。

"有时观众开玩笑说,故宫越来越火了,像个网红。我觉得,这是我们和观众共同努力的结果,是大家共同碰撞产生的一种新时代下传统文化的闪光。"故宫博物院资料信息部副主任苏怡表示,故宫团队这些年尝试通过最新的数字技术,通过互联网来对古建筑和藏品进行诠释,希望能拉近与观众的距离,消除敬畏感和距离感。"我们觉得,博物馆不应该冷酷,不该把过去的文物冷冻在这里,把知识冷冻在这个时刻。否则,文化就会变得固化甚至僵化了。"

（资料来源：搜狐网,http://www.sohu.com/a/125440778_558429.）

思考：

故宫文创产品的创意策划体现在哪些方面？你认为其成功的关键因素是什么？

项目 9
旅游形象与营销策划

◆ 项目目标

所谓旅游形象是在旅游规划与开发中,借助旅游目的地的景观、环境氛围、服务展示、公关活动、信息传递等要素在旅游者心目中形成的综合感知形象。旅游主题形象是旅游者认知旅游地的重要途径,是旅游者选择旅游地的决策因素之一。借助此形象定位,旅游地在旅游市场中便拥有了明确的立足点和独特的销售优势。

旅游区的营销策划围绕着旅游区的主题形象定位展开,是旅游区实现赢利目标的重要前提。旅游区的营销策划在旅游规划与开发过程中主要关注和解决以下三个方面的内容,即目标市场的选择、营销渠道的设计以及营销战略的策划。

◆ 学习目标

旅游区的主题形象建立在旅游区资源赋存的基础上。在充分认识到旅游区的独特的资源优势的前提下,旅游区的主题形象策划和营销策划便有了立足之本。本项目以老师指导为主,学生参与活动为辅,由小组合作完成学习任务。

本项目分为三个学习任务,分别为旅游区形象定位、旅游区形象塑造、旅游区营销推广策划。

通过本项目学习,并结合理论课程的学习,学生应该掌握形象定位的步骤,掌握形象塑造的方法,熟练应用设计旅游主题形象的工具,并能在市场细分的基础上自主选择目标市场,设计营销渠道,最终完成旅游区的营销策划方案。

◆ 学习任务

任务清单	1. 调查旅游区的资源状况,提炼其资源特色 2. 在资源调查的基础上,确定其形象定位 3. 设计旅游区的主题形象 4. 选择旅游区的目标市场 5. 针对旅游区的实际情况设计营销渠道 6. 节庆及公关活动的策划 7. 旅游区营销策略的选择

续表

项目流程	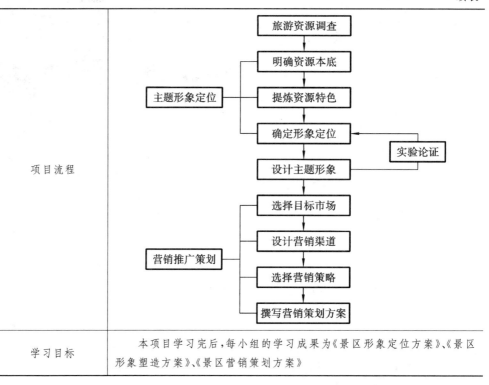
学习目标	本项目学习完后,每小组的学习成果为《景区形象定位方案》、《景区形象塑造方案》、《景区营销策划方案》

◆ 案例引导

山东蓬莱——从"人间仙境"到"东方神话城"

素以"人间仙境"为旅游品牌形象不断开拓旅游市场的山东蓬莱,多年来以其独特的历史文化,每年都吸引着200多万国内外游客前来观光旅游。为使这座著名的中国优秀旅游城市更好地走向国际市场。2005年,这座城市将其品牌形象定位于"东方神话城"。

为进一步开拓国际市场,让外国人能更加深刻地了解、接受蓬莱的历史文化,近年来,蓬莱旅游部门的领导多次赴欧洲、美国、日本、韩国等地进行考察,并邀请国内外专家、学者进行科学的论证,对蓬莱独有的旅游资源进行深度的挖掘,将"蓬莱神山"同古希腊神话中的奥林匹斯圣山相媲美,将蓬莱阁同古埃及菲莱神庙相联系,将八仙过海神话传说赋予东方神话的魅力,并分别用英语、法语、德语翻译制作了具有东方特色的旅游宣传品,让东西方文化产生共鸣,吸引更多的国外游客到蓬莱观光旅游。蓬莱市还将"东方神话城"作为蓬莱在国际市场上的品牌形象进行推广。

蓬莱不仅仅是一座"东方神话城",还是一座美丽的"现代和平城",自2000年起,已成功举办了五届中国蓬莱"和平颂"国际青少年文化艺术节,吸引了120多个国家和地区的10多万青少年参加,被联合国教科文组织称为人类迄今为止,呼唤和平较大规模的集会之一。如今,这座古老的"东方神话城"已经成为世界人民迎接和平女神的地方。

任务 1　旅游形象定位

知识目标
1. 资源本底的内涵
2. 主题形象定位的策略

技能目标
1. 提炼旅游地资源特色
2. 确定旅游地形象定位

一、明确资源本底

旅游主题形象是一个多因素、多层次的系统，它可分为总指标层、次指标层、子指标层、组类指标层、基础指标层和原始指标层六个层次的因素组成。从指标层来看，旅游主体形象与历史形象、现实形象以及未来的发展形象有关。大多数情况下，旅游地的历史形象与现实形象有一定的差异。

同步练习　福州市旅游发展总体规划中的本底形象分析

通常情况下，对旅游地历史要素进行分析得出的结果被称为本底形象，即旅游地在自身发展中所形成的最根本的形象特征。对旅游地现实形象进行分析时，往往采用游客调查和访谈的形式。对现实旅游形象研究的结果被称为感知形象。对旅游地主题形象的设计就是要在本底形象和感知形象的基础上，选择既具有历史延续性，又被游客认可的形象。

二、提炼资源特色

形象定位必须以主体的存在特性作为基础，充分挖掘本地区的自然旅游资源特性和人文底蕴（文脉），并提炼加工成为本地区独特的销售点或形象推广立足点。

三、确定形象定位

在对旅游资源本底和现实感知形象进行分析的前提下，结合旅游地的发展目标，通过提炼资源特色而凝练出最符合旅游地的形象定位，反复论证，从而决定所要向目标市场推出的主题形象。

一般而言,旅游主题形象的定位大致可以采取如下几种策略。

(一) 超强定位策略

超强定位策略,也称"领先定位"、"争雄定位"。努力争取使本地在旅游者心目中占据同类旅游地形象阶梯的第一位置。如东岳泰山号称"五岳至尊",桂林山水号称"美甲天下","世界最大的景区"、"最富有活力的景区"、"激情四溢的景区"等都属此类定位方式。这种定位策略谋求的是在一定领域的领先性、压倒性竞争位置。

(二) 近强定位策略

近强定位策略,也称"比附定位"、"借势定位"。对于不可能占据某类形象阶梯第一位置的旅游地,可强调与旅游者心目中处于某类形象阶梯第一位置的旅游地同属一类的形象,即突出"类"的联想、"类"的区别,不做"鸡头"而求"凤尾",不能"第一",但求"一流"。如海南三亚定位为"东方夏威夷",苏州乐园定位为"东方迪斯尼"。这种定位策略谋求的是连带性、"借光"性竞争位置。

(三) 对强定位策略

对强定位策略,也称"逆向定位"、"对抗定位"。强调并宣传定位对象是旅游者心目中居第一位的某类旅游形象的对立面和相反面,同时力争开辟一个旅游者易于接受的新形象阶梯。如"野生动物世界"的形象定位即是站在普通笼式动物园的反向形象阶梯上的定位。这种定位策略谋求的是挑战竞争对手、否定竞争对手,以此突显自身的竞争性定位。

> **同步思考** 分别在什么样的情况下运用这五种不同的旅游主题形象定位的策略?

(四) 避强定位策略

避强定位策略,也称"寻空定位"、"缝隙定位"。其核心是分析旅游者心中已有的形象阶梯的类别,发现和创造新的形象,树立一个与众不同、从未有过的主题形象。这种定位策略谋求的是与竞争对手"共荣共存"、"和平共处"的独特性、首创性、标新立异性的特色竞争定位。

(五) 名人效应定位策略

名人效应定位策略对于旅游形象塑造效果较为显著。因为旅游活动本身带有较强的文化性和历史性,许多旅游地就是依托历史遗迹建立起来的。因此,在有历史或现代名人留下足迹的区域,完全可以依托这些名人的形象和地位提升旅游地在旅游者心目中的地位。如岳阳楼形象与范仲淹、韶山形象与毛泽东、绍兴形象与鲁迅、安陆形象与李白等联系,都采取或部分采取了名人效应的形象定位策略。

任务 2　旅游形象塑造

知识目标
1. 形象塑造的方法
2. 旅游形象识别系统的内容
3. 节庆、公关活动策划的内容

技能目标
1. 设计基本要素系统
2. 设计应用要素系统
3. 策划节庆、公关活动

一、明确形象塑造方法

旅游主题形象的塑造方法按照其使用方式和形式,可分为如表 9-1 所示的几种类别。

表 9-1　旅游主题形象塑造方法

常规性形象表述	音像制品(VCD、家用/专用录像带等)	1. 30—60 秒钟的广告片
		2. 8—10 分钟的宣传片(供旅行商对游客咨询/媒体播映)
		3. 45—60 分钟的风光片(供媒体播映/旅行者收藏/旅行商对游客咨询)
	印刷品	1. 新闻夹
		2. 画册(可兼做纪念品供旅游者收藏。2—3 年更新)
		3. 主题性折页/单页
		4. 旅游指南(供散客、背包客专用)
		5. 专业旅游指南
		6. 宣传海报
		7. 提供地图
		8. 免费为当地游客分发的旅游快讯
	其他	建立网站、制作多媒体光盘、幻灯片
形象识别系统	VI	系统化视觉设计及其应用
	MI	旅游服务理念识别
	BI	基于服务方式的形象塑造和识别
	HI	基于旅游者听力的形象识别设计
事件型形象表述	节庆活动、艺术表演、大型会议(政治、体育、商务)、影视拍摄、作家/记者笔会、其他事件	

（一）传统宣传材料

传统宣传材料是指利用纸张、电台、电视等媒体进行旅游形象宣传的物品或文字，如在游客中心获得的小册子、电视广告，户外广告中见到的旅游标志和旅游吉祥物等。在设计该类宣传材料时应采用多种方式，如聘请专家策划、有奖公开征集等，统一设计旅游形象的旅游标志、标准形象图片、旅游吉祥物等。图 9-1 所示为厦门旅游标志、旅游吉祥物以及旅游口号。

厦门旅游口号：
"海上花园温馨厦门"
"温馨厦门海上花园"
"天风海涛琴音，温馨滨海厦门"
飞翔中的白鹭（旅游标志）海豚——海海（旅游吉祥物）

图 9-1 厦门旅游标志、旅游吉祥物以及旅游口号

旅游主题形象设计中的图案标志要简洁醒目、易于识别。旅游口号需要针对不同的客源地市场进行设计。这些旅游形象标识一经选定要相对稳定、长期使用、反复宣传，给旅游者留下深刻的印象。

传统的形象塑造方法主要有：拍摄以自然景观、民族风情为主的 CD 集、电视散文等；设计发行或者赠送风光系列明信片、画册、挂历、台历等；发展音像宣传，有奖征集优秀的、美化旅游区的歌曲，唱响一首主题歌，如九寨沟的《神奇的九寨》；编制有关旅游的导游丛书、文化丛书、摄影丛书等；派遣文化、艺术团体到主要客源地参加演出、交流活动。

（二）旅游形象识别系统（TIS）

1. 旅游形象识别系统的概念及内涵

旅游形象识别系统是指通过对旅游形象的归纳与把握，将形象通过一定的方式表现出来，成为旅游者识别该旅游地的重要手段。实际上，该系统在企业经营管理中早已存在，这就是企业形象识别系统（CI）。

2. 企业形象识别系统的概念及内涵

CI 也称 CIS，是英文 Corporate Identity System 的缩写，译为企业形象识别系统。CI 是指企业有意识、有计划地将自己企业及品牌的各种特征向社会公众主动地展示与传播，使公众在市场环境中对某一个特定的企业有一个标准化、差别化的印象，以便更好地识别并留下良好的记忆，达到产生社会效益和经济效益的目的。

传统的 CI 一般分为三个方面，即企业的 MI 理念识别（企业思想系统）、VI 视觉识别（品牌视觉系统）、BI 行为识别（行为规范系统）。但是目前，随着人们获取信息渠道的不断多元化，识别系统中还出现了基于人类听觉感官的 HI 听觉识别。MI 理念识别（企业思想系统），是对旅游地开发思想和文化的整合化。策划设计内容包括：旅游地经营理念、经营宗旨、发展目标、标准广告语等。

VI 视觉识别（品牌视觉系统），是品牌识别的视觉化，即通过形象标志（或品牌标志）、标志组合、环境和对外媒体向大众充分展示、传达品牌个性。

策划设计内容包括基础要素和应用要素两大部分。基础要素是指名称(或品牌名称)、标志(或品牌标志)、标准字、标准色、辅助色、辅助图形、辅助色带、装饰图案、标志的标准组合、标志的标语组合等;应用要素是指办公用品、公关用品、环境布置、标牌招牌、制服饰物、活动展示、交通工具、品牌广告等。

BI 行为识别(行为规范系统),是行为规范的文本化,即通过在思想指导下的旅游从业人员的行为以及旅游地的各种生产服务行为,传达该旅游地的独特个性。策划设计内容包括区域形象、员工形象、品牌形象、沟通礼仪、商务礼仪、接待礼仪、销售礼仪等。

HI 听觉识别,是音乐或声音的特色化,即通过独特设计的歌曲、乐曲或声音,在目标群体传达信息,形成对该企业关注的识别系统,如旅游主题歌等。

(三)节庆及公关活动

旅游主题形象的塑造仅仅靠上述的两个形象塑造工具不能产生持续稳定的效果。实际上,在旅游主题形象的塑造中,主题节庆活动往往和旅游主题形象紧密结合,一个鲜明而且一致的主题节庆活动往往能稳定地在人们心目中构造一个积极的形象。通过主题节庆活动的策划和宣传,人们往往能通过记住几句简单的口号、几条易记的词句就把旅游地的名字同一种直观形象联系在一起。

我国旅游主题节庆活动开展得有声有色,从 1992 年开始我国就每年推出一个中国旅游的口号(见表 9-2)。

表 9-2　中国大型旅游活动年主题一览表

年　　份	旅游口号(主题)
1992	友好观光年"游中国,交朋友"
1993	中国山水风光游"锦绣河山遍中华,名山圣水任君游"
1994	文物古迹游"保护文物古迹,促进旅游发展"
1995	风情民俗游"中国——56 个民族的家";"众多的民族,各异的风情";"探访中华民族风情,难忘神奇经历"
1996	休闲度假游"96 中国——崭新的度假天地"
1997	中国旅游年"十二亿人喜迎 97 中国旅游年";"游中国——全新的感受"
1998	98 华夏城乡游"中国 改革开放二十年 现代城乡 多彩生活"
1999	99 生态环境游
2000	2000 年神州世纪游
2001	中国体育旅游年
2002	中国民间艺术游
2003	中国烹饪王国游
2004	中国百姓生活游
2005	中国奥运——旅游年
2006	中国乡村游

续表

年　　份	旅游口号(主题)
2007—2008	中国奥运——旅游年
2009	中国生态旅游年
2010	中国世博旅游年
2011	中国文化游
2012	中国欢乐健康游
2013	中国海洋旅游年
2014	中国智慧旅游年
2015—2016	丝绸之路旅游年

通过这些主题节庆活动,中国旅游在世界人们心中的形象变得更加清晰和独特,极大地促进了中国旅游业的发展。可见,在旅游规划与开发过程中要塑造一个持久而独特的旅游主题形象,就应充分利用主题节庆事件来实现以下三项目标。

(1) 把旅游地宣传成一个充满各种吸引人的故事的地方,可树立本地区友好、文化多样或激动人心的主题形象。

(2) 通过大型焦点事件来吸引公众传播媒介,产生某种光环效应,把旅游地宣传成一个令人向往的目的地。

(3) 配合一系列小的事件来吸引有各种志趣的游客。

旅游节庆活动的策划应注意各种节庆事件之间具有连贯性、一致性,相互补充,相互协调,使主题更加鲜明突出,从而避免主题形象的离散和自相矛盾,故应注意以下三点。

同步思考 世界范围内还有哪些比较成功的旅游节庆活动?

第一,主题形象的塑造必须和旅游吸引物相协调,举办一个或多个节庆事件以使主题形象更加活泼、生动。

第二,举办一个特别的活动,使此活动事件成为旅游地永久性、制度化的旅游识别标志,使其为本旅游地所独有,并成为本地区的象征。如中国澳门的格兰披治大赛车就是目前具有典型代表性的澳门节事活动之一。

第三,举办同一多次活动,比如体育赛事,以塑造"××方面最激动人心的旅游区"的主题形象。例如,青海湖所在区域的自然环境对于发展旅游业优势不明显,然而,青海省却策划组织了"环青海湖国际自行车"系列赛事并定期举办,随着赛事的知名度和影响力的不断提升,青海旅游业的发展也迅速成长起来。可见,主题节庆事件需要具有一定的影响力才能对于旅游形象的树立产生作用。

二、设计旅游主题形象

旅游区形象识别系统 TIS 在具体的规划过程中需要编制专门的形象识别系统手册,该手册将旅游区的形象识别系统进行规范化设计,并落实到实践中。按照形象识别系统设计手册的体系,主要分为两大部分。其一为基本要素系统设计,其二为应用要素系统设计。

(一) 基本要素系统的设计内容及要求

1. 标志
(1) 定义:以特定、明确的造型、图案来代表旅游区,反映旅游区内涵和外在形象。
(2) 企业标志特征:识别性;领导性;同一性;造型性;延展性;系统性;时代性。
(3) 旅游区标志设计的主题题材。
①以旅游区品牌名称(旅游区名称)为题材。
②以旅游区名称首字为题材。
③以旅游区名称(品牌)含义为题材。
④以旅游区文化、经营理念为题材。
⑤以旅游区经营内容、产品造型为题材。
⑥以旅游区、品牌的传统历史或地域环境为题材。

2. 商标
(1) 定义:商标就是商品的标志;旅游区从事商业行为的标志。
(2) 商标形式种类:文字商标;图形商标;组合商标;非形象商标。
(3) 商标构成要素:形象(图案文字);名称(读法);色彩。
(4) 功能(特征):注目性;易懂性;易被记忆、识别性;代表性;凭证性;保护性;注册性;宣传、美化功能;建立与提高旅游区品牌知名度功能。
(5) 商标设计要点:功能第一,形式为功能服务,注重传达作用;形式简洁、鲜明,通用化、易懂性;生动与富有感染力、时代性。

3. 旅游区标准字
(1) 定义:将旅游区的形象或有关称谓整理、组合成一个群体的字体,透过文字可续性、说明性等明确化特征,创造旅游区的独特风格,以达到旅游区识别的目的。
(2) 旅游区标准字的种类。
①旅游区名称标准字全称(中英文)、简称。
②品名标准字。
③固有产品名称标准字。
④活动标题标准字。
⑤宣传标准字。
(3) 标准字设计要领。
①是否符合业种、产品形象。
②有无创新的风格、独特的形貌。
③有无传达旅游区发展性、信赖感。
④有无满足购买年龄层的喜好。
⑤有无易读感、亲切感、美感。
(4) 标准字细节设计。

①确定造型。
②配置笔画;字形大小修正、字间宽幅修正。
③字体统一,明确排列方向。

4. 旅游区标准色

(1) 定义:旅游区指定某一特征的固定色彩或一组色彩系统,运用在所有视觉传达设计的媒体上,通过色彩具有的知觉刺激与心理反应,突出旅游区经营理念、产品特质,塑造和传达旅游区形象。

(2) 旅游区标准色种类。
①单色型。
②复色型。
③基本标准色+辅助标准色。

5. 旅游区造型(吉祥物)

(1) 定义:为了强化旅游区性格、诉求产品特质,选择适宜的人物、动物或植物做成具象化的插图形式,透过平易近人的亲切可爱的造型,形成视觉焦点,使人产生固着记忆的强烈印象,塑造旅游区识别的造型符号。

(2) 旅游区造型的特点:说明性;亲切感;流畅性。

(3) 旅游区造型设计要点:故事性;历史性;材料性;动植物特性、习性;考虑宗教信仰的忌讳,风俗习惯的好恶;体现民族性。

6. 旅游区象征图案

(1) 定义:与视觉识别设计中的基本核心要素保持宾主的关系,通过美观的图案增加平面设计的展开运用,强化旅游区形象。

(2) 作用:补足旅游区形象的诉求力,增强设计要素的适应性,强化视觉感受的律动感。

(3) 设计要领:从标志图形衍生变化;另行设计单元形,与标志、标准字相协调。

7. 旅游区专用印刷字体

(1) 定义:透过统一的专用字体,构造一致的视觉符号,应用在旅游区传播媒体、广告促销物、产品包装等方面,以传达旅游区统一形象。

(2) 设计要领。
①从现有字体中选择与旅游区性质相近的字体。
②与旅游区标准字保持协调一致。
③注意字体大小及运用场合。
④用创新字体。
⑤若有条件,可设计与旅游区标准字统一风格的专用创新字体。

8. 基本要素组合规范

(1) 旅游区标志与标准字。
(2) 商标与标准字。
(3) 标志与象征图案(旅游区造型)。

(二)应用要素系统的设计内容及要求

旅游区视觉识别系统的应用要素系统是旅游区形象视觉识别基本要素在旅游区用品、传播媒体上的设计应用。

(1)应用要素项目确立。依据经济性和适用性的原则,尽可能多地选择旅游区自身的传播媒体,并加以归类,确立应用要素的各个项目。

(2)确定各个应用要素项目的标准尺度,以此绘制标准图样,然后在此基础上运用已经确定的基本要素进行新的统一视觉设计,绘制标准制图和实际效果图。

(3)应用要素系统设计的一般分类。

①旅游区证件类:徽章、臂章、名片、名牌、胸牌、上岗证、工作证、出门证等。

②办公用品类:信封、信纸、便笺、稿纸、文件袋、文件夹、笔记本、工作本、各种文具等。

③对外账票类:订单、采购单、通知书、明细表、委托单、送货单、收据、契约(合同)、其他票据等。

④旅游区符号类:公司旗帜、公司招牌、各种指示板、照明、霓虹灯箱、指示用标识、大门标识、入口指示等。

⑤交通工具外观:运输用车、货车、客车、特殊车辆、起重类、船只、飞机等。

⑥促销用品:广告宣传单、商品目录、商品介绍、业务明细表、展示用品、广告海报、招贴、手册、资料、视听软件、POP类、问候卡、礼品袋等。

⑦大众传播类:一般报纸、杂志广告版式、电视广告片头及片尾、其他大众传媒模式等。

⑧商品包装类:包装盒(箱/袋)、各种商品容器、标贴、各种包装纸、粘胶带、各种防伪标志等。

⑨服装类:男女工作服、制服、外套、雨披、伞、钢盔、工作帽、领结、手帕、便服、文化衫等。

⑩旅游区出版物、印刷品:公关杂志、自办报刊、公司简史、年鉴、年度报告书、调查报告、宣传资料、其他印刷品等。

⑪待客用品:洽商柜台、专用食具、烟灰缸、客户用文具、背包等。

⑫建筑物室内外观:建筑物外观、外墙标志、室内外统一形象装饰、建筑物门面、店面、百叶窗、卷帘门、室内壁饰、挂钟、指示牌、象征性雕塑等。

任务3 营销推广策划

知识目标
1. 传统营销渠道的内容
2. 创新营销渠道的内容
3. 策划营销战略的类别

技能目标
1. 设计传统营销渠道
2. 设计创新营销渠道
3. 选择营销策划战略

一、营销渠道的设计

旅游市场的营销渠道是使产品能够被旅游者购买并消费而配合起来的一系列独立组织的集合。因此,营销渠道实际上是以销售旅游产品为目的,由旅游业或其他行业的部门组合而成的一套网络。营销渠道的存在能够有效地促进旅游目的地与旅游者之间的信息沟通,通过营销渠道网络的扩散作用能以较少的成本支出获得较大的市场认知。旅游市场的营销渠道的类型按照其出现的先后次序可分为两大类,即传统的营销渠道和创新的营销渠道。

(一)传统的营销渠道

传统的营销渠道主要有旅游分销商、大众媒体、户外媒体和专业媒体。

> **同步思考** 传统营销渠道的特点有哪些?

1. 旅游分销商

传统的营销渠道是旅游分销商,其中最主要的是旅行社。实际运作过程中,通过与旅行社联系,将其旅游产品纳入旅行社采购的范围,然后旅行社再对旅游地进行包装销售。在该营销渠道中,市场营销需要完全依靠旅行社,旅游产品的销售与旅行社的经营能力直接挂钩,因此旅游地不具有操控性,具有一定的风险。

2. 大众媒体

由于旅游活动的日益普及,大众媒体也成为旅游市场营销的常用渠道,在大众媒体中较常使用的有广播、电视、报纸、杂志等。

广播是利用无线电波来传递信息的一种现代通信方式。作为目前我国普及率较高的信息传播方式,不受交通和路程的限制,能以很快的速度把信息传送到各地;具有较高的灵活性,只要是语言能表达的广告都可以传播,并能用群众喜闻乐见的形式表达出来;影响范围广泛且费用便宜;但广播仅有声音效果,展露时间短,不利于反复记忆,给听众留下的印象不深;听众比较分散,不固定收听广播的人易错过机会。

电视是通过图像和声音同时传递信息的现代媒体。其优点是形象生动、色彩鲜艳,逼真,感染力强,观看者理解度高;形式多样,有利于加深印象;可利用名人效应,提高顾客的信任度;送达率高,影响面广。但是电视信息的费用高、消逝速度快。对于旅游营销而言,制作精美的专题宣传片或者以旅游地为背景制作的电视节目等能够获得较为理想的效果,尤其是在专门旅游频道,如旅游卫视上播出的关于该地旅游的节目,其影响力更加巨大。例如,广西曾制作了一部名为《美在广西》的旅游宣传片,在中央电视台播出后,影响范围广泛,并且对其他省市旅游营销起到了较大的示范带动作用。

报纸是以刊载新闻或新闻评论为主,面向公众定期、连续发行的出版物。它是现代社会传播新闻的主要工具之一,利用报纸往往能在短期内取得显著的效果。报纸的优点是发行量大、覆盖面广,信息传播快、时间性强,读者比较稳定,并在读者心目中具有一定的权威性。缺点是不具有动态性和形象性,并且质量有可能比较低下,因而对读者的刺激性较小。此外,报纸的发行量和数量也有限,且寿命短。

杂志是指以期、卷、号或年、月、日为顺序,将众多作者的作品汇集成册,定期或不定期连续出版的印刷读物。其优势是有效期长,可供读者反复阅读;内容针对性强,对事件的背景、经过或发展趋势等能进行深度报道,读者对刊物的理解程度较高;制作精美,彩版杂志还可刊登彩色图片来介绍产品,能给读者留下较深印象。其局限性是发行范围和订阅者有限,出版周期较长,传播信息的速度较慢。

3. 户外媒体

户外媒体的形式灵活多样,从公共汽车的车体、出租车顶部的车灯、地铁的车门到路牌、霓虹灯等。户外媒体价格相对比较低廉,并且其鲜明的色彩可以吸引大量行人的注意力。根据户外媒体的不同特性,可大致分为两种类型:固定型户外媒体,如大型广告牌、人行道广告牌、枢纽站广告以及霓虹灯等;移动型户外媒体,主要包括公交车车身广告、热气球、飞船广告等。不同类型户外媒体的特点如表9-3所示。

表9-3 不同类型户外媒体特点

形式	特点	主要功能	受众
大型广告牌	单位面积大于90平方米	建立品牌领导形象	道路使用者
	所在位置一般较高	引起广大受众对品牌的注意	行人
	以独立方式选购或发布	提升广大受众对品牌的认知度	
人行道小型广告牌	离地面不太高,2—5米高	覆盖较大的目标地区	行人
	以网络套餐方式选购发布	配合产品的投放	
枢纽站广告	通常位于交通始发站的主要通道	将信息辐射到邻近区域	行人
	单位面积一般不大于10平方米	引起广大受众对品牌的注意	
	以独立或套餐方式选购或发布	扩大对品牌认知的受众范围	

4. 专业媒体

这里的专业媒体指的是旅游业内定期或不定期连续出版的读物,它可以是公开出版的,也可以是内部发行的,如行业协会的会刊等。除了具有一般杂志的优点外,专业刊物还有一个明显的特点,即读者阶层更具针对性,因而在专业刊物上进行营销宣传往往会收到事半功倍的效果。然而,相对大众化杂志来说,专业刊物的发行范围和读者范围更加有限,因此市场覆盖面较窄。常见的旅游专业媒体有《旅行家》、《运动休闲》、《中国国家地理》、《旅游摄影》、《空港旅游》等。此外,各种自助旅游导游手册以及自驾旅游的指南书等都属于专业媒体的范畴。

(二)创新的营销渠道

创新的营销渠道是指近年来发展起来的,主要包括枢纽区域的免费信息发放、互联网、各种旅游交易会、直接邮寄等。

1. 枢纽区域的免费信息发放

国际上旅游产业较为发达的国家和地区都十分重视枢纽区域旅游资讯的免费发放。枢纽区域主要包括车站、航空港、港口、捷运站接驳处、商业专业街区等。例如中国香港、澳门就在其入境口岸免费发放香港、澳门的旅游地图,购物、旅游的商家和景区景点的信息(见图9-2)。采用该种渠道可以吸引更多的目标市场群体,信息传播的范围较广,而且成本也不高。我国目前其他地区在这个方面还存在较大差距。

图9-2 香港、澳门在机场、码头等区域发放的免费旅游信息

2. 互联网

互联网具有很多优点:传播费用低廉;能够储存大量的信息,并实现迅速发布和实时监控(检查有多少人曾经浏览该信息);信息的表现方式多样,有动态的Flash、图像、文字等,更新也十分方便快捷。但是由于网络上的信息量过于庞大,景区的信息可能不被目标受众重视,或者是由于技术上的原因,导致顾客无法打开网页。此外,由于网上信息的准确性不够高,也直接影响了网络作为创新营销渠道的效果。国内较为知名的旅游门户网站有携程、易趣、e龙等。随着网络技术的不断发展,如何在Web2.0环境下进行旅游目的地的网络营销也逐渐为学者所关注。

从现有的研究文献来看,学者对Web2.0在旅游营销方面的功能与模式的初步探讨主要集中于以下内容。余晓娟(2007)认为,Web2.0技术让世界成为一个平面,旅游者在各类个性化旅游资讯的作用下挑选旅游目的地并进行旅游活动。她还通过一正一反两个案例,证明目前旅游市场网络营销不再单纯地由经营管理者通过网络传递资讯,旅游者也会"主动"参与到旅游目的地营销过程中,将更为真实和更加个性化的资讯广为传播。

柴海燕(2008)通过分析认为,Web2.0技术的应用为旅游精准营销的实现提供了技术支持和营销平台,并通过比较传统营销与精准营销的差异,对旅游电子商务网络营销的发展困境进行了阐述,最终提出应利用Web2.0强大的信息集聚和互动功能开展旅游精准营销。

孙春华等(2008)对Web2.0条件下的旅游者消费行为进行了分析。其将该技术环境下的旅游者需要归纳为五个层次,分别为基本需要、共享需要、社交需要、个性需要以及交易需要。同时,还构建了Web2.0技术下的旅游者网络消费行为模式。该研究在上述分析的基础上提出旅游营销网络在未来发展中的优化对策,主要包括分析目标市场的需求及行为;选择相应的Web2.0技术形式;调整旅游网站的结构和内容;优化旅游网络的进入渠道和浏览路径等。

王国钦等(2010)则借助内容分析法,对我国十家社交服务网站(Social Network Service,SNS)的营销功能进行了实证研究。

辛江等(2010)对 Web2.0 及用户黏性等概念进行了界定,提出通过使用评论、互动、病毒式营销等增加用户黏性的手段,还推出了基于 Web2.0 模式的旅游营销网站的构建策略。该研究表明,对用户群体进行细分,建立差异化、个性化的访问体验,通过方便的发布机制让用户创造和分享内容,建立多种沟通机制,从设计阶段就对网站易用性和推广方式进行整体设计,将会有助于建设用户黏性的旅游产品营销网站。

可见,在利用新的信息技术和手段强化旅游网络营销方面,还有待研究者进一步探讨和分析。

3. 旅游交易会

近年来,会展经济的不断发展也大大促进了旅游市场营销渠道的建设。国内的各种旅游交易会十分红火,种类繁多,如国家举办的大型旅游交易会(2005 年在桂林举办)、分区域的旅游交易会(北方旅游交易会)、城市举办的旅游交易会(中国济南)和各种国际旅游交易会等。旅游交易会已经成为向市场推介产品的重要舞台。一般而言,大型的旅游交易会云集了各类旅游代理商、分销商以及游客等,交易会的参与者具有明确的目标和较为专业的背景,因此,借助旅游交易会的平台,往往能够花费相对较低的成本获得更多的营销网络和信息。

4. 直接邮寄

直接邮寄是以一定的数据库作为基础,在营销目标上具有较强的针对性。这种方法在国外使用较为普遍,如美国的滑雪度假胜地就经常针对富人居住区邮寄大量的宣传材料。目前国内使用该营销渠道进行旅游营销的还不多。直接邮寄的最大优点就是目标对象明确,信息内容的针对性强。缺点是工作量大且不易被邮件接收者重视,成本也相对比较高。

二、策划营销战略

旅游规划与开发中制定市场营销战略的目的是为旅游地的推广运作提供可选择的模式,以适应市场环境的不断变化和保证市场推广的有效性。旅游地的市场推广中使用的营销战略并非固定,可以根据具体市场情形加以分析和组合。这里介绍六种较为常见的市场营销战略。

(一)形象制胜战略

对旅游开发地而言,旅游地形象是旅游者、旅游区内部员工和社会公众对旅游开发区综合实力与服务特质的总体评价。良好的市场形象有助于突出自身特色,传播经营理念,建立顾客忠诚,最终实现营销目标。形象制胜战略主要包括如下内容。

1. 旅游形象设计

旅游形象是一个有机的整体,具有明显的综合性。旅游地形象由形象定位、形象塑造和形象标志三部分组成,这三部分构成了人们常说的形象识别系统(CIS),如图 9-3 所示。

其中,旅游区名称、标志、标准色、标准字及经营口号是旅游区形象的具体设计。

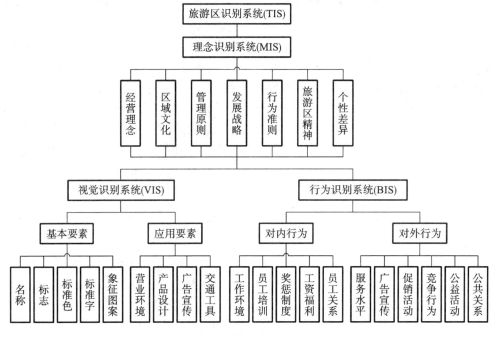

图 9-3　旅游区形象构成

2. 旅游形象推广

在进行市场形象推广时,应把握以下三条原则:一是统一性,即在营销过程中,要使用统一的标志和主题口号开展宣传,以树立旅游区的整体形象;二是针对性,指应面对不同的细分市场推出相应的分体形象,从而达到强调旅游者特殊利益的目的;三是效益性,即要选择合适的宣传工具,力争以最少的投入将旅游地的经营理念、产品特色等传达给尽可能多的受众。

 福州旅游形象体系

(二) 竞争优势战略

制定竞争优势战略分为两个步骤:一是对行业竞争状况和直接竞争对手进行分析评估;二是选择有效的营销竞争战略。

1. 旅游区 SWOT 分析

SWOT 分析法是针对市场竞争内部和外部环境分析的重要工具。它一方面通过优势与劣势的分析来获得自身相对于竞争对手的实力评价,同时也考虑了旅游地所面临的威胁和机遇(见表 9-4),因此,对制定营销决策更具指导意义。通过 SWOT 分析,旅游区可以明确自身具备的优势,改进或回避存在的不足,并把握有利于自身生存与发展的机会,从而将

优势转变为旅游地的竞争力。

表 9-4　不同 SWOT 状态下的营销决策

SWOT 评价结果	营销原则	营销战略方向	营销决策
优势＋机会	开拓	产品认知	占领市场、领导同行、增强旅游区实力
优势＋威胁	进攻	品牌塑造	集中优势、果断还击、提高市场份额
劣势＋机会	争取	个性凸显	随行就市、速战速决、抓住市场机会
劣势＋威胁	保守	有效回收	降低费用、激流勇进、占领角落市场

2. 营销竞争战略决策

营销竞争战略的选择应建立在对竞争地位判断的基础上，处于不同竞争地位的旅游区会选择不同的竞争策略，但无论旅游区做出哪种竞争战略决策，都是为了突出自身的竞争优势。一般说来，旅游区可采取以下四种营销竞争战略。

1）差异化战略

所谓差异化，即向消费者提供与众不同的产品或服务，且这种"不同"被顾客认为是有价值的，他们愿意以相同或更高的价格去获得差异化的超值产品。创造差异化优势的因素可以是旅游产品的功能或其他特性，也可以是该产品营销体系中的某个环节，如支付方式、促销方式等，其基本前提是这种差异化要得到顾客认同。

2）低成本战略

低成本营销战略的竞争优势十分明显，在产品或服务质量得到顾客认可的前提下，若以低价进入市场，必将获得较高的市场占有率；若以异质等价的产品与竞争对手抗衡，将获取更大的边际利润。要实现低成本营销优势，旅游区需做好三方面的工作：一是努力达到旅游区最佳规模，争取规模经济效应，二是积极推进技术革新，减少服务、经营成本，三是严格控制各项费用，提高费用资金的利用效率。

3）集中战略

集中战略指集中人力、物力、财力重点销售一种或几种产品，或对某种细分市场展开营销活动。它分为低成本集中和差异化集中两类，前者强调从特定细分市场取得由成本差异换来的更大经济回报，后者立足于有效地满足特定细分市场的顾客利益。集中战略能使旅游区凭借有限的资源参与竞争，并使营销活动更具针对性，因而在中小旅游区进入市场或一般旅游区销售处于成熟期的旅游产品时大都采用这种战略。

4）市场领先战略

市场领先战略，又称抢先营销战略，是把注意力集中于行业的制高点，在营销组合各要素上都比竞争对手抢先一步，从而达到"先入为主"的目的。市场领先战略主要有六条实现的途径，即供应系统、新产品开发、产品价格、项目改进、目标市场和分销渠道。在实施市场领先营销战略时，旅游区必须小心谨慎，以免误入歧途，或为竞争对手铺路。

（三）品牌支撑战略

随着世界经济一体化进程的加快和信息技术的发展，同类旅游产品在质量、功能、价格等方面的差异越来越小，品牌作为一项无形资产成了旅游区竞争力的一个重要砝码。品牌有助于旅游区宣传自己的产品，树立市场形象，建立顾客忠诚，进行市场细分，从而形成独特的竞争优势。

1. 旅游品牌塑造

对于现代旅游区而言,品牌不再是简单的产品识别标志,它已成为旅游区营销战略管理的一项重要内容。而且,在旅游行业中旅游区品牌比产品品牌更为重要。旅游品牌塑造是一个系统工程,需要旅游区的长期努力。要树立鲜明的品牌形象,应从以下四个方面入手。

第一,品牌决策,包括品牌化决策、品牌使用者决策、家族品牌决策、多品牌决策、品牌扩展决策和品牌再定位决策等。

第二,品牌具体设计,包括旅游区或产品名称、品牌标志和商标。高水平的品牌名称和标志设计能给消费者留下深刻的印象。

第三,服务提升,即良好的品牌形象需要高品质服务来支撑。一个强有力的品牌只能给有竞争力的产品或服务带来市场优势,却不能补偿任何劣质服务,甚至可能因为一次质量事故而毁于一旦。

第四,有形展示,有效的服务展示能突出旅游区的产品特色,使服务有形化、具体化,从而让顾客在购买前就能感知产品或服务的特征以及消费后所获得的利益。旅游区实施有形展示策略的途径主要有四种,即设计旅游区标志、规范服务行为、美化服务环境和开展促销活动。

2. 旅游品牌营销战略管理

在选择品牌营销战略之前旅游区首先必须对旅游区或产品的品牌类型与品牌力进行科学的评价。旅游区或旅游产品的品牌力主要由两个因素决定:一是品牌认知,即顾客对品牌知名度和美誉度的总体评价;二是品牌活力,指旅游区或产品品牌的差异化特征与顾客的关联度。根据自身品牌所处的市场地位,旅游区便可以制定相应的品牌营销战略(见图9-4)。

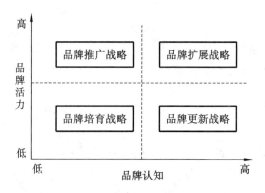

图9-4 旅游品牌营销战略决策

对于新的主导产品,旅游区一般采取品牌培育战略,凭借成功的品牌定位突出新品牌对消费者的独特利益点;当新品牌转变为发展品牌时,旅游品牌已具有一定活力,但认知度偏低,这时旅游区应通过广告、公关等手段提高品牌的知名度和美誉度,以吸引消费者购买;对于市场占有率和知名度都较高的强势品牌,旅游区营销活动的中心任务是维护品牌地位,并通过新产品开发、产品改进等途径来挖掘品牌潜力;对于市场逐渐萎缩的品牌产品,旅游区应针对顾客需求变化创造新的品牌特色,常用的两种方法是进行品牌重新定位和将品牌投入新的市场。

(四)产品升级战略

旅游产品是旅游规划与开发的市场开发活动的基础。一方面,旅游区必须根据市场需求来开发设计适销对路的产品;另一方面,特色鲜明、功能多样的旅游产品能有效地刺激和引导旅游需求。从市场营销的角度来看,旅游产品升级战略主要讨论两个问题:一是旅游新产品开发;二是不同产品生命周期阶段的旅游营销策略。

1. 旅游产品升级的具体内容

凡是对产品整体概念中任何一部分进行创新,并能给消费者带来新利益的产品,都可称作新产品。一般情况下,旅游区更加强调这种创新,因为创新意味着更畅销的旅游产品和更可观的销售收入。因此,在这里我们将从旅游产品改进的角度来谈谈旅游产品升级的具体内容。

1)产品形式创新

旅游产品以目的地游览活动为基础的有形和无形要素的组合,它一般由六个要素构成,即目的地形象、目的地景物及环境、目的地设施及服务、目的地的可进入性、具体活动安排和提供给游客的价格。旅游区变换以上任何一种组合要素都能使产品形式发生变化,如改变交通工具、增加旅游景点等。产品形式创新往往不需要额外的支出,却能给旅游者带来耳目一新的感觉。

2)产品功能提升

产品功能即旅游产品能带给顾客的利益和效用,它是吸引旅游者的关键。从旅游需求的角度来分析,产品功能提升主要包括两层含义:一是随着专项旅游的发展,旅游产品趋于专业化,以满足专项旅游者的特定需求;二是现代旅游活动向主题式、参与性方向发展,这要求旅游产品在拥有核心功能的同时,尽可能多地带给旅游者其他利益。

3)产品内容扩充

这里的产品内容指的是旅游产品的有形部分,即旅游区在宣传册或报价单中标明的正式提供的产品,如旅游景点、地方风味、文娱表演等。旅游产品内容扩充即指旅游区通过合理安排时间和控制成本,在同样的行程里,以相同的价格为顾客提供更多、更好的旅游供给要素。

4)服务质量优化

服务是旅游产品的重要组成部分。高品质的服务有助于旅游区提高顾客的满意度,从而建立起他们对本旅游区的品牌忠诚。强化旅游服务质量主要通过旅游区信息提供、服务表现、售后服务等环节体现出来,其目的是提高旅游者旅行经历的方便度、安全度和愉悦度。

2. 产品生命周期各阶段的营销策略

与一般产品类似,旅游产品也要经历一个从研究、开发并投入市场,然后经成长、成熟和衰退直至退出市场的过程。在不同的产品生命周期阶段,旅游区所面临的经营环境具有明显的差别,所采取的市场营销策略也各有侧重点。

投入期是产品生命周期的第一阶段,其主要特点是旅游产品知名度低,销售量小且增长缓慢。因而,旅游区促销的重点在于宣传介绍新产品的特色、功能及其他相关情况,以刺激和引导消费者对该产品的需求。

旅游产品进入成长期后,销量迅速增大,产品知名度日益提高。与此同时,竞争者纷纷介入,同类产品也陆续出现。这时旅游区的营销重点应放到塑造产品品牌与建立良好的分销渠道上,以增强旅游区的销售能力。

到了成熟期,旅游产品的销售量基本稳定但增长速度减缓。此外,营销费用增加,竞争异常激烈。旅游区的营销重点是进一步细分市场,并改进市场营销组合,以保持较高的市场占有率和建立顾客忠诚。

在产品衰退期,旅游区应对所有产品进行重新定位,并有计划地实施产品的淘汰、转产或继续经营策略。

(五)网络营销战略

网络营销又称在线营销,即旅游区利用互联网络开展市场调研,宣传产品或服务,实现网上交易以及处理售后事宜。网络营销是现代通信技术发展对人类经济活动的一项重大贡献,它为旅游区提供了一种全新的营销理念和方式。由于具备营销费用低、营销环节少、信息含量大、营销范围广、营销全天候等特点,网络营销一经出现便受到了众多旅游区,尤其是跨国旅游集团的青睐。

  目的地网络营销系统

旅游区开展网络营销必须实现两大转变。一是在经营理念上,由原有的二维结构(产量和质量)向四维结构(产量、质量、个性、时间)转变,其中,个性指旅游产品特色和顾客的独特利益,时间指旅游区应通过互联网及时向潜在顾客提供最新产品或服务信息;二是在销售方式上,由面对面的销售向网上交谈式的销售转变。旅游区一般通过四种方式来实施网络营销战略,即开设电子商场,加入论坛、新闻组或公告栏,刊登在线广告和寄送电子邮件。

(六)营销组合战略

市场营销组合是旅游区为达到在目标市场中的销售水平而对可控性营销变量进行优化组合和综合运用的管理活动。正是随着营销组合理论的产生,市场营销活动才富有浓厚的"管理"色彩。通过设计合理的营销组合,旅游区可以充分利用一切资源,发挥整体优势,增强旅游区的市场竞争力。

同步思考 旅游目的地的营销与一般产品的市场营销相比有哪些异同点?

1. 服务业的营销组合

"营销组合"这一概念是 1964 年美国哈佛大学教授波顿(Bordon)最先提出来的。同年,麦卡锡(McCarthy)对波顿的营销组合要素表予以简化,提出了具有高度概括性的 4P 理论。4P 理论在服务业中得到了广泛的应用,且营销组合的层面和范围不断扩大。1981 年,布姆斯(Booms)和比特纳(Bitner)对既有的营销组合理论进行修正,提出了服务业的 7P 营销组合框架(见表 9-5)。

表 9-5 旅游营销组合框架(7P 营销组合理论)

组合要素	主要指标
产品(Product)	①领域(Range);②质量(Quality);③品牌名称(Brand Name);④服务项目(Service Line);⑤保证(Warranty);⑥售后服务(After Sales Service)
价格(Price)	①水平(Level);②折扣(Discounts)(包括折让和佣金);③付款条件(Payment Terms);④顾客认知价值(Customer's Perceived Value);⑤定价(Price);⑥差异化(Difference)
促销(Promotion)	①广告(Advertising);②人员推销(People's Sale);③销售促进(Sales Promotions);④宣传(Publicity);⑤公关(Public Relations)
渠道(Place)	①所在地(Location);②可达性(Accessibility);③分销渠道(Distribution Channels);④分销领域(Distribution Coverage)
人(People)	①人力配备(Personnel)(包括培训、外观和人际行为);②态度(Attitudes);③其他客户(Other Customers)
有形展示(Physical Evidence)	①环境(Environment)(包括装潢、色调、陈设和噪音程度);②装备实物(Facilitating Goods)
过程(Process)	①手续(Procedures);②机械化(Mechanization);③顾客参与(Customer Involvement);④顾客取向(Customer Direction);⑤活动流程(Flow of Activities)

2. 市场开发组合的主要内容

事实上,在上述提及的七项要素中,人、有形展示和过程都是构成旅游产品的必要因素,将这些因素单独提出是为了强调它们的特殊性和重要性。与物质商品一样,旅游产品营销管理决策的核心也是 4P,换句话说,旅游规划与开发的市场开发组合同样围绕 4P 来展开。

1) 旅游产品组合

产品是旅游区市场营销组合中最重要的因素,因为产品质量的提高及其组合结构的优化是旅游区提高自身竞争力的基础。旅游区在制定产品组合决策时,应注意以下四点:一是实施产品差异化战略,通过具体设计、宣传促销等行为来突出产品特色;二是旅游产品的开发与组合必须针对细分市场需要来进行,这样才能适销对路;三是确保产品或服务质量,以树立良好的市场口碑和吸引回头客;四是不断推出新的旅游产品(包括改良产品),从而赢得更多的顾客。

2) 实施促销方案

旅游促销的实质就是旅游营销者通过合理的方式,将旅游区理念、产品及服务等相关信息传递给旅游产品的潜在购买者及其他公众。旅游促销方式一般有广告宣传、营业推广、人员推销及公共关系四种,其组合策略可分为推式策略和拉式策略两类(见图9-5)。前者着眼于说服顾客采取购买行为,在促销方式上以人员推销为主,辅之以营业推广和公关活动;后者则立足于强调产品特色和消费者的利益,在促销方式上多采用广告宣传和营业推广。

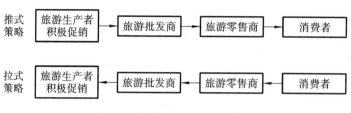

图 9-5　旅游市场促销组合策略

3) 分销渠道组合

旅游产品分销渠道即旅游产品使用权在转移过程中所经过的各个环节连接而成的通道,从狭义上讲,就是旅游中间商的构成体系。旅游中间商具有市场调研、开拓市场、组合加工等功能,合理选择分销渠道,有助于旅游区扩大市场范围、节约营销费用和提高营销效率。旅游市场分销渠道组合主要包括分销渠道的选择,渠道成员的协调、激励与评估以及分销渠道的改进等内容。

4) 制定价格策略

合理的价格决策可以提高旅游区的竞争力,并有利于旅游区凭借现有资源获取更多的利润。旅游区在制定价格策略时应充分考虑五个基本因素,即市场营销目标、产品成本及利润、顾客对产品或服务的认知价值、细分市场差异以及可能的竞争性反应。

常用的定价策略有以下五种:一是当旅游区推出新的产品或服务时,采取渗透价格策略,以尽快收回成本或提高市场占有率;二是针对关键细分市场展开价格促销活动,以提高本旅游区产品在主要细分市场中的份额,并削弱竞争者的地位;三是当旅游区能将产品成本控制到较低水平时,可采取合理的降价,以扩大销售量和阻止竞争者进入;四是以总额较低的价格提供系列产品或给予一定的折扣,以刺激中间商和顾客的购买积极性;五是对某种旅游项目实行亏本销售,但同时又通过高价售出其他配套产品来收回利润。

本章小结

明确资源本底、提炼资源特色以及确定形象定位构成了旅游形象定位的三大主要内容。其中,形象定位可采取以下策略:超强定位策略、近强定位策略、对强定位策略、避强定位策略以及名人效应定位策略。

在旅游形象的塑造方面,旅游目的地可采用特色旅游商品、书籍、VCD等传统旅游目的地宣传材料构建旅游地的旅游主题形象,同时也可引入旅游形象的识别系统(TIS)。对于旅游形象塑造和推广更具效率的途径是举办具有特色和吸引力的节庆事件和公关活动,通过节庆事件和公关活动可以生动地将旅游地的主题形象展现在旅游者面前。旅游形象识别系统(TIS)设计,主要分为两大部分,其一为基本要素系统设计,其二为应用要素系统设计。

旅游规划与开发的营销推广策划主要关注和解决两个方面的内容,即营销渠道的设计和营销战略的策划。其中,营销渠道的选择具有较强的技术性,而营销战略则主要从长期发展的角度对旅游地市场开发的策略进行设计。

关键概念

形象定位　形象塑造　选择目标市场　营销渠道　选择营销策略

复习思考

1. 复习题

(1) 简述旅游规划与开发的主题形象定位的含义和步骤。
(2) 简述旅游形象塑造的方法。
(3) 简述旅游主题形象设计的主要内容。
(4) 简要分析如何选择目标市场以及选择目标市场的策略。
(5) 简述如何设计营销渠道及选择营销策划的战略。

2. 实作题

××景区的营销策划方案。

要求包括以下内容:

(1) 景区的形象定位分析。
(2) 景区主题形象的塑造。
(3) 节庆、公关活动的策划。
(4) 选择目标市场。
(5) 营销渠道的设计。

拓展案例　新疆旅游业和深圳某海滨旅游中心的网络营销

一、新疆旅游业的网络营销

新疆旅游业积极利用电子网络开展网络营销,并取得了一系列成效。许多旅游企业已经通过各种方式进行网络营销,有的还取得了可观的成绩。截至 2004 年 1 月 15 日,新疆地区共有 41 家旅行社和 46 家涉外饭店具有独立域名。新疆行(www.xjx.com),原名新疆旅游网,是新疆第一个旅游网站,于 1998 年 11 月 16 日面世,也是全国较早的几个旅游网站之一。截至 2004 年 1 月,该网站的首页访问已超过 3000 万人次,海内外数以百万计的潜在旅游客源下载了该网内容。目前国内几乎所有的 ICP 门户网站都涉及网上旅游,各主要城市的高星级酒店、各大旅行社都不同程度"触网"。国内外顾客可以通过一些综合类旅游网站,直接在网上预订大部分主要城市的大型酒店的客房及其服务。新疆旅游企业开展的网络营销一共有三种基本的模式,即计算机预订系统;综合性营销网站;旅游企业单位网站。

二、深圳某海滨旅游中心的网络营销

深圳某海滨旅游中心开展网络营销已有多年,但是一直都没能得到足够的重视,

甚至还出现了在网络营销上的严重失误。据游客反映：该海滨旅游中心的门票在地址一栏写有非常醒目的独立网站，也有联系电子邮件，但是输入门票上印刷的网址，出现的内容却是一个"Sinotradenet International Ltd"（中华贸易网）的网站（在隐藏方式下进行了URL转向设置，即浏览器地址栏显示的还是自己输入的网址，网站内容出现的是别的网址的内容）。在域名登记查询后，结果出现域名首次注册于2001年，2002年2月进行了更新，最新的有效期为2003年5月，域名的所有人显示的也正是该旅游中心，联系电子邮件与门票上印刷的地址一致，可见也并不是域名本身的问题。出现这种状况是DNS解析错误等其他原因。该海滨旅游中心虽然开展了网络营销，却没有认真对待，对它开展营销工作产生了一定的负面影响。

问题：
1. 分析以上两个案例中网络营销成功和失败的原因。
2. 试分析以上两个案例，谈谈这两个案例给了你哪些启发。

项目 10 保障体系规划

◆ 项目目标

旅游支持保障体系规划是旅游发展的辅助性规划,作为旅游运行体系的重要基础,包含了旅游景区得以有序运营的各个关键环节,其中包含设施与服务规划、生态与环保规划、人力与组织规划、投资与效益规划,这些规划设计从人、财、物、境四个层次进行旅游相关环节的体系保障。保障体系的良好规划和运营,是好的旅游资源开发成为好的旅游产品的必要条件。

对于保障体系规划的研究落脚到了运行体系的具体操作层面上,以保障体系中各个层面的操作方法为方法论,对于旅游活动是否能够顺利开展,关键要看设施体系规划是否正确合理。

◆ 学习目标

对于保障体系规划的学习,重点在于掌握从人力组织、投资效益、设施服务和生态环保四个层面的主要规划内容、操作方法及实施意义。保障体系规划和前面章节中各项规划具有同样重要的地位。

本项目分为四个学习任务,分别为设施与服务规划、生态与环保规划、人力与组织规划及投资与效益规划这四个部分。

通过对项目的学习,结合理论课程的学习,学生应该掌握保障体系规划的编制方法和思路,运用保障规划内容为旅游活动顺利进行提供理论依据。

◆ 学习任务

任务清单	1. 理解旅游开发保障体系的构成 2. 掌握人力与组织的主要规划内容 3. 掌握生态环境保障体系中环境承载力的概念及测量原理 4. 掌握基础设施与旅游服务保障体系的规划内容与方法 5. 了解投资与效益在规划中的作用及其主要内容

续表

项目流程	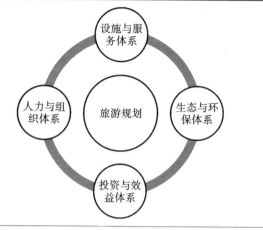
学习成果	在本项目学习结束后,各小组学习成果为《景区保障体系规划报告》

◆ 案例引导

"越过山丘之作"——安龙游客服务中心

安龙国家山地户外运动示范公园位于贵州黔西南州安龙县笃山镇。公园位于一个天然的山谷中,占地约 700 亩,风景雄奇。山谷四周是典型的喀斯特地形岩壁,其中一段更是垂直的百米悬崖,谷底成口袋形,这里是户外运动绝佳的场地,攀岩、热气球、滑翔伞、水上运动、越野车等户外极限运动都可以在这里找到理想的场地。2016 年,安龙国家山地户外运动示范公园游客服务中心整个谷底唯一的一组建筑正式建成。

游客服务中心位于谷底的一座小山丘顶上。小山丘是谷底唯一的高点,具有良好的视线,本身也极为醒目。选择在这里建造游客中心,除了希望建筑成为谷底的视觉焦点之外,还因为这里的地势最高,可以抵御每年雨季河流涨水淹没建筑的危险。实际上,当地没有确切的水文资料,建筑师只能根据当地人的口述,确定建筑的地板高度。在建筑师看来,峡谷的风景是极具力量感的,也应该是整个公园的绝对主角,而建筑应该首先融入环境,然后才是利用自身的特征为整个谷底点睛。因此,如何处理好建筑的显隐问题就成为设计的起点。设计师把建筑打散,形成若干个小的单体,并将它们隐藏在这些小高地中。建筑自然地避让原有场地中的山石,并和山石形成一种共生关系:藏身于山石,又从山石的缝隙中伸出来,若隐若现。设计师不希望建筑过于彰显,除了对周边环境的尊敬外,也深知即使卖力地表现也无法和周边的大山大水争锋。游客服务中心(见图 10-1)由接待站、西餐厅(红点餐厅)、酒吧(仙掌酒吧)和会议室(磐石会议中心)四座建筑组成,其总体布局围绕着基地上的山石展开,呈现出一种外观和内聚共存的状态。秉承"安全、环保、科学"的三大核心理念,打造了具有极高品质的游客服务中心,不仅为旅游活动提供了保障,也为旅游景区增添了一幅艺术作品。

图 10-1 安龙运动公园游客服务中心

(资料来源:搜狐新闻,越过山丘:安龙运动公园游客服务中心。)

任务 1 设施与服务规划

知识目标
1. 旅游设施与服务的类型
2. 旅游住宿设施的规划
3. 旅游餐饮服务的规划
4. 旅游购物服务的规划
5. 游客服务中心的规划
6. 旅游环境卫生服务设施的规划

技能目标
1. 区分旅游设施与服务的类别
2. 应用旅游住宿设施规划的方法
3. 应用旅游餐饮服务规划的方法
4. 应用旅游购物服务规划的方法
5. 应用游客服务中心规划的方法
6. 应用环境卫生服务设施规划的方法

一、列举设施与服务类别

旅游设施与服务一般被分为基础设施和旅游专门设施。

(一)基础设施规划

基础设施规划是在区域现有的基础设施的基础上,根据未来旅游业发展的需要,对道路交通系统、通信系统、能源电力系统、给排水系统等加以调整。由于基础设施与城市规划的关系更为紧密,因此,在总体规划内容中,以城市规划为基础提出基础设施的优化设计方案。

(二)旅游专门设施规划

主要使用者为外来游客,但也可供当地居民使用的目的地有关设施,主要从旅游住宿设施、旅游餐饮服务、旅游购物服务、游客咨询中心、旅游环境卫生等方面加以设计和安排。因此,旅游总体规划中,在服务设施方面会有更加具体的设计规划。

二、旅游住宿设施规划

(一)预测旅游住宿设施量

计算的依据是规划各阶段旅游者的接待规模,在计算住宿设施规模方面,有以下公式可供借鉴。

饭店床位或客房需求量的计算公式如下:

$$床位数 = \frac{一段时间旅游者总人数 \times 平均过夜时间}{旅游区一定开放时间 \times 客房出租率}$$

$$客房数 = \frac{床位数}{每间客房住宿人数}$$

平均过夜时间可通过对过夜游客的抽样调查取得;开放时间则根据不同旅游区的气候和旅游资源状况确定;客房出租率平均时段不低于55%,旅游旺季时不超过85%是较为合理的范围。将客房出租率控制在15%—80%,则对酒店的经营更有利。

旅游住宿设施的档次分为高、中、低三个档次,四星、五星级为高档,三星级为中档、二星级为低档。每间客房住宿人数一般取1.5人,但一星、二星级饭店可取1.7人,三星级饭店取1.5人,四星、五星级饭店取1.2人。

(二)明确空间布局规划

旅游住宿设施的空间布局,就是将不同类型、档次、数量的住宿设施布局在规划区恰当的空间上。

保继刚等(1999)认为,旅游宾馆的宏观选址应遵循以下几个原则:①同一旅游区中,不宜在旅游资源级别较低的景区或非旅游中心城市(或大居民点)选址;②在一日游范围内,旅游中心城市(或大居民点)与风景区(旅游点)之间的小居民点不宜选址;③在节点状旅游区,只宜在旅游中心城市选址;④在一日游范围内,旅游中心城市与风景区之间若出现新的可留住游客的中间机会,可以在此选址。旅游宾馆微观选址要着重考虑以下因素:①交通因素,旅游宾馆应选址于交通方便或发达的地方;②旅游资源因素,旅游宾馆应选址于风景优美的地方;③土地费用因素,旅游宾馆应选址于地价相对较低的地方;④扩建因素,旅游宾馆选址时要留有扩建的空间;⑤集聚因素,旅游宾馆在空间布局上应相对集中,形成集聚效应;⑥城市规划因素,城市中的旅游宾馆选址要与城市规划相结合。

 旅游住宿设施包含哪些类型,如何根据旅游区特色和功能确定旅游住宿设施的类型?

(三)明确住宿设施建筑风格规划

在规划旅游住宿设施建筑风格时,应考虑以下因素。

(1)具有民族特色和地方特色,与当地的传统建筑风格相协调。越是民族的,就越是世界的。只有民族风格浓郁,地方特色显著的旅游住宿设施,才会对外来游客产生强大的吸引力。

(2)与饭店的功能、所在地的人文环境相一致。度假饭店一般不能修建高层建筑,必须有开敞的门窗,光线进入量要大,要有配套的休闲健身设施等。

> **同步练习** 某旅游区日平均接待游客5000人,入座率、入座次数按70%、2次计算,餐厅的日均周转率为3,高峰系数为1.5。预测该旅游区的餐位数。

(3)富有个性,成为当地独树一帜的建筑物。例如,阿联酋迪拜的帆船酒店,不但造型犹如一张风帆,而且整个酒店建造在海上的人工岛上,建筑物极尽奢华,被人们称为"七星酒店"。

(4)与周边的自然环境相融合。要特别注意与旅游区的环境协调,山岳型旅游区内最好不要修建大体量饭店,外墙不使用瓷砖、玻璃幕墙。

(5)尽可能节约原材料和能源。例如,山地、草原地区可使用风能、太阳能,采用自然采光、自然通风。

三、旅游餐饮服务的规划

(一)预测餐位数量

餐位数的预测,一般按下列公式计算:

$$餐位数 = \frac{日游客总数 \times 入座率 \times 入座次数}{日均周转率 \times 高峰系数}$$

入座率通过调查和经验获得,它与餐厅选址、餐饮类型等有关,有些远离城市的旅游区,游客的入座率可取高一些,如四川九寨沟景区,进沟游览者,除少数自己携带食品外,绝大多数旅游者中午需在沟内用餐,其餐厅的入座率就特别高。入座次数,即游客在旅游区内的日均入座次数。周转率是每日平均周转次数。高峰系数是高峰期游客数与平均游客数的比率。入座率:一般取60%—80%。周转率:餐厅一般为2—4次,茶楼可达6次。

(二)明确餐饮设施的空间布局要点

旅游餐饮设施的空间布局,需要注意以下几点。
(1)尽量布局在游客集中活动的区域。
(2)充分考虑游程的安排,方便旅游者的游览活动。
(3)旅游餐饮设施的布局,要避免对环境造成污染,要远离溪流、瀑布、湖泊等水体,要远离生态环境脆弱的地区。

(4) 旅游餐饮设施布局要避免对旅游景观产生负面影响,不能布局在重要旅游景观的附近,不能对旅游景观的视觉效果产生影响。

(三) 细分餐饮设施的类型

旅游餐饮设施类型众多,如中餐厅、西餐厅、风味餐厅、快餐厅等。其中,中餐厅又可分为川、粤、鲁、闽等类型,西餐厅也可分为欧式、美式等。旅游区餐饮设施类型的选择,主要根据客源状况确定。

旅游餐饮设施的档次一般分为高档、中档、低档(经济型)。档次的确定主要根据旅游区游客的消费能力确定。

对于旅游餐饮类型结构则需要从餐饮企业的类型结构以及餐饮食品的构成两个方面加以设计和优化。其中,具有本地特色的餐饮形式和特色餐饮产品是规划者关注的焦点内容。对于旅游餐饮的发展规模规划要注重均衡,即要根据各类餐饮企业的特点和市场范围确定其大致的发展规模,此外,由于餐饮具有大众化的特点,在确定发展规模时要综合考虑旅游者以及本地居民的需求。

四、旅游购物服务的规划

旅游购物服务规划的内容大致包括三项,即旅游购物商品的开发规划、旅游购物点的设计和旅游购物环境的规范。

(一) 旅游购物商品的开发规划

目前我国旅游商品开发出现了一个怪圈,即一方面我国号称地大物博、资源丰富,并且有众多的民族文化和灿烂的民间工艺,另一方面我国的旅游商品却又缺乏变化和创新,甚至几十年不变。更为严重的是,随着区域间经济交流的频繁,各地旅游商品同质化倾向十分严重,具有地方特色的旅游商品越来越少。

因此,深入挖掘旅游资源,在实用性、纪念性、工艺性、科技性以及质量优先等原则的指导下不断推进旅游商品的开发。同时,为旅游地发展设计一套推进旅游商品设计创新的机制。例如,在规划中安排定期举办全国旅游商品设计大赛等活动。

(二) 旅游购物点的设计

旅游购物点一方面指旅游购物企业的分布网络,另一方面指旅游购物企业的形态。

(三) 旅游购物环境的规范

旅游购物环境的规范主要是要求规划者提供相应的措施与方案,以规范旅游商品市场的秩序,优化旅游购物的环境,防止出现坑蒙拐骗、强买强卖的情况发生,以良好的市场秩序作为发展旅游购物的重要保证。

五、游客服务中心的规划

对于游客中心的规划则主要涉及区位选址、外观设计、服务质量等内容。

(一)选择合适的位置

游客中心在选址上应该设置于所有旅游者都易于接近的场所,并且预留较大的活动空间。因为游客中心在众多旅游地中还扮演了旅游者集散中心的角色。一般来说,游客中心会位于旅游区的入口处或景区的中心地带。

 收集相关资料,学习《旅游景区等级质量的评定与划分标准》中关于游客中心服务的具体要求。

(二)设计适宜的外形

游客中心要与旅游地的自然、人文特征相一致,传统人文型旅游目的地在游客中心的设计上应保持古朴的风格,有时甚至可以将原有的建筑加以适当改造后作为游客中心。而新兴或科技型旅游区则在游客中心设计时,外观上可以表现出强烈的时代气息,运用现代化的设计手法。

(三)保证游客中心的服务质量

在游客中心的服务品质方面,我国《旅游景区质量等级的划分与评定》中的部分表述可以作为游客中心规划设计时的参考。

1. 功能完善

一般应提供交通集散、信息咨询、景区宣传、景区导游、商品购物、游憩休闲、住宿餐饮、商务等服务类型,并且在空间上的功能分区和动线组织较为合理。

2. 设备先进

游客中心的设施应完善而且较为先进,特别是在信息服务方面,宽带接入、电子导游等设施应齐备。

3. 宣传资料齐备,有特色

游客中心作为景区信息中心和营销中心,公众信息资料(如研究论著、科普读物、综合画册、音像制品、导游图和导游材料等)应特色突出,品种齐全,内容丰富,文字优美,制作精美,适时更新。

同步阅读 青岛奥运旅游专项规划之旅游环境和基础设施

4. 服务热情、规范

游客中心服务人员配备齐全,业务熟练,服务热情。普通话较为标准并能够用多种语言为旅游者提供服务,服务质量符合相关规范的要求。

六、旅游环境卫生服务设施规划

在旅游地规划与开发中,面向旅游者提供的环境卫生服务主要集中在生活垃圾的处理以及旅游厕所的建造两个方面。

(一) 不同区位设置垃圾箱要点

在游客的生活垃圾处理方面,旅游地应该充分考虑旅游者的行为模式和诉求,合理设置相关服务设施。例如,旅游者停留时间长的区域相对容易产生垃圾,因此对于垃圾箱的需求量也相应较大。规划时,垃圾箱选址应重点考虑以下区域。

1. 景区出入口及中心服务区

旅游区出入口和中心服务区是指大门售票处、出入口、景区门前广场、停车场、商店、餐厅等具有服务功能的空间。这些区域是旅游者在到达和离开旅游地时聚集的场所。由于服务功能多元,产生的垃圾也较为多样。因此,上述区域应设置较多的无盖式垃圾箱,且进行频繁的管理和维护。

> **同步思考** 在大型节假日等景区客流高峰期,需增加放置流动垃圾桶,应在景区内哪些位置进行合理增设?

2. 观景休憩区

景观较好、吸引人驻足观赏的区域会令旅游者流连忘返,这些区域往往还设置有座椅、观景平台等观光设施,所以,观景休憩区是旅游者停留时间较长的区域。

该区域垃圾箱的设置数量应以旅游承载力的最大容量为标准,通常采取高峰期定点采样的方式进行估算。

为避免阻挡旅游者的观景视线,该区域垃圾箱的体量不宜过大,并应设置于主要景观的反方向。但也不要因为过于强调景观保护而将其设置于偏僻之处,观景点与步行道的交接处往往是最佳选择。由于该区域内的垃圾箱无法实行高频率收集,因此适宜采取有盖式设计。

3. 游憩活动区

游憩活动区是进行野餐、露营、烧烤、康体运动等活动的场所,由于旅游者人数多,停留时间长,活动类型丰富,因此,对垃圾箱的需求量较大。除了设立固定的垃圾箱外,为了应对游客数量的变化,还应配备一定数量的临时垃圾箱,收集高峰期旅游者活动而产生的垃圾。

该区域垃圾箱应设置于活动区周边,并于附近设立垃圾临时集中处理处。为了减少垃圾的回运量,可事先将垃圾分类整理,对于易燃性物品采取就地焚烧、有机物质可以采取填土掩埋等方式处理。焚烧处理要以不影响旅游者的正常活动,尽量避免对环境造成二次污染为原则。填土掩埋时,也要注意对地下水质量的影响。

4. 步行道

由于旅游者在步道上的活动具有较强的机动性,停留的时间相对较短,因此,产生垃圾的可能性也低于上述三个区域。一般来说,在步道设置有休憩设施的地方应设置垃圾箱,因为这些区域是旅游者可能停留的场所。此外,步道中容易减速、驻足的地段,如道路转弯的节点处、视线突然开阔的地段等都应设置垃圾箱。垃圾箱一般沿步道一侧或两侧交错配置。

> **同步思考** 在不同区域进行垃圾箱设置有哪些不同?

步道沿线的垃圾箱体量不宜过大,外观设计和材质应与环境相宜,材质以不易污损为佳。由于该区域垃圾收集处理的频率不高,垃圾箱应选用有盖式。

其实,除了合理设置垃圾箱之外,旅游目的地也可以选择采取引导旅游者实施垃圾不落地的方案,即采取一定的激励手段和措施,让旅游者自行携带生活垃圾,甚至协助捡拾他人遗留的生活垃圾,从而实现从源头上处理好旅游目的地环境的问题。

(二)旅游厕所的建造

旅游厕所虽小,却是游客对一个国家和民族的第一印象,体现着一个国家和地区的综合实力,也直接关系着旅游产业、旅游事业的进一步发展,为了推进厕所文明,国家旅游局将旅游厕所革命纳入了我国旅游发展"515"战略,即紧紧围绕"文明、有序、安全、便利、富民强国"5 大目标,推出旅游 10 大行动,开展 52 项举措,推进旅游业转型升级、提质增效,加快旅游业现代化、信息化、国际化进程。

回顾我国旅游厕所的发展与管理历程,不难看出,我国对于旅游厕所的规划和建设十分重视,2003 年 2 月我国起草并发布了《旅游厕所质量等级的划分与评定》,该标准的颁布和实施,大大推动了我国旅游厕所建设和服务的标准化和规范化。2015 年启动旅游厕所革命,明确表明要用三年时间,通过政策引导、资金补助、标准规范等手段持续推进。随后三年,全国共新建旅游厕所 33500 座,改扩建旅游厕所 25000 座,其中 2015 年,全国新建旅游厕所 13000 座,改扩建旅游厕所 10000 座。

2015 年我国又颁布了《旅游厕所建设管理指南》,新的规范指引取消了低档型和豪华型厕所,更加侧重中间型档次的旅游厕所;增加了女性蹲位的比例;将特殊群体的如厕需求整合为第三卫生间。

第三卫生间,这种公厕也被称为"中性卫生间",最早出现在泰国,有别于现有公厕的男女分区设置,其用途主要为方便市民照顾家人如厕,有独立的出入口,方便父母带异性的孩子、子女带异性的老人外出,照顾其如厕,还可以帮助一些身体有残疾的人保护如厕时的隐私问题。第三卫生间的出现既体现了社会在"厕所文明"上的进步,也是人性化的考量在旅游服务设施方面的体现。

同步讨论 查阅资料，了解"厕所革命"相关信息，讨论厕所革命推行的作用意义。

旅游厕所的建造应该注重以下原则。

1. 间距人性化

根据景区面积、游客量、旅行路况、游客年龄段占比、平均速度等因素，人流量大的古镇等类型景点厕所间距：300—500 m 为宜；人流量小的风景区等路线上的厕所间距：500—800 m 为宜。

2. 便器分布与游人分布匹配

游人在景区的分布热度不是一样的，逗留的时间也是不一样的，厕所便器分布应经过计算与游人分布匹配。景区出入口必设，而且便器数量多。风景节点根据游客量、逗留时间设置，便器数相应减少。旅游路线按距离、游客量设置，便器数最少。

3. 易于寻找

旅游厕所的布置不应妨碍风景，同时又须易于寻觅，突出方便性和可达性，距游道20—30 m 为宜。在主要路线设置醒目的卫生间指示牌，同时设置厕所距离的标示牌，突出游客体验性。

4. 隐蔽性

不影响主景点的游览观光效果，不影响自然与人文景观的整体性。在布局时，宜"靠边"布置，靠墙边、山石边、假山边、树林边、路边等，隐蔽在绿荫丛中。

5. 无环境污染

保护水源边要慎重设置，注意常年风向，以及小地形对气流方向影响。

任务 2　生态与环保规划

知识目标

1. 生态环境保障规划内容
2. 旅游容量的基本指标
3. 旅游容量的测算
4. 旅游容量的实际应用

技能目标

1. 分析并确定生态环境规划的内容
2. 理解说明旅游容量的基本指标
3. 选择旅游容量测算的方法
4. 应用旅游容量解决实际问题

一、明确生态环境保障规划内容

生态环境保障规划内容主要包括两个部分:其一是对旅游资源的保护规划;其二是对旅游者规模和行为的控制。

(一)旅游资源的保护规划

旅游资源的保护规划是针对生态环境和资源本身,旅游者规模和行为的控制主要强调对旅游者的行为和数量加以约束,使其被控制在环境所能承受的范围内。保持良好的自然生态环境和社会人文环境是旅游业可持续发展的前提。因此,在旅游规划与开发中,生态环境保护应成为贯穿整个过程的主导思想,体现于旅游规划与开发的各个方面。旅游规划工作者应树立起全新的旅游发展观,并在新的旅游发展观的指导下,对旅游资源进行保护性开发。

1. 对水体资源及环境的保护

水体资源可依其形态分成不同的类型,如江河、湖泊、海滨、瀑布、泉等。不同类型的水体资源其保护的侧重点是不同的,下面就分别加以分析。

> **同步思考** 不同水体资源保护注意要点有哪些不同?

1)江河资源的保护

自古以来,人们就喜欢傍水而居,多数居住点也是沿江、沿河分布。因此,在对江、河水体资源进行保护时主要是严禁江河两岸的工矿企业和居民生活点向江河中排放工业和生活污水。我国淮河流域过去出现的对小型工矿企业和居民聚居点污水排放监管不力,引起该流域水质恶化的事例,就是一个很好的警示。

2)湖泊资源的保护

一般说来,湖泊水面宽广,水不流动,为水面养殖垂钓和开展水上旅游提供了良好的条件。但水产养殖往往也会对湖泊的水质产生影响,特别是容易使湖泊水富营养化,造成水质的下降;而水上运动及旅游活动的开展也会产生一些生活污水和垃圾。在对湖泊进行旅游规划与开发时,一定要保护好湖泊中的水质不受破坏,而那些作为城镇居民饮用水源的湖泊、水库,原则上不宜开发水上运动与旅游项目。

3)海滨资源的保护

海洋是个广阔的天地,海洋在地球上所占的面积很大,旅游业传统的"3S"资源,就有海洋和沙滩。保护的内容主要是沙滩景观和海洋水质。对海滩上的各类废弃物要予以及时清理,保证海滩的整洁有序;对于沿海的工矿企业和居民生活点所产生的工业、生活污水要经过处理达到一定标准后,才可排放;而游览海域的船只则要防止机油、燃油的泄漏产生对海洋生态环境的污染,保护海水水质达到亲水性活动的要求。

4)瀑布资源的保护

瀑布的生命力在于飞流直下的流水。因此,瀑布的保护要从水的保护着手:首先,保证瀑布水源的涵养,瀑布的上游要栽种大面积防护林,加强水分的保护,不得砍伐林木;瀑布周围应加强绿化,防止水土流失;其次,瀑布的上游严禁开办工矿企业,以免造成瀑布水质的下降。

5) 泉资源的保护

泉水资源是有限的,因此在开采利用时应先科学测定泉水的流量,在此基础上进行适度开发,防止过度开发,导致泉水枯竭现象的出现。

2. 对大气资源及环境的保护

目前大气环境的污染物主要是工、农业生产和生活中燃烧所产生的碳、硫、氮的各种氧化物,这些物质对大气的构成产生影响,甚至影响地球表面的气候条件。因此,要加强对大气资源和环境的保护,调整目前的燃料结构,将污染性较大的能源替换为较为清洁的能源,如液化气、太阳能、水电能等。旅游交通工具也要升级为使用无铅汽油和天然气的清洁车辆,提高汽车尾气排放的达标标准,将旅游城市中大气环境质量控制在国家二级标准内,旅游区的大气环境质量要达到国家一级标准。

3. 对动物、植物资源的保护

生物是自然地理环境中唯一有生命的自然因素,是极为生动的构景要素。生物各物种之间有着千丝万缕的联系,其存在的形态主要是共存于各类森林、草原之中。自然界中的生物构成一个完整的生物系统,系统之间由食物链相连。在自然地繁衍生息过程中,该联系会稳定地存在,所以对动物、植物资源的保护主要是要保持其原有联系,不为外界环境和因素所打断。在旅游过程中,要加强对游客进行生态环境保护的宣传,真正实现"游客除了留下脚印,什么也不留下,除了带走照片,什么也不带走"的旅游效果。

在生态环境脆弱的地区,出于保护动物、植物资源的需要划分出核心区、试验区和缓冲区。在核心区内不允许开展任何形式的旅游活动;在试验区内则可以有控制地开展一些观光、科考活动,但不能建立大型的永久性设施;在缓冲区内限制条件可适度放宽,开展一些观光游览项目,还可将一些小型接待设施设于此处。

对于珍稀的濒临灭绝的动植物,要建立自然保护区。此外还应加强对各种自然灾害的预防工作,如对火灾、山洪、地震等的预测监控,使可能受到的损失降到最低。

4. 对自然、人文景观的保护

自然和人文景观均为受自然、人类活动的长期影响而形成的特有景观。它的存在是经过了长时间的演化而来,一旦遭到破坏则无法恢复,或恢复了也失去其价值。这些景观往往是旅游活动客体的组成部分,但在经济发展和建设中经常会产生经济发展与景观保留之间的冲突。在没有形成保护自然与人文景观意识前,人们会为了建设而放弃珍贵的自然与人文景观资源。而在旅游规划与开发中,要将这些景观放在一个较高位置,因为他们是旅游发展的支撑点。

对于自然景观,在开发中要注意保存其原始形态,在必要时对其进行维护,但切忌留下太多的人工雕琢痕迹。自然景观保护还要注意与其周围环境的协调,对于其周边地区的建设项目要进行严格的审批控制,不能破坏自然景观的整体美感。

对于人文景观,要加强修缮和维护,严格遵守"修旧如旧"的原则,保存其原有材料风格不变。对于那些珍贵的人文景观,要采取有效措施加以保护。同时,要严格控制旅游者的人数,避免人文景观遭受人为毁损;而对于人文风情类的景观,要注重对其收集整理,防止灭失,努力以民俗风情为素材开发出新颖的旅游产品。

(二) 环境承载力控制规划

19世纪末"环境容量"作为一个概念最初诞生于日本,它指的是某一区域环境可容纳的某种污染物的阈值;存在这一阈值的原因是环境具有一定的消纳污染能力,但这一能力存在一个上限值,即容量。

因思克普(Inskeep)认为,所谓旅游容量,是指在不破坏其形象和可持续性的前提下,某个地区或某种资源能够承受的最大使用限度。

世界旅游组织(World Tourism Organization)把旅游容量定义为:所能维持的不对周围自然环境造成损害,不对当地小区造成社会文化和经济问题的开发水平;保护与发展之间所能达到的平衡;与旅游者所追求的旅游产品的形象、环境类型和文化体验相兼容的游客人数。

同步讨论 收集关于旅游容量概念的其他解释,思考其中的视角差异。

学术界对旅游容量概念的不统一,给旅游规划工作带来许多不便。为此,国家质量监督检验检疫总局(2018年3月,组建为国家市场监督管理总局)于2003年颁布了国家标准《旅游规划通则》(GB/T 18971—2003),在其附录A(资料性附录)中,专门对旅游容量的概念体系和测算进行了规定,成为我国编制各类旅游规划时对旅游容量计算的依据和标准。

《旅游规划通则》的附录A中,将旅游容量(tourism carrying capacity, TCC)定义为在可持续发展前提下,旅游区在某一时间段内,其自然环境、人工环境和社会经济环境所能承受的旅游及其相关活动在规模和强度上极限值的最小值。某一区域的旅游容量具体包括空间容量、设施容量、生态容量和社会心理容量四个部分(见图10-2)。

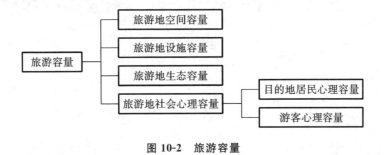

图10-2 旅游容量

在本章内容中将重点展开关于旅游容量测算的内容。

二、测算旅游容量的基本指标

在旅游容量的测算中,必须涉及基本空间标准和周转率等指标,这些指标是否准确可靠直接关系到测算出的旅游容量的科学性。

（一）基本空间标准

旅游容量的基本空间标准，又称单位规模指标，是指单位利用者（通常以人或人群为单位，也可以是旅游者使用的载体，如车、船等）所需占用的空间规模或设施量。基本空间标准可表示为：

$$基本空间标准 = \frac{旅游区游览面积（或游道长度）}{合理的游人数}$$

基本空间标准是旅游容量测量的基点，不同类型的旅游地的基本空间标准所采用的计量指标不一样。一般而言，旅游空间容量、旅游心理容量的基本空间标准常用 m^2/人、m/人表示，旅游设施容量则以设施比率（设施量/人）表示，旅游生态容量以一定空间规模上的生态环境能吸收和净化的污物量（污物量/环境规模）来表示。

基本空间标准是在实际工作中，旅游资源容量、旅游心理容量、旅游设施容量，通过对旅游者的调查获得，通过对旅游者的多次调查，得出这一场所的基本空间标准，调查方法可根据具体条件确定，常用的调查方法有问卷法、统计法、航空摄影法等。

> **同步讨论** 搜索关于基本空间标准的其他规定方法，如世界旅游组织规定及日本规定方法。

不同场所有不同的空间标准，室内标准与室外标准不同，自然旅游区与人文旅游区的基本空间标准也不一致，不同国家的基本空间标准也不一样。这里主要列举《风景名胜区规划规范》(GB 50298—1999)对我国各级各类风景名胜区中不同地域的基本空间标准进行的相应的规定（见表 10-1）。

表 10-1　《风景名胜区规划规范》(GB 50298—1999)规定的基本空间标准

场　　所	基本空间标准(m^2/人)	备　　注
游道	5—10	
主要景点	50—100	
一般景点	100—200	
浴场海域	10—20	海拔 0—2 m 以内水面
浴场沙滩	5—10	海拔 -2—+2 m 以内沙滩
专用浴场	>20	
针叶林地	3300—5000	
阔叶林地	1250—2500	
森林公园	500—600	
疏林草地	400—500	
草地公园	>140	
城镇公园	50—330	

（二）周转率

周转率可表示为：

$$周转率 = \frac{旅游区每日可游时间}{游客在该景区的平均逗留时间}$$

同步练习 某洞穴景区，每日开放时间为早上9点到下午5点，每批游客完整游览洞穴时间为1.5小时，间隔时间为45分钟，计算该洞穴旅游容量的周转率。

周转率是指某一旅游区每日平均接待游客的批数。周转率是旅游容量测算中的重要数值，不同类型的地域不能简单套用上述公式。比如，由于洞穴环境的特殊性，出于保护的目的，进入洞穴游览的一批游客与下一批游客之间应留有恰当的间隔期，洞穴旅游容量的周转率可表示为：

$$K = \frac{T}{t + t_1}$$

公式中，K 为洞穴旅游容量的周转率；T 为洞穴每日开放时间(h)；t 为每批游客完整游览洞穴所需时间(h)；t_1 为洞穴游览结束后的间隔期(h)，取值为 0.5—1 h（向旭等，2010）。

三、测算旅游容量

根据国标的分类方法可知，旅游容量包括空间容量、设施容量、生态容量和社会心理容量四类，对于一个旅游区来说，日空间容量与日设施容量的测算是最基本的。

（一）旅游地日空间容量

旅游地空间容量是指在一定时期内，旅游地的空间面积所能容纳的最大旅游人数。日空间量的测算是在给出各个空间使用密度的情况下，把游客的日周转率考虑进去，测算出不同空间的日空间容量：

$$C = \sum C_i = \sum \frac{X_i}{Y_i} \cdot Z_i$$

C 为旅游区日空间容量；C_i 为旅游区内某一分区的日空间容量；X_i 为某一分区的游览空间面积；Y_i 为基本空间标准；Z_i 为周转率。

旅游空间容量常用的计算方法有面积法、线路法、瓶颈容量计算法（卡口法）等。有些景区需要同时运用几种方式才能计算出其空间容量。

1. 面积法

面积法主要借助空间规模和基本空间标准之间的关系得到旅游地空间的时点容量的方法。以空间规模除以基本空间标准即可得到旅游地空间的时点容量，再根据人均每次利用时间和该空间每日的开放时间，就可以得出旅游地的日容量，具体如下：

$$C = \frac{A}{A_0} \cdot Z$$

式中，C 为旅游地日空间容量；A 为空间规模（游览面积）；A_0 为基本空间标准；Z 为周转率。

2. 线路法

线路法是指在同一时间内每位游客所必须占有的游览线路长度。这类计算法主要适用于游览空间呈狭长形的景区，如峡谷型旅游景区、旅游洞穴等。同时，即使在相对平坦的旅游景区内，游客也并不是平均分布在可游区域内，而是集中在景区的游览线路上呈线性运动，导致游览线路成为人流最为集中的区域。因此，仅用面积容量法并不能准确反映旅游景区的接待能力与生态容量。

（1）完全游道法。完全游道法指环行游道及进口与出口不在同一位置的非环行游道，计算公式为：

$$C = M \times \frac{D}{m}$$

（2）不完全游道法。不完全游道法指进口与出口在同一位置的非环行游道，即游客游至终必须按原路返回。计算公式为：

$$C = M \times \frac{D}{m + m \times \frac{E}{F}}$$

式中，C 为日环境容量（人次）；M 为游道全长（m）；m 为每位游客占用合理游道长度（m）；D 为周转率（$D=$ 游道全天开放时间/游完全游道所需时间）；F 为游完全游道所需时间（h）；E 为沿游道返回所需时间（h）。

> **同步讨论** 针对不同的日空间容量测算方法，根据方法使用特征，分别列举相对应使用该方法的案例。

3. 瓶颈容量计算法（卡口法）

有的旅游区，所有的游人都要到某一景点去游览，因此，可将此景点的游人量作为该景区的日旅游容量。林业部（2018 年 3 月，组建为自然资源部）颁布的《森林公园总体设计规范》（LY/T 5132—95）中指出，卡口测算适用于溶洞类及通往景区、景点必须并对游客量具有限制因素的卡口要道。计算公式为：

$$C = B \cdot Q = \frac{t_1}{t_3} \cdot Q = (H - t_2) \cdot \frac{Q}{t_3}$$

式中，C 为日容量（人次）；B 为日游客批数，$B = t_1/t_3$；Q 为每批游客人数（人次）；t_1 为每天游览时间（h），$t_1 = H - t_2$；t_2 为游完全程所需时间（h）；t_3 为两批游客相距时间（h）；H 为每天开放时间（h）。

（二）旅游地日设施容量

设施容量是指旅游地各种旅游设施所能容纳的游人数量。从理论上说，旅游者在旅游区内,既可以在室外活动,也可以在室内活动。室内即旅游设施内部,它是旅游区总容量的有机组成部分。旅游地设施容量的计算方法与旅游空间容量的计算方法基本类似。

$$C = \sum C_i = \sum X_i \cdot Y_i$$

式中,C 为旅游地日设施容量;X_i 为某一旅游设施容纳的游人量;Y_i 为某一旅游设施的周转率。《旅游规划通则》为我国旅游区常见的旅游设施的周转率提供了一些参考指标,如旅游馆、休(疗)养院的日周转率建议取 0.4。

(三)生态环境容量

旅游生态环境容量是指以自然为基础的旅游地容纳旅游活动量的限定值。在这个限定值内,旅游地的自然生态环境不致恶化、退化,或者在很短时间内自然生态环境能够自我调节,能从已退化的状态恢复原状或原貌。显然,人造景观或部分人文景观,由于其本身并无自然生态的机理,因此,也就不存在或者很少涉及生态环境容量问题。在旅游地生态环境研究中,常考虑以下三种方法。

(1) 既成事实分析。在旅游行动与环境影响已达平衡的系统,选择游客量压力不同时段调查其容量,所得数据用于测算相似地区环境容量。

(2) 模拟实验。使用人工控制的破坏强度,观察其影响程度。根据实验结果测算相似区环境容量。

(3) 长期监测。从旅游活动开始阶段作长期调查,分析使用强度逐年增加所引起的改变或在游客压力突增时,随时作短期调查。所得数据用于测算相似地区的环境容量。

(四)旅游地社会心理容量

旅游地社会心理容量又称心理承载力,包括旅游目的地居民的心理承载力和旅游者的心理承载力。

环境心理学认为,个人在从事活动时,对环绕在身体周围的空间有一定的要求,任何外在的进入,都会使个人感受到侵犯、压抑、拥挤,导致情绪不快、不安,这种空间称之为个人空间。

其中,活动的性质对个人空间值影响最大。对于旅游目的地,居民和旅游者来说,都存在这种个人空间。因此,旅游目的地居民的心理承载力是指旅游目的地居民在心理感知上所能接受的旅游者的最大数量。旅游者心理承载力是指旅游者在某一地域进行旅游活动时,在不降低旅游活动质量的前提下,该地域所能容纳的旅游活动最大量。

这里,参考孔博(2011)提出的心理承载量模型测算。

1. 当地居民心理承载量模型

$$\text{PEBC}_1 = A \times P_a$$

$$P_a = \sum_{i=1}^{n} P_{ai} = \frac{R_i}{A_i}$$

式中,A 为旅游区面积(km^2);P_a 为当地居民不产生反感的游客密度最大值(人/km^2);R_i 为第 i 个景点的实际旅游人数。

2. 游客心理承载容量模型

$$\text{PEBC}_2 = A \times P_a \times \text{VDI}$$

$$VDI = \frac{V}{R}$$

式中，VDI 为游客密度指数，也称游居比；V 为游客人数；R 为当地居民人数；A 为旅游区面积（km^2）；P 为当地居民不产生反感的游客密度最大值（人/km^2）。

> **同步练习** 某旅游景区的生态环境容量20000人，社会心理容量为25000人，空间容量为18000人，设施容量为10000人，计算该旅游景区的综合旅游容量是多少？

（五）旅游地综合容量

要测算出某一旅游地综合的旅游容量，最基本的要求是对空间容量和设施容量进行测算，对生态环境容量和社会心理容量进行分析。如果上述四个容量都有测算值的话，那么一个旅游区的容量应该是生态容量、社会心理容量、空间容量与设施容量之和三者中的最小值。

四、旅游容量的应用

测算旅游容量的目的，主要是在旅游规划、旅游开发和旅游管理中进行合理应用。防止旅游地"超载"对旅游资源的破坏，真正保证旅游行业的可持续发展。

（一）合理设置旅游容量指标

1. 设置旅游区的年旅游容量

年旅游容量是指某一旅游区全年容纳的游客量，可表示为：

$$旅游区年旅游容量 = 旅游区全年可游天数 \times 日旅游容量$$

旅游区全年可游天数主要受地理纬度、气候条件、旅游资源的季节性、旅游活动类型等因素的影响。一般通过实地调查或查阅当地的气象资料、旅游区的经营资料等方式获得。

2. 设置旅游区的时点旅游容量

时点旅游容量，又称瞬时旅游容量，它是指旅游区在任意一个时点所能容纳的游客量，可表示为：

$$旅游区时点旅游容量 = \frac{旅游区日旅游容量}{周转率}$$

3. 分区旅游容量的设置

大的旅游区可以划分为不同的功能小区，在旅游区总容量的基础上，还应对各个分区的旅游容量进行设置。特别是一些生态敏感区和热点旅游区，更应该测算出其恰当的旅游容量，以便在旅游经营管理中予以控制。

4. 设置旅游区的分期旅游容量

旅游区近期、中期、远期的开发内容各异，设施量不一样，开展的旅游活动内容不一样，其旅游容量也不相同。一般而言,中远期的设施容量、社会心理容量要比近期大一些,空间容量相差不会太大。因此,就旅游区的总容量而言,中远期一般会大于近期。

(二) 科学地分流旅游客源

1. 旅游饱和与超载

旅游地一旦超出极限容量值,即旅游超载。根据旅游饱和与超载发生的时空特点,可以将其分为以下几种类型。

1) 周期性饱和与超载及偶发性饱和与超载

周期性饱和与超载就是季节性饱和与超载,它源于人类活动的周期性规律,以及自然气候的周期性变化。每年夏季,发达国家大量人口外出度假,许多海滨度假地出现饱和与超载;进入冬季,许多滑雪胜地人满为患。偶发性饱和与超载多是因旅游地或其附近发生了偶然性的事件,这些事件在较短时间内吸引了大量旅游者。例如,奥运会、大型旅游节庆活动的举办,自然界中某种或几种动物的大量聚群,稀有植物大量开花等,都会导致活动的举办地或罕见自然现象的发生地出现偶发性饱和与超载。

2) 长期连续性饱和与超载及短期性饱和与超载

长期连续性旅游饱和与超载多发生在大城市内或城市郊区,特别是一些高品位的文化古迹景区或人工旅游吸引物场所,如埃及的金字塔、中国的故宫。短期性饱和与超载主要受季节的影响,但它在饱和与超载中占绝大多数。

3) 空间上的整体性饱和与超载及局部性的饱和与超载

整体性饱和与超载是指某一旅游区的游人量已经超出了其总的旅游容量;局部性饱和与超载是指部分景区承受的旅游活动量已超出景区容量,而整个旅游区的旅游容量还没有饱和。局部性的饱和与超载对于管理者有很强的虚假性,往往会造成较大的危害。

> **同步讨论** 针对五种不同的分流措施,分析如何综合利用这些手段,在不同的情境下发挥最大化作用?

2. 超载旅游地的分流措施

对于绝大多数旅游地而言,旅游超载多表现为局部地方超载、季节性超载和局部时段超载,真正绝对的超载并不多。因此,可以从时间和空间两个方面科学地分流游客。

1) 利用价格杠杆调节旅游淡旺季

旅游旺季时提高旅游目的地各类旅游产品的价格,淡季时则降低价格,可以调节一部分旅游客流,消除或减弱季节性超载。

2) 及时发布旅游信息,分流部分客源

通过大众传播媒介,向潜在的旅游者宣传已经发生过的旅游超载现象及其环境后果,并预测当年旺季可能出现的旅游流量和超载情况,从而影响旅游者选择旅游目的地的决策行为。

3) 旅游地内部分流

对于旅游地的局部地方超载,可通过恰当的措施将超载地域的旅游客流分流到未超载的地域。常见的手段有在超载景区入口地段设置限制流量设施和采取限制性措施,一旦景区达到饱和则停止进入。

4) 在超载地附近开辟新景区(点)

对那些绝对超载的旅游地,只有通过利用介入机会,在附近开发新景区(点)进行分流。介入机会是指旅游者在选择旅游目的地的过程中,因去乙旅游地在时间和费用的消耗上,比去甲旅游地更为节省而总体旅游效果近似,旅游者选择乙旅游地而不选择甲旅游地的现象。

5) 通过行政手段分流

比如,控制旅游地交通量、限量发售旅游区门票等,以此达到将旅游区的游客数量控制在合理范围内的目的。

(三)把握好旅游推销的时机和力度

有部分旅游区,在开发的初期阶段,由于旅游设施还不完善,旅游环境没有得到有效整合,其整体旅游容量较小。在这种情况下,不宜盲目进行大规模的宣传促销。

(四)扩大旅游目的地居民的心理容量

有些旅游地的旅游容量较小,主要受制于旅游目的地居民的心理容量。在这种情况下,可以通过恰当的方式扩大旅游目的地居民的心理容量。

旅游目的地居民的心理容量的大小主要取决于其对当地发展旅游业的态度。因此,加大旅游目的地基础设施建设力度,大力吸收当地居民在旅游业中就业,增加其收入,以此来减轻发展旅游业给当地居民带来的诸如拥挤、物价上涨等负面影响,可以使旅游目的地居民的心理容量得到较大的提升。

任务 3　人力与组织规划

知识目标
1. 旅游人员的类型
2. 旅游人力资源的需求
3. 旅游人力资源规划的内容
4. 旅游组织管理规划的内容

技能目标
1. 辨析旅游人员的类型
2. 理解说明旅游人力资源的需求
3. 分析并确定人力资源规划的内容
4. 分析并确定组织管理规划的内容

一、细分旅游人员类型

旅游产品中服务的提供者是各类旅游从业人员,旅游人力资源与旅游资源、资金、设施具有同等的重要性,是实现旅游规划内容的重要保障。按照不同的标准,旅游从业人员可以划分为不同的类型。

(一)世界旅游及旅行理事会(WTTC)的分类

世界旅游及旅行理事会(WTTC)根据旅游从业人员所从事工作性质的不同,将旅游从业人员划分为四类。

(1)旅游服务人员,具体包括航空公司、饭店、餐饮、景点、旅行社和出租车公司等服务企业的旅游服务人员。

(2)政府有关部门人员,主要包括各类与旅游有关的政府机关员工,海关等部门的公职人员。

(3)旅游投资建设方面人员,主要是从事旅游投资建设工作的人员,如旅游基础设施、接待设施和游乐景点的投资建设人员。

(4)旅游商品生产销售人员,主要是从事旅游商品生产和销售工作的人员,如旅游商品的设计人员、旅游商品生产企业的工人、旅游商品的批发与零售人员等。

(二)按照旅游从业人员的职业属性分类

按照旅游从业人员的职业属性,可将其分为旅游经营管理人员和旅游服务人员两大类。

1. 旅游经营管理人员

旅游经营管理人员主要是从事旅游经营管理的各类人员。范围广泛,既包括从事宏观管理的人员,也包括从事微观管理的人员;既包括与旅游相关的政府部门的行政管理人员,也包括各类旅游企业中的管理人员;甚至还包括从事市场营销、财务管理、旅游规划、旅游研究的各类专业人员等。

2. 旅游服务人员

旅游服务人员主要指从事旅游服务工作的各类人员,他们中的绝大多数是一线工作人员,直接面对游客,如旅行社的导游人员、航空公司的空姐、饭店的各类服务人员、旅游景区的讲解员等。

(三)按照旅游产业部门分类

按照旅游产业部门的不同,旅游从业人员可分为住宿与餐饮部门人员、娱乐服务部门人员、旅游中介部门人员、基础设施供应部门人员、旅游管理部门人员等(陈秋华、张建华,2008)。

1. 住宿与餐饮部门人员

住宿与餐饮部门人员主要包括以下几类:①管理人员,经理、副经理、销售经理、秘书;②接待与前厅工作人员,前厅经理、接待员、助理接待员、预订员、出纳、接线员、行李领班、门童、行李员;③客房工作人员,主管、助理客房主管、客房服务员、洗衣主管、洗衣工;④餐厅、酒吧工作人员,餐厅经理、酒吧主管、餐厅助理经理、领班、服务员、出纳等;⑤厨房工作人员,厨师长、助理厨师长、厨师等;⑥维修与保持工作人员,建筑维修工程师、园丁、清洁工、保安人员等。

2. 娱乐服务部门人员

娱乐服务部门的人员配置是不固定的,主要由娱乐项目决定。卡拉OK、网球、游泳、高尔夫球、滑雪、游艇等娱乐项目,配置的人员主要有教练、陪练人员、场地维护及工程技术人员、保安人员等。

3. 旅游中介部门人员

旅游中介部门主要指旅行代理机构,人员包括旅行社经理、票务主管、计划行程主管、销售经理、票务员、领队、导游、出纳、司机等。

4. 基础设施供应部门人员

基础设施供应部门主要包括交通、通信、供水、供电、医疗保健、治安管理、商业等各类服务,每一类服务都需要配备与之相应的人员。

5. 旅游管理部门人员

旅游管理部门人员主要包括旅游区管理委员会主任或集团公司总裁、营销主任、规划主管、营销专家、旅游信息服务员等。

二、预测旅游人力资源需求

(一) 规划区旅游从业人员总量的预测

目前,我国在对规划区旅游从业人员总数进行预测时,常见的预测方法有三种:根据接待的游客数量预测、根据旅游营业收入预测和根据综合因素预测。

1. 根据游客数量预测

王兴斌(2000)通过对1996—1998年我国接待海外和国内旅游者总数与旅游从业人员的比例,推测出现阶段我国旅游从业人员与年游客接待人数的比率系数为1∶600—1∶400。

2. 根据旅游营业收入预测

根据我国目前旅游业的发展现状,以规划区旅游营业收入预测旅游从业人员的总数。预测公式为:

$$旅游区从业人员需求量 = \frac{旅游区年营业收入(万元/年)}{10万 - 15万元/(人 \cdot 年)}$$

根据以上公式,可对规划区不同时段的直接旅游从业人数进行预测。至于10万—15万元究竟取值多少,应视不同规划区的工资水平、经济状况等具体情况而定。

间接旅游从业人数可以按照国际惯例进行预测,即按直接旅游从业人数与间接旅游从业数的比例1∶5进行估算。

3. 综合因素预测法

在预测规划区旅游从业人员总数时应综合考虑旅游业GDP、旅游从业人口、旅游人员数量、行业全员劳动生产率等因素。预测模型(唐代剑,2005)如下:

$$Y_t = M_0(1-v_1)t \frac{G_0(1+v_2)t}{Q_0(1+v_3)t}$$

式中，Y_t 为规划目标年的旅游从业人员总数；M_0 为基年的旅游专业技术人员密度；G_0 为旅游业 GDP 数值；Q_0 为行业全员劳动生产率；v_1 为旅游专业技术人员年平均增长率；v_2 为 GDP 年平均增长率；v_3 为行业全员劳动生产率年平均增长率。

（二）饭店从业人员预测

饭店从业人员数以床位数作为测算基数，确定床位与员工的匹配比例系数。饭店档次越高，该系数越大。王兴斌（2000）提出了不同星级饭店的床位数与所需从业人员的比例。五星级饭店比例为 1∶1，四星级比例为 1∶0.6—0.9，三星级为 1∶0.4—0.6，二星级为 1∶0.2—0.4，一星级为 1∶0.05—0.2。

（三）旅行社从业人员预测

旅行社从业人员数主要以有组织接待的年游客总数为测算基数，确定有组织的接待游客人数与从业人员数的匹配比例系数。其主要系数分为国际游客和国内游客，国际游客与从业人员的系数为 300∶1；国内游客与从业人员的系数为 600∶1。

旅行社内部各类员工的比例大致为：管理人员占 15％，导游人员占 55％，后勤人员要占 30％。

三、明确旅游人力资源规划内容

（一）旅游人力资源的数量规划

（1）确定规划区不同时段的旅游从业人员需求总量，根据预测结果，结合规划区的实际情况，确定出规划区近期、中期、远期等不同阶段所需旅游从业人员的总数。

（2）确定规划区各类旅游从业人员的比例。

王兴斌（2000）提出了旅游直接从业人员内部各类人员的比例关系：饭店员工占 65％；旅行社员工占 5％；旅游景区员工占 15％；旅游车船公司员工占 5％；行政管理人员占 1％；其他人员占 9％。但是，不同旅游区的比例关系是不一样的，应根据实际情况而定。

（3）主要旅游行业的人力资源数量规划。一般要对旅行社、旅游饭店、旅游景区的人力资源数量进行进一步规划。主要包括每个行业所需从业人员总数，以及内部不同工种人员数量。一般应以前面的预测为基础，结合实际情况进行适当修正。

（二）旅游人力资源的素质规划

1. 各类旅游从业人员应具备的素质

为了叙述简便，按照旅游从业人员的职业属性可将其分为旅游经营管理人员和旅游服务人员两大类进行素质规划（见表 10-2）。

表 10-2　旅游从业人员的职业属性

旅游从业人员的类型	素质要求
旅游经营管理人员	精深的业务经营才能；较强的创新意识和科学的思维方法；卓越的领导力
旅游服务人员	强烈的服务意识；良好的个人修养；熟练的服务技术

2. 旅游从业人员应具备的各种素质

(1) 思想道德素质：爱国敬业，遵纪守法，团结协作，文明礼貌。

(2) 文化素质：旅游行政管理部门和旅游企事业单位高层领导应具有大学本科以上学历；中层领导和主管人员应具有大学专科以上学历；初级主管和接待服务人员应具有高中以上学历。导游人员应符合《导游人员管理条例》规定的要求。涉外单位的管理接待人员要掌握一门外语，最好能掌握主要客源国的语言。

(3) 职业技术素质：旅游企事业单位的中高层管理人员和各类服务人员逐步通过职业技术培训，普遍取得岗位资格证书。

(三) 旅游人力资源的引入规划

旅游人力资源的引入主要包括两个方面：一是旅游人才的招募，二是建立宽松的人才流动机制。

1. 旅游人才的招募规划

旅游人才招募是为给旅游业中一定的岗位选拔出合格人才而进行的一系列活动，是旅游人力资源引入的主要方式，在规划时应明确以下几点。

(1) 对招募的人才提出具体条件，主要包括招募人才的学历、年龄、专业技术、职称、工作经历、基本素质等。

(2) 选择恰当的招募方式，一般可供选择的招募方式有广告、人才市场招募、到各类学校应届毕业生中招募和特殊招募。

(3) 制定科学的招募程序，主要包括各种测试（笔试、面试）、能力考察等，应成立相应的招募机构，制定合理的评分标准，做到公正、公开、公平。

2. 建立宽松的人才流动机制

旅游行业的人才流动十分频繁，宽松的人才流动机制是引进人才的重要环节，实践表明，某一行业的人员流动性越强，其生命力就越旺盛，企业员工综合素质的提升就越迅速。人才流动机制的建立，有助于形成旅游人才在行业范围内的最佳配置，有助于激励旅游企业留住人才(刘丽梅、吕君，2008)。旅游业人才流动机制主要包括内部流动机制和外部流动机制。内部流动即旅游人才在规划区内部不同区域、不同部门、不同岗位之间进行流动；外部流动则是指旅游人才在不同的旅游区域、不同的旅游部门、不同的旅游企业、不同的行业之间进行流动。

(四) 旅游人力资源的教育培训规划

1. 建立和完善旅游教育培训结构

各级旅游行政管理部门应建立旅游教育培训机构，大型旅游企业应建立培训部，旅游行政管理部门主要负责全行业教育培训的管理和管理干部的培训，企业主要对本单位的职工进行在岗培训。

2. 旅游院校建设

这主要是针对各级旅游发展规划的一项内容，旅游区规划一般不会涉及旅游院校建设的内容。学校教育是旅游人力资源的主要来源渠道,是旅游人力资源质量的基础。在旅游发展规划中,应明确在规划区域内需要建设的旅游高等院校、旅游职业技术学院、旅游中专和职高的数量和地域分布,各类学校要达到的目标等。各类旅游院校在层次上应合理,一般而言,高等院校、旅游职业技术学院、旅游中专、旅游职业中学应保持金字塔式结构。

3. 开展多种形式的旅游培训

培训的类型众多,根据培训的性质可分为岗前培训、在岗培训、转岗培调、晋升培训、技术等级培训等;根据培训的对象可分为职业培训、发展培训等;根据培训的内容可分为知识培训、能力培训等。针对不同的培训对象和要求,可以采取不同的培训方式。

四、明确旅游组织管理规划内容

(一) 旅游组织管理内容

旅游组织管理是指设置与旅游相关的行政部门、企业及组织,并对旅游业在市场引导、秩序维持、行业服务与协调等方面,采用行政、经济、法律等手段进行宏观调控、监督、指导和管理。旅游组织管理的主体有两类:一是政府管理部门,二是旅游行业组织。

1. 市场引导和秩序维持

旅游组织管理主体通过制定旅游业发展的方针、政策和规划,引导旅游行业的投资和经营方向;通过制定国际、国内旅游发展战略来调节市场供求关系;通过制定旅游业管理的行政法规、规章并建立执法队伍监督旅游企业的经营行为。

2. 行业服务

旅游组织管理主体通过行业性服务,培育国际和国内旅游市场,组织国家或地方旅游整体形象的对外宣传和重大促销活动,指导重要旅游产品的开发,积极进行旅游业调研,为企业的决策提供相关依据,帮助旅游企业提高竞争力。

3. 行业协调

由于旅游业是一个关联度广的行业,旅游业的发展涉及众多的部门和行业,无论是旅游行政管理部门,还是旅游行业组织,都要不断地与相关部门协调,争取在发展旅游业的共同目标下达成认识上和行动上的一致。

(二) 旅游组织管理规划的内容

1. 建立旅游产业发展的决策/协调机构

这是各类旅游业发展规划所涉及的内容,特别是在省、市级旅游业发展规划中,应成立类似的组织管理机构。地方旅游产业发展的决策协调工作应由党委和政府共同承担,因为无论旅游部门还是旅游企业都无法独立承担这种协调工作。目前,我国许多省级行政区成立了由本地党政主要领导牵头的旅游产业决策协调机构,取得了很好的效果。旅游产业决策组织的一般表现形式是旅游产业管理委员会,如上海市旅游发展委员会、陕西省旅游发展委员会、重庆市旅游经济发展领导小组等。一些地、市、县也成立了类似的组织管理机构,如黄山市的旅游委员会、桂林市的旅游产业发展指导委员会、承德市的旅游发展委员会等。这些决策协调机构多由发改委、城建、财政、规划、交通、农林、工商、税务、文化、公安等与旅游产业发展密切相关的部门负责人组成,就本地区旅游产业发展的重大问题进行研究、协商和决策,属于非常设机构,主要通过定期或不定期举行会议的形式开展工作,其办公室一般设在旅游局。这种模式在旅游业发展初期阶段,可以收到明显的效果。

2. 健全和完善各级旅游行政机构关系

行政管理机构按行政隶属关系分为国家级,省级,地、市级和县(市)级旅游行政管理机构。本着管理权限与管理范围相一致的原则,适度调整各管理层次之间的关系,分清各自的主要职责,形成上下通畅、层次分明、职责明确的旅游行政管理体系。

3. 加快成立旅游行业自律组织——各级旅游行业协会

在市场经济条件下,行业组织是由企业自愿参加和组织起来的具有法人资格的社会团体,行业协调、监督、自律和自我保护的组织,是加强企业联系的纽带,是沟通政府与企业的桥梁,是一种市场中介性的组织。

我国的旅游行业组织分为全国性和地方性旅游行业组织。全国性的旅游行业组织经过几十年的发展,已经基本完备,覆盖了主要的旅游行业,如中国旅游协会、中国旅游饭店业协会、中国旅行社协会、中国旅游车船协会、中国旅游报刊学会、体育旅游分会、旅游文化分会、旅游地学分会、生态旅游专业委员会等。

这些旅游行业组织的主要职能是:在当地民政和旅游行政主管部门的监督管理下,根据协会章程开展调查研究、协调联络、协助党和政府贯彻有关方针政策,向政府反映同行业企业的正当要求,制定行业规范,开展民间对外交流、宣传咨询、教育培训等工作。但是,地方旅游协会,特别是市、县及其以下地方的旅游协会建立的情况还不够理想,很多地方甚至还没建立起来。因此,在各级旅游业发展规划中,应当明确提出建立与本地区旅游业发展紧密相关的旅游行业组织,如省级旅游行政区内要全面建立各类旅游行业组织,市、县级行政区主要建立与旅游企业、旅游景区相关的旅游行业组织。

4. 创新旅游景区(点)的管理体制

1) 旅游景区(点)管理模式

我国的旅游景区(点)主要包括风景名胜区、文博单位、森林公园、自然保护区、旅游假区、林场、主题公园、各类康体娱乐场所等,不同类型的旅游区采取的管理模式是不一样的,凡是列入国家和省市级风景名胜区、文物保护单位、自然保护区、国家森林公园的资源,其所有权属于国家,管理权归属于各级行政管理部门。一般应按照各自的管理体系成立相应的行政管理机构,如风景名胜区管理局(委员会)、国家森林公园管理处、自然保护区管理处、文物管理委员会等。各管理机构作为国家资源所有者的代表依法实施管理权,其主要职责是执行有关法律法规,保护资源和环境,制定和审批项目的可行性报告和方案,代表政府管理区域内的民政事务等。除此之外的其他旅游景区,目前较为通行的做法是成立旅游管理委员会,将产权单位代表、旅游地行政部门、旅游行政管理部门都吸纳到旅游管理委员会中,协调相互关系,调整利益关系,保障旅游发展。

2) 旅游景区(点)的经营模式

长期以来,我国许多风景名胜区、文物单位、森林公园存在管理权和经营权不分的现象,产生了诸多问题。在大力推进市场经济体制的今天,作为资源所有者代表的相关行政管理部门及其执行机构(如风景名胜区管理委员会等)不宜直接从事旅游经营活动,应实行政企分离制度。旅游经营单位应真正成为独立的法人实体,进入市场经济的轨道,自主经营。

原来由政府部门投资建设的旅游设施应作为国有资产,或委任法定代表经营,或通过出售租赁、兼并等多种形式实行资产重组,形成新的产权主体。

由于风景名胜区、文物、森林、地质等属于珍贵的稀缺资源,因此一般采取国家控股方式或实行社会事业体制、企业化经营的模式。

3) 旅游景区(点)的监督体系

在旅游景区(点)推行三权分离(所有权、管理权、经营权)或两权分离(管理权、经营权)的同时,必须建立完善的旅游景区开发与保护的监督体系——国际组织和国际公约的监督、行政部门的监督、国家法律法规的监督、规划系统的监督、经济手段的监督和保障、社会公众和媒体的监督等。

> **同步讨论** 讨论相较于传统的权利组织模式,三权分离的组织管理方式有哪些有利之处?

任务 4　投资与效益规划

知识目标
1. 旅游投资估算
2. 旅游投资效益
3. 旅游投资规划的结构
4. 旅游融资的方式

技能目标
1. 理解旅游投资估算的内容
2. 分析旅游项目投资效益
3. 选择并确定旅游投资规划结构
4. 选择旅游融资的方式

一、旅游投资估算

对旅游规划所涉及的各项投资分别进行估算,然后加总。估算的依据主要有两种:一是相关国家标准和行业标准,如《建设工程工程量清单计价规范》(GB 50500—2013);二是规划地区同类建设项目的现行价格。一般而言,大部分旅游规划的投资估算主要涉及以下几个方面的内容。

(一) 旅游基础设施投资

旅游基础设施主要包括交通系统、通信系统、电力系统、给排水系统、燃气系统、供暖系统、治安管理系统、医疗救护系统、其他公用设施等。其中，交通系统对旅游规划实施的影响最大，投资额度最高，建设内容最多，包括机场、公路、铁路、航道、停车场、码头、索道等的建设投资。

（二）旅游专门设施投资

旅游专门设施主要包括旅游住宿设施、旅游餐饮设施、旅游娱乐设施、旅游购物设施等。其中，旅游住宿设施的投资额度最大。

（三）旅游景区建设投资

旅游景区是规划区域吸引力的源泉，是旅游规划实施的重中之重。旅游景区建设涉及的投资内容较多，主要包括景区内的道路（机动车道路、游道等）、游客中心、旅游解说系统、旅游景观设施、游憩设施、管理设施、员工食宿设施、景区内的旅游服务设施等。需要说明的是，凡是纳入景区投资估算的旅游基础设施和旅游专门设施投资，就不再计入前面的旅游基础设施投资和旅游专门设施投资中。

（四）旅游环境整治和生态环境保护投资

旅游目的地需要营造优美宜人的环境，涉及的主要投资项目包括绿化、城市（镇）风貌改造、民居风貌改造等。生态环境保护涉及的投资项目包括环境保护和教育、病虫害防治、环境卫生、垃圾处理、污水处理、地质灾害防治等。

一般来说，市场推广投资和人力资源培训投资，哪个在整体规划投资中占比更多？在不同的景区运营阶段，分别是怎样的情况？

（五）旅游市场推广投资

旅游市场推广也是旅游投资中的重要部分，涉及的投资主要包括品牌管理、市场调查、广告宣传、各类促销活动、旅游节庆活动等。对于该部分投资的估算，既可以按照旅游规划所涉及的旅游市场推广项目逐项估算，也可以按照旅游市场推广费用占旅游规划投资总额的一定比例推算。根据惯例，旅游市场推广费用占总投资的比例为5%—10%。

（六）旅游人力资源培训投资

根据上节内容可知，旅游人力资源是旅游顺利运营的重要保障，而人力资源培训可以提升员工的综合素质和能力，一般这部分投资占总投资的3%—5%。

（七）旅游规划设计投资

旅游发展规划、旅游区总体规划一般只是就旅游规划区的中观和宏观层次进行蓝图描绘，旅游规划区的具体建设活动还需依赖更加详细和可操作性的一系列详规和建筑设计。这部分投资一般应占总投资的5%—8%。

（八）其他投资

这一部分是不可预见费用，一般按照总投资的5%，据具体的规划进行估算，有些规划区存在社区居民搬迁费用，也包含在这一部分。

二、分析旅游项目投资效益

（一）经济效益分析

经济效益分析主要是对旅游规划的投资可行性进行定量分析。任何投资活动，都需要分析经济上的可行性，以便做出正确的投资决策。所谓旅游投资决策，是指在旅游经济活动中依据一定的行为原则，为达到一定的目标，在资金投入方向上，存在多个方案的比较中，选择和确定一个最优方案或最接近于理想方案的过程。正确的旅游投资决策是建立在对旅游投资项目的财务评价基础上的。

1. 旅游产出估算

旅游产出估算主要估算规划区域开发的旅游产品一年的全部收入。常见的估算方法有两种：一是按食、住、行、游、购、娱六大类产品分别统计；二是根据预测的年接待人次和游客的人均消费额进行估算。

2. 投资回收期

投资回收期是指一项投资收回全部投资额所需要的时间，自建设开始年算起，以年计。投资回收期就是计算投资返本年限。一般投资回收期越短，所承担的投资风险就越小，方案越可行。

3. 投资利润率

投资利润率是指每百元投资每年可创造的利润额。投资利润率越高，说明投资的经济效益越好。一般将投资利润率与同期银行贷款利率进行比较，投资利润率高于银行同贷款利率，在经济上就是合算的，反之，在经济上就是不可行的。

$$投资利润率 = \frac{年均利润率}{总投资额} \times 100\%$$

4. 净现值

现值是指未来某一金额的现在价值。净现值(net present value)是指投资项目的未来净现金流入量总现值减去现金流出量总现值的余额。把未来金额折算成现值的过程称为折现或贴现，贴现中所使用的利率为贴现率或折现率，一般用复利计算。

$$NPV = \sum_{i=1}^{n} \frac{CI}{(1+k)^t} - CO$$

式中，NPV为净现值；CI为现金流入量；CO为现金流出量；K为贷款利率；t为年份。

当NPV>0时，表明该方案可获得一定的投资效益，有利于投资者财务目标的实现；当NPV<0时，表明该方案达不到规定的收益标准，是不可取的；当NPV=0时，表明正好满足预期收益的要求。

5. 净现值率

净现值率是指投资项目净现值与全部投资额之比,即单位投资额能获得的净现值。净现值考虑了资金的时间价值,能反映方案的盈亏金额,但它只反映了投资方案经济效益量的量(盈亏总额),并没有说明投资方案经济效益的质,即每单位资金投资的效率,这容易促使决策者趋向利用投资大、盈利多的方案,而忽视盈利总额较小,但投资更少,经济效益更好的方案。净现值率可以较好地避免净现值的缺陷。其计算公式为:

$$净现值率 = \frac{净现值}{全部投资额}$$

6. 利润指数

利润指数是用单位投资所获得的净现金效益来比较投资方案经济效果的方法。其计算公式为:

$$PI = \sum_{t=1}^{n} \frac{CI}{(1+k)^t} \div CO$$

PI 表示利润指数,其他符号与净现值法公式中的符号相同。当 PI>1 时,表明投资会取得盈余,可以为投资者接受;当 PI<1 时,表明投资会亏损,投资者就不能接受。

7. 风险率

风险率是指标准离差率与风险价值系数的乘积。旅游投资回收期较长,旅游业受自然、经济、政治等各种因素影响较大,其风险较高,在进行经济可行性分析时,可计算其风险率:

$$\delta = \sigma' \cdot F$$

式中,δ 为风险率;σ' 为标准离差率;F 为风险价值系数。一般由投资者主观决定,愿冒风险以追求高额利润的投资者可以将风险价值系数取值小些,否则,可取值大一些。

风险率计算出来后,和银行贷款利率相加,所得之和如果小于投资利润率,那么方案是可行的,否则就不可行。

> **同步练习** 风险价值系数越大,表示投资者风险越大。(判断)

标准离差率是标准离差与期望利润之间的比率。

$$\sigma' = \frac{\sigma}{E} \times 100\%$$

式中,σ' 为标准离差率;σ 为标准离差;E 为期望利润。

标准离差是各种可能的利润与期望利润之间离差的平方根。离差越大,说明它们之间的差距越大,有关数值的可变性越大,从而风险也就越大,反之越小。

$$\sigma = \sqrt{\sum_{i=1}^{n}(X_i - E)^2 \cdot P_i}$$

式中,σ 为标准离差;X_i 为各年的利润;E 为期望利润;P_i 为概率。

期望利润是指投资方案的最可能的利润值。它是各个随机变量以其各自的概率进行加权平均所得到的平均数。

$$E = \sum_{i=1}^{n} X_i \cdot P_i$$

(二)社会效益分析

主要分析旅游规划实施后对目的地社会发展、社会进步所带来的好处。不同的规划区域、不同类型的旅游规划所产生的社会效益是不一样的。一般而言,主要应从以下几个方面展开分析:①增加就业机会,消化当地剩余劳动力;②调整目的地产业结构,使其向合理化和高级化方向发展;③旅游基础设施的完善和旅游专门设施的增加,改善目的地居民的生活环境和生存条件;④改善投资环境,促进对外开发;⑤促进目的地民族文化的保护和传承;⑥有利于文化交流,促进社会进步。

(三)环境效益分析

主要对旅游规划实施后对生态环境方面的影响进行分析,既要分析其正面影响,也要客观地分析负面影响。分析的主要方面包括生态环境保护的意识、环境污染与治理、生态变异与保育、物种多样性等。

三、确定旅游投资规划结构

旅游投资是指在符合国家有关政策法规的前提下,在一定时期内,根据旅游经济发展的需要,以一定数量的现金、实物和管理方式投入旅游发展项目之中,以获取一定回报的行为。按旅游投资的性质不同,可分为旅游固定资产投资和旅游流动资产投资;按筹集资金和运用方式的不同,可分为直接旅游投资和间接旅游投资。

旅游投资具有投资金额高、回收期较长、风险较大、有综合性效益等特点,是旅游规划具体实施的财务保障。目前,我国旅游投资成效显著,投资主体多元化,旅游投资的风险逐渐加大,同时也存在投资结构不合理、投资决策不科学、单纯倚重直接投资等问题。

(一)我国现行的旅游投资类型

1. 政府投资

政府投资包括中央政府和地方政府的投资,主要偏重于跨地区的或区域性的公用事业、基础设施等的建设投资。例如,我国张家界旅游区开发时修建的机场、交通网即由中央政府出资。

政府直接对旅游开发建设进行投资主要存在两方面的问题:一是政府财力有限,不可能拿出大量的资金用于旅游开发建设;二是政府投资按非市场化运作,建成的旅游项目和设施都按公益性、公共性的基础设施进行运营,加大了政府的财政负担。因此,这种投资方式在计划经济时代采用较多,在市场经济时代则较少采用。

2. 银行贷款

贷款单位需提出申请,经银行严格审查,符合条件者即能取得贷款。从银行贷款,要按合同规定的贷款期限,按年支付利息,按期还本付息。

3. 自筹资金

自筹资金主要是指各企事业单位自己筹措的资金。自筹资金由各部门、各地区、各企业各单位自收自支,具有较大的自主性。

4. 利用外资

利用外资的形式分为直接投资和间接投资。外商直接投资主要有中外合资经营、中外合作经营、外方独资经营、补偿贸易等方式。间接利用外资主要包括利用外国政府、国际金融机构的优惠贷款,利用中国银行及其海外分支机构向外国银行借款和吸收外资存款,利用外国商业银行借款,利用出口信贷及采用发行国际债券形式筹集资金等方式。

（二）旅游投资类型的选择

在旅游规划中,旅游投资类型主要根据规划旅游区的性质、旅游建设项目的性质来确定,一般而言,只有那些重大的旅游建设项目,对国家、区域旅游发展产生重大影响的旅游项目,才能选择国家和地方政府的投资,绝大多数旅游项目只能选择银行贷款、利用外资等。

四、旅游规划融资

旅游融资是指旅游投资者通过各种途径和相应的手段取得旅游开发建设资金的过程。一般分为内源融资和外源融资。内源融资是旅游投资者不断将自己内部融通的资金转化为投资的过程;外源融资是投资者吸引其他经济主体的资金,使之转化为投资资金的过程。外源资通常是通过金融媒介机制的作用实现的,又可以分为直接融资和间接融资两种方式（彭绪娟,2007）。

（一）我国现行的主要旅游融资模式

1. 政策支持性融资

充分利用国家鼓励政策,进行政策支持性的信贷融资。目前推行的主要有旅游国债、扶贫基金、生态保护专项资金、文物保护专项资金、世界旅游组织规划支持基金、国家及省市旅游产业结构调整基金等。这些政策支持的资金,主要用于特定区域、特定项目的旅游开发,一般只能作为旅游开发的启动资金。

2. 银行信贷

银行信贷是开发商主要的融资渠道。旅游开发可以采用项目信贷的方式借款。项目信贷要求自有资本投入25%以上,向银行贷款75%左右。开发商可以以土地使用权、相关建筑物的所有权、开发经营权、未来门票或其他收费权等作为抵押或质押。目前,银行尚无完善的对旅游开发进行贷款的金融工具,但已有企业尝试用开发经营权、未来收费权等作为质押的办法进行贷款。

3. 资本市场融资

在国内外资本市场上进行旅游开发建设融资,成为目前和今后我国旅游开发融资的主体,主要有发行股票、发行债券、股权置换等方式。

1) 发行股票

这是一个效率高、额度大、稳定性强的融资途径,可使旅游开发者在短期内筹集到大量的资金。股票筹资没有固定的利息负担和固定的到期日,股本是企业的永久性资本,利用股票筹资财务风险较小。但是,目前旅游企业上市的难度相对较大,特别是对那些刚准备开发的旅游目的地来说可能性很小。

同步思考 分析资本市场融资的几种方式各自的特点和优劣势。

2) 发行债券

我国近些年来在发行旅游债券方面进行了一些尝试,1999年国家发行了5亿元人民币的旅游企业债券,主要集中于国际级旅游度假区的开发建设;2000年和2001年,国家安排29.2亿元人民币的国债资金用于旅游基础设施的建设;2008年,重庆交通旅游投资集团有限公司发行15亿元人民币的债券,主要用于重庆市境内的旅游开发建设活动。发行债券的旅游企业,一般要有较大的规模,对于那些中小型旅游企业而言几乎是不可能的。但是,对于旅游目的地来说,可以通过政府出面协调,采取兼并、重组等方式,将一些旅游企业组成规模较大的企业后,即可获得发行债券的权利。

3) 股权置换

股权置换主要是在上市公司和非上市公司之间进行。由于旅游业具有良好的发展前景,一些传统产业上市公司有可能调整经营方向和投资方向,寻找在旅游业的发展机会。而拥有优质旅游项目的旅游公司可能又不具有上市权,这时可与上市公司进行股权或资产置换。例如,沈阳银基集团以优质旅游资产同 ST 辽物资成功地进行了资产置换(彭绪娟,2007)。

4) 旅游产业投资基金

旅游产业投资基金是经国家许可向社会发行旅游产业基金受益凭证获得社会公众资金的一种融资形式。可通过专业的旅游投资基金管理公司的规范运作,投资于旅游项目,既解决了我国旅游项目投资不足的困难,也为居民开辟了新的投资渠道。

4. BOT 融资

BOT 是英文 build-operate-transfer 的缩写,意为建设经营转让,是20世纪80年代以后在国际市场上出现的一种带资承包方式。在发展的过程中,先后出现了一系列的变异模式如 BOO(build-own-operate,建设拥有经营)、BOOT(build-own-operate-transfer,建设拥有经营转让)、BTO(build-transfer-operate,建设转让经营)、BT(build-transfer,建设转让)。

典型的 BOT 模式是指东道国政府同国外项目公司(投资者)签订合同,由该项目公司承担一个基础设施或公共工程项目的筹资、建造、营运、维修及转让。在双方商定的一个固定期限内(一般为15—20年),项目公司对其筹资建设的项目行使营运权,以便收回对该项目的投资、偿还该项目的债务并赚取利润。协议期满后,项目公司将该项目无偿转让给东道国政府。

BOT 方式使用范围较广,但主要适用于基础设施和公共部门的建设项目,如高速公路污水处理、铁路、桥梁、港口、隧道、机场、电厂（水电、火电、核电）等。这些项目工程量大，建设周期长，耗资巨大。在旅游开发建设中，一般旅游基础设施可采用该类融资模式解决资金问题。

5. TOT 融资

TOT 即 transfer-operate-transfer 的缩写，意为转让经营转让。它是将建设好的项目（多为公共工程，如道路、桥梁等）转让给外商企业或私营企业进行一定期限的营运管理，在合约期满后，再交回所建部门或单位的一种融资方式。在移交给外商或私营企业中，政府或其所设经济实体将取得的一定资金以再建设其他项目，如上海的南浦大桥和杨浦大桥均采用这种方式融资。

通过 TOT 模式引进私人资本，可以减少政府财政压力，提高基础设施运营管理效率，TOT 方式与 BOT 方式相比具有许多优点：TOT 融资方式只涉及经营权转让，不存在产权股权之争；有利于盘活国有资产存量，为新建基础设施筹集资金，加快基础设施建设步伐，有利于提高基础设施的管理水平，加快城市现代化的步伐。

6. ABS 融资

ABS 即 asset-backed securitization 的缩写，意为以项目所属的资产为支持的证券化融资方式，简称资产收益证券化融资。它是以项目所拥有的资产为基础，以该项目资产可以带来的预期收益为保证，通过在资本市场上发行债券筹集资金的一种项目融资方式，这种融资，由于资金的取得不是负债，而是用未来收入来抵押，它出售的是未来资产收入而不是资产本身，对于项目后期的发展十分有利。具体操作方法是，对某一项目预测其未来的现金收入，由金融机构进行评级并担保，然后向资本市场发行债券。

ABS 融资中项目资产是许多已建成的良性资产的组合，政府部门可以运用 ABS 方式以这些良性资产的未来收益作为担保，为其他基础设施项目融资。因此，这种融资方式多用于旅游基础设施建设领域，因为旅游基础设施的收入较为稳定、安全，未来的预期收益容易。

7. PPP 融资

PPP 即 private-public-partnership 的缩写，是指政府、私营企业以某个项目为基础而形成的相互合作的模式。通过这种合作模式，合作各方可以得到比单独行动更有利的结果。合作各方参与某个项目时，政府并不是把项目的责任全部转移给私人企业，而是由参与合作的各方共同承担责任和融资风险。

PPP 模式的最大特点是将私人部门引入公共领域，从而提高了公共设施服务的效率和效益，避免了公共基础设施项目建设超额投资、工期拖延、服务质量差等弊端。同时，项目建设与经营的部分风险由特殊目标公司承担，分散了政府的投资风险。在旅游基础设施建设项目融资中可广泛采用。

（二）选择旅游融资方式

不同的旅游建设项目，因其所需资金量、建设周期、风险性、收益大小和收益期长短不同，所选择的融资方式也是不相同的。

1. 旅游基础设施建设项目的融资方式

旅游基础设施建设项目的投资规模大、建设周期长、风险较高,对于一个地区旅游业发展会起到十分关键的作用。因此,一般外商、私营企业都不愿意投资旅游基础设施建设项目在融资方式的选择上,多选择国家政策支持性融资、发行债券(国债)融资、BOT融资、TOT融资、ABS融资、PPP融资、银行信贷融资等方式。

2. 旅游专门设施建设项目的融资方式

旅游专门设施的情况较为复杂,资金需求量较大的主要包括饭店和景区的建设。

1) 饭店建设项目的融资方式

饭店建设项目的融资方式主要可选择银行贷款、发行股票、发行债券、股权置换、旅游产业投资基金、TOT融资等方式。

2) 旅游景区建设项目的融资方式

不同类型景点的经营目的不同,选择的融资方式也不相同。

(1) 文化类景区(点)的融资方式。文化类景点主要包括各种历史文物、古建筑、古代遗迹、革命纪念地等。这些旅游景点具有准公共产品的性质,大多为国家或政府所拥有,在开发建设的资金筹集上应由国家发挥主导作用。其融资方式主要有国家政府直接投资、政策支持性融资、国际金融组织的专项贷款等。

(2) 人造景点的融资方式。人造景点是专门为吸引旅游者而建造的,是市场化的产物。其融资方式主要包括发行股票、发行债券、股权置换、BOT融资、TOT融资等。

(3) 自然类景区(点)的融资方式。自然类景区(点)包括的范围十分广泛,由于资源的不可再生性,在开发利用中要加强保护。在融资方式上多以国家政府的直接投资、政策支持性融资、银行贷款为主,适当运用资本市场进行融资,如发行股票、债券、旅游产业投资基金等。

本章小结

旅游设施与服务一般被分为基础设施和旅游专门设施。

生态环境保障规划内容主要包括两个部分:其一是对旅游资源的保护规划;其二是对旅游者规模和行为的控制。

旅游空间容量常用的计算方法有面积法、线路法、瓶颈容量计算法(卡口法)等。

我国在对规划区旅游从业人员总数进行预测时,常见的预测方法有三种:根据接待的游客数量预测、根据旅游营业收入预测和根据综合因素预测。

旅游组织管理是指设置与旅游相关的行政部门、企业及组织,并对旅游业在市场引导、秩序维持、行业服务与协调等方面,采用行政、经济、法律等手段进行宏观调控、监督、指导和管理。

关键概念

周转率 旅游地日空间容量 旅游地日设施容量 生态与环保规划 旅游人力

资源规划　旅游投资估算

复习思考

1. 复习题

（1）旅游规划开发保障体系包括哪些内容？
（2）简要说明旅游规划与开发中建立保障体系的意义。
（3）如何加强旅游业人力资源的开发与培养？
（4）怎样处理好旅游资源的保护与开发之间的关系？
（5）我国现行的主要旅游融资模式有哪些？应如何选择？

2. 计算题

通过预测，某旅游区年接待游客量为 18 万人次，其中 70% 需要在旅游区内住宿，平均过夜时间为 1.2 天。该旅游区全年开放 240 天，请按 70% 的客房出租率预测该旅游区所需的床位数。如该旅游区住宿设施均按中档规划，请预测该旅游区的客房数。

拓展案例　　"厕所革命"助力陕西全域旅游示范省创建

"没有想到西安的公共卫生间竟然这么漂亮，像星级宾馆里的一样干净整洁。卫生间里还摆放着沙发、茶几和鲜花，不仅设施齐全而且人性化，比我们家里的设计还要合理、舒适。这次来陕西旅游的印象太好了，无论是景区服务，还是旅游环境，都让人感觉很舒服，很贴心。"这是 2017 年 11 月 29 日记者在西安大雁塔北广场采访时，从来自湖南长沙的陈先生口中听到的外地游客对陕西景区厕所的印象。小厕所，大民生。随着大众旅游时代的到来，"厕所革命"不但是体现社会文明进步的窗口，也是传播城乡精神文明建设的美丽名片。

自 2015 年开始，截至 2017 年 10 月，在"厕所革命"开展的近三年时间里，陕西省共完成新建改建厕所 2643 座，"三年任务两年完成"，建设速度前所未有。厕所数量取得重大突破的同时，质量也显著提升，原来长期被游客诟病的问题得到了较好解决。通过越来越多的科技创新理念的融入，陕西"厕所革命"建设管理的企业化、标准化、生态化、智能化、人性化得到了国家旅游局的认可。

陕西省出台的旅游综合性文件中提出，全省各级政府要将旅游厕所纳入基础设施建设规划，承担建设管理主体责任；相关部门要主导管辖范围内的旅游厕所建设管理工作；到 2020 年在 A 级景区内全部消灭"旱厕"。"厕所革命"成为陕西旅游追赶超越的先导和突破口。

（资料来源：陕西省人民政府官网。）

讨论问题：

查阅资料，探讨为何旅游示范要以"厕所革命"作为突破口？"厕所革命"对陕西旅游发展有怎样的意义？

实践篇 SHIJIANPIAN

项目 11
旅游规划商务实践

◆ 项目目标

商务工作是旅游规划实际工作中的一项重要工作,商务人员是市场和技术的连接者,也是贯穿旅游规划工作始终的重要环节,商务人员不仅要懂得商务工作,而且也要懂得规划技术,是复合型工作者。

能否跟业主做好商务工作关系到规划能否顺利进行。规划单位根据客户要求及时进行商务对接,提供商务服务。通过制定完善的商务战略,实现项目组与业主的无缝对接。

◆ 学习目标

商务实践需要学生熟悉规划的内容,同时熟悉政府招投标流程及环节把控,能够制定市场拓展策略。本项目以教师指导,由学生完成实训演练学习。

本项目分为三个学习任务,分别为商务拜访、投标方案、商务对接。

通过本项目学习及实践演练,学生应该全面掌握商务流程与商务技能,了解商务服务,并能够完成市场拓展,最终完成商务战略的制定。

◆ 学习任务

任务清单	1. 制作投标方案 2. 制定商务战略 3. 编写客户维护方案
学习成果	《规划投标方案》、《商务战略》、《客户维护方案》

任务1　商务日常工作

知识目标
1. 熟悉商务工作的日常流程
2. 了解商务拜访
3. 了解客户维护工作

技能目标
1. 能够制定商务战略
2. 能够编写客户维护方案

一、项目信息收集

旅游规划项目信息收集是旅游规划商务人员的日常工作，商务人员每天应浏览各大招标网站来获取招标项目信息，对项目信息进行筛选。

二、商务拜访

商务拜访是商务工作的最基本的环节，商务拜访主要通过陌生拜访和老客户转介绍来确立拜访目标。

（一）陌生拜访

陌生拜访，并不是漫无目的地拜访，而是旅游规划的商务人员在主要目标区域的范围内有目的地拜访政府相关部门，主要是拜访当地旅游局负责规划的相关部门，了解当地旅游规划在本年度的规划信息和规划任务。同时做好后期的客户维护工作。

（二）客户转介绍

客户转介绍是指在老客户的维护过程中有新的旅游规划项目需要启动，这时需要通过老客户的介绍去拜访新客户。还可在陌生拜访时通过当地相关部门的介绍而拜访新的客户，但前提是要有熟人介绍，这样拜访成功的概率较大。

（三）商务拜访注意事项

1. 事先预约

未经预约而贸然登门拜访，会干扰对方的工作和既定的日程安排。在预约时，要告知对方你拜访的目的，以便对方做好准备。在约定访问时间时，要注意避开吃饭、休息，特别是午睡的时间。

2. 准备工作

拜访前应先阅读拜访对象的个人和公司资料,准备好拜访时可能用到的资料。检查各项携带物是否齐备,如名片、笔和记录本、成功案例介绍、合同等。要明确谈话主题、思路和话语。

3. 准时拜访

商务拜访一定要准时,最好提前十分钟到达。在进入对方公司前应先整理自己的着装,夏天应及时擦掉汗水,以最佳的形象、最从容的姿态进行商务拜访。随后检查自己的资料是否带齐,并将手机调到震动或者关机状态。如果遇到意外情况可能导致迟到,要及时通知对方。

4. 离别应致谢

在拜访过程中,不要东张西望,礼节性问候之后要尽快转入正题,不要东拉西扯,拐弯抹角,耽误对方时间。离别应该由拜访者提出,拜访者先起身并伸手向受访者道别,并向受访者表示感谢,如"感谢百忙之中接受我的拜访"。

 如何做好客户维护工作?

三、客户维护

客户维护是项目保障的关键,老客户的维护对于新客户的建立起着极其重要的作用。老客户的商务维护方法主要如下。

(1) 建立客户档案。
(2) 及时了解客户需求。
(3) 不断保持联络。
(4) 关注客户最新需求,及时提供技术服务和指导。
(5) 对于规划落地过程中遇到的问题及时予以解决。

任务 2 制作投标方案

知识目标
1. 熟悉招标流程
2. 熟悉招标文件的构成
3. 学习标书制作

技能目标
1. 学会编写商务标书
2. 学会编写技术标书

一、购买招标文件

招标公告发布后,参与投标的单位需要在招标公告规定的时间内购买招标文件。每个招标文件的要求都不尽相同,投标单位需要根据招标文件的要求制作投标文件,否则投标文件视为无效。

招标文件会对整个招标过程中存在的问题进行详细的说明,包括对投标方的要求、投标费用的相关规定、现场踏勘的时间、答疑会的时间地点、服务商质疑和投诉的相关管理办法等。

二、标投方案编写

投标方按招标文件的要求提供投标文件,并保证所提供的全部资料的真实性,以使其符合投标文件对应招标文件的要求。

投标文件一般由投标函、报价表、类似项目成功案例、拟派项目人员构成、资格证明文件、项目实施方案、其他辅助说明资料、其他附件等构成(见表11-1)。如招标文件有特殊要求的,按招标文件要求提供。

投标文件必须由投标方法定代表人或委托代理人签署(具有法定代表人委托书)并加盖单位公章。投标文件必须电脑打印,不能加行、涂抹或改写。

表11-1 投标文件构成表

内容	说明
投标函	按照招标文件提供的格式填写
报价表	投标报价为最具竞争力的一次性报价,开标后不可以更改
类似项目成功案例	提供同类项目案例
拟派项目人员构成	顾问(专家)团队和编制团队的成员以及每个成员的专业背景介绍
资格证明文件	主要包括: 1. 营业执照 2. 税务登记证 3. 组织机构代码证 4. 有无重大违法记录的书面声明(根据招标文件要求提供,如无说明一般需提供3年内) 5. 完税证明(根据招标文件要求提供,如无说明一般为3—6个月) 6. 近3年审计报告 7. 金融机构出具的资信证明(一般由开户行出具,如无特殊说明期限为投标前半年内) 8. 资格证明文件(按招标文件要求的资质提交,注意每个项目对资质的特殊要求)
项目实施方案	主要是指技术投标方案(详见技术标编制部分)
其他辅助说明资料	本部分一般需要向招标单位证明本单位的综合实力、优势、业绩等
其他附件	按照招标文件要求的附件填写,并加盖公章

(一)商务标书编写

1. 封面

标书封面制作时需要标注正本和副本(电子标书除外),正本就是指投标文件的原件,需要签字盖章。正本只有一份,需在正本的封面清楚标记"正本"字样。副本一般是原件的复印件,不需要签字盖章。副本一般有3份以上,且在副本的封面应清楚标记"副本"字样。当副本和正本内容不一致时,以正本为准。

2. 投标函

投标函文件格式由招标文件提供,投标方只需按照实际情况填写即可。

3. 法定代表人授权书

法定代表人授权书内容主要包括被授权人的姓名、职务、被授权项目的名称、授权范围、法律责任、授权期限、被授权人身份证复印件、委托代理人身份证复印件、法定代表人签字或盖章、委托代理人签字或盖章、日期等内容。

4. 投标保证金

投标保证金为投标文件的组成部分之一,投标方应按照招标文件的要求进行缴纳。中标方的投标保证金在签订采购供货合同后退还。未中标保证金在中标通知书发出后退还。

5. 投标人相关资料

投标人相关资料主要包括投标人基本情况说明、类似项目成功案例、拟担任本项目人员构成、拟担任本项目主要成员简历、资格证明文件等。

6. 报价函

报价函内容包括项目名称、项目编号、投标人名称、投标报价(总报价和详细报价两部分)、服务期限、项目负责人、法定代表人或授权委托代理人签字盖章、报价日期等。

> **同步思考** 技术标书和完整的规划有什么不同?

(二)技术标书编写

1. 封面

纸质版标书封面制作时需要标注正本和副本,正本就是指投标文件的原件,需要签字盖章。正本只有一份,需在正本的封面清楚标记"正本"字样。副本一般是原件的复印件,不需要签字盖章。副本一般有3份以上,且在副本的封面应清楚标记"副本"字样。当副本和正本内容不一致时,以正本为准。

2. 编制人员

编制人员名单包括领导小组和项目组人员姓名、职务。

3. 目录

目录根据实际编写章节进行编排，一般情况下设置三级标题并注明页码，有附件的要加入附件部分及页码。

4. 内容编写

技术标主要内容包括规划范围、规划总则、现状分析、旅游发展潜力分析、旅游发展总体目标与战略、市场开发战略、道路交通及游线规划、土地利用规划、基础设施、服务设施及附属设施规划、环境影响及环境防控规划、建设分期、投资估算与投融资规划等内容。

1）规划范围

具体规划范围、规划面积由甲方提供。

2）规划总则

规划总则包括国内外同类型旅游发展的态势、规划编制的具体背景、目的、意义、范围、依据、原则、期限等。

3）现状分析

对旅游规划区进行现状调查和分析，对项目地及周边旅游资源进行科学评价，对旅游产业要素和现状进行合理评价。

4）旅游发展潜力分析

对旅游规划区的客源市场进行分析和预测。预测旅游容量与客源规模。

5）旅游发展总体目标与战略

明确旅游规划区发展的指导思想、基本原则和发展思路，提出近期、中期、远期及远景发展目标。

6）市场开发战略规划

分析规划区旅游的客源构成，明确市场开发重点，预测未来市场发展方向。

7）要素结构与空间布局规划

根据规划区旅游资源空间布局现状，遵循区域完整性、资源分布集中性、交通联系性及其功能性等区域布局原则确定规划区旅游发展的布局和功能分区。

8）重点项目及旅游产品开发规划

策划一批符合规划区实际情况、对规划区旅游发展能起到较大促进作用的重点项目，构建丰富旅游项目体系，形成富有竞争力的旅游产品体系。明确发展思路和发展目标，规划旅游基础设施、服务设施，完善旅游服务功能。设计规划区旅游形象和宣传口号和 logo，策划相应市场营销手段。

9）道路交通及游线规划

对规划区的道路交通体系进行梳理，规划建设进出便利、体系完善的道路系统。将规划区内各景点以游客游览线路的方式串联起来，规划游客流向。以更好地调节游客情绪、布局服务设施。

10）土地利用规划

确定旅游用地规模。提出用地方案，对规划内的土地利用进行统筹安排，合理确定建设用地面积和布局，完善土地利用制度，对敏感地块的用地指标进行控制，明确未来的用地发展方向。

11) 设施规划

基础设施、服务设施及附属设施规划对旅游发展给排水、排污、垃圾处理、厕所等基础设施进行规划,同时围绕"吃、住、行、游、购、娱、商、养、学、闲、情、奇"旅游要素进行服务设施规划。

12) 环境影响及环境防控规划

规划区域生态保护、规划区的环境卫生系统布局,提出防止和治理污染的措施。

13) 建设分期、投资估算与投融资规划

确定近期、中期、远期建设计划,对旅游建设项目进行投融资规划,并提出相应投融资方案。

（三）投标方案的提交

投标方案的提交方式分为纸质版方案提交和电子版方案提交。

纸质版方案应根据招标文件所规定的地点,于截止时间前将商务部分和技术部分的正副本进行提交,招标人在投标截止时间以后收到的投标文件,将被拒绝并退回给投标人。在投标截止时间之后,投标人不得补充、修改投标文件。

电子版方案提交时商务部分和技术部分需按照招标文件规定的顺序合为一个整体的方案,于截止时间前在规定的网站进行提交。

三、开标和评标

（一）开标

招标代理机构根据招标公告规定的时间、地点,组织公开开标大会。开标前,投标方须由法定代表人或委托代理人(具有法定代表人委托书)持有效身份证明参加,并签名报到,不参加开标会议的视为自动弃权。图11-1所示为开标程序图。

（二）评标

在全部满足招标文件实质性要求前提下,对各投标人的投标方案和报价进行综合评议。评标委员会根据评标办法,对进入评审环节的投标文件进行评审,汇总投标单位标书得分,并按由高到低的顺序排出名次,则第1—3名为中标候选人。

1. 评标委员会

招标方根据招标采购项目的特点组建评标委员会,评标委员会由采购人代表和有关技术、经济等方面的专家组成成员人数为5人以上,其中技术经济专家人数不少于专家总人数的2/3,设评委会主任(组长)1人,根据需要可设副主任(副组长)1—2人。主任(组长)、副主任(副组长)人员由委托方与规划评审小组协商产生。为了保持评审的公平性,旅游规划编制单位的成员不参加评审会。评标委员会对投标文件进行审查、质疑、评估、比较。

2. 评标内容

评标内容包括对商务部分和技术部分的评审和比较。

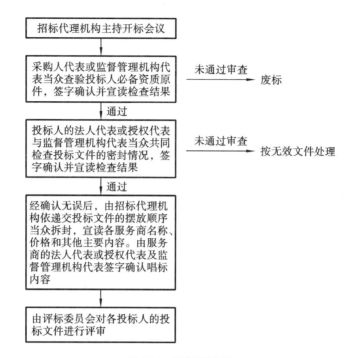

图 11-1　开标程序图

商务部分评审主要比较规划单位的资格、资质、人员技术水平、主要业绩、报价等，进行商务部分评分。

技术部分评审主要比较规划的目标、定位、内容、结构和深度等方面，进行技术部分评分。评分内容主要包括以下几个方面。

（1）旅游产业定位和形象定位的科学性、准确性和客观性。
（2）规划目标体系的科学性、前瞻性和可行性。
（3）旅游产业开发、项目策划的可行性和创新性。
（4）旅游设施、交通线路空间布局的科学合理性。
（5）旅游开发项目投资的经济合理性。
（6）规划项目对环境影响评价的客观可靠性。
（7）各项技术指标的合理性。
（8）规划文本、附件、图件的规范性。
（9）规划实施的可操作性和充分性。

3．评标程序

1）投标文件初审

初审分为资格性检查和符合性检查。

（1）资格性检查。依据法律法规和招标文件的规定，对投标文件中的资格证明、投标保证金等进行审查，以确定投标服务商是否具备投标资格。

（2）符合性检查。依据招标文件的规定，从投标文件的有效性、完整性和对招标文件的响应程度进行审查，以确定是否对招标文件的实质性要求做出响应。

2）比较与评价

按招标文件中规定的评标方法和标准，对资格性检查和符合性检查合格的投标文件进行商务和技术评估，综合比较与评价。

3）推荐中标候选投标人名单

评审小组根据招标文件中的"评分标准和方法"，对投标文件进行评审，按照综合得分向招标人提出书面评标报告，并推荐中标候选人。招标人根据评标委员会提出的书面评标报告和推荐的中标候选人，依据国家和地方现行法规确定中标人。招标人也可以授权评标委员会依据现行法规直接确定中标人。

（三）中标通知

中标通知根据招标文件的相关规定进行公示，一般有现场公示和网上公示两种。

现场公示是在评标结束后，当场公布评标结果，宣布中标单位，其他投标单位在规定时间内未提出质疑的，招标人可向中标方发放中标通知书。

网上公示是指评标结束后，招标代理机构接到招标方的中标结果确认函后，将中标结果在网上进行公示。其他投标单位在规定时间内若无异议，招标代理机构向中标单位发出中标通知书。

四、签订合同

评标结束后，招标方向中标单位签发《中标通知书》。中标方应按《中标通知书》规定的时间、地点签订合同。中标方未按《中标通知书》指定的时间、地点签订合同，视为放弃中标。

任务 3　商务项目对接

 知识目标

1. 熟悉商务合同
2. 熟悉整个规划的操作流程

 技能目标

学会编写商务合同

一、签订合同

规划机构经过前期商务谈判或招标程序，与业主达成编制规划意向后，应签订规划编制合同。合同应符合《中华人民共和国合同法》的相关规定，由业主和规划机构协商拟定，经双方认可后签字生效。

旅游规划编制合同的内容主要包括基本条款、主要条款、保证条款、法律条款和其他条款，必须明确规定规划名称、双方的权利和义务、内容要求、规划任务、规划标准、规划编制的总经费及付款方式、规划期限、保障金、延误罚款、合同的生效和中止、合同的变更与中止、合同的废除、不可抗力因素等。

> **同步讨论** 现场踏勘过程中商务人员和技术人员需要做哪些事情？

二、现场踏勘及座谈

合同签订后，规划机构与业主协商踏勘时间，组织相关专家及课题组成员与业主方相关人员共同进行现场踏勘，踏勘时应由熟悉当地情况的人员做向导，课题组成员在踏勘过程中了解规划区的实际情况，对当地居民进行走访、调查，收集相关资料。

踏勘结束后，由业主方组织规划组成员及当地相关人员、专家进行座谈，对规划区情况进行详细的介绍和答疑以及对未来规划的想法和期望，双方共同探讨规划的目标和方向，以便后期开展规划的编制工作。

座谈结束后由规划机构向业主提供所需资料清单，业主需要给予收集和整理并及时提供给规划机构或课题组，一般情况下，资料提供齐全后课题组开始启动规划编制工作。

三、成果提交

（一）规划成果提交形式

旅游规划成果一般包括文本及说明书、图件、附件、多媒体汇报、电子文档。

1. 规划文本及说明书

规划文本是旅游规划的主要成果形式，是对规划成果的一种简洁明了的说明。规划文本仅仅给出研究的结论和最终的数据，一般不进行解释和背景介绍。

规划文本与说明书的区别如下：

（1）从文字的详略方面来说，文本一般不讲过程，只讲结果，简明扼要；而说明书则要详细阐述文本中的相关条文。

（2）从表现形式方面来说，文本是以条文的表现形式；说明书以章节的表现形式。

（3）从法律效力方面来说，文本具有法律效力，说明书不具有法律效力。

（4）从措辞用语方面来说，文本语言比较确定，比较严谨，可能、建议的词语一般不用；而说明书则不受限制，比较随意。

2. 图件

图件是旅游规划成果的重要部分，经审批后，与规划文本具有同等效力。

旅游总体规划的图件主要包括旅游区位分析图、旅游综合现状图、旅游市场分析图、旅游资源评价图、旅游规划总体布局图、道路交通规划图、旅游功能分区图、旅游基础设施图、旅游服务设施图、旅游产品与线路分布图、旅游项目分布图、旅游环境保护图、近期建设规划图及其他专业规划图。图纸比例可根据功能需要与可能确定,一般应达到1∶5000—1∶2000,图幅大小应达到零号图纸。若规划面积很大,部分图纸比例可适当缩小,但不小于1∶10000。

旅游控制性详细规划的图件包括综合现状图、各地块控制性详细规划图、各工程管线规划图等。图纸比例为1∶2000—1∶1000。

旅游修建性详细规划的图件除了提供总体规划所需要的图纸外,还需要提供综合现状图、修建性详细规划总图、工程管网综合规划设计图、道路及绿地系统规划设计图、竖向规划设计图、鸟瞰、透视等效果图,图纸比例为1∶2000—1∶500。

3. 附件

旅游规划的附件一般包括说明书以及专项规划文本及其他基础资料。这些资料主要是对规划文本的内容进行说明和论证。说明书主要是对文本各项条款的阐释、说明和补充;基础资料包括旅游资源调查、环境资料、评价汇编、客源市场调查分析、调研报告、专题研究报告等。

4. 多媒体汇报

多媒体汇报的主要形式为PPT,PPT制作要求简明扼要,重点突出,图文并茂,排版清新,一般汇报时间控制在30分钟内较为适宜。

5. 电子文档

电子文档一般在投标时会有明确要求提供,需要将最终成果的全部内容以电子文件或者光盘形式提供给业主,用以备案。

(二)成果提交步骤

1. 初稿提交

在现场踏勘和对项目进行充分研究讨论后,课题组根据专家顾问的意见形成初步的规划思路,在合同规定的期限内完成初稿提交。

旅游规划的初稿形成后,需要以研讨会、座谈会的形式,广泛征求各方意见。包括规划区上级主管部门和相关部门意见、相关学科专业人士意见以及当地企事业单位和居民的意见,在此基础上,对规划草案进行修改、充实和完善,形成旅游规划送审稿。

2. 评审

旅游规划送审稿编制完成后,由业主提出申请,上一级相关行政主管部门组织评审。旅游规划评审一般采用会议审查的方式,规划成果应在会议召开5日前送达评审人员审阅。

旅游规划评审组一般由7人以上组成,设置组长1人,副组长1—2人,由业主与评审小组协商产生。评审人员包括经济分析专家、市场开发专家、旅游资源专家、环境保护专家、城市规划专家、工程建筑专家、旅游规划管理官员、相关部门管理官员等组成。其中,行政管理部门代表不超过1/3,本地专家不少于1/3。

评审结果需评审小组全体人员讨论、表决,并有 3/4 以上评审人员同意,方可通过。以文字的形式形成评审意见,经评审小组全体成员签字,方为有效。

评审内容主要包括以下几个方面。

(1) 旅游产业定位和形象定位的科学性、准确性和客观性。
(2) 规划目标体系的科学性、前瞻性和可行性。
(3) 旅游产业开发、项目策划的可行性和创新性。
(4) 旅游产业要素结构与空间布局的科学性和可行性。
(5) 旅游设施、交通线路空间布局的科学合理性。
(6) 旅游开发项目投资的经济合理性。
(7) 旅游规划项目对环境影响评价的客观可靠性。
(8) 各项技术指标的合理性。
(9) 规划文本、图件和附件的规范性。
(10) 规划实施的可操作性和充分性。

评审意见是评审小组对方案提出的意见,目前,我国旅游规划的评审意见无固定格式,评审意见主要针对方案做基本评价和结论性评价。表 11-2 所示为评审意见表。

表 11-2 评审意见表

基本评价	结论性评价
• 是否符合实际情况 • 是否符合国家和地方有关法律法规和相关政策 • 是否与国民经济和社会发展、城市总体规划以及交通、土地、园林、文化、环保等其他专业规划相衔接 • 是否符合行业标准和技术规范 • 是否科学、合理、可行 • 规划存在哪些不足之处	• 规划存在的问题 • 进一步完善的意见 • 评审结论

本章小结

商务工作是规划工作的重要环节,旅游规划商务人员主要对接政府人员和企业中负责项目的相关人员,商务人员需要掌握相关规划知识,以便在跟甲方沟通中能够顺利谈判项目。

商务人员要能够顺利收集旅游规划项目信息,掌握商务拜访的相关要点,能够做好客户的维护工作,特别是重要大客户的维护。

此外,商务人员需要会撰写商务标书,能够推动项目顺利进行,并最终签订合同,完成项目的全程服务。

关键概念

商务拜访　投标　商务对接

复习思考

1. 复习题

(1) 商务拜访过程中有哪些注意事项?

(2) 商务标书的编写内容有哪些?

2. 思考题

怎样才能成为一名优秀的旅游规划商务人员?

项目 12
旅游策划与规划实践

◆ 项目目标

　　旅游策划与规划设计是旅游规划的核心环节,是一项综合性、应用性、技术性很强的工作,规划编制必须在科学的方法论指导下才能达到理想的效果。规划设计的好坏直接影响到规划区的后期发展和运营的成败。

　　旅游规划最重要的是对项目地的全面分析和准确定位,规划师的视野、规划思路的创新以及规划区的业态是规划区未来发展至关重要的因素。因此,要根据每个课题的特点建立相关的专业团队,对课题进行深入的分析、思考、创意和设计。

◆ 学习目标

　　旅游规划设计需要以小组为单位,通过各自的课题研究,进行实际操作流程的学习及训练。本项目以教师指导,学生参与为主,由小组合作完成学习任务。

　　本项目分为五个学习任务,分别为课题管理、课题分析、策划方案、规划设计、成果提交。

　　通过本项目的学习及实操,结合本书前面的课程学习,学生应该全面掌握旅游策划的要点及主旨,掌握旅游规划设计的程序与技术,对课题进行准确的分析与定位,进行创意性策划,最终完成整个规划方案的编制。

◆ 学习任务

任务清单	1. 完成课题的选择和小组的成立 2. 完成课题的各项基础分析 3. 完成课题发展战略的制定 4. 编写策划方案 5. 完成规划设计方案
学习成果	《旅游策划方案》、《旅游规划设计方案》

项目12　旅游策划与规划实践

◆ **案例引导**

.... 乌镇，以迷人的夜色留住游客 ....

在乌镇，流传着一句话："晴不如阴，阴不如雨，雨不如夜。"夜色是乌镇留人的利器。

如果白天的乌镇给了你原汁原味的江南水乡风情感受，那么夜晚的乌镇会带给你迥然不同的风情，人们常说的"宿在乌镇，枕水江南"就从一个侧面解读了乌镇夜色的美妙。

入夜时分，泛光照明陆续亮起，将整个西栅勾画得晶莹剔透。古树下，桥拱里，水阁石柱水中，河埠台阶上，各种暖冷色调的点、块、线状灯光相互辉映；高耸的马头墙、观音兜、起伏的老建筑屋脊线，楼亭的飞檐翘角，甚至鳞次栉比的瓦面上都被灯光勾勒出本色的轮廓；更有民宿、酒家的灯笼点缀其间；当地居民家的门缝中、窗棂间漏出的点滴灯光透出了温暖的亲情，整个西栅仿佛琼楼玉宇，直让人有恍然不知身在何处的惊叹。

当然，你也可以自由自在地徜徉在泛着淡淡光晕的大街小巷中。你完全不用担心亮如白昼的街道会破坏了你寻幽的心情，老街小巷上除了几盏古色路灯外，照亮古老的雕花窗、门楼、风火墙的全是环保节能的 LED 光源，毫不刺目的寂寞。只有当你从街上转出去，走上石桥，才倏地展开了一个银河泻地的世界。

西栅夜色之美超凡脱俗，无论是从构思的精巧还是气势的宏大而言，在国内景区都难得一见，是游客不容错过的美景。

目前，乌镇已经有1100多间客房，整个景区客房入住率常年保持在90%左右，旺季时期客房爆满，通常要提前2—3个星期预订。在逗留时间上，2006年游客逗留时间不足1天，2011年平均逗留时间接近2天。

任务1　课题小组管理

知识目标	技能目标
1. 了解课题小组的构成 2. 了解课题小组的工作流程	学会制订工作计划

一、成立课题小组

旅游规划项目正式启动后，首先要确定规划的核心编制队伍，成立课题小组。课题小组的人员构成根据项目性质的不同而不同。一般由旅游顾问组(专家)、领导小组和核心编制组三部分组成。课题小组成员应有比较广泛的专业构成,如旅游、经济、资源、环境、城市规划、建筑等方面。

顾问组(专家组)的构成由规划单位根据项目性质进行聘请,主要聘请与项目相关的国内外高水平专家,顾问组(专家组)的职责是对规划过程中出现的问题进行专业的咨询,提出意见,帮助课题组把控规划的方向和高度,指出规划中存在的问题和不足,避免规划出现偏差。顾问组除旅游专家外,还应包括市场营销、城市规划、生态环境规划、建筑规划、道路交通、地理、考古、文物、民俗、人力资源、社会学等多学科多领域的专家,在旅游规划编制的过程中各学科专家应扬长避短,实现优势互补。

领导小组由编制旅游规划所在地的政府主要或分管领导担任组长,政府相关部门的负责人为成员。不同类型的规划包括的相关部门不完全一样。如果委托方为公司,则由公司内分管项目的主要负责人担任组长,其他部门的负责人为成员。领导小组的成员对当地的历史和现状以及旅游业的发展情况较为熟悉,在规划过程中需要顾问组与领导组密切配合。

核心编制组成员一般为6—8人,是旅游规划编制的核心队伍,由旅游经济、市场营销、资源环境、园林设计、景观设计、建筑设计、城市规划等专业背景人员共同组成。根据每个项目性质不同,每个项目组由不同的人员构成。

二、制订工作计划

在选定规划组成员后,规划编制组应与领导小组商定规划的行动计划,详细描述资料搜集、调研、野外实地踏勘以及规划编制工作的进度安排,最终将计划安排以工作计划表或甘特图的形式列出,并明确标出完成各项工作预计所需时间及达到的阶段目标。

甘特图是查看项目进程常用的工具图,也叫线条图或横道图,由二维坐标构成,其横坐标表示时间,纵坐标表示任务。企业应将项目执行期内的各项任务分解,每项任务用一条横线表示,其长度是完成这项任务所需的时间,将横线按任务的起止时间放在图内,如图12-1 所示。

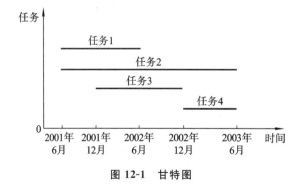

图 12-1 甘特图

三、资料收集与调研

课题组成立后,核心编制组成员通过网络或书籍收集规划区的基本资料,必要时需对

项目12　旅游策划与规划实践

规划区进行市场调研,然后通过统一学习或会谈交流等途径充分掌握规划区的基本信息,并对规划编制委托方先期提供的信息进行详尽的分析。随后组织专家组与项目组成员一同开展实地踏勘调研工作。

> **同步思考**　踏勘前后分别需要收集哪些资料?

前期资料收集主要包括政策法规的研究、旅游资源的调查与评价以及客源市场的调查预测。

政策法规的研究是规划制定合法性的保证,一般需研究城市总体规划及得到上级土管部门的批复;当地政党领导关于发展经济和旅游的讲话;当地国民经济和社会发展物件计划及长期发展规划;当地交通、土地、水利、文物、园林、森林、环保、绿化等规划;当地社会发展公报和统计年鉴;地方史志、文史资料、民俗物产等。

旅游资源调查与评价是按照旅游资源的分类标准对旅游资源单体进行的研究和记录。通过调查,查明可利用的旅游资源状况,为旅游资源评价、分级分区、开发规划和合理利用等做好准备,为规划区提供决策依据。具体参照《旅游资源分类、调查与评价》。在随后的实地考察踏勘时,应逐个对旅游资源单体进行现场调查核实和补充,包括访问、实地观察、测量、记录、绘图、摄影灯形式,必要时进行采样和室内分析。

旅游市场调查与预测是指在前期准备资料时,应对规划区所在地的旅游市场情况做调研和资料分析,对规划区的旅游者数量和结构、地理分布、季节性、出游方式、旅游目的、旅游偏好、停留时间、消费水平等进行全面分析,最终落脚到客源市场预测,预测客源市场未来的总量、结构和水平。预测结果是旅游规划的依据。

四、考察踏勘

旅游规划的考察踏勘工作的内容是对规划区当地与相关地区与旅游相关的众多因素进行调查。其中最重要的工作就是对旅游资源进行调查和评价。通过实地察看、座谈会、听取汇报等形式,详细了解规划区经济社会发展及旅游资源、旅游开发、旅游产业发展需求等情况。

在实地踏勘过程中,课题组将从自然资源、人文资源两个方面进行全面资源普查,此外通过与当地政府、群众等交谈,挖掘文化,了解民俗,了解旅游项目的开发情况,获取当地资源情况的直接一手资料。规划设计师则通过实地踏勘标注位置信息,了解土地利用状况和权属关系、道路现状、房屋现状、房屋结构、山地坡度、走向、地质地貌、气象水文、生态环境、基础设施、服务设施、情况等,通过地图标注和照片等形式加以记录,最终课题组将对项目地旅游资源进行全面分析和科学评价,找准旅游资源的优势、特征以及独特性、差异性,研究并提出整体开发策略、战略及核心项目布局。

任务 2　课题背景分析

知识目标
1. 掌握宏观背景分析
2. 掌握基础条件分析
3. 掌握开发战略分析

技能目标
能够准确地进行课题分析

一、宏观背景分析

背景分析主要针对课题当前所处的时代背景展开分析,如国家政策、地方政策、区域优势、交通优势、经济优势、市场趋势、产业趋势等,并对未来国家发展大趋势、旅游业以及同类项目的发展趋势加以分析。在规划编写中背景分析没有固定的写作模式,是总规划师对整个项目的宏观理解和方向把控。

二、基础条件分析

（一）区位条件分析

大量事实表明旅游目的地游客量的多少不仅仅取决于资源的吸引力,很多时候是位置所决定的。这是因为多数旅游者受钱和闲的制约,只能选择近地域旅游。相关机构数据分析,长三角旅游趋势显现三大特征:短途游,1—3 小时交通圈为高频率出行范围,其中1.5—3 小时车程占比达 41.3%,偏好近程短距离游。周末游、周末、小长假等两至三天的短途游选择占比高,周末游成主流趋势。

因此,旅游区客源区位的评价,一定要分析客源市场距离规划区的远近和客源市场出游的潜力。在对课题进行基础条件分析时,应当首先考虑项目地的区位状况,判断项目地是否适合发展旅游,确定合理的战略目标,决定开发力度和进度,寻求区位优势而不致盲目规划。

区位条件分析部分的编写一般包括地理区位分析、旅游区位分析、交通区位分析、经济区位分析、文化区位分析、区域网络分析等内容。

地理区位分析主要指分析规划区的地理位置、地形地貌、气候水文、资源环境等因素。

旅游区位分析主要指分析规划区所处的旅游区域范围,该区域的旅游地位,周边知名景区情况,该区域范围内重要的旅游资源,旅游经济现状等。

交通分析主要指分析规划区外部和内部的交通现状。外部交通现状主要分析项目地与经济圈内主要大城市之间的距离,到达项目地的航空、铁路、公路、水运交通现状及设施

（包括已有和规划建设中的）、主要交通枢纽、2小时交通圈内的主要城市客源等。

经济区位分析主要指分析规划区的经济区划位置、所处经济圈的经济状况，与发达城市经济的关系，所处经济圈内的人均收入情况、消费能力、消费重点等。

文化区位分析主要指分析项目规划区的地域文化、历史文化、宗教文化、文化遗产、民族文化、风俗习惯、文化作品、饮食文化、名人传说等。

区域网络分析主要是指分析规划区相邻的区域，周边县域、地市、省域甚至国家的旅游竞争区域，将规划区与这些区域进行比较和差异分析，防止同质性竞争，找到地域联合因素，促进地域旅游整体发展。

（二）资源条件分析

旅游资源是自然界和人类社会凡能对旅游者产生吸引力，可以为旅游业开发利用，并可以产生经济效益、社会效益和环境效益的各种事物和因素。旅游资源是旅游业发展的基础，是旅游规划的载体。在旅游资源条件分析这部分的编写中，主要包含以下几个方面内容。

1. 旅游资源的调查

资源调查是进行旅游资源评价、开发、规划及合理利用保护的最基础的工作，为了解旅游资源的赋存状况，制定科学的规划提供可靠保证，为旅游业发展提供决策依据。

同步练习 基础条件分析包括（　　）。
A. 背景分析　　B. 区位分析　　C. 资源分析　　D. 市场分析

2. 旅游资源的分析与评价

在旅游资源调查的基础上，对旅游资源进行摄入剖析和研究，找出规划区的核心价值资源，它是旅游规划的前提，只有当规划区的旅游资源具备了一定的价值，才能进行下一步的规划和开发工作。

旅游资源开发评价的核心内容包括：资源总量分析、资源类型分析、资源特征分析、资源分布情况、资源开发的遴选及资源开发模式。

在资源开发遴选中主要考虑规划区各类资源的自身特色、美学观赏价值、历史文化价值、科学考察价值、文化传承价值、经济社会价值、知识教育价值、旅游功能等方面，最终进行开发适宜性评价，通过资源的分析与评价最终确定规划区旅游开发的发展战略、主要功能和项目类型。

（三）客源市场分析

旅游业的发展成功与否，并不完全取决于资源的丰度如何，更重要的还在于客源市场的可靠度。客源市场分析的准确度是关系到旅游规划成功与否的关键。因此，规划前需要对客源市场进行深入的研究和预测，作为旅游规划的依据。

客源市场分析部分在实际的编写中主要包括旅游市场需求的调查、旅游市场的细分、客源市场定位、旅游市场分析与预测、旅游大数据分析等内容。

旅游市场需求调查是通过对规划区客源市场的判断,对特定规划区(旅游区)特定时期内可能的游客数量进行调查,运用科学的方法和手段,系统地、有目的地收集和分析市场信息并做出评价。

旅游市场细分是指在规划前对规划区主要的专项客源市场做出判断,开发者针对自己最为关键的市场部分,利用自身有限的资源集中对这部分市场进行开发和拓展,最终确定目标市场并进行有针对性的旅游产品设计和市场营销规划。

客源市场定位是指根据目标市场上的竞争者和旅游开发者自身的状况,从各方面为旅游开发者的旅游产品和服务创造一定的条件,进而塑造一定的市场形象,以求在目标顾客心目中形成一种特殊的偏好。

旅游市场的分析与预测是指通过对目标市场的客源结构、旅游偏好、出游方式、出游动机、停留时间、消费水平等进行全面分析后对目标市场未来的需求做出展望与推测。

旅游大数据分析是指在规划中对旅游热点和相关大数据的运用来指导项目在规划过程中的产品设计、形象塑造、营销策划和创新运营。大数据更加贴近消费者、深刻理解需求、高效分析信息并做出预判。通过大数据可以了解用户画像数据、掌握游客的行为和偏好,真正实现"投其所好",以实现推广资源效率和效果最大化。

三、开发战略分析

旅游开发可行性分析是对旅游发展环境、旅游资源、旅游市场、旅游竞争-合作分析的总结,它可以帮助旅游规划人员找出对规划区有利的因素,避开不利因素,发现存在的问题,找到解决办法并明确未来的发展方向。通常通过SWOT分析来实现。

SWOT分析,即态势分析,是指对规划区的优势、劣势、机会和威胁通过。调查列举出来,并依照矩阵形式排列,然后用系统分析的思想,把各种因素相互匹配起来加以分析,从中得出一系列相应的结论,而结论通常带有一定的决策性。其中优势和劣势属于规划区的内部条件,而机会和威胁属于外部环境。

对不同类型的旅游区而言,重要的是研究如何针对自身的内在条件巩固优势、减少劣势、抓住机会、减少威胁,保持和发扬规划区最具优势的要素并创造核心竞争力。

四、规划总则确定

规划总则是规划文本的第一部分,是每个规划编制不可缺少的总体纲要。规划总则的内容包括规划范围、规划性质、规划原则、规划依据、指导思想、规划目标、规划年限、规划任务、技术路线等内容。

规划范围是指规划区的红线范围、经纬度范围和总规划面积,一般由委托方确定。

规划性质是指本次规划是属于法律法规或国家标准化文件所规定的哪种规划,对规划区有什么样的指导意义。

规划原则是指本次规划在编制过程中所必须遵循的编制准则,规划原则视项目而定,不同性质的旅游项目所遵循的原则是不同的。

项目12 旅游策划与规划实践

规划依据是指本次规划中所依据的法律法规、技术规范、上位规划及相关文件、资料等。

指导思想是指本次规划的行动指南,是指导整个规划的理论体系,是整个规划的理论基础。

规划目标是指对规划区发展的未来可能性所作的状态和位置抉择。该目标既应该是符合目的的,也应该是通过主观努力可达的,它是旅游发展全局性要求的简要、生动的反映,是旅游规划科学性、合理性的集中标志。

规划年限是指本次规划所指导的发展建设的时效,《旅游规划通则》中做出如下规定。

旅游发展规划包括近期发展规划(3—5年)、中期发展规划(5—10年)、远期发展规划(10—20年)。

旅游区总体规划的期限一般为10—20年,同时可根据需要对旅游区的远景发展做出轮廓性的规划安排。对于旅游区近期发展布局和主要建设项目,也应做出近期规划,期限一般为3—5年。

规划任务是指根据《旅游规划通则》(GB/T 18971—2003),本次规划的最终成果。

技术路线是指本次规划的技术流程(见图12-2)。

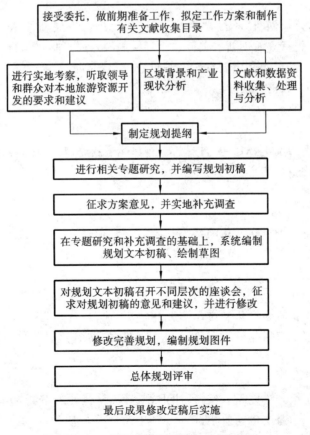

图12-2 景区总体规划技术路线框图

任务3　旅游策划实务

知识目标
1. 了解旅游策划的创新思维
2. 学习旅游形象策划的方法
3. 学习旅游空间布局策划的方法
4. 学习旅游产品策划的方法

技能目标
1. 能够准确地对景区做出形象定位
2. 能够准确规划景区空间布局
3. 能够进行创意的旅游产品策划

一、旅游策划的创新思维

在"大众创业,万众创新"时代,"旅游+"已成为旅游发展新常态。旅游创业,规划先行;旅游规划,创新先行。而创新的关键在于围绕旅游六要素吃、住、行、游、购、娱和拓展六要素商、养、学、闲、情、奇的文化创意和产品创意。旅游创新可秉承十字箴言即义、绎、仪、异、颐、宜、逸、益、遗、疑进行设计。

(一) 创义

在内容上,化虚为实,变幻为真,挖掘文化,深化主题,升华景区有意蕴、有价值、有诱惑力、有感召力的文化精神和个性。

(二) 创绎

在外延上,旅游策划重在文化演绎、延伸和扩展,通过情景化、故事化、细节化的设计,让游客体验全方位、深层次、多角度的生态、人文景观及旅游产品。

(三) 创仪

在形象上,注重景观多样化和产品多元化,或古典,或现代,或生态,或抽象,只有仪态万千,才会有凤来仪。有风仪就有形象,游客才心仪之,向往之。

(四) 创异

在特色上,旅游策划讲究新、奇、特,注重独特性、排他性和垄断性,要第一,更要唯一;要绝品,更要孤品。力避文化同质化、创意大众化和产品同质化。

(五) 创颐

在产品上,随着休闲旅游时代的到来,包括养生、养老、养心、体育健身等旅游新需求、新要素的康健旅游产品已成为大众化需求,市场空间极为广阔。

(六)创宜

在业态上,宜通过改善生态环境和完善软硬件条件,使旅游地宜游、宜旅、宜居、宜乐、宜商,吃、购要安全,行、住要安心,游、乐要安闲。

(七)创逸

在休闲上,旅游活动的一个重要功能是愉悦身心,陶冶性情。景区作为游客心灵的归宿和休憩的驿站,应创造一个闲适的环境,使游客或陶醉于激情,逸兴云飞;或沉湎于世外,超然自逸。

(八)创益

在效益上,旅游业是国民经济主导和支柱产业,这不仅是一个朝阳产业,还是一种美丽经济,政府可以搞乡村旅游、全域旅游之类的基础工程,但投资者必须讲效益。在实体工业和商业不太景气的大形势下,旅游业还要发挥带动作用,横向打造从"旅游+"到"+旅游"的新业态,纵向打造旅游产业链。

(九)创遗

在品牌上,策划要立足长远,着眼全局,赋予景观文化内涵和精神特质,带动文化产业发展,让新景遗泽后世,让遗迹熠熠生辉,创建未来的世界文化遗产。

(十)创疑

在推广上,疑则生议,有争议才有名气,有噱头才有吸引力。只有引发争鸣,形成轰动效应,才能成为众之焦点。有焦点就能聚光,聚光才能聚人。

 龙门石窟策划

二、旅游策划的实操

(一)旅游形象策划实操

旅游形象策划是从形象策划中衍生和发展出来的。

旅游地形象策划就是在旅游地吸引力要素和旅游市场分析的基础上,通过创造性思维,形成能够吸引旅游者并激发其旅游动机的旅游地独特的形象定位和形象识别过程。

形象是旅游地引起客源市场注意的关键,面对激烈的市场竞争,形象驱动策略已经成为旅游地提高自身吸引力和知名度,在众多竞争对手中被大众识别和接受的重要途径。旅

游形象策划的最终目的就是经过策划,让旅游地成为旅游者首选目的地。

1. 旅游地形象调查与诊断

1) 旅游地形象调查

旅游地形象调查是进行旅游地形象策划的基础和前提。只有对旅游地形象进行全面翔实的调查,才能为旅游地确定合理的旅游形象,进行准确的形象定位。

旅游地形象现状调查主要包括对旅游地的知名度、美誉度和认可度的调查,对旅游地形象构成要素的调查以及形成旅游地信息来源的调查。

旅游地知名度调查不仅仅是对旅游地好的方面的知名度调查,也包括坏的方面的知名度调查。测算公式为:

$$知名度=(知晓旅游地的人数/总人数)\times 100$$

旅游地美誉度是指对旅游地好的方面的调查,其计算公式为:

$$美誉度=(称赞旅游地的人数/知晓旅游地的人数)\times 100$$

旅游地形象认可度是指旅游者把旅游地的产品和服务纳为自己消费对象的程度,其计算公式为:

$$认可度=(行为人数/知晓人数)\times 100$$

旅游地的形象构成要素调查需要详细调查和研究旅游地在旅游者心中的实际印象,以及形成这种印象的原因。或者旅游地在旅游者心中最重要的因素是什么,这种因素是动态的还是静态的。如一提到西安就想到兵马俑,这就是静态的因素,是基本固定不变的。

旅游者信息来源调查是指调查旅游者得之旅游地的信息渠道,信息渠道决定了旅游地形象传播的信息形式,信息来源的调查是旅游地形象传播策划的重要依据。

2) 旅游地案名命名

一个名称反映了一个项目、区域、城市的特质,好的案名可以具有很好的感召性和联想性,所以一个好的案名对一个项目的推广起到至关重要的作用。如"拈花湾"景区的命名源于灵山会上佛祖拈花而迦叶微笑的经典故事,从案名中就看到了景区安详、静谧、调和、美好的意境。

2. 旅游地形象定位与宣传口号

旅游形象定位是旅游形象策划的核心。形象定位的目的是使旅游地在游客心中形成独特鲜明的形象,是对旅游地形象的一种提炼和设计,是把旅游地形象在众多已有的和未知的旅游形象中凸显出来。它是建立在对旅游地形象深入研究基础之上的。

1) 旅游形象定位

旅游形象的策略主要有两种:一种是软性的形象系统,这种形象主要表示的是一种生活方式。比如,凤凰古城打出"为你,这座古城已等待了千年"的概念;第二种是硬性形象系统,这种旅游形象重点强调旅游地具体性的价值点,比如,乌镇——"最后的枕水人家"。

一个好的旅游形象定位主要由5个因素来决定。

第一,旅游地自身的特质。旅游地自身的特质包括旅游地自身的资源、功能、特色等,旅游形象定位在此基础上加以深化和升华,形成更具竞争力的形象占位。

第二,旅游地和竞争者之间的关系。依据市场的竞争格局和旅游地的竞争优势,注意借势其他项目的带动作用,采用占位、共生、比附、错位、补位等定位策略,做好旅游形象定位,处理好自身和其他景区之间的关系。

第三,顺应消费需求与市场拓展的需求。不同景区往往由于自身资源和功能多少的特定性,所以满足消费者需求也往往具有特定性和针对性。所以,旅游地形象定位要在展示项目功能和特点时,和消费者对于项目的期待能够形成完美对接。

第四,注意聚焦性和包容性之间的关系,由于一个项目规模和功能多少的原因,需要厘清给消费者所传播内容的多少,是针对一个重点采用聚焦式的点性信息传播,还是在有限的定位中针对积极的、较多的和较全面的信息量进行传播,这是旅游形象定位需要考虑的一个问题。

同步思考 好的宣传口号的标准是什么?

第五,注重母子品牌的因素,多品牌策略指旅游景区采用两个或两个以上品牌。它针对旅游者的不同需求和利益创立不同的品牌,有助于提高市场吸引力。

2)宣传口号

旅游形象定位的最终表达,往往以一句主题宣传口号进行概括。旅游形象口号的设计必须有一定的针对性和创造性,注重内容和形式的统一,最重要的是创意。

旅游宣传口号的设计和创新主要从以下几个方面来考虑。

第一,让人耳目一新。宣传口号要新颖独特,如"清新福建"、"好玩成都"等都给人一种耳目一新的感觉。

第二,让人意味深长。宣传口号要有文化、有灵魂,要强调地方内涵,引起人们的共鸣。如,"好客山东"高度概括了山东人的品德和齐鲁文化的内涵,准确地提炼出了山东孔孟之乡礼仪之邦的整体形象和深刻的内涵,以意味深长的情感打动人心。

第三,让人有纯美感受。旅游形象的宣传口号应该体现一个地方的"美"。如"诗画江南,山水浙江"充分揭示了浙江旅游美如画的本质特点;"运河名城,精致扬州"则充分揭示了扬州精致的气质神韵。

第四,让人有灵活空间。旅游形象的宣传口号要活泼多样,让人有极大的空间感和想象感。如"非常新加坡"让人看到了一个流光溢彩,多元特质的国度,看到了一个现代灵动的国家。

(二)空间布局策划实操

旅游空间结构是旅游业诸要素的空间表达,是一定地域范围内旅游经济要素的相对区位关系和分布形式。旅游空间结构的合理性对于旅游活动的开展,旅游产业要素的优化配置、旅游业的增长有重要的作用。在实际规划中主要通过以下几种方式对空间布局进行规划。

1. 基于空间形态的空间布局

空间是项目营造和开发的基础,所以,空间的具体形态是项目布局的基础,是布局的"底板",空间形态是指空间自然的形态、机理、地形地貌,这些因素是影响项目布局的重要因素之一。

根据项目空间的形态,往往采用核心边缘布局、带状布局和多组团布局这些较为常用、效益较高的三种方式。如西湖景区的功能布局采取核心——圈层模式,这种空间布局往往分为三个层次。第一个层次是核心层,由核心景观组成。西湖大景区以西湖为核心,西湖又以湖心岛三潭印月为中心。第二个层次是辐射层,由商业商务等依附于旅游核心景观区域的功能组成,比如酒店、演艺、购物、文化、餐饮、休闲等功能和模块。第三个层次是边缘层,有城市居住和游憩居住功能。这种三圈层方式是比较典型的空间布局模式。

除了项目自身的空间形态之外,一个项目的空间布局也要紧密地结合项目外部的空间形态。并且,从另一个角度来看,空间形态一方面是指自然形成的空间形态,另一方面,也指设计、营造的空间形态。如丽江的功能布局和其外部终年积雪的作为"固态水库"的玉龙雪山有着很大的关系。古城选址不仅靠近水源,并且利用地势高差来营建。古城充分利用泉水之便,使玉泉何在城中一分为三,三分成九,再分成数条水渠,使之主街傍河小巷临渠,使古城清净而充满生机。可以说,三条水流是整个城市的脉络中心,其他功能比如市场、道路、民居都按照这个骨架展开。这是项目空间布局结合项目自身空间特点和外部空间特点的典范。

2. 基于资源格局的空间布局

区域资源是项目需要借助的外部资源,是项目价值提升的方法之一。项目可以结合这些资源来提升自身价值。如桂林提出的"两江四湖"的工程构想。该工程完全按照 800 年前桂林的古水道设计建设,是世界上最完整的复古环城水利景观,"三山两洞一条江"是桂林的第一代产品,而"两江四湖"则是促成桂林旅游进入第二个生命周期的标志性产物。

基于资源的布置方法,最重要的依据是资源和功能之间的契合性。什么样的资源对应最佳的功能定位,达到资源和功能之间的完美对接,这样才能最大化地发挥资源的作用。如乐清市的旅游被概括为"海上名山,天下奇秀",其主要分为三个类别:山水资源、滨海资源、商旅资源。基于以上资源优势,乐清市提出"旅游名市"的发展战略,实现山上雁荡与海上雁荡联动、雁荡山和中雁荡山联动、雁荡山和楠溪江联动、雁荡山景区与乡村旅游联动,努力把乐清市建设成为集旅游休闲、会展演艺、健康养生、人文艺术于一体的国际知名山海旅游城市和优秀旅游目的地城市。

3. 基于组织方式的空间布局

旅游项目开发在空间上往往具有巨构性,要求我们所采用的研究从微观视野走向宏观。除了我们在一般项目中应用的"心"、"轴"、"组团"等概念,还会引入能容纳更大空间范围的"圈层"、"翼"、"廊"、"增长极"等概念。巨构性不仅表现在空间上,还表现在交通组织、功能分布、产业格局、社会结构等多个方面。如西安市"立足大关中,引领大关天,辐射大西北,发展大西安"的思路,立足"一核引领,三心提升,三带拓展"的格局,实施"一轴延伸,三圈递进,全位空间"的空间发展战略,最终形成"主题明确,特色突出,辐射带动,联通内外"的旅游发展态势。

4. 基于概念原型的空间布局

大多数项目的布局是由功能决定的,而一些非功能的因素也对项目的布局产生很大的影响。这些非功能因素中,隐喻是其中最重要的一种,它是人的心理、追求、情感、认知在项目形态上的一种体现。隐喻作为一种极其普遍和重要的思想情感表达方式,可以影响大到整个项目的布局,小到产品的某个具体形态。

项目核心概念和项目空间定型关系有三种。

(1) 意—形法,也就是先有概念,再根据概念确定项目的空间布局和形态。如商丘古城是历代先民的智慧积累的创造,更是"象天法地、顺天应地、取法自然"思想的应用,其目的就在于创造一个"天人协调、天人合一"的至善境界。

(2) 形—意—形法,也就是先根据地块的形态,提炼和升华出概念,在用概念指导项目空间布局和空间形态的确定。如武当山的建筑群充分利用天柱峰高耸霄汉的气势与山形突出"玄武"这一主旨,将整个建筑群与自然山体相融合,巧夺天工地描绘出一幅生动形象的龟蛇玄武图。空间的特质性,加上后天人工的精心营造,一幅天人合一的绮丽人文空间图景就这样展现在我们的眼前。

(3) 拷贝法,就是找到项目可以参考的一个原型项目,再进行空间和形式上的模仿式开发。如湖南常德桃花源旅游区的概念原型来源于陶渊明在《桃花源诗并序》中描绘的"世外桃源",桃花源景区就是按照故事情节,来构造景观的排布和游客的体验点。游客沿景点线索,即可按照故事中的情景依次体验。

5. 基于内在逻辑的空间布局

1) 空间和功能空间之间的逻辑关系

由于空间功能的多样性,使空间的组织关系和逻辑关系也具有了复杂性和系统性,而且,有些空间的组织方式往往在许多项目中也是通用的,是一个形成良好空间布局的模板。

空间和空间的功能关系不仅仅表现在项目的内部,项目外部空间和项目内部空间之间也存在着相互影响的多种关系,项目内部的空间布局和空间形态也要兼顾到外部空间的特征和影响。

2) 基于功能与功能之间的逻辑关系

一个区域一般由主要功能和辅助功能共同组成。项目在空间布局与规划中,主要功能往往占据空间比例最大、享有最好的景观资源、具有最便捷的交通动线、具有最佳的展示面,是优先考虑和满足的。整个项目的功能布局应该充分体现各功能之间的关联性、层次性和过渡性,保证它们在整体空间布局中的协调性和互利性。如丽江和西塘都有大量酒吧存在,但是消费者对于西塘酒吧街的负面评价相对较少,其中一个重要的原因就是西塘酒吧街没有占据西塘的核心位置,设置在景区的边缘。而丽江酒吧街处于丽江最核心的位置,占据了最好的广场和水资源,对整个丽江的旅游环境造成了诸多方面的负面效果。在古城最核心的位置应该设置最能代表古城文化、艺术、生活风俗等内容的公共设施。这些设施才是古城灵魂性的东西,才应该占据古城的核心位置。

3) 基于理念和礼序的逻辑关系

第一方面体现在道德观念和风俗习惯上。

第二方面体现在不同社会阶段的社会制度和社会约定上。

第三方面体现在宗教方面的一些约定和关系上。

如楼观台道教文化区的规划建设结合了道教"一元初始、太极两仪、三才相和、四象环绕、五行相生、六合寰宇、七日来复、八卦演易、九宫合中、一元复始"的文化概念,区内建筑依山而建,充分结合地形南高北低的特点,坐南朝北依序展开。表达了道教对宇宙世界的构想和看法。

6. 基于产业特性的空间布局

旅游项目与产业关系主要体现在两个方面:一方面是旅游产业本身的特殊性和规律性;另一方面是旅游项目所复合的其他产业的特殊性和规律性。

在引入产业链中的核心产业后,还有聚集相应的周边产业、辅助产业、衍生产业等组成相互协作的产业集群,并确保各产业之间能够形成良好的联动和对接。

如宁夏规划的全国最大的贺兰山东麓葡萄文化长廊,其规划总体思路是以葡萄产业为导向,在做强、做优葡萄产业的基础上,充分利用葡萄产业极强的泛关联效应,推动区域产业战略结构的优化调整,带动并协调相关产业的一体化发展;通过葡萄产业经济带的发展提升区域基础服务设施水平和环境品质,为葡萄相关产业衍生发展和葡萄支持产业延伸发展创建聚集平台,实现区域社会经济的跨域式发展。

7. 基于消费者体验的空间布局

旅游项目的功能布局和消费者的体验过程是紧密联系的。功能的布局应该充分考虑旅游者各种感官的感受,要有机串联整合景区的资源,组织成一个庞大的体验系统。功能布局结合消费者体验主要需做好以下3个方面。

(1) 注重游客的参观顺序。

(2) 注重各功能之间的有机性。

(3) 利用大资源营造大体验。

8. 基于价值最大化的空间布局

景区功能布局不仅仅是考虑各个功能之间的关系,不仅仅只考虑功能和各个地块资源的匹配度的问题,更重要的是,景区的开发处于品牌塑造的需要、处于市场的接受度的考虑、处于回笼资金的需要、处于资源的可开发性、处于消费者的可进入性的考虑、处于政府的要求和限定性考虑,都需要在规划时考虑景区的布局策略。

经济效益是考虑的首要目标,所以,项目的空间布局和规划形态都要考虑到能够实现项目的经济目标。经济效益的保证可以从以下5个方面获得。

(1) 纳入更多的资源和景点。

(2) 保证最佳的功能与业态组合。

(3) 最大化地发挥极点作用。

(4) 对衰败的功能进行改造和升级。

(5) 注重分期开发策略。

不同的景区根据自己不同的资源格局、资金实力等条件,设定不同的开发思路,制定不同的开发顺序,设计不同的盈利模式,完成资金链的良性运作。

任务 4　旅游规划实务

知识目标
1. 特色小镇
2. 乡村旅游
3. 历史文化遗产旅游
4. 全域旅游

技能目标

能够针对不同类型的项目做出相应的规划

一、特色小镇

（一）什么是特色小镇

特色小镇是指依赖某一特色产业和特色环境因素（如地域特色、生态特色、文化特色等），打造的具有明确产业定位、文化内涵、旅游特征和一定社区功能的综合开发项目。它是旅游景区、消费产业聚集区、新型城镇化发展区三区合一，产城乡一体化的新型城镇化模式。

（二）规划要点

1. 产业定位，突出"特而强"，力求"聚而合"

产业定位"一镇一业"，突出"特而强"。特色小镇要锁定信息经济、旅游、金融、高端装备等七大新产业，主攻最有基础、最有优势的特色产业来建设，不能百镇一面。即便是主攻同一产业，也要差异定位、细分领域、错位发展，不能丧失独特性。比如，云栖小镇、梦想小镇都是信息经济特色小镇，但云栖小镇以发展大数据、云计算为特色，而梦想小镇主攻"互联网创业＋风险投资"。

功能集成"紧贴产业"，力求"聚而合"。产业、文化、旅游和社区四大功能缺一不可，四大功能都要紧贴产业定位融合发展。

第一，发掘文化功能。文化是特色小镇的"内核"，每个特色小镇都要有文化标识，能够给人留下难忘的文化印象。浙江特色小镇把文化基因植入产业发展全过程，培育创新文化、历史文化、农耕文化、山水文化，汇聚人文资源，形成"人无我有"的区域特色文化。特别是茶叶、丝绸、黄酒等历史经典产业都有上千年的文化积淀，更是浙江特色小镇主攻的重点。

第二，嵌入旅游功能。浙江的特色小镇除了传统的景区旅游外，还可以赋予休闲旅游、工业旅游、体验旅游、教学旅游、健康旅游等更加多元化的旅游功能。比如嘉善巧克力甜蜜小镇,突出的是"旅游+工业"特色,围绕甜蜜和浪漫主题,整合"温泉、水乡、花海、农庄、婚庆、巧克力"元素,全方位展示巧克力工艺文化和浪漫元素。

第三,夯实社区功能。建设特色小镇,浙江在每个镇都建立"小镇客厅",提供公共服务App,推进数字化管理全覆盖,完善医疗、教育和休闲设施,实现"公共服务不出小镇"。

 远洋渔业小镇

形态打造"突出精致",展现"小而美"。"小"就是规划面积一般控制在3平方公里左右,建设面积一般控制在1平方公里左右。"美"就是要建成3A级以上景区。特色小镇的"美"不是高楼大厦撑起来的,着力在精和美上下功夫,多维展示当地地貌特色、建筑特色和生态特色。突出建筑风格的个性设计,系统规划品牌打造、市场营销和形象塑造,让传统与现代、历史与时尚、自然与人文完美结合。

2. 功能定位,适应大休闲时代的发展趋势

按照提升资源品质和旅游品牌、培育战略性支柱产业的内在要求,建设综合性、多功能、多业态的小型旅游区和生态养生居住区。重点发挥"三大功能",即生态养生居住功能,旅游、度假功能,产业培育功能。

3. 规划设计,保持"特色小镇"的鲜明性和乡土文化的鲜活性

第一,保持小镇"特色"的鲜明性。

特色小镇的特质在于"特色",其魅力也在于"特色",其生命力同样在于"特色"。因此,保持小镇"特色"的鲜明性,是打造特色小镇的首要原则。

第二,保持乡土文化的原生性、鲜活性。

乡土文化是"小镇文化"的内核,也是小镇较有魅力的元素之一。只有外壳,而无鲜活乡土文化内涵的小镇是难有生命力的。所谓"原生性"和"鲜活性",是指用独特的自然风貌、生活习俗和人的生产劳动等社会性生态元素,诠释小镇文化传统。可供挖掘的乡土文化十分丰富,如纺线、织布、蒸糕、做圆子等生活文化,土布服饰展示、传统婚庆仪式等民俗文化,推铁环、踩高跷等游戏文化等。只要善于开发、善于利用,就一定能够让小镇散发诱人芳香。

第三,务求与产业发展相融合。

前瞻产业研究院指出,特色小镇的打造,必须结合产业规划统筹考虑,这样才能有望保持小镇持久的繁荣。目前,许多小镇功能的衰退,便是一个反面例证。

特色小镇的功能定位,限制了不少产业的发展空间。正因为如此,选择和培育一个适合小镇自身发展的产业,更显重要。一个有活力的产业,能凝聚人气,吸引人流、物流、资金流,同时能促进就业、繁荣市场。特色小镇的打造,必须把农业、渔业、林业、商贸业,以及饮食等各类服务业的发展结合起来全面规划,选择适合小镇发展方向的产业做强做大,逐步发育成为小镇发展的有力支撑。

第四,赋予小镇生态旅游功能。

与传统小镇相比,特色小镇的一个显著特点,在于它不是简单地作为一种聚居形式和生活模式而存在,同时还是一种宝贵的文化旅游资源和贸易、休闲、度假的场所。因此,从道路、交通、环境、建筑风貌,到功能布局、各类设施,从休闲、娱乐,到餐饮、商贸,在充分满足居民物质和精神生活需求外,一切要从打造生态旅游小镇的思路出发,精心打造,务显"特色",使生态旅游业、现代服务业,成为小镇赖以发展的产业,为小镇发展提供源源不断的经济收入。

第五,统筹思维,系统设计。

特色小镇的建设,耗时、耗力、耗钱,其建设的成败,直接影响小镇的发展步伐和群众的生活状态,关系重大,必须着眼城镇化、一体化要求,统筹思维,系统设计。

 乡村旅游——合掌村旅游规划研究

从小镇的功能定位、分布、产业发展方向到具体的数量、规模,从特色小镇建筑风格、功能设计、配套设施到文化挖掘,"特色"打造,从筑巢引凤到招商引资,从规划建设到管理服务,从小镇与城乡统筹发展的关系到与人民群众的切身利益之间的关系,都要系统思考,系统设计,以充分体现服务于特色小镇建设和改善人民群众生活的宗旨。

二、乡村旅游

(一) 我国乡村旅游的发展概述

1986年,中国第一家农家乐——"徐家大院"在成都诞生,标志着中国乡村旅游序幕开启。经过多年的发展,乡村旅游产品从最初"住农家房、吃农家饭、干农家活"的简单形态,逐渐向多元化、休闲化、综合化转变,而乡村旅游的活跃区域也从大都市的近郊逐渐向大都市远郊以及中小城市郊区扩展。

近年来,乡村旅游是中国旅游发展的新热点,是较具潜力与活力的旅游板块之一。2016年,中国乡村旅游接待游客24亿人次,占国内游客接待人次的54.4%;营业总收入已达4800亿元,占国内旅游总收入的12.2%。

(二) 规划要点

1. 提升旅游设施,让游客来过还想来

将乡村旅游设施分为交通设施、接待服务设施、环卫设施、信息服务设施四类,以基础设施改善、乡村文化融入、乡村元素彰显、科技手段注入、信息时代管理等为指导,实现对四类乡村旅游设施的升级,全面构筑乡村旅游设施的特色吸引力。

2. 提升乡村景观,让游客记得住乡愁

以彰显村落个性、提升村落体验、延续村落文脉为指导,提出以乡村聚落景观、乡村田园景观、乡村建筑景观、乡村庭院景观、乡村文化景观为主体的"五位一体"的乡村景观体系,实现"记乡识"——"乐乡趣"——"醉乡居"——"享乡闲"——"品乡情"的乡村景观功能升级,全面构建乡村之美。

 四川阆中古城

3. 提升文化创意,让农产品更有趣

全面梳理乡村农产品的产生过程,将创意导入农产品的种植过程、加工过程、包装过程和营销过程,构筑不同生产阶段的创意产品体系,实现乡村农产品的层级提升。

4. 提升运作主体,让新农人成为乡村的主人

以全民休闲时代、新型城镇化时代、互联网时代为背景,针对乡村旅游的三大运营主体,即农民、政府、企业,结合国内外的实操案例,提供生动详细的升级方案,推动乡村旅游运作主体的升级。

5. 提升乡村营销,让乡村更美

从乡村旅游营销现存问题出发,以"定位、品牌、产品、渠道、组织"五方面为主体,构筑乡村旅游营销升级体系,并对省级政府、市级政府、县级政府、村政府的工作职能进行升级规划,指导乡村旅游营销的全方位升级。

三、历史文化遗产旅游

(一)什么是历史文化遗产旅游

1. 内涵

人类创造的具有历史、艺术和科学价值的物体,以及某一族群世代相传的、反映其特殊生活方式的知识、实践等传统文化形式。

2. 外延

物质文化遗产与非物质文化遗产的总称。物质文化遗产包含三大类:不可移动文物,可移动文物,历史文化名城、街区和村镇。非物质文化遗产包括口头传统、传统表演艺术、民俗、礼仪与节庆、传统知识和实践、传统手工艺技能等以各种非物质形态存在的传统文化表现形式。

(二)规划要点

1. 基于"原真性",提炼主题,构造情境主线

好的主题是迈向体验之路的第一步,大遗址不同于一般的游乐场所,不可能脱离其历史价值而进行开发,否则就脱离了大遗址保护和体验的主旨。一个基于历史的好主题,是

对大遗址历史文化的深入挖掘,也是从旅游角度对资源、特色、空间的综合分析,由此构造的情境规划主线,能够使游客在大遗址受到深刻的历史熏陶和获得独特文化情境的难忘体验。

在中国春秋淹城旅游项目规划设计中,根据淹城作为距今 2500 年历史的春秋古城遗址,是迄今为止我国保存最完好的春秋古城,提出以春秋文化为纽带,再现春秋时代人文情境,提炼淹城独特的"回"字形结构和春秋文化背景,以"一回走千年,春秋看淹城"为主题,全方位演绎春秋时代灿烂的历史文化,打造中国春秋文化品牌。

2. 创设体验情境,营造体验"气场"

大遗址深厚的历史与文化积淀本身就是一个现成的场景。像长城、明城墙、兵马俑等遗址,由于其直观性不需任何加工和雕琢就可成为一个体验情境,游客可以直接获得审美的体验。但对大多数遗址而言,由于历史久远,地面建筑或者荡然无存,或已破败不堪。对于这类遗址,不仅需要历史学和考古学的研究,更要在还原历史的基础上运用情境规划的手法,还原和提升历史的场景,勾勒主题文化,创新与大遗址文化脉络紧密相连的情境和氛围,从而满足游客的体验需求。

在西安大明宫项目中,将丹凤门、宣政殿西侧内宫墙,含元殿、麟德殿等遗址,通过复原展示以及设置宫墙博物馆、遗址展示厅等方式还原大明宫鼎盛时期的历史场景,渲染大唐文化气氛,给即将进入大明宫遗址公园的游客以视觉、触觉全方位的冲击,形成遗址公园的第一印象区。

3. 模拟历史情境,再现动态体验场景

从感受大遗址文化精髓与灵魂的角度,仅有静态的总体空间和情景是不够的,更需要依托情境主线,利用多类技术手段,模拟和创新可动态性的体验场景,在旅游体验中触摸大遗址的历史、文化以及审美等价值。

西安大明宫项目中,采用了演绎和游客互动等手法对大明宫遗址进行展示。如运用高科技手段虚拟现实,将代表宫廷建筑艺术的主要宫殿呈现给游客,充分体现了大明宫的建制和规模;同时规划了"万国拜含元"的大唐盛典演艺活动,再现了朝拜仪式与宫廷乐舞表演的具象场景,用固定演员构建出阵形的轮廓,游客随机参与,在《秦王破阵乐》的唐朝国歌中,完成朝拜的礼仪,将大明宫那种恢宏的宫殿气势展示出来。

4. 勾勒独特情境,创新项目设计

一个对游客有吸引力的大遗址旅游区,在整体空间结构和历史场景的基础上,需要更多的体验性项目和标志性景观、构筑物的支撑,这些支撑或依托独特的实体资源,或存在于史料记载中。从增强体验性的角度,这些支撑结构同样需要情境规划,需要围绕大遗址主线,形成体验情境和主题文化包装。

在春秋淹城项目中规划设计的春秋文化主题乐园就是用春秋文化对体验区进行了主题包装,设置了春秋文化意境下的互动型游乐项目和场景。如其中的漂流项目运用"伍子胥过韶关"的典故进行包装,闯的关口则用 6 个成语故事——"一鸣惊人"、"走投无路"、"打草惊蛇"、"半部春秋"、"居安思危"、"一鼓作气"来设计,轨道穿梭其间的构筑物以春秋符号装饰,使其形成拥有独特的文化情境和体验特色。

5. 创新旅游商品创意与销售情境，深化大遗址体验

在旅游体验中，作为对难以忘怀之体验的留恋或者向别人展示自己体验的需要，人们通常会购买一些旅游商品，对体验进行强化。大遗址因其身后的历史与文化积淀，以及大量的出土文物，使其在旅游商品创意和设计上拥有得天独厚的优势。

目前大多数遗址景区或博物馆，对旅游商品开发不够，缺乏个性和特色，更谈不上与创意产业结合和形成产业链，在体验经济条件下，将越来越不能满足观众的需求。由于体验的"唯一性"，要求我们不仅要在旅游商品设计方面凸显特色，也要创新购买体验情境、引导游客参与，确保游客购买体验的唯一性。

  琼海全域旅游

四、全域旅游

（一）什么是全域旅游

所谓全域旅游，又称旅游全域化，是旅游业从传统的观光旅游向休闲度假旅游转型升级背景下的一种新的区域旅游发展理念和模式，通过对特定区域内的城市特色、公共服务体系、旅游吸引物、休闲氛围、整体生态环境、政策法规和安全保障等提出整体要求，实现区域资源全面整合、产业深度融合和全社会共同参与，全面满足外来游客深度体验和当地居民公共休闲的需求，达到区域旅游产业升级和新型城镇化建设的总体目标。

（二）规划要点

发展全域旅游就是要实现"全景+"经济体系发展，坚持循环发展、生态宜居和促进消费的理念，拉动区域经济增长。在全域旅游这块蛋糕中，实现利益均沾、效益共享，但要做到全域旅游，就必须实现"五全"，即"全域布局、全景覆盖、全局联动、全业融合、全民参与"。

1. "互联网+"、"全景+"理念统筹

"互联网+"已上升至国家战略，在政策的大力推动下，"互联网+旅游=旅游互联网"，完全打破了旅游业信息不对称的局限，促进业内的专业化分工，改变了旅游业现有的经营模式和商业模式。在互联网+的推动下，政府、企业或个人都必须改变传统的思维模式，在智慧化发展的基础上，运用互联网思维，建设全域旅游。将一个区域作为一个整体、一个大的景区来发展，利用"全景+"的理念，打造新的经济体系。

2. "点—轴"优势产业驱动

全域旅游必须运用全局观念，确立重点发展区域，打造经济产业发展带，以点带线，以线带面形成优势产业。通过点—线—面对旅游要素进行重组，将旅游资源优势转化为产业优势，并形成优势产业驱动型经济发展。

3. "核心—边缘"空间重组

区域旅游一般具有核心和外围部分,旅游的核心区域不仅在地理位置上是一个区域的中心,而且还是具有特色旅游资源的热点地区,如国家级风景名胜区、5A景区等。而边缘区是那些没有特色旅游资源或虽有但因为区位条件不好还没开发出来的地区。旅游产业的发展,有效地促进了城镇化进程,形成城乡接合部的发展和提升,城市发展的动力也开始由中心城区向边缘扩散。同时,随着旅游产业带的发展,区域资源优化重组,重新形成新的城市发展核心和边缘区域。

核心—边缘区形成后,核心区的旅游产业可以获得更多优惠条件和政策支持,人、财、物力也大量集聚,旅游环境不断完善提升,旅游吸引力增强,从而在区域旅游中发挥更大的优势和带动作用,是全域旅游的灵魂和核心,处于绝对的统治地位。边缘区则是对核心区旅游业发展的补充,处于相对依赖的地位,但如果可以合理利用资源,加强产品创新,在核心区品牌优势的带动下,互补式发展,边缘区将逐渐演变为次级核心区,最终形成一个优化的旅游区域系统。

4. "内—外"交通打通全域链接

由铁路、高速公路、景区环线组成的现代交通路网,让旅游目的地与客源地的距离越来越近。"内—外"交通体系使城市居民、乡村农民从全域旅游大蛋糕中切到的份额越来越大。"内—外"交通体系的打造主要包括改进和完善道路引导标示、完善旅游区主要出入口车辆的换乘系统、完善公交系统,形成以市区、火车站为起点,以新游客中心为终点的旅游快速公交,以市区为起点途经部分镇区与村庄,定时定点形成快慢结合的公交系统。

任务 5　规划图绘制

知识目标
1. 旅游规划图件
2. 旅游规划图件的制作方法
3. 旅游规划图件的编制程序
4. 旅游规划图件的常用软件

技能目标
制作旅游规划图件

一、旅游规划图件概述

(一) 旅游规划图具有直观性、科学性、丰富性、艺术性等特点

1. 直观性

旅游规划图将规划中的总体布局、功能分区、旅游项目、基础设施等通过不同的图例在

地图上清楚地表现出来,在修建性详细规划中还包括鸟瞰、透视、建筑立面等效果图,能将规划实施后的景观展现出来,直观逼真。

2. 科学性

旅游规划图的制作都是以准确、详细的地图作为基础,经过严格的空间投影变换,在空间表现上具有较高的精确性。此外,旅游规划图传达的内容具有严肃的科学性。

3. 丰富性

旅游规划图包含了规划区域丰富的空间要素,如河流、道路、行政界线、居民点、旅游资源等,加上旅游规划中的各种要素,使旅游规划图包含了丰富的信息量。

4. 艺术性

旅游规划图的表现形式多种多样,可以运用多种手段,如象形符号、实景照片等艺术手段提高其可读性。旅游规划图在信息量、图例运用、符号设计、色彩搭配、打印效果等方面都能让人产生美感,对阅读者产生较强的吸引力。

(二)旅游规划图具有规划成果模拟展示、规划分析和规划实施管理等功能

1. 规划成果模拟展示

旅游规划图最主要的功能是将旅游规划成果模拟展示出来,以弥补规划文本和说明书在表达上的某些不足,帮助阅读者更加直观地了解旅游规划的主要思想。

2. 规划分析

旅游规划图将规划区域的空间要素直观地展现在规划图上,便于规划者分析区域内空间要素的相互关系。编制旅游规划时,一般应预先制作规划地图,作为规划的研究平台,形成规划方案。

3. 规划实施管理

旅游规划图对指导旅游目的地开发建设具有重要的意义。如果在规划实施过程中建立了相应的信息监控系统,旅游规划图还可以充当监控规划实施的媒介。

(三)旅游规划图绘制的类型包括旅游总体规划图件、控制性详细规划图件、修建性详细规划图件

国家标准《旅游规划通则》的规定如下。

旅游区总体规划的图件包括旅游区位图、综合现状图、旅游市场分析图、旅游资源评价图、总体规划图、道路交通规划图、功能分区图、其他专业规划图、近期建设规划图。由于规划区域相差很大,图纸比例应根据功能与需要与可能确定。一般范围越大,规划图件的比例尺越小。

旅游区控制性详细规划图件包括旅游区综合现状图、各地块的控制性详细规划图、各项工程管线规划图。旅游区控制性详细规划的图件,比例尺多为1∶2000—1∶1000。

旅游区修建性详细规划图包括综合现状图、修建性详细规划总图、道路及绿地系统规划设计图、工程管网综合规划设计图、竖向规划设计图、鸟瞰或透视效果图。旅游区修建性详细规划图纸比例一般为1∶2000—1∶500。

二、旅游规划图的制作方法

（一）旅游规划图的要素包括底图要素、专题要素、图则要素三类

1. 底图要素

旅游规划的底图要素包括地貌、水系、土壤、植被、居民点、交通线、境界线、地物、辅助内容等。底图要素应根据规划内容和比例尺的需要予以选择，并非所有上述底图要素都要包含于所有类型的旅游规划图中。

2. 专题要素

旅游规划图的专题要素是指编制旅游规划专题图件时必须表现于规划图之上的要素，除了食、住、行、游、购、娱外，还应涵盖旅游规划区域内的旅游交通要素和旅游服务要素。

1）旅游资源要素

旅游资源要素是制图区内的旅游吸引物，是各类旅游规划图所要表现的第一要素，应当遵循直观形象、色彩鲜明醒目、注记字体和色彩清晰突出的原则。

2）旅游交通要素

旅游交通要素是旅游者出游的凭借物，主要包括旅游交通线、旅游游览线和交通附属设施。

3）旅游服务要素

旅游服务要素是为游客提供食、住、行、游、购、娱等服务的设施。如餐厅、饮食点、野炊地、购物中心、游乐场等。

3. 图则要素

图则要素主要包括图名、图例、比例尺、指向标、规划期限、制图时间、规划单位及相关的文字说明。

（二）旅游规划图的编制程序

1. 收集和整理编图资料

收集和整理编图资料，主要是收集与旅游规划相关的图像资料、文字资料和数据资料等。图像资料包括有关编图区域的普通地图、地形图、旅游地图、影像地图、航片、卫片，以及野外调查填绘的资料原图，有关景区（点）和相关设施的照片、画册、风景素描、实景写生资料等。数字资料包括景点高程、景区面积、道路里程、交通班次、时刻表、气象数据、电话号码、旅游统计资料等。对收集到的相关资料按编绘旅游规划图的需要进行逐项整理，为绘制旅游规划图服务。

2. 准备基础底图

基础底图可分为工作底图和编绘底图两种。工作底图供编辑准备工作和编绘图稿时使用，又叫临时底图，要求具有较多的地理要素，通常用接近编图比例尺的普通地图的蓝图作为工作底图。编绘底图适用于正式编绘旅游专题内容的一种底图，也叫正式底图。

它是在与编绘比例尺完全一致的地图基础上，根据旅游规划图的编图目的、使用对象、制图范围，以及主题、内容、用图等，进行地理要素的选取概况，转绘或复制而成。使用计算机制图，则需要将选定的编绘底图数字化，作为绘制各类旅游规划图的底图。

3. 旅游规划图的设计

旅游规划图的设计，即编绘设计效果图，是根据总体设计，将制图区的专题内容，用既定的地图语言描绘到工作地图上。主要包括确定索要绘制的旅游规划图的区域范围，选择所绘制地图的主要参数，确定表示方法，设计图例系统和符号，进行图面配置设计，选择恰当的绘图软件系统等。

4. 绘制作者原图

根据绘图设计，将需要表达的旅游规划内容完整地绘制到地图上，形成作者原图。作者原图一般需要不断修改。作者原图可以手工在底图上绘制，也可以采用计算机绘制。

5. 绘制编绘原图

作者原图只是草稿图，它在内容、图形和色彩等方面还不够工整和规范，达不到应有的技术要求，需要由专业制图人员在作者原图的基础上，按技术要求进行整体加工，标绘封面、封底、图件名称、选配边饰花纹，最后形成编绘原图。编绘原图目前大都采用专门的计算机绘图软件进行绘制。

> **同步思考** 旅游规划中还会用到哪些软件？

三、旅游规划图常用软件

（一）通用图形、图像软件

当前，还没有一种专业的计算机软件来绘制旅游规划图，实际操作中主要利用图形图像软件来制作旅游规划图。如 AutoCAD、CorelDRAW、Illustrator、Freehand、Photoshop、3Dmax 等。其中以 AutoCAD、CorelDRAW、Photoshop 软件的应用较广泛。

1. CorelDRAW 软件

CorelDRAW 软件是加拿大 Corel 公司开发的一个基于 Windows 平台的矢量绘图软件，由于能导入的文件格式较多，能同时进行位图和矢量图形的处理，在旅游规划图中，特别适宜于对地图的美化、地图要素的添加和渲染等。

2. Photoshop 软件

Photoshop 软件由 Adbe 公司开发，是目前公认的最好的通用平面美术设计软件。Photoshop 软件的主要功能包括图像编辑、图像合成、校色调色、特效制作等。

3. AutoCAD 软件

AutoCAD 是美国 Autodesk 公司开发的一个交互式绘图软件，具有完善的图形绘制功能和强大的图形编辑功能。该软件在城市规划、建筑、测绘、机械、电子、造船、汽车、服装设计等诸多行业得到了广泛的应用。在旅游规划图件的制作中，CAD 主要用来绘制比例尺较大的旅游区控制性详细规划、旅游区修建性详细规划的图件。

（二）地理信息系统软件

近年来具有强大的空间数据处理功能的地理信息系统(GIS)与遥感(RS)、全球定位系统(GPS)技术结合，合称为"3S"，广泛应用于旅游规划领域，特别是在旅游规划图的回执中发挥着十分重要的作用。

GIS 软件的主要特点有以下几点。

（1）GIS 软件能在强大的数据库的支持下，同时对空间数据和属性数据进行管理，在数据的存储、检索、管理、分析等方面为用户提供极大的方便。

（2）对空间坐标的处理、投影转换、空间数据的自动匹配等是 GIS 软件的优势。

（3）GIS 软件具有强大的空间分析功能，包括空间位置分析、空间分布分析、空间形态分析、空间关系分析和空间相关分析等，能为相关部门提供数据分析和决策支持。

（4）GIS 软件一般具有专业的地图符号库，提供了大量的点状、线状符号。

（5）GIS 软件能自动生成比例尺、图例、指北针的功能。

常用的 GIS 软件有 ArcGIS、MapGIS、MapInfo。

本章小结

课题小组是课题建设的基本单位，课题小组的成员构成直接关系到规划编制的成功与失败，课题小组需要有严格的分工和管理制度，需要能够准确收集相关资料并进行分析判断。通过对课题进行严密的分析和科学的论证，最终确定规划方案。

在旅游业迅速发展的今天，"先策划后规划"的旅游理念深入人心，旅游策划对一个国家和地区的旅游发展具有重要的意义，通过本章学习，学生需进行先进的理念和创意创新的思维培养，能够尽快融入文化创意产业的潮流，解决我国旅游在实际工作中遇到的各种问题。

本章通过对我国目前旅游规划行业的热点项目规划要点的解读，结合前面所学理论知识，让学生了解不同项目的不同规划思路，从而更好地适应旅游规划的时代需求。

旅游规划图是旅游规划最直观的表现方式，是与客户沟通的重要资料，本章通过介绍旅游规划图制作的基本知识要点、旅游规划图的绘制方法以及相关软件，让学生对规划图的制作有初步的了解。

关键概念

课题分析　项目定位　策划创新　规划实操　规划图

复习思考

1. 选择题（多选题）
(1) 课题小组的组成人员有（   ）。
　A. 专家　　　　B. 领导小组　　　　C. 编制人员　　　　D. 商务人员
(2) 调研过程中主要收集哪些资料？（   ）
　A. 民俗文化　　B. 道路情况　　　　C. 气象水文　　　　D. 社会发展情况
(3) 旅游总体规划期限为（   ）。
　A. 3—5 年　　　B. 5—10 年　　　　C. 10—20 年　　　　D. 10—15 年
(4) 旅游策划的创新思维包括（   ）。
　A. 创意　　　　B. 创义　　　　　　C. 创异　　　　　　D. 创逸

2. 简答题
(1) 什么是特色小镇？
(2) 全域旅游的规划要点有哪些？

3. 思考题
旅游策划的实践意义是什么？如何做好旅游策划？

拓展案例　　江油青莲国际诗歌度假小镇

一、项目背景

李白是我国家喻户晓的历史名人，其千古传诵的豪放诗篇和其多彩传奇的生平事迹在世人心中形成了浓厚的"李白情结"，每个人心中都有一个李白，李白主题文化旅游潜力巨大。在此背景下，位于李白故里的江油青莲国际诗歌度假小镇应运而生。

小镇总规划面积约 12 平方公里，以太白碑林和太白祠两个观光景区为核心依托，文化旅游体验内容基本缺失，旅游度假小镇尚处于开发初期。因此，如何将李白文化转化为可体验、易感知的多维度旅游产品和内容、如何通过产业化实现经济效益的转化、如何设计商业运营模式平衡项目投资回报是规划需要解决的核心问题。

二、核心创意

（一）核心思路

1. 总体目标，打造极具特色的中国文化旅游目的地

以打造"中国历史文化旅游名镇，国家 5A 级景区"为总体定位，深入挖掘李白文化，构建以两江三山双溪为本，以诗仙文化为魂，以历史文化遗迹为契，以国际诗歌小镇为势，集文化体验、时尚休闲、养生度假、健康养老等功能于一体的具有"李白"独特旅游 IP 的现代文化旅游小镇、中国文化旅游目的地。

2. 创意思路，以李白"仙生活"为主题打造"仙休闲"

将"诗仙人生、酒仙生活、游仙山水、道仙逍遥"主题式李白仙生活与"李白史迹、白马风情、生态基底、丰富人文"主题基地旅游资源相结合，通过"诗休闲（品诗意）、醉休闲（醉乐活）、居休闲（居仙境）、游休闲（赏风情）、养休闲（养仙河）"五类主题模式，打造

太白式"仙休闲"。

3. 三大策略,以文化创意和产业创新引领休闲旅游市场

——文化统领,情景合一。充分挖掘李白文化内涵,以李白文化链接时空,空间与建筑设计遵循"从自然到自然"理念。

——产品升级,业态创新。以李白文化包装项目,创意旅游产品;以李白式生活,构建文化休闲娱乐旅游目的地系统。

——产业联动,价值外延。产业联动发展,文旅商农有机融合,以特色产业构建区域可持续发展引擎,实现区域价值的挖掘和延伸。

(二)具体举措

1. 空间推演:核心旅游组团带动全域发展的旅游地产模式

通过太白碑林作为现有核心资源,在北部塑造花田景观人居组团,南部塑造文娱活动组团,并将三部分组团通过生态廊道串联形成区域旅游核心组团,最终形成以核心旅游组团带动全域发展的旅游地产模式。

2. 空间结构:"一核一带四区"的"六仙"空间布局结构

在全面分析规划地空间与资源的基础上,提出"一核一带四区"的空间布局结构,打造仙园——诗仙文化朝圣核心区;仙溪——双溪游仙风情发展带;仙乡——醉仙文化休闲区,仙山——花月仙境度假区,仙河——逍遥仙河养生区,仙镇——青莲诗歌生活镇四区,形成一核引领、一带驱动、四区共进空间布局结构。

3. 核心节点:落实"太白仙休闲"的多个体验节点协同发展

落实项目核心创意思路,对规划区域内集中承载"仙休闲"生活方式的核心节点进行详细方案设计及效果示意。

——太白碑林。以李白文化为主题,以李白人生轨迹为文化脉络,以诗歌为载体打造一条"太白人生"游览故事主线。通过"提炼主线、塑景造境、智慧活化、5A建设"四大提升手段,结合"青春求学路、仗剑远游路、长安登峰路、寄情山水路、梦回故园路"五大游线串联"碑林十景、碑林十镜、碑林十礼"旅游项目。

——磨针溪休闲水廊。以"太白故里、磨针寻梦"为开发主题,通过对"励志梦"与"生态梦"分类,从文化与自然两个维度,"桃山洗墨、桃红李白、金樽明月、五色彩章"四个分段主题,打造集"水岸休闲+水廊仙游+情境演艺"为一体的休闲水廊。

——太白醉香村。通过"两街一城",即唐韵酒国文化街、白马风情休闲街、大唐酒肆的项目设置,打造以诗仙"酒文化"为特色的景区。

——诗歌大道。依托诗歌历史文脉,提取文化元素,设计集景观小品、文化展示、旅游交通、文化演艺功能为一体的文化景观大道。将其打造成为江油城市文化展示区、连通古今的诗歌画廊与小镇旅游体验引导区域。

——太白古村。将太白村结合居民安置,营造大面积竹景、水景,形成一个竹环水绕的美丽乡村。以环境带动乡村休闲旅游和竹工艺休闲产业发展。

4. 旅游要素:以"诗"为主题,创新六大旅游要素

——吃一顿诗餐。深度解读李白文化结合美食创新,为地方特色菜、有机蔬果、民族美食,打造诗歌主题美食创新集聚地;将特色农产品生产开发与餐饮产品开发相结合,推广"从田头到嘴边"的安全绿色饮食工程和美食文化工程。

——住一夜诗屋。以诗歌、田园、白马、花海等为资源依托，打造"精品度假酒店、诗歌主题休闲庄园、民族特色客栈、诗歌主题客栈群、乡村生态民宿群"五大主题住宿体验。

——行一段诗旅。感悟诗人游历情怀，结合行旅场景打造"船行、骑行、车行、步行"四大特色交通方式。

——游一遍诗林。以太白碑林为核心，深挖李白文化，通过"寻仙踪、走诗路、品诗意、唱诗歌、传诗音"等一系列文化景观、文化体验活动为补充，为游客提供文化展示与体验相结合的诗歌之旅。

——购一本诗集。以青莲物产为基础，以诗歌文化为特色，以文化包装物产和创意商品，开发诗酒唐酒、有机果蔬、香薰精油、茶叶竹艺、民族工艺品、诗歌文创商品等旅游商品，重点打造诗仙太白系列品牌，形成区域代表品牌，地方标志特产，促进旅游商品滚动系列开发。

——娱一回诗吧。打造多种主题诗吧，形成休闲娱乐街区，诗吧风格或豪迈，或婉约，或古拙，或精致，或田园，在醇厚的文化氛围中，以诗会友，高谈阔论，把酒言欢。

5. 产业规划：仙休闲方式下重点发展三大旅游＋融合产业

围绕李白文化，创意文化演艺、拓展教育培训等领域，促进李白文化产业化发展。以文化创意产业为主导，花卉产业、休闲农业为配套，构建泛旅游产业体系，与核心旅游产业互融互促发展。

三、项目成效

青莲国际诗歌度假小镇于2015年开始集全力进行规划和建设，取得了丰硕的成果，获得了行业和市场的高度认可。

（1）今非昔比：项目地建设变化显著。

（2）项目地中秋活动引爆。

2015年9月成功承办2015年央视"月圆江油"中秋文艺晚会，全球4亿人同时观看。

由于2015年央视中秋晚会的成功举办，小镇引起了巨大的市场反响，国庆节期间，小镇共接待游客近30万人次，国家、省、市级多位领导就项目的建设成绩给予高度评价。

（3）项目地各项荣誉汇集。

2015年列入江油市重点建设项目。

2015年9月成功举办绵阳市旅游产业发展大会。

在2015年10月14日举办的"2015国际旅游度假目的地创新论坛"上荣膺"最具文化创意旅游小镇"称号。

在2016年1月16日国际旅游投资协会（ITIA）举办的"中国旅游投资艾蒂亚奖颁奖典礼"上荣获"中国最佳历史文化旅游项目"奖。

（案例来源：巅峰智业。）

思考题：

1. 该项目运用了哪些策划方法？
2. 该项目规划的成功之处在哪里？
3. 该项目有哪些值得借鉴的经验与启示？

项目 13
旅游营销规划实践

◆ 项目目标

营销规划是景区运营成败的关键因素,景区营销分为内营销和外营销两部分,内营销也就是景区运营服务,优质的景区服务水平是营销的根基保障,好的内营销有助于景区稳步发展,相反内营销如果不足,外营销越出色景区死亡的也就越快;外营销则是包含渠道建立、广告宣传、活动策划等。营销的目的就是利用一切可利用的资源让市场知道、了解,最终爱上我们的景区。

◆ 学习目标

营销规划需要以小组为单位,各小组需要通过各自的创意营销课题,进行实际操作流程的学习。本项目以教师指导,学生参与为主,由小组合作完成学习任务。

本项目分为两个学习任务,分别为旅游文创、营销活动策划。

通过本项目的实践练习,结合本书前面的课程学习,学生应该掌握旅游文创的主旨和内涵,并能通过案例分析对旅游文创和旅游 IP 进行解读;还应该掌握旅游营销的规则和创意实质,并在旅游产品的策划和规划中加以应用。

◆ 学习任务

任务清单	1. 撰写旅游文创商品策划方案 2. 针对具体案例项目撰写营销方案 3. 针对具体案例项目进行旅游节庆活动策划,并撰写策划方案
学习成果	《文创策划方案》、《营销策划方案》、《节庆活动策划方案》

◆ 案例引导

徐州汉文化旅游节

2016 年中国徐州汉文化旅游节以"刘邦穿越代言旅游节"为线索首创线上开幕

式新形式，以定制互动传播 H5 为载体，同时延伸帝王系列创意表情包，从大数据精准分析为基础，在腾讯新闻、微信朋友圈等新媒体进行定向传播，极大地推动了徐州汉文化旅游节的传播与口碑发酵，并为后期文创旅游商品开发提供了素材。整个旅游节线上整体曝光量约 2 亿人次，口碑与传播效果极佳，树立了城市旅游节庆营销新典范。

任务 1　文创与 IP 策划

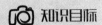 知识目标
1. 了解旅游文创
2. 了解旅游 IP

 技能目标
1. 文创商品设计方案
2. 项目 IP 设计方案

一、我国旅游商品发展现状

（一）大多仍停留在旅游纪念品阶段

中国的旅游商品在很长一段时期发展缓慢，其主要原因是人们对旅游商品的狭隘理解。由于种种原因，人们误把纪念品、工艺品、农副产品理解为全部旅游商品，而人们生活所需的生活类工业品没有被纳入旅游商品中，以至于各地开设的旅游商品店主要是旅游纪念品店、工艺品店和农副产品店。

旅游纪念品在旅游商品中的比重逐年下降，旅游工艺品在旅游商品中的比重也属于雷声大雨点小。游客对"华而不实"的工艺品的兴趣是逐渐降低的，其购买量也逐年下降。尤其是出境游比例扩大后，游客在欧美等发达国家购买的旅游纪念品、工艺品在旅游购物中占比微乎其微。这些出境游客主要购买的是生活类工业品，包括化妆品、服装、鞋、包、电子产品等。

（二）缺乏品牌化意识

现在很多景区都把卖场包出去，只追求门票收入以外的利益最大化，后果就是商户卖山寨货现象严重，根本没有打造品牌的意识。有些地方，虽然有好产品，但同样缺乏品牌创建，游客去之后因为没有知名品牌不知道该买哪家的产品，也间接造成了鱼目混珠的现象出现。

二、什么是旅游文创商品

旅游商品虽然作为"吃住行游购娱"中最具有消费弹性的一个环节，长期以来在我国旅

游总收入占比中却非常低,全国各地景区普遍处于5%—20%,离国际上旅游购物优秀的景区尚有非常大的差距,由此可见,在旅游业急需变革的门票经济面前,旅游购物可以看作最有潜力也是最重要的抓手。

> **同步思考** 旅游文创的特点是什么?

旅游商品不仅能为景区带来经济价值,也能通过产品的传播形成对旅游地的二次营销推广,优质的旅游商品甚至能形成强大的旅游吸引力促进游客数量的增长。

2016年文化部(2018年组建文化和旅游部)将文创产品开发纳入博物馆绩效考核的范围。在现代旅游经济中,文创旅游商品已具有举足轻重的地位,继交通、住宿、餐饮之后,它成为拉动旅游业的第四驾马车,毫无疑问,文创旅游商品将是未来旅游产业发展中的"领衔主演"。

(一)文创商品营销

故宫通过新媒体与文创商品将形象彻底颠覆,逆生长、奇葩脑洞、喜感十足,不仅俘获了大众的眼球,更俘获了受众的"钱包",晋升2015年十大微信营销事件。

绍兴的兰亭景区,开发出了全市首个景区文创产品自营店"兰亭的故事",推出了100多种文化创意产品。包括带有兰亭鹅池憨态可掬的大白鹅Q版形象的T恤、摆件或玩偶,带有《兰亭集序》书法的抱枕、桌旗,以文徵明"曲水流觞图"为主题的胶带、笔记本等等,产品品种丰富,独具特色,销量良好,深受游客们的喜爱。

绍兴的兰亭景区大胆尝试旅游文创产品,把旅游文创产品与景区旅游相结合,不仅丰富了景区形态,也促进景区收入的倍增,摆脱了过去单纯依靠门票的模式。

(二)旅游商品体验化

在互联网时代下,伴随着消费者的升级和电商业的飞速发展,实体产业打造体验经济变得尤为重要。旅游商品在体验经济上具有得天独厚的优势,旅游商品是游客在旅游途中所购买的产品,本身就附带着非常强的旅游体验感,实体经济中常见的购物中心策略即是把百货商场旅游化,加强商场的游乐体验感,从而提升商品的销售转化率,而旅游景区应该利用先天的优势,将旅游商品和景区文化结合,将体验做到极致。如迪士尼完美地将旅游文化体验转化为购物消费。

(三)旅游商品爆品化

提升旅游商品体验面临了一系列问题,首先旅游商品的品牌与景区要良好契合,才能让游客对景区的体验转化为对旅游商品的情感依托;而商品的销售亦是非常重要的环节,良好的商业空间,优质的购买体验,将大大提高旅游商品的价值。

在这里回归到旅游商品的核心"产品体验",要提倡旅游商品要以互联网爆品思维来打造文化旅游商品,提升产品体验。

在互联网时代,口碑效应被放大,旅游商品同样具有互联网产品的引流、体验、反馈流程。

三、旅游文创商品的开发要点

(一)旅游文创产品爆款的打造需要以文化为根基

一个景区做得再好,没有文化就产生不了大的吸引力,文化才是内核,是支柱。对于旅游文化产品也是如此。如果景区是以历史人文风光取胜,比如北京故宫、杭州西湖、成都武侯祠和杜甫草堂,那旅游文创产品中就应该打上这些景区特有的文化符号。例如,北京故宫打造的朝珠耳机、折扇,是其他景区所没有的,这个就是特色,就是创意,同时也反映了北京故宫皇城脚下的威仪和华贵,没有失去文化的内核。如果景区是以当地特色和当地民间工艺取胜,那相应的,文创产品中就应该体现出这些文化符号,比如日本的寄木细工产品。

(二)旅游文创产品爆款的打造应以消费者需求和市场为导向

市场才是王道,如果一种旅游文创产品很精美,但消费者不喜欢、不需要也是不行的。除了文化内核外,好的旅游文创产品还需要有功能创新和实用价值。现在大家的消费越来越理性,文化包装以及外观设计虽然也很重要,但实用价值应是首先考虑的因素。

(三)旅游文创产品爆款的打造可以系列化

这种系列化是基于景区整体文化的系列化。这种系列产品不能太多也不能太少,太少形成不了系列和规模,也就形成不了符号感,没有代表性,太多则转化运营成本很高,很多文创公司负担不起。现在有些景区很大的问题便是文创产品品类太多、太复杂,没有让消费者记住它的特色,而且品类一多,管理上就容易出问题,成本也会增加。

(四)旅游文创产品爆款的打造应充分利用电子商务平台

现在是一个互联网+时代,也是大数据时代,实体零售虽然没有过时,但存在局限性。文创产品的营销需要大力借助和依托互联网电子商务平台,才会有更大的市场。

 旅游文创商品的开发要点有( )。
A. 以文化为根基　　　　　　B. 以消费者需求为导向
C. 系列化　　　　　　　　　D. 利用电子商务平台

四、旅游 IP 的衍生

(一)什么是旅游 IP

IP 概念,这个由电影行业带来的名词,在旅游行业变得炙手可热,旅游 IP 火爆源于

2017年,在旅游界有这样一句话"得IP者得天下"。旅游IP总的说来就是特色元素和符号,即具备好的形象和故事,但是要知道形象和故事仅仅是好IP的外衣,IP作为一种"拟人存在",具有其独特的气场才是好IP的本质特征。

IP(Intellectual Property),即知识产权,独特识别物。对景区来说就是景区形象认知产品。旅游行业IP,包括BI(行为识别)、VI(视觉识别)、MI(理念识别)等,但在这个体系中只选取其中一个最具代表性的。

近些年,随着旅游群体的大众化,旅游体验的品质化,用户对旅游的体验消费、精神消费的要求也越来越高,因此,在面对用户对个性化消费、情感消费的需求日益强烈的情况下,旅游产业的供给必须与需求保持同步匹配,代表着旅游文化气息与精神魅力的IP便应运而生了。

(二)旅游IP如何打造

旅游IP的提出,既可以解决旅游行业类似系统不足等浅表性问题,也可以将旅游放大到第一性的种子层面,从而扩大视野,提升维度,建立起全息的未来旅游学。为此,还需要从方方面面梳理、充实、界定其特性。

1. 主题性

旅游IP,一旦说到某个旅游项目,先出来名字,然后用最简单、直接、感性的方式向人推介,那么,所包含的最想说的几个字组成的短语或是句子,多半就是其主题。如常州恐龙园,主题就是恐龙;春秋淹城,主题就是春秋;东部华侨城,山地就是主题;欢乐谷,欢乐就是主题,宋城的主题就是"情"。价值的主题,是经过经营的、上升的或是转化的,是创造的一部分。如石象湖,其主题是花;迪士尼,其主题本来是动漫王国,但被迪士尼这三个字品牌化了,成了代名词——只要是做到了代名词这样一个层面,就可以无往不利地到达无限转化的境界,但它也无不需要极其强大的IP创造性以及现代商业的推演。

2. 形象性

到达人的感官世界的最有效的介质就是形象。旅游目的地,如果在形象上打造成功,那就事半功倍,因为一切都有形象代言,直接跟游客的情感世界相通。如果我们说到一个景区,首先出现的是一个形象,这就是最成功的旅游IP。

迪士尼,形象不但有米老鼠、唐老鸭,还有白雪公主、城堡——城堡在此也已童话化了,构成了其附属形象。日本熊本县的熊本熊,整个县就靠这个生造的形象,首先是带动了整个县的旅游,然后这个形象本身也已产生了巨大的经济价值。这就是形象的巨大价值——它甚至可以单列。

3. 独特性

一个旅游IP,就要把它等同于一个独一无二的商业帝国、文化独立王国,它的独特性是贯穿始终的——一开始抢占了强大的IP,然后用旅游的方式把它落地成一个项目,项目总有个发展瓶颈,但它后期所面对的线上转化、虚拟世界、品牌售卖,则可以无任何禁区——是由这一个强大的系统构成了它的独特性。

迪士尼是从动漫开始,再到出版、电影、主题公园、衍生产品这样一路发展下来的,但是,它的最核心的独特性在于它背后的美国文化。是美国文化的冒险精神,美国文化的新教伦理，美国人的特立独行，以及构成美国这片土地的一切特别精髓的集合，奇迹般地将一只人人讨厌的老鼠变成了全世界的精神偶像。

"朕知道了"——台北故宫博物院最经典的IP复活案例
"熊本熊"——日本熊本县最经典的IP创造案例
"熊出没"——方特科技最经典的国内IP经营案例

4. 故事性

讲故事，是人类的古老手艺之一。听故事，是人类共通的天性。

迪士尼讲了一个故事，从老鼠开始的故事——首先是卡通形象，其次是动画电影，最后是主题乐园。到了主题乐园这里，米老鼠已经源源不断地产生形象经济生产链了。

环球影城，更是绝妙的、大片的、身体和灵魂交织的故事——可以说，它们能占有的故事源，就是其核心竞争力，因为这些故事早已形成了强大的IP，只是将它们由电影场景移植到现场就可以了。

5. 引爆性

在基本的旅游功能都已具备的前提下，最需要某种力量来引爆项目。这种引爆力量可能是主题，也可能是故事，也可能是形象，也可能是它们的复合功效。

但当这一切都失效的时候，就需要从更多的方面来考虑问题——考虑破题的方式必须是创造性的，一锤定音，一步到位。

从多年的丽江"柔软时光"，突然进化到"艳遇之都"，这就是引爆——它是旅游营销的策略，也是IP的进一步"到位"。

更疯狂的引爆，则是来自取之不尽用之不竭的种子资源，比如山海经，又比如西游记。这些东西是可以一代一代地重述、转化，只要找到一种新的表现方式，就是引爆。引爆性，其实就是埋设种子资源，是旅游IP的一个常规策划手法。

6. 吸引性

一个旅游超级IP的吸引性是不言而喻的。

一个恋爱博物馆，一个伊甸园，一个古根海姆博物馆，乃至——假想中的达·芬奇乐园、达利的神奇世界、阿里巴巴幻想家、超级熊猫乐园，这些旅游IP显然都已构成了初步意象的吸引力。因为它的名称，它可能的故事，就是初步的种子。然后，加入创造性的劳动，就能得到更大的吸引力。

伊甸园，英国在废弃矿山上所建造的全球最大的生态温室——几乎汇聚了全球所有的植物。这些都是吸引力。但还有一种吸引力，则是这些温室的外形——由8个充满了未来主义色彩的巨大蜂巢式穹顶建筑构成，在一定的光照之下，它们又极像放大了无数倍的水泡，又像一堆巨型的青蛙卵或者巨大的昆虫幼虫。这说明，建筑外观也要做成吸引物。

一个旅游IP，在它实施的每一个阶段、每一个环节，乃至在它和社会的千丝万缕的、别出心裁的连结中，都可能产生强大的吸引力。

7. 互动性

旅游IP，是一个开放的、活性的，不断长成、不断叠加乃至补充修正的系统，它的每一个环节,都可以产生彼此连结和互动:它可以从 IP 确立之初就和潜在的消费群体产生众筹的互动;它可以在项目推进的过程中和任何有趣、有价值的意见留下交换的接口;它可以为特别的圈层、特别的消费群体形成定制式的服务内容互动;它可以和能连接到的任一衍生价值方随时互动。

有些带有表演性质的项目,现场邀请游客的参与,是一种互动;有些带有手工 DIY 的旅游项目,现场指导,并让游客带走自己的产品也是一种互动;有些带有深层体验的项目,就是希望能在更内在的情感变化中产生超级互动;有些将整个项目包装成一个剧场或戏台,就是让人能临时以虚拟的身份投入其中;有些利用传感交互装置,让自己的身体语言投射出各种匪夷所思的时空世界。

互动,就是看项目活的、能动的、能增值出的部分有多少,这是旅游项目、旅游 IP 设计之初就要职业性地谋划到题中的应有之义。

8. 反馈性

旅游本就是一个系统,不论是作为一个理念、一种感受、一个主角还是一个故事,总之,旅游 IP 的出发点一旦启动,就需要蔓延贯穿到后续的所有环节,这些环节之间既要形成一个闭环,又要各自生长。但它们都是在一个强大的 IP 系统下的共谋。

当控制系统把信息输送出去,自然就有作用结果返送回来,这返回来的数据、效果再对信息的再输出发生影响——预定的目的一直在前方牵引。这样,原因产生结果,结果又构成新的原因、新的结果⋯⋯反馈就在这两者之间架起了桥梁。

任务 2 营销活动策划

 知识目标
1. 了解新型营销模式
2. 学习旅游节庆活动策划

 技能目标
1. 文创商品设计方案
2. 项目 IP 设计方案

一、分析市场特征选择营销方案

不同于其他产品,旅游产品对游客只能提供产品暂时性的使用权,而且是以共享的方式提供给游客。由此可导致不同目标市场的需求有发生冲突的可能性。鉴于此,在做景区的营销工作时,重点应在综合考虑目标市场的特征后,根据各自的需求策划不同的营销方案。不同的营销方案可缓冲或解决不同目标市场需求之间的冲突问题。

(一)景区营销主体的多元化

景区营销不仅包括自己推销自己,还包含他人对自己的推销。比如,旅游经销商在其

宣传册中利用景点鼓励人们外出度假；政府对国内主要景点做的宣传营销，以鼓励外国人前往游览；地方政府和旅游管理部门将景区作为旅游目的地营销的主要内容。因此，景区营销要突出其独特性和地方性，使之成为区域旅游的代表景区，借势于相关主体扩大影响，使营销工作卓有成效。

1. 旅行社

它是景区分销渠道地理多元化的最佳工具，旅行社作为景区的主要客源输入点，是景区发展的生命线。虽然，景区与旅行社的关系也很微妙，随着市场竞争的白热化，两者在利益方面的冲突也日益加剧。然而，旅行社仍是多数景区的首选渠道，也是关系最稳固的一个渠道。景区应该与旅行社加强沟通和多方面的合作，以"双赢"为理念提升这一渠道的价值。此外，景区也应从自身发展的角度出发，拓展其他渠道的建设，避免这种单一渠道给景区经营带来的风险。

2. 其他旅游媒介

除旅行社外的其他旅游媒介通常包括住宿和交通运输、就餐和娱乐等。他们可以通过提供推销队伍，使景区能以较小的成本开支接近许多散客；有时可以为景区提供财务援助，如提早订货、按时付款等；由于其拥有所有权而承担了景区的若干风险；他们可以向景区和旅游者传递各种活动、新产品、价格变化等方面的情报；可以帮助景区改进其经营活动。

（二）消费者需求多样且多变

消费者对景区产品和服务的需求复杂多样，而且是经常变化的。因此，旅游景区必须注意研究消费者市场需求，并预测其变化趋势，不断开发新项目，提高景区的应变能力与竞争能力。例如，露营休闲旅游产业的发展使开着房车出游成为一种旅游时尚标，随着而来的是相关房车旅游论坛、房车露营旅游网的建立等一系列服务的开展。

同步思考 如何根据消费者需求设计营销方案？

1. 不同客户群体制定不同的营销方案

人口特征包括性别、职业、年龄、收入、宗教、家庭结构、受教育程度等，其所包含的变量十分明确，因此按人口特征进行细分的方式是市场细分中最流行的。以年龄为标准来划分，有儿童旅游市场、青年旅游市场、中年旅游市场、老年旅游市场等；按职业、文化程度划分，有商务旅游市场、职工旅游市场、科教旅游市场等。分析现有和潜在顾客的不同需求针对选定的景区产品的市场范围，列举该市场范围内旅游者现实的和潜在的旅游需求状况，它是景区市场细分的原始依据。而有关旅游者现实的和潜在的旅游需求情况的基础资料可以采用前面提到的景区市场调研过程和方法获得，掌握了这些资料以后再对旅游者的不同需求进行细致的分析，确定旅游者的基本需求和最重要的基本需求，作为市场细分的基础。进一步认识细分市场的特点就是在确定细分标准并对市场进行初步细分的基础上，按照细分变量的特征，仔细深入地分析具有这种细分变量特征的旅游者的消费特征和消费习惯，将其与景区产品进行对照，对景区产品能否满足这些旅游者的需求而形成一定的判断，并对细分市场进行重新筛选。一般情况下,对细分市场规模的测量可以有两种思路:第一种,首先要根据地方旅游市场发展状况、景区的历史数据、景区外部环境变化等,对景区总体市场规模进行预测,然后,需要根据各种细分市场发展的规律和趋势赋予其相应的权重,比如景区是以接待高档游客为主,以接待中低档游客为辅;或者是以接待团队游客为主,以接待散客为辅等。对于这样一些不同的细分市场,就需要景区营销人员对其各自景区总体市场规模中所占的比重做出判断,然后根据各自的比重进行测算。第二种,是根据景区所在区域各种细分市场的总体规模,景区营销人员对景区自身在这种细分市场上的竞争力状况和景区历史数据推断景区将可能在市场上占据多大的份额,并据此对景区细分市场规模做出测算。

2. 活动策划

在一个全新的时代,随着人们享受意识的加强,久居都市,厌倦了都市熟悉的一切,倡导一种回归大自然亲近大自然的旅游消费观念。形成一种返璞归真热潮之后,旅游者越来越注重体验而不是仅仅满足于观赏,更多的年轻旅游者或散客注重自己的体验与参与。在景区内设置闯关竞赛或迷宫活动,这些可以激发游客的好胜心,并为户外竞赛爱好者提供很好的休闲娱乐场所,若不时更换一些项目还能很好地吸引回头客,从而结伴而来的游客可能会越来越多。这主要是利用人本身喜欢探险和与生俱来的竞赛精神。所以,策划多种多样的景区内体验型的活动,也是应对目前客户需求的重要营销方式。

同步思考 如何精准地进行市场定位?

二、确定精准营销方案

旅游精准营销是提高旅游营销效果、达到营销目的、实现营销目标的保证。但精准营销说起来容易,做起来很难。旅游精准营销是一个深入细致的系统工程。要做到旅游精准营销,最重要的是做到两个精准,即精准市场定位和精准宣传推广,其中,精准市场定位是旅游精准营销的前提和基础。

(一) 精准市场定位

1. 旅游市场定位所要考虑的因素

重点考虑客源地方面的因素、旅游地方面的因素以及两者之间的关系因素。客源地方面的因素主要包括经济因素(如人均收入)、人口数量、闲暇时间、旅游开支、旅游偏好等;旅游地方面的因素主要分析旅游产品吸引力、在客源地的知名度、价格、汇率(针对入境旅游市场)等;两者之间的关系因素主要指旅游地和客源地之间的距离、交通以及有关经济社会等交往联系的因素。

2. 旅游市场定位

旅游市场除了从传统的区域视角进行定位外,还可从时间、游客特征等角度进行多视角定位;就是传统的区域定位,还可细分为面状、线状和点状定位。

1) 区域定位

（1）面状定位。一般地,离旅游地距离近且交通便利、出游能力强的区域为一级市场或核心市场、重点市场、主要市场、支柱市场;一级市场外围、交通较便利、出游能力较强的区域为二级市场或次重点市场。

（2）线性定位。一般可将经过旅游地的高速铁路、高速公路沿线且距旅游地3个小时车程范围内的地区作为一级市场(称为核心市场、重点市场、主要市场、支柱市场);将3—5个小时车程范围内、经济较好的地区作为二级市场(次重点市场)。

（3）点状定位。一般可将与旅游地有航线和直达航班,且航程在2个小时以内、经济发达的大城市作为一级市场(称为核心市场、重点市场、主要市场、支柱市场);航程在2—4个小时以内且经济较发达的城市作为二级市场(次重点市场)。

2) 时间定位

（1）平时客源。主要考虑离退休人员、自由职业者、学龄前儿童及其监护人、来旅游地出差的事务型游客、单位组织团体游客以及带薪假期游客等。

（2）周末客源。主要指国内一级市场客源地。

（3）小黄金周客源。主要指国内一级市场客源和部分二级市场客源地。

（4）大黄金周及带薪假日客源。主要指国内客源市场地。

（5）寒暑假客源。主要是教师及学生。

3) 特征定位

根据游客的某些特征确定特定的旅游消费群体。

（1）按旅游目的定位。如观光旅游市场、度假旅游市场、宗教旅游市场、科考旅游市场、娱乐旅游市场。

（2）按年龄特征定位。如老年(银发)市场、中年市场、青年市场、青少年市场。

（3）按职业特征定位。如学生市场、教师市场、离退休人员市场等。

（4）按收入水平特征定位。如高收入市场、中等收入市场、低收入市场。

（二）精准宣传推广

精准旅游宣传就是有效传递旅游信息,让潜在的旅游者知晓旅游产品,并能打动他们、激发他们的旅游欲望,重点要做到精准形象定位、精准宣传媒体、精准宣传时间(机)。

1. 精准形象定位

旅游形象是旅游地旅游产品的信息载体。由于旅游市场不是一个同质的旅游消费群体,由于地域、文化背景、年龄等的不同,可能导致旅游产品的偏好不同,因此,对于同一个旅游地,不同的旅游消费群体,其兴趣点和关注点可能不一样,因此,不能用同一个旅游形象及口号去宣传,必须根据不同旅游市场的特点及其旅游偏好,有针对性地策划设计旅游形象及口号,才能有效打动市场。

2. 精准宣传媒体

现在宣传媒体很多,如果选择不当,往往花了钱却达不到应有的宣传效果。所谓媒体,即媒介,就是传递信息的媒介和载体。选择宣传媒体必须注意的问题是,所选择的媒体一定要是旅游地所定位的旅游消费群体能经常看到的媒介或获取信息日常使用的媒介。因此,旅游宣传前,一定要对所定位的旅游消费市场群体惯常使用的媒体进行调查研究,弄清各有关媒体的覆盖面,并选择市场覆盖面最大的宣传媒体,才能将旅游信息准确有效地传递给旅游市场。

3. 精准宣传时间(机)

旅游宣传选择最佳时间和时机也是很重要的。根据心理学有关理论,大部分人在需要时才会去关注有关信息,因此,旅游宣传最好选在旅游者即将外出旅游并正在考虑选择旅游地的时段,即常规的节假日之前的一段时间。另外,一些重要时机也值得关注,如重要名人来访、新交通线开通、新产品推出、重大赛事举办等,旅游地如能抓住这些机会及时进行旅游宣传和推广,也会达到很好的效果。

三、抓住新媒体营销

一项数据表明,62%的人做的第一件事不是起床,而是在看手机,了解新闻资讯,关注亲朋好友的新消息。另外一项数据显示,84.3%的网民认为互联网是其最重要的信息渠道,有48%的网民对互联网的信任程度比电视更高。在科技高速发展的今天,全球互相依赖性增强,移动互联网在不断影响着我们的出游习惯,以个人为中心的新媒体成为这个时代的宠儿。严格来说,新媒体指与传统报纸、电视等传播媒介不同的媒体形式,如博客、微博、微信等。它是数字化媒体,是影音文字的整合,承载了海量信息的同时,以碎片化、虚拟化的方式传播。而新媒体营销则是指通过博客、微博、微信、视频、邮件、短信等有别于传统报纸、电视所开展的营销方式。因为其重体验、重沟通、重创造的思维方式使其在营销方面相较于传统营销模式更有优势,几乎在每一个行业都颇受宠爱,旅游行业也不例外。自2014年以来,越来越多的旅游景区都以新媒体工具作为重点,进行品牌传播、事件营销、节庆活动,但取得的营销效果不一。那么,旅游景区应如何应用新媒体的优势,进行有效的营销呢?

(一)一流的经营运营团队

景区新媒体的运营,首先需要有一个经营运营团队。景区新媒体是阅读和黏度较高的新媒体,一个合格的景区新媒体营销人员,会是一名产品研究专家,需要有用户思维,热爱并深刻理解景区的产品及服务;他会是一名品牌营销专家,架构立体的传播体系,并用产品思维满足用户需求,服务用户,譬如景区官方微信公众平台上的菜单栏设置,就是典型的产品思维体现,不同景区公众号差别很大;除此之外,还需要对资讯有孜孜不倦的获取欲望,只有阅读基础打好,才能有较高的应变能力和表达能力,做好景区营销平台的内容资源;最后,景区新媒体运营人员还要有发现美、表现美的能力,设计新颖、漂亮的景区营销平台会更高端、更吸引人。

(二)构建多样化的营销平台

新媒体营销的渠道,或称新媒体营销的平台,主要包括但不限于:网络社区、SNS网站、网络视频、微博平台等类型。用户使用量最多的,具体包括微博、微信、BBS、景区旅游网站、各类旅游网站、微电影、网络直播、博客、游戏植入等。面对众多平台，在进行架构前，需要对其作用进行具体分类，主要为旅游网络宣传和旅游电子商务两大部分。

1. 旅游网络宣传

移动互联网给营销带来最大的变革就是，将自媒体运营权最大可能地交给旅游景区。在国外，旅游景区都会标配 Facebook 页面和 Twitter 页面。适用到中国，就是基于新浪和腾讯这两大平台的微博和微信了。用微博或微信的旅游者可以随时随地把自己的旅游体验进行分享，提升了"用户的黏性"。它们没有任何的开发或研发技术费用，只要景区注册认证开通就 OK 了，剩下的就是如何在"两微"上进行内容的创建了。例如，河南云台山景区的官方微信公众平台，在菜单栏分为"品味云台"、"畅游云台"及"便捷云台"三个大板块，及时把景区内的旅游攻略、门票预订、景区导览、交通路线、天气信息、住宿饮食等传递给使用的用户。这种图文并茂的信息平台可以为旅游者与景区的管理者之间搭建快捷的信息沟通渠道，对于景区的宣传起到了积极的正面效应。除此之外，景区的自媒体还包括传统官方网站以及 App，需要景区进行开发。然而这个开发费用相对于景区的营销费用来说是可以承受的。相比"两微"，景区网站及 App 赋予了景区更多的自主性。

景区的网络宣传还有新闻和旅游网络社区。移动互联网客户端的阅读趋于碎片化、时间趋于短频化，所以对景区的品牌营销、新闻策划、内容推送提出了更高的要求，如果不能在第一时间吸引用户的关注，营销费用也就打水漂了。其中，搜狐新闻、今日头条、凤凰新闻等新闻资讯聚合类 App，以及马蜂窝、百度旅游、乐途旅游网等细分、个性化的旅游网络社区就成为用户了解旅游景区品牌信息的各个入口。特别是这些旅游网络社区，突出了新媒体的娱乐性和参与程度高等特点，容易把拥有共同兴趣爱好的旅游者聚集在一起，加强用户间的情感交流，并且在互动中形成口碑传播，意见领袖在整个网络社区中扮演着重要角色。例如，2009 年，南非驻华使馆邀请知名演员、网上知名博主等访问南非，这些名人在南非旅游的过程中连续一周时间发了十多篇介绍南非的文章，这些名人本身就拥有大量粉丝，在短时间里就起到了很好的宣传效果，众多网友纷纷表示"想去南非旅游"。

同步思考 新媒体营销的运用中应该注意哪些问题？

2. 旅游电子商务

移动端产品预订正在成为越来越多用户出行的选择方式，"80 后"、"90 后"也成为使用移动端产品预订的出游人群主力军。目前，移动端的订单已经远远超过 PC（电脑）端和电话端的总和。2014 年，中国在线旅游移动端市场交易规模达到 1247.3 亿元人民币，占中国在线旅游市场整体规模的 44.6%。调查显示，携程、去哪儿、同程、艺龙、途牛等 OTA 排名前列。在此背景下，一个旅游景区如果在这些 OTA 特别是移动端都还没有任何作为的话，失去占据主流用户的入口，那肯定是落伍的。

3. 整合营销

新媒体营销并不是"散点出击"，单一地采用上述渠道中的一种进行营销，这样的宣传显得单薄而渺小。新媒体营销是需要同区域的其他景区或行业一起优势互补，整合营销，互推抱团发展;甚至在营销资金充裕的情况下,可以与传统媒介营销相结合,形成全方位立体式营销。这种整合打包可以是景区加酒店,可以是滑雪加温泉,也可以是小镇加购物加特产。事实上,每个垂直行业或其他景区的粉丝,是景区重要的潜在消费群体,整合的立体式营销会是一个庞大的景区宣传与互动平台。在大的资源整合打包以及整体推广上,政府部门发挥的作用不可或缺,四川旅游 K 计划正是一个很好的例子。它是在四川省旅游局指导下,省旅游协会具体实施的一项多功能、多维度、多层次、多空间、国际化的新型旅游营销平台。"K"是千的意思,即 n 个旅游要素产品叠加形成 n 个 K 旅游产品活动的过程。K 计划活动从 2014 年 7 月份启动至 2016 年 4 月,利用一千天左右的时间,已发布 37 条由四川各地旅游协会或"驴友"推荐的旅游线路,实现对四川丰富多彩的旅游资源的整合。通过 K 计划的营销形式,针对国内外游客各种旅游需求,经过旅游主管部门引导,带动广大游客互动体验,让参与的旅游景区多重受益,更让游客眼前一亮。

(三)自媒体的运营维护

将自有媒体维护运营好,是一切营销的基础,也是用户的归口和将来进行大数据分析的保证。很难想象,一个连自媒体都没有运营好的景区,不会是一个口碑及市场反馈良好的景区。结合新媒体重创造、重体验、重沟通的特点,运营工作主要分为两项。首先,需要向用户输送源源不断的信息内容。仅仅有空壳子,没有充实内容的自媒体是不会吸引用户的长期关注的。景区自媒体运营人员需要通过研究文章的阅读率来摸索粉丝的兴奋点、兴趣点,根据粉丝的兴趣来编排相应的文章以及活动。另外,线上与线下的活动结合也是很重要的。景区是天然的活动场地,平台运营人员应意识到这一点,分析景区产品的特点及优势以及游客的需求,举办有意义、有宣传力度的活动,增强平台用户的黏性。湖北武汉的灵泉寺并不是很知名的景区,其微信公众号自 2016 年 1 月开办,半年的时间已吸引到近四万的用户阅读数。公众号几乎每天都会有更新,内容有针对性,提供了各种与佛教相关的文章。其中"大愿讲堂"及"视频"运用灵泉寺大愿法师的声望与学识,以文章和视频的方式向世人普及佛法佛理;定期推送活动公告,线上线下的结合增强平台的互动性。有针对性的文章加上丰富多彩的活动使得公众号异军突起,引人关注的同时,也带动了景区的游客量。

我国目前网民规模庞大,其中 20—49 岁群体占总网民的大部分,而这部分人群正是旅游的核心人群,新媒体营销是抓准这部分人群注意力的利器,从而帮助景区快速提升知名度和美誉度,提高市场竞争力。在变幻莫测的移动互联网时代,拥有新媒体思维、学会运用新媒体平台才能把握住景区营销的命门。

四、旅游节庆活动策划实务

节庆本身就是一种旅游吸引物,它能淡化季节对人流量的影响,扩大客源地的地理分布,迅速提升目的地在客源市场的吸引度、知名度、美誉度和认同度。

旅游节庆具有双重属性。首先,它是具有强烈个性化色彩的旅游产品,具有鲜明的主题、高度参与性、系列多样化的活动、极强的时间性等特点。其次,旅游节庆是极为重要的市场开发促销手段,通过在时间上(季节)的科学布局,旅游节庆可以使"淡季变旺、平季缩短",发挥显著的"聚客、引客"作用。而节庆策划是旨在以吸引游客休闲为直接或间接目的的节庆统筹策划。通过挖掘当地现有的独特资源,创造自身特色,最为突出的是挖掘本地民风、民俗,历史传说、地理旅游等特色文化资源。

> **同步思考** 在做旅游节庆活动策划前应做好哪些准备工作?

(一)旅游节庆活动策划的原则

1. 文化原则

节庆是一种文化的表达方式,它们既包含了娱乐或休闲的成分,更昭示中华民族特有的生活方式与文化取向。文化是旅游节庆策划的核心和灵魂,旅游节庆策划必须依据文化要素进行,具有明确的文化主题和浓郁的文化色彩。在旅游策划中,文化原则的应用体现在把握文脉。所谓"文脉"是指旅游的自然地理背景、文化发展脉络和社会经济背景所形成的"地方性"。

2. 市场化原则

旅游节庆策划的市场化原则包含了两层含义:一方面,市场需要什么,策划提供什么,要求以现有市场需求为导向,策划适应市场需求的旅游节庆产品;另一方面,策划提供什么,市场就需要什么,要求在准确调查分析现有市场需求及其发展趋势的基础上,挖掘消费亮点,引导潜在需求转化为现实需要,创造出引领市场潮流的旅游节庆。通过不断的、超前的创新,创造出持续竞争优势,获得社会、经济、文化效益。坚持旅游节庆策划的市场化原则,主要从以下几方面入手:①主题确定的市场化;②操作过程的市场化;③评估后操作的市场化。

3. 大众化原则

吸引大众参与,聚集人气,使旅游节庆成为长久的旅游吸引物,促进旅游业的发展,是举办旅游节庆的重要目的,这要求旅游节庆策划遵循大众化原则。要实现旅游节庆的大众化,首先要明确旅游者在节庆活动中扮演的角色。按旅游者参与活动的程度可分为三类:被动参与者、中间类型者、主动参与者。旅游节庆活动的大众化,就是要扩大中间类型者、主动参与者的数量,并通过主办者设计出更多、更好的活动项目,增加被动参与者、中间类型者向主动参与者的转变。

4. 特色化原则

要扩大旅游节庆的影响力,吸引更多的游客并让其成为该旅游节庆的忠实拥护者、参与者,就必须突出节庆活动的区域特殊性和个体性,有自己的特色。旅游节庆特色来源于两个方面。

(1)个性,旅游节庆策划应利用本地的特殊资源,开发出具有个性和特色的节庆活动,突出本地区的鲜明个性与魅力。

(2)创新,旅游节庆策划的创新,要做到求新、求异、求变,既可以是节庆概念、节庆主题、节庆理念、活动内容、活动形式、举办体制的创新,也可以是标新立异、异想天开,找到或创造与众不同的新内容。

5. 系统化原则

旅游节庆策划是一项涉及面广、全方位、多角度的系统工程。旅游节庆中各个环节的策划都涉及一系列旅游吸引物、旅游设施、旅游服务等资源的整合安排,牵涉到政府、企业、景区、社区等多个部门的参与和合作。因此,旅游节庆必须遵循系统化原则,即围绕节庆主题,统筹安排旅游节庆的各项活动和服务,确保各个环节、各部门之间既有独立的分工,又能相互协作,构建出一个统一性与独特性相结合的完整系统,才能打造出一个品质高、完整性强、影响力显著的旅游节庆。

6. 可行性原则

旅游节庆策划是一个综合性的活动,对资源的整合,涉及的范围非常广,因此在考虑策划方案时,必须考虑可行性。在旅游节庆策划的最初阶段,可以大胆想象。但在策划成型的阶段,却需要小心求证,对策划能否实施这一问题进行详尽的分析。遵循可行性原则,需要从实际情况出发,具体活动、举办时间、范围规模等内容的确定都要符合当地实际,在确保活动的内容和形式具有前瞻性和吸引力的同时,也要充分考虑举办地的实力与承受能力。

7. 可持续性原则

资源和环境是旅游节庆产生与发展的基础和条件,资源的永续利用和人文、生态系统的可持续性的保持是旅游节庆持续发展的重要条件。旅游节庆策划应兼顾社会效益、经济效益、文化效益和生态效益,既有利于旅游节庆发展成连续的或周期性的系列活动,又有利于当地的可持续发展。

(二)旅游节庆活动策划的方法

1. 确立主题,统筹策划

明确主题是节庆旅游策划的核心,而其是否具有特色则是产生吸引力的关键。旅游节庆的主题策划需建立在一定的现实条件下,并非凭空想象就能实现。而主题的确立首先要结合自身现有资源,如风光特色、产品特色、文化特色等确定主题。一个城市、一个小镇,甚至一个景区,之所以充满魅力,就在于其有自己的地方特色。有了主题,节庆的策划才会目的明确,层次分明。围绕主题进行统筹策划,展开一系列的相关活动,如摄影、书画、歌舞,以及节庆主题歌的创作、吉祥物的设计等。从各个方面加深游客对主题的感受,能让节庆长远发展。

2. 重视体验,调动情绪

我们经常听到的一句话是"听过不如看过,看过不如做过",当你听说一个热闹或者特色的节庆之后,你一定也想置身其中去亲身感受一番,这就是节庆最大的特点——体验性。体验文化时代的到来使得"体验"观念深入人心,旅游产品所具有的体验价值也已成为旅游者所关注的焦点,对于不同的感知主体,客观事物的价值存在着较大的差异性,客观存在和主观感知构成了价值研究的核心问题。因此,节庆策划要结合这一特点,满足人们求新、求异、求奇、求知的体验。旅游节庆的主要基调,是要满足人们的娱乐体验,如欢乐游行、篝火晚会等，虽然形式简单，但可以让人们参与其中，调动情绪。节庆在策划时，除了轻松祥和的氛围，还要植入可以带动游客兴奋的因素，增添一些惊险和刺激，增设一些竞争环节。

3. 植入IP，树立品牌

2015年之前，IP是一个网络符号，就是网上的网络地址。但现在这个IP，是知识财产，而对于旅游行业，IP是旅游的吸引物，任何一个元素都可以是旅游IP。旅游景区都有一个核心元素。在结合当地的文化内涵的基础上，植入自己的IP。比如乐山大佛，它是全世界最高的坐佛，建于唐朝，是吸引世界各地游客去乐山旅游的一个重要的吸引物，这就是当地旅游的核心元素，是一个核心IP。而迪士尼可能是在所有的IP里面产业应用最好的，也是最早将元素在所有产业中实现变现的。迪士尼是建立在影视娱乐基础上的，通过影视娱乐塑造IP形象，呈现一个相对立体模式的产业框架。有影视娱乐之后，产生相应的主题公园，衍生相应的品牌。品牌是唯一的、独特的，通过节庆活动的影响力将一般产品提升为品牌产品，即节庆产品化，节庆品牌化，使得景区知名度也自然大大提高了。

4. 全时间、全空间

将节庆策划与时间、空相结合，不仅要做到年年有节庆，月月能体验，还要做到处处有活动。全时间主要是告别淡旺季，通过每月举办旅游节庆，使得景区一年四季都有旅游吸引物，当然宣传就起到至关重要的作用。互联网不仅仅是旅游的基础服务设施，更是旅游宣传的重要渠道，通过互联网等新媒体营销来使旅游节庆活动举办更为成功，更加吸引游客。全空间主要是做到处处是风景，处处有活动。主要通过三个方面体现：盘活存量、激活增量及释放能量。盘活存量即提升产品质量，升级产品体验活动，创新经营方式，强化市场化运作。激活增量即创变产品品类，引领市场需求，实现持续性领跑的节庆活动。释放能量即打通旅游产业要素，扩展产品线，形成产品群，实现产业带动下的旅游节庆的数量级扩张。

（三）旅游节庆活动策划的流程

（1）明确举办目的，获得明确的策划方向。

（2）调查分析基础资料，调查将为旅游节庆策划提供可观的依据，通过相关资料的调查分析，选择目标市场并确定活动定位。

（3）确定旅游节庆活动的主题，主题是策划活动的灵魂，它统率着整个项目的策划创意、构想、方案、形象等要素，贯穿于整个项目策划之中。

（4）确定旅游节庆的初步方案，首先成立组委会；其次拟定旅游节庆活动方案。

（5）方案的审批与检查，方案确定后应交有关部门领导和专家进行评审。

（6）项目落实、推进阶段。

（7）旅游节庆活动策划评估。

本章小结

如今"文创旅游"在市场上极受欢迎，但"文创旅游"不仅是一个概念，它为各个景区景点都带来了实实在在的客流，正是这些文化创意产品吸引网友，去看真实的文物，

项目13 旅游营销规划实践

感受文化的力量。

近几年,随着旅游群体的大众化,旅游体验的品质化,用户对旅游的体验消费、精神消费的要求也越来越高,因此,在用户对个性化消费、情感消费日益强烈的情况下,旅游产业的供给必须与需求保持同步匹配,因此,代表着旅游文化气息与精神魅力的IP便应运而生了。

当今旅游市场将呈现出个性游与大众游共存、理性消费与感性消费共存、旅游体验与服务考量共存等多种旅游形态相互交织、相互影响的局面,面对这种变化形势,旅游业必须强化自己的竞争优势,挖掘并宣扬自身独特的体验价值,以适应新时代旅游市场营销策略发展趋势。

通过本章学习,学生将对旅游创意营销有更深刻的了解,能够在实际运营操作中有效地进行旅游品牌输出。

关键概念

旅游文创　旅游IP　旅游营销　节庆活动

复习思考

1. 选择题(多选题)

(1) 旅游市场定位包括(　　)。
A. 区域定位　　B. 时间定位　　C. 特征定位　　D. 交通定位

(2) 新媒体营销方式有(　　)。
A. 微信　　　　B. 邮件　　　　C. 电视　　　　D. 报纸

(3) 旅游节庆活动的策划方法有(　　)。
A. 确立主题,统筹策划　　　　B. 重视体验,调动情绪
C. 植入IP,树立品牌　　　　　D. 全时间、全空间

2. 简答题

(1) 简述旅游市场的特征。
(2) 简述旅游节庆活动的策划流程。

3. 实作题

请为某城市创作一个好的旅游IP。

拓展案例

黑熊主题旅游文创

旅游文化创意近年来呼声逐渐增强。日本、中国台湾地区的旅游文化创意产品,尤其令人耳目一新,并激发巨大的社会效益和经济效益。熊本熊(见图13-1)的迅速走红拉动了目的地形象、带动了旅游和相关购物的力度,值得借鉴。

WHO · 熊本熊

2011年九州新干线全面开通,九州地区各县都盼着新干线能提振当地经济。在

图 13-1　熊本熊

一次调查中,熊本县政府发现该县知名度低于九州其他几县,熊本站只是九州新干线停靠站之一,没有知名度意味着游客只会坐车途径熊本。

熊本熊(英语:Kumamon),也叫萌熊或熊纹,是熊本县政府于 2010 年邀请当地出身的作家小山薰堂及设计师水野学设计出来的地区吉祥物,为日本全国知名吉祥物的其中一个角色。由于日本九州岛新干线的开通,熊本县为了让外界了解当地魅力,拜托水野协助进行观光推广,水野认为,过往其他地区也有推出自己的吉祥物,但由于只专注在特产和观光地露出,并只与本地特定企业合作,导致宣传效果薄弱。

正是在这样的背景下,熊本县政府构思出了一只脸上顶着高原红的黑熊——熊本熊,还替它设定了公务员身份以及"充满好奇心、喜欢调皮捣蛋"的个性。推出不到三年,其认知度已经是全日本第一,甚至超越了米奇老鼠及凯蒂猫。

HOW · 熊本熊

吉祥物熊本熊的个头和真熊一样大小,它脸颊红润,身体软绵绵,其形象在日本随处可见,从糕点到钥匙圈、从飞机到钱包,都有它的踪影。甚至还有车商特制熊本熊样的机车,让粉丝大为满足。其中也有不少适合家庭日常使用的流行小物,如包包、手机套、袜子、便当袋等。各大饭店也争相推出熊本熊客房,以满足粉丝们的期望。

在政府的支持下,熊本熊的使用版权免费。不仅限于日本国内,熊本县还允许在中国等海外市场使用萌熊的名称与图片,旨在扩大县产商品的销路以及帮助吸引游客等。由于与商业融合程度非常高,其为当地带来的经济拉动作用也十分巨大。

WHY · 熊本熊

1. 经济时代来临

萌经济,就是通过萌系列产品而催生的经济行为,厂商为促进销售,印刷卡通形象,吸引消费者购买。日益走俏的萌经济是基于满足消费者情感诉求的全新营销模式,再借新媒体之力立体传播,从而形成一种新的经济业态。

在熊本熊设计之初,设计师就非常注意与消费者的亲近感。设计师水野学留意到,在日本,有人气的形象都有个红脸颊,如皮卡丘、哆啦 A 梦(卖萌的时候)、面包超人。于是他也给熊本熊安上了标志性的红脸颊。不仅仅是平面形象设计,对于熊本熊的动作行为同样也是经过精心设计的。它的每次挥手、每个动作也都在计划内,包括最知名的"捂嘴"动作——它被证明会令人感到可爱。

2. 免费利用策略

据 bukop.com 观察，一般地方政府都会向采用其吉祥物肖像的商品征收商标使用费，或是在商品销售额中抽取一定税金作为回报。与常规吉祥物的肖像使用费用不同，只要使用熊本熊肖像的目的与宣传熊本县或者推广熊本县产品有关，甚至是采用熊本县产材料制造的商品，也可向县政府提出使用申请，不用缴纳任何授权费。大幅开放厂商申请利用熊本熊与自家产品结合推出合作商品，第一年就吸引了超过3600次申请。随着曝光度提高开始成为话题，第二年更涌入5400家企业申请合作，第三年更是每月平均有750次申请，产品包括零食、文具、服装，甚至化妆品及个人计算机等，种类繁多。

3. 吉祥物与代言地完美对接

熊本熊收到的第一份申请来自熊本轮岛漆器佛坛店，店老板永田幸喜制作了熊本熊佛坛，这位开先例的人在之后两年内接受了42次日本媒体采访。虽然熊本熊佛坛已不再销售，但他迄今都在享受申请带来的红利。大阪中央区的UHA味觉糖是和熊本熊合作的第一家大公司，合作的糖果味原料最终使用了熊本产的一种柚子。熊本是日本著名的农业县，熊本熊的各类商业开发也都以这类产地合作居多。通过免费策略欢迎厂商合作，结合食、衣、住、行、娱在各领域大量推出产品，全方位出击，让宣传累积出相应效果，正是促成熊本熊大红的关键。

（资料来源：http://www.pinchain.com/article/46438.）

思考题

1. 请分析该案例属于哪种营销方式。

2. 请说明该案例的经验与启示。

1. 吴必虎,俞曦. 旅游规划原理[M]. 北京:中国旅游出版社,2010.

通过对全球旅游规划研究相关文献的梳理,结合作者亲自参与主持的旅游城市和旅游区的规划实践,提炼出了完整的旅游规划理论体系。

2. 沈祖祥,张帆,等. 现代旅游策划学[M]. 北京:化学工业出版社,2013.

本书分为原理、实务与案例三大部分,既系统阐明了旅游策划的理论、方法、流程,又细分缕析了旅游战略策划、旅游开发策划、旅游规划策划、旅游项目策划、旅游产品策划、旅游形象策划、旅游营销策划和旅游节庆策划。

3. 邹统钎,王欣. 旅游规划经典案例[M]. 北京:旅游教育出版社,2014.

丛书分为上下两册,为作者及其院校旅游规划成果案例的汇编,具有较高的实践参考价值,推荐阅读。

4. 原群. 旅游规划与策划:创新与思辨[M]. 北京:旅游教育出版社,2014.

全书内容涵盖旅游规划、创新、品牌、营销、发展、管理、开发、战略及扶贫方面等主题,对旅游规划与策划实践有切实指导。

5. 原群. 旅游规划实战案例集锦[M]. 北京:旅游教育出版社,2016.

全书收录了18则旅游规划实战案例,在项目规划类别上包括旅游区域发展规划、景区总体规划、景区控制性规划、景区修建性规划及4A、5A级景区提升方案等。

6. 王志纲. 玩出来的产业[M]. 福建:鹭江出版社,2014.

汇集上百个旅游项目策划实践总结,预测旅游产业未来发展大趋势,字里行间将各地景点、民俗、文化娓娓道来,展示了深厚的文化功底。

参考文献
Peference

[1] 保继刚,楚义芳.旅游地理学(修订版)[M].北京:高等教育出版社,1999.

[2] 中华人民共和国住房和城乡建设部.建设工程工程量清单计价规范[M].北京:中国计划出版社,2013.

[3] 邓爱民,孟秋莉.旅游学概论[M].武汉:华中科技大学出版社,2017.

[4] 黄翔.旅游节庆策划与营销研究[M].天津:南开大学出版社,2008.

[5] 朗富平,顾雅青.旅游策划实务(第二版)[M].上海:华东师范大学出版社,2015.

[6] 雷鸣雏.中国策划教程[M].北京:企业管理出版社,2004.

[7] 李宝山.企业策划学[M].北京:企业管理出版社,2003.

[8] 李洁,李云霞.旅游学理论与实务[M].北京:清华大学出版社,2008.

[9] 李君轶.旅游市场调查与预测[M].北京:科学出版社,2012.

[10] 李庆雷,明庆忠.旅游规划技术与方法[M].天津:南开大学出版社,2008.

[11] 李天元.旅游学概论(第五版)[M].天津:南开大学出版社,2003.

[12] 李晓琴,朱创业.旅游规划与开发[M].北京:高等教育出版社,2013.

[13] 林南枝,黄晶.旅游市场学(第三版)[M].天津:南开大学出版社,2010.

[14] 刘常宝.市场调查与预测[M].北京:机械工业出版社,2017.

[15] 卢良志,吴耀宇,吴江.旅游策划学(第二版)[M].北京:旅游教育出版社,2013.

[16] 卢良志.旅游策划学[M].北京:旅游教育出版社,2009.

[17] 马耀峰,宋保平,赵振斌.旅游资源开发[M].北京:科学出版社,2005.

[18] 马耀峰.旅游规划[M].北京:中国人民大学出版社,2011.

[19] 马勇,李玺.旅游规划与开发(第三版)[M].北京:高等教育出版社,2012.

[20] 欧阳斌.实划实说:欧阳斌旅游策划实战理论与案例选编[M].北京:中国经济出版社,2005.
[21] 潘小其.旅游概论[M].北京:科学出版社,2006.
[22] 沈刚,吴雪飞.旅游策划实务[M].北京:清华大学出版社,2014.
[23] 沈祖祥,张帆,等.现代旅游策划学[M].北京:化学工业出版社,2013.
[24] 石强.旅游概论[M].北京:机械工业出版社,2009.
[25] 王兴斌.旅游产业规范指南[M].北京:中国旅游出版社,2000.
[26] 吴必虎,俞曦.旅游规划原理[M].北京:中国旅游出版社,2010.
[27] 吴必虎.区域旅游规划原理[M].北京:中国旅游出版社,2010.
[28] 杨晓霞,向旭.旅游规划原理[M].北京:科学出版社,2013.
[29] 杨振之.旅游项目策划[M].清华大学出版社,2007.
[30] 原群.旅游规划实战案例集锦[M].北京:旅游教育出版社,2016.
[31] 原群.旅游规划与策划全真案例[M].北京:旅游教育出版社,2014.
[32] 钟晨.旅游策划:理论、案例与实践[M].上海:华东师范大学出版社,2017.
[33] 周永广.旅游规划实务[M].北京:化学工业出版社,2013.
[34] 周作明,卢玉萍.旅游规划学[M].北京:旅游教育出版社,2008.
[35] 保继刚,苏晓波.历史城镇的旅游商业化研究[J].地理学报,2004(5).
[36] 陈琴,李俊,张述林.旅游概念规划内容体系创新研究——以重庆市璧山千亩荷园乡村旅游概念规划为例[J].资源开发与市场,2012(6).
[37] 陈英.旅游规划:问题导向与目标导向及其选择[J].旅游研究,2009(3).
[38] 黄细嘉,陈志军.我国旅游规划中的不公平现象研究[J].南昌大学学报(人文社会科学版),2007(1).
[39] 孔博,邓伟,刘邵权,等.攀枝花市旅游人口承载容量研究[J].人口与经济,2011(5).
[40] 刘德谦.旅游规划需要新理念——旅游规划三议[J].旅游论坛,2003(5).
[41] 罗伊玲,刘亚彬.基于云南少数民族贫困地区大学生志愿者旅游参与障碍研究——以独龙江乡为例[J].生态经济(中文版),2013(6).
[42] 明镜,王金伟.国外志愿者旅游研究综述[J].北京第二外国语学院学报,2010(3).
[43] 史本林.旅游概念规划理论探讨[J].甘肃社会科学,2006(5).
[44] 唐代剑,池静.旅游规划方法研究进展[J].北京第二外国语学院学报,2005(3).
[45] 王建军.对概念性旅游规划的认识[J].中国地质大学学报(社会科学版),2001(3).
[46] 张广瑞.中国旅游发展笔谈——关于设立旅游研究基金的呼吁[J].旅游学刊,2004(2).
[47] 张健华,陈秋华,余建辉.闽台旅游合作的共生模式研究[J].福建论坛(人文社会科学版),2008(3).
[48] 张述林,宋增伟,胡科翔,等.概念性旅游规划综述[J].宜宾学院学报,2009(2).
[49] 张遵东,周楠楠,李陈瑞.楚雄市旅游业发展的SWOT分析及对策探析[J].时代金融,2015(26).
[50] 王旭科,赵黎明.论旅游规划发展的影响因素与发展趋势[J].未来与发展,2007(2).
[51] 朱静怡,张雍雍.问题导向与目标导向相结合的概念规划实践——以海宁百里钱塘国际旅游长廊规划方案竞选为例[J].浙江建筑,2014(9).

后记
Postscript

全书框架体例由主编马勇、副主编韩洁拟定,编委马勇、王鹏飞、韩洁、刘军、姜楠、杨缦卿分工撰写,其中王鹏飞完成8.2万字,韩洁完成14.8万字,刘军完成8.5万字,杨缦卿完成5.3万字,姜楠完成8.9万字。初稿形成后,由主编马勇统稿和审定。

教学支持说明

教育部旅游管理专业本科综合改革试点项目新课改系列规划教材。

为了改善教学效果,提高教材的使用效率,满足高校授课教师的教学需求,本套教材备有与纸质教材配套的教学课件(PPT 电子教案)和拓展资源(案例库、习题库、视频等)。

为保证本教学课件及相关教学资料仅为教材使用者所得,我们将向使用本套教材的高校授课教师免费赠送教学课件或者相关教学资料,烦请授课教师通过电话、邮件或加入旅游专家俱乐部 QQ 群等方式与我们联系,获取"教学课件资源申请表"文档并认真准确填写后发给我们,我们的联系方式如下:

地址:湖北省武汉市东湖新技术开发区华工科技园华工园六路

邮编:430223

电话:027-81321911

传真:027-81321917

E-mail:lyzjjlb@163.com

旅游专家俱乐部 QQ 群号:306110199

旅游专家俱乐部 QQ 群二维码:

群名称:旅游专家俱乐部
群　号:306110199

教学课件资源申请表

填表时间：_____年___月___日

1. 以下内容请教师按实际情况填写，★为必填项。
2. 学生根据个人情况如实填写，相关内容可以酌情调整提交。

★姓名		★性别	□男 □女	出生年月		★职务	
						★职称	□教授 □副教授 □讲师 □助教
★学校				★院/系			
★教研室				★专业			
★办公电话			家庭电话		★移动电话		
★E-mail（请填写清晰）					★QQ号/微信号		
★联系地址					★邮编		

★现在主授课程情况	学生人数	教材所属出版社	教材满意度
课程一			□满意 □一般 □不满意
课程二			□满意 □一般 □不满意
课程三			□满意 □一般 □不满意
其 他			□满意 □一般 □不满意

教材出版信息			
方向一		□准备写 □写作中 □已成稿 □已出版待修订 □有讲义	
方向二		□准备写 □写作中 □已成稿 □已出版待修订 □有讲义	
方向三		□准备写 □写作中 □已成稿 □已出版待修订 □有讲义	

　　请教师认真填写表格下列内容，提供索取课件配套教材的相关信息，我社根据每位教师/学生填表信息的完整性、授课情况与索取课件的相关性，以及教材使用的情况赠送教材的配套课件及相关教学资源。

ISBN（书号）	书名	作者	索取课件简要说明	学生人数（如选作教材）
			□教学 □参考	
			□教学 □参考	

★您对与课件配套的纸质教材的意见和建议，希望提供哪些配套教学资源：